아시아 투어리즘: 동아시아여행과 지리적 상상

Asian Tourism: Travelling Asia and Geographical Imaginaries

강명구·정근식 엮음

진인진

아시아 투어리즘: 동아시아여행과 지리적 상상
Asian Tourism: Travelling Asia and Geographical Imaginaries

초판 1쇄 발행 | 2019년 12월 31일

엮은이 | 강명구, 정근식
지은이 | 강명구, 김성민(金成玟), 남은영, 정근식, 황성빈(黃盛彬), 양위청(梁玉成), 오준방(吳俊芳), 저우치엔(周倩), 가도타 다케히사(門田岳久), 기무라 시세이(木村至聖), 오카모토 료스케(岡本亮輔)
편　집 | 배원일
발행인 | 김태진
발행처 | 진인진
등　록 | 제25100-2005-000003호
주　소 | 경기도 과천시 별양상가 1로 18 614호(별양동 과천오피스텔)
전　화 | 02-507-3077-8
팩　스 | 02-507-3079
홈페이지 | http://www.zininzin.co.kr
이메일 | pub@zininzin.co.kr

ⓒ 진인진 2019
ISBN 978-89-6347-435-9 93300

* 책값은 표지 뒤에 있습니다.
* 이 연구는 2015년도 서울대학교 아시아연구소의 아시아기초연구사업의 지원을 받아 수행되었음.

목차

서문: 아시아 여행연구와 지리적 상상 ································ 5

I. 동아시아 관광객의 유형과 시선, 미디어를 통해 본 해외여행 ············· 17
    제1장   한국에 대한 요우커들의 시선과 여행 체험 ······················19
    제2장   동상이몽?:
              중국인 관광객을 향한 일본 미디어의 시선과 재현··············73
    제3장   누적적 인과이론의 관점에서 본 국제관광 공간의 발생:
              중국의 경험에서 ··· 105
    제4장   중국 중산층의 해외여행과 소셜미디어에서의 자아 구축 ······ 131

II. 진정성의 구성과 관광의 재발견:
        탈냉전, 장소성, 문화유산이 관광에 갖는 함의 ························ 167
    제5장   동아시아에서의 탈냉전과 전장 관광의 지속가능성:
              진먼을 중심으로 ·· 169
    제6장   서울의 '재구조화'와 일본인 관광: 강남개발을 중심으로 ······ 215
    제7장   오키나와의 성지와 종교적인 것의 관광적 재발견 ··············· 237
    제8장   가짜가 만들어낸 진짜, 관광문화에서 진정성의 다양화:
              신고촌 그리스도의 무덤 사례를 중심으로ㆍㆍㆍㆍㆍㆍ 271
    제9장   '진정성' 구축과 복수성: 동아시아 군함도(軍艦島) 사례에서 ··· 297

에필로그: 동아시아 투어리즘 연구의 진전을 위하여 ······················· 325

서문
아시아 여행연구와 지리적 상상

강명구

아시아의 부상 이후 아시아인들은 북미와 유럽뿐만 아니라 자신이 살고 있는 아시아 이웃나라에 여행하기 시작했다. 중국인들은 홍콩, 마카오를 제외하면, 한국과 일본을 가장 많이 여행한다. 일본인들의 한국여행, 한국인들의 일본여행 역시 가장 빈번하게 여행하는 목적지이다. 지난 10여 년 동안에는 동남아 여러 나라 사람들도 아시아 내부의 여행에 참여하기 시작했다.

　아시아 내부를 여행하는 아시아 사람들에게 자신이 여행하고 있는, 그리고 여행하고 싶은 아시아는 어떤 모습일까? 한국인들이 동남아를 여행할 때 베트남, 태국, 필리핀에 대해 어떤 지리적 이미지를 그리고 있는 것일까? 일본에 대한 반감과 적대감이 강한 한국인들은 왜 일본을 가장 많이 방문하고, 그리고 좋아하는 여행지로 선택하는 것일까? 중국인들이 가장 많이 방문하는 일본과 한국의 대다수 언론매체들은 중국인의 소란, 쇼핑행동, 예의없음과 같은 부정적 이미지를 끊임없이 생산하고 있으면서, 동시에 어떻게 하면 중국여행객을 많이 유치할 것인가를 놓고 다양한 정책제안을 내놓고 있다. 중국여행객에 대한 이런 모순적 태도는 어떻게 정당화되고 있는 것일까? 우리는 한중일 여행 연구를 기획하는 단계에서 이런 질문들을 제기하고 어떤 대답이 가능한가를 모색하고자 했다. 물론 정답을 찾는다기보다는 서로 다른 시각에서 다양한 답을 찾아보는 작업이 중요하다고 생각했기 때문이다.

아시아 내부의 여행이 증가하기 시작한 시기가 불과 20여 년 전이기 때문에 아시아 각국의 여행객들은 아시아를 하나의 지리적 지역으로 상상하지 않는다고 할 수 있다. 우선 한국, 중국, 일본인들에게 아시아는 자신들이 살고 있는 동아시아 지칭하는 경우가 많다. 그들에게 인도, 파키스탄, 방글라데시 등의 남아시아나 여러 중동국가는 같은 아시아 내부에 있지 않다. 대다수 동아시아 지식세계에서 통용되는 서양과 동양이라는 대립쌍에서 바라보면, 동양은 중국, 일본, 한국을 가리키는 의미로 사용되고, 동양 안에 동남아도 중동도 포함되지 않는 경우가 대부분이다. 이런 지리적 재현(geographical representations)을 우리는 상상(imaginary)으로 개념화하고자 했다.

카스토리아디스(Castoriadis, 1997)에 따르면 사회적 상상은 시장과 공론장 등 근대적 제도와 그 안에서 일어나는 사람들의 실천을 조직하는 방식이라 할 수 있다. 여행을 떠나기 전, 혹은 여행을 경험한 이후 아시아인들이 아시아에 대해 갖는 지리적 상상은 아시아가 어떤 사회적, 문화적 배열을 지닌 지역으로 구축되고 또 의미를 가지게 되는가를 의미한다고 할 수 있다. 이렇게 보면 아시아에 대한 지리적 상상이라는 우리의 개념틀은 현재와 미래에 일어날 아시아 지역에 대한 아시아인들의 경험과 실천, 그리고 그것을 통해 구축되고 변용되는 아시아 자체를 구성하는 문화적 기제가 되는 것이다.

여행이라는 문화적 실천은 특정 여행지에 대한 경험일 뿐만 아니라 여행객들의 생애 안에서 각기 다른 의미를 가지게 된다. 패키지여행과 개별적인 자유여행의 경험과 의미가 다르고, '자아'를 찾아 떠나는 여행은 전혀 다른 문화적 행위이다. 많은 중국여행객들에 대해 한국과 일본에서 쇼핑여행만 하는 '깊이 없는' 여행이라고 비아냥거리는 보도가 나오기도 했지만, 정말 쇼핑을 중심으로 한 여행은 깊이가 없는 것일까? 생애 처음으로 자신을 어렵게 키워준 엄마를 모시고 서울에 와서 엄마가 사고 싶은 물건을 사준 뒤 "정말 잘 했다"고 토로하는 딸의 경험이 깊이가 없다고 누가 말할 수 있을까?

젊은이뿐만 아니라 40~50대 중년들도 직장을 그만두고, '자아'를 찾아서 험난하고 힘든 여행을 감행하는 경우가 많다. 인도의 종교적 유적을 찾아 떠나는 여행, 히말라야와 라다크의 오지를 걷는 여행은 얼마 전부터 하나의 유행이 되고 있다. 이들에게 걷는 행위, 고난의 체험은 어떤 의미가 있는 것일까? 왜 이들은 일상과 자신의 일자리를 버리고 '자아'를 찾아서 떠나는 것일까. 몇몇 연구들이 부분적으로 여행자들의 삶 안에서 여행이 지니는 의미에 대해 답을 찾으려 하고 있다. 이것은 아시아 여행만의 연구과제는 아니지만, 새로 시작하는 여행의 의미에 관한 연구에 새로운 차원을 부가해줄 것으로 믿는다.

끝으로 이 책에 실린 몇몇 연구들은 여행정책을 통해 구축되는 여행자의 공간(tourist space)의 사회적 문화적 의미구성에 대해 질문하고 있다. 가상의 기독교 유적이 허구적 문화유산인 줄 알고 있으면서 그곳으로 순례여행을 떠나는 사람들도 있고, 근대산업화의 공장을 산업문화유산으로 구축하는 국가수준의 여행정책에 대한 비판적 성찰을 제기하고 있다. 이들 연구는 여행이 개인의 선택이 아니라, 국가와 산업의 수준에서 끊임없이 의미를 만들고 변용하는 문화적 의미구축 활동에 기반하고 있음을 보여준다.

아시아 여행연구를 위한 이 프로젝트는 서울대학교 아시아연구소, 일본 홋카이도대학교 동아시아 투어리즘 연구센터, 중국 중산대학교 여행연구센터에서 공동으로 기획되었다. 서울대 아시아연구소는 2015년부터 일본 홋카이도대학교 미디어관광학부의 동아시아 투어리즘 연구센터와 함께 〈아시아 투어리즘〉이라는 주제로 공동심포지엄을 개최해 왔다. 중국 중산대학교의 관광학부 연구진은 2016년 3월 홋카이도대에서 열린 국제학술대회에 참석함으로써 서울대학교-홋카이도대학교-중산대학교의 아시아 투어리즘 연구네트워크가 형성되었다. 이 연구 네트워크는 약 2년 동안 한중일 국제학술대회를 지속적으로 개최하면서 연구성과를 발표하고 학술교류를 진행해왔다.

2015년 11월 서울에서 열린 제1회 공동학술대회를 시작으로 2016년 3월 홋카이도대학교에서 제2차 공동학술대회가 열렸다. 이어서 2016년 10월에는 중국 광저우에 위치한 중산대학교에서 제3차 공동학술대회가 열렸고 2016년 11월 홋카이도대학교에서 제4차 공동학술대회가 개최되었다. 2017년 3월에 아시아연구소 동북아센터에서는 제5차 아시아 투어리즘 공동학술대회를 주최하였다. 이와 같이 서울대학교, 홋카이도대학교, 중산대 연구진들은 지속적인 공동학술대회를 통해 학술교류 및 연구의 기반을 구축함으로써 『아시아 투어리즘: 아시아여행과 지리적 상상』 단행본 출간에 이르게 되었다.

일본에서도 동일한 기획의 저서가 『동아시아 관광학: 시선, 장소, 집단』(『東アジア観光学—まなざし·場所·集団』)이라는 제목으로 2017년에 아키쇼보(亜紀書房)에서 일본어로 출간되었다. 서울대학교 아시아연구소에서는 저자들의 연구 결과를 취합하고 연구소의 자체 출판심사를 통해 원고를 수정, 보완하는 과정을 거쳐서 조금 늦게 단행본을 출판하게 되었다.

이 책에서 우리는 아시아 관광의 사회문화적 의미를 고찰하고 동아시아 투어리즘의 역사성과 장소성, 진정성의 구성 등을 규명하고자 했다. 이 책은 전체적으로 한국, 일본, 중국의 여행 사례와 경험을 중심으로 구성된 9개의 장으로 이루어져 있다. 1부에서는 동아시아 관광객의 유형과 시선, 미디어를 통해 본 해외여행과 관련된 연구논문 4편이 소개되고 있다. 2부는 탈냉전, 장소성, 문화유산이 관광에 갖는 함의를 중심으로 진정성의 구성과 관광의 재발견을 논의하는 논문 5편으로 구성되었다.

이 중 8편의 논문은 아시아연구소 정기학술지 『아시아리뷰』에 특집논문으로 실렸다. 〈아시아 투어리즘〉이라는 주제로 아시아리뷰 6권 1호(2016년 8월)에 "동아시아에서의 탈냉전과 전장 관광의 지속가능성: 진먼을 중심으로"(정근식·오준방), "가짜가 만들어낸 진짜, 관광문화에서 진정성의 다양화: 신고촌 그리스도 무덤 사례를 중심으로"(오카모토 료스케), "진정성 구축과 복수성: 동아시아 군함도(軍艦島) 사례에서"(기무라 시세이), "중국 중산층의 해외여행과 소셜미디어에서의 자아 구축"(저우치엔), "동상이몽?: 중국인 관광객을 향한 일본 미디어의 시선과 재현,"(황성빈) 등 5편의 논문이 게재되었다. 이어서『아시아리뷰』6권 2호(2017년 2월)에 〈아시아 투어리즘 Ⅱ: 아시아여행과 지리적 상상〉이라는 특집제목으로 "한국에 대한 요우커들의 시선과 여행 체험"(강명구·남은영), "서울의 '재구조화'와 일본인 관광: 강남개발을 중심으로"(김성민), "누적적 인과이론의 관점에서 본 국제관광 공간의 발생: 중국의 경험에서,"(양위청) 등 세 편의 논문이 실렸다.

강명구·남은영의 '한국에 대한 요우커들의 시선과 여행 체험'에서는 요우커들의 한국여행 경험을 관광객의 시선(Tourist gaze)의 관점에서 분석하였다. 기존의 여행 연구 담론에서 발견되는 여행자(traveller)와 관광객(tourist)의 '의미의 위계'를 해체하고 관광객의 내면의 여행 경험을 고찰했다. 한국을 방문한 중국인 관광객에 대한 설문조사와 중국 여행 사이트의 인터넷 게시글을 분석한 결과, 요우커들은 다양한 정체성을 가진 중국인들로 구성되고 있음이 드러났다. 즉 요우커들의 한국 여행 경험에서는 크게 '애국적/발전주의적 시선', '소비주의적/코스모폴리탄 시선', '해석적/자기성찰적 시선'이 표현되고 있음을 발견했다. 애국적이고 자부심이 강한 중국인의 정체성은 '애국적/발전주의적 시선'을 통해 나타나고 있다. 쇼핑과 라이프스타일을 추구하는 '소비주의적/코스모폴리탄 시선'과 겉으로 잘 드러나지 않는 이면을 보려고 하고 문화적 체험을 중시하는 '해석적/자기성찰적 시선'도 발견되었다. 이 연구에서는 호스트 사회에서 일방적으로 부여한 중국인 관광객에 대한 선입견을 넘어서서 중국인 스스로 여행에 의미를 부여하는 과정이 여행경험에서 중요하다는 사실을 보여주고 있다.

황성빈의 '동상이몽?: 중국인 관광객을 향한 일본 미디어의 시선과 재현'은 중국인 관광객을 보도하는 일본 주요 언론의 시선과 이러한 언론의 보도에 반응하며 독자적인 담론이 전개되는 인터넷 공간에 주목하고 있다. 일본의 대표적 신문과 방송, 주간지 및 인터넷 담론 등에 대한 분석을 통하여 주요 언론과 인터넷 공간에 존재하는 시선과 입장의 다양성에도 불구하고 공유되는 부분이 존재하고 있음을 밝히고 있다. 또한 기존 미디어 공간에 인터넷 공간이 가세함으로써 이 글에서 분석개념으로 제시한 '다테마에(建前)'와 '혼네(本音)'의 공간 역학에서는 '혼네'의 담론 영역이 그 영향력을 확대해가고 있음을 확인하였다. 아울러 중국인 관광객을 바라보는 일본 사회와 언론의 시선 자체가 그들을 타자화하고 있음을 보여주고 있다.

양위청(梁玉成)의 '누적적 인과이론의 관점에서 본 국제관광 공간의 발생: 중국의 경험에서'는 누적적 인과이론에 입각해 관광과 이민 간의 관계라는 시각으로 개발도상국과 선진국의 입국관광객 증가율에 차이가 나타나는 현상을 분석하고 있다. 이 글에서는 광저우(廣州)시 외국인 조사 통계 자료를 바탕으로 동시발생분석 및 다층모형분석법을 통해 분석하고 있다. 그 결과 개발도상국 관광객이 중국을 관광하는 다양한 목적이 관광객의 현지사회 네트워크로의 진입을 유발시켰고, 이 점에서 누적적 인과 메커니즘이 작동하여 현지 사회 네트워크에 진입할 때 현지 사회의 경제 및 문화를 이해하는데 도움을 주었다는 것이 나타났다.

저우치엔(周倩)의 '중국 중산층의 해외여행과 소셜미디어에서의 자아 구축'은 중국 중산층의 해외여행에 대한 해외 매체의 보도현상에 주목한다. 중국중산층의 해외여행의 특성, 매체를 이용하여 해외여행이라는 소비행위를 통해 자신의 계층의식과 이미지를 형성하는 방식, 소셜미디어에서의 자아형성이 중국 사회와 기타 계층에 미치는 영향에 대해 살펴보고 있다. 이 연구에서는 웨이보의 글과 그림의 분석, 인터넷 가상 커뮤니티에서의 상호작용 관찰을 통해 중국 중산층의 해외여행 동기를 밝히고 있다. 중국 중산층의 해외여행 동기는 경험과 휴식, 그리고 사회적 교류 등 복합적인 것으로 나타났다. 중국 중산층 여행자는 웨이보에 글과 사진을 결합하는 전략을 사용함으로써 '현실적인 자아'를 구축한다. 이 글에서는 현재 중국 중산층 해외여행은 중국사회의 안정과 소비의 견인 작용을 하고 있음을 밝히고 있다.

정근식·오준방의 '동아시아에서의 탈냉전과 전장관광의 지속가능성: 진먼(金門)을 중심으로'에서는 동아시아에서 새롭게 형성된 전장 관광의 형성과정과 관광의 실천, 효과를 살펴보고 있다. 진먼의 전장관광이 냉전경관을 바탕으로 형성되었지만, 점차 문화적 자원들을 활용한 복합관광으로 발전해가며 나아가 지속가능성이 쟁점으로 등장하게 되는 과정을 분석했다. 탈냉전과 함께 시작된 진먼 관광은 전장관광과 국경 관광을 겸하고 있다. 진먼 관광은 주로 서로 다른 방향을 가진 두 집단, 즉 타이완에서 들어오는 관광객과 중국 대륙에서 들어오는 중국 관광객을 표적으로 하는데, 이 글에서는 관광의 구체적 동학을 관광객과 원주민 간의 상호작용으로 보면서, 타이완 관광객과 대륙 관광객의 시선과 형태의 차이를 검토하고 있다.

김성민의 '서울의 '재구조화'와 일본인 관광: 강남개발을 중심으로'에서는 급속한 경제발전과 사회변동과 함께 메트로폴리스화한 현대 서울을 둘러싼 인식과 욕망, 시선을 일본인 관광의 역사적 변용과 함께 살펴봄으로써 '장소소비'의 질적 변용을 서울의 공간적 조직의 측면에서 고찰하고 있다. 한국의 고도성장과 도시화의 상징적인 장소인 강남의 성장과정에 주목하고 강남을 중심으로 한 서울의 공간조직과 장소정체성, 장소이미지의 변용과정을 역사적으로 고찰하면서 이와 함께 1980년대 후반 이후 일본인 관광의 변화를 분석하고 있다. 즉 1970년대에는 '기생관광을 즐기던 40대 남성'이 일본인 관광객 주된 층이었다면, 1980년대 이후 대학생이나 직장여성 스타일의 젊은 관광객이 증가하였다. 이와 같은 변화는 과거 일본인 한국관광이 구도심을 중심으로 일제강점기에 형성된 '조선적인 것'을 재생산, 소비하는 형태로 이루어진 것이라면, 1980년대 이후에는 강남을 중심으로 재구조화된 서울의 정체성과 이미지가 만들어낸 새로운 '한국적인 것'에 대한 발견과 소비로 이어지게 된 것이다.

가도타 다케히사(門田岳久)의 '오키나와의 성지와 종교적인 것의 관광적 재발견'에서는 최근 들어 내국인 뿐 아니라 외국인 방문객도 급증하고 있는 오키나와 내외의 가치관이 교차하는 세이화우타키의 장소성을 사례로 현대 동아시아에 있어서의 '오키나와다움'을 둘러싼 표현과 수용의 교섭을 밝히고 있다. 오키나와는 일본이나 중국, 미국과 같은 열강(列强)과의 권력관계 속에서 자기인식을 형성해 왔다. 오키나와에서 어떤 특별함을 발견해 그곳을 방문하는 사람들의 존재는 오키나와의 성찰적 자기인식 형성을 촉진시켜왔다. 그러나 과연 현대의 인바운드 관광객은 '오키나와다움'을 기대해서 오키나와를 찾게 된 것인가. 이러한 질문에 답하기 위해 류큐왕국의 성지인 세이화우타키의 문화유산화, 관광에 기반한 지역개발로 정비되는 과정을 고찰한다. 그리고 오키나와의 문화적 정체성 회복 및 구축운동으로서 류큐왕국이라는 개념이 최근 등장하기 시작하며 역사적 재평가가 이루어졌음을 설명한다. 이러한 과정은 일본이라는 근대국가 내부에서 종속적 지위를 강요당한 오키나와에도 문화적 독자성이 있다는 인식을 심어주는 기회가 되었다. 그러나 아시아에서 오는 관광객이 급증하고 있는 지금 오키나와 지역개발 담당자가 제시하는 이미지와 외국인 관광객이 기대하는 이미지 사이에는 간극이 발생하고 있음을 밝히고 있다. 이러한 문제는 국경을 넘는 관광이 보편화되면서 새로운 관점에서 장소나 문화가 해석되고 있는 현재의 동아시아 관광공간의 공통된 과제로 부각되고 있다.

오카모토 료스케(岡本亮輔)의 '가짜가 만들어낸 진짜, 관광문화에서 진정성의 다양화: 신고촌 그리스도 무덤 사례를 중심'에서는 진정성의 관점에서 현대 관광문화의 창조에 대해 고찰하고 있다. '분명히 가짜'인 것을 관광상품으로 삼은 신고촌의 그리스도 무덤에 주목하여 지역 주민들이 주관적 진정성을 공유하고 있음을 보여주고 있다. 즉 마을주민도 관광 자원의 위물성(僞物性)을 충분히 인식하고 있지만 마을이나 조상 등 상상의 공동체와의 유대, 그리고 이에 대한 애착이 있고 이것이 그리스도의 무덤이 지닌 진정성의 원천이 됨을 밝히고 있다. 일본에서의 그리스도 무덤 사례는 문화유산의 의미가 사회적으로 어떻게 구성되는지, 그러한 사회적 의미구성에 있어서 여행객들은 어떻게 참여하고 있는지를 잘 보여주고 있다.

기무라 시세이(木村至聖)의 '진정성 구축과 복수성: 동아시아 군함도 사례에서'는 2015년 세계유산에 등록된 '메이지 일본의 산업혁명 유산' 구성 자산의 하나인 군함도 사례를 바탕으로 관광연구에서 빼놓을 수 없는 개념인 '진정성'에 대해 검토한다. 지금까지의 선행연구에서는 객관적 진정성, 구성적 진정성, 실존적 진정성 등 차원이 다른 진정성을 위한 개념이 제안되어 왔다. 세계유산 등록 시에 요구되는 진정성은 기본적으로 객관적 진정성을 가리킨다. 이에 따라 세계유산 등록을 목표로 하는 문화유산의 보존이나 표상의 방법은 사물의 객관적 진정성을 최대화하도록 결정되는 경향이 있다. 이 글에서는 문화유산의 가치를 만들어내는 다양한 맥락과 관광현장에서 실제로 이루어지고 있는 다양한 진정성의 해석에 대해 동아시아 군함도의 사례를 들어 소개하고 있다. 이 논문이 발표된 뒤에 한국에서는 유네스코가 군함도를 세계문화유산으로 지정하는 과정에 대하여 비판이 제기되었다. 이 글을 읽어보면 국가가 주도하고 구축하는 문화유산의 의미와 제도화 과정에 대한 비판적 안목이 중요함을 깨닫게 된다.

이 책은 아시아의 관광연구의 이론적 기초를 제시할 뿐 아니라 다양한 관광객과 관광장소의 사례를 중심으로 투어리즘에 대한 새로운 설명과 해석을 제시하는데 의의가 있다.

한국, 중국, 일본 세 나라 대학교의 연구소들이 협력해서 진행한 아시아 여행에 대한 공동연구가 하나의 작은 디딤돌이 될 수 있기를 기대한다. 특히 오래전 아시아연구를 시작한 일본, 이제 막 시작된 한국의 아시아연구, 그리고 G2로 '웅비'하려는 중국이 아시아를 연구하는 접근방식들은 공통적으로 국가의 발전과 자국 이해의 극대화에 초점을 맞추고 있다. 아시아 주요 대학교의 연구소들은 이러한 발전주의적 시각과 국가 간 권력 위계를 넘어서서 그 지역을 사는 사람들의 삶의 궤적과 실천에 대해 주목함으로써 더불어 사는 아시아에 대한 새로운 지리적 상상들을 만들어 내야할 책무가 있다. 여행은 이러한 국가중심 발전주의를 넘어서 사람들의 삶의 실천이 변화하는 양상을 잘 보여주는 분야일 것이다. 이 공동연구가 앞으로도 계속되어 이제 막 시작되는 아시아 내부의 여행

행위와 여행의 의미에 대한 새로운 차원의 학문적 축적이 이루어지길 기대한다.

끝으로 이 연구를 지원한 서울대학교 아시아연구소와 학술대회 개최 및 원고 편집에서 수고해주신 연구소의 여러분께 감사드린다. 여러 가지 이유로 출간이 늦어졌음에도 불구하고 참고 기다려준 분들, 그리고 출판을 기꺼이 맡아준 진인진 출판사의 김태진 대표, 편집을 담당해준 배원일 팀장에게도 감사의 인사를 전한다.

참고문헌

Castoriadis, C. 1997. *World in Fragments: Writings on Politics, Society, Psychoanalysis, and the Imagination* [*WIF*]. ed./trans. David Ames Curtis. Stanford University Press, Stanford, CA.

I부

동아시아 관광객의 유형과 시선, 미디어를 통해 본 해외여행

제1장 한국에 대한 요우커들의 시선과 여행 체험 - 강명구, 남은영
제2장 동상이몽?: 중국인 관광객을 향한 일본 미디어의 시선과 재현 - 황성빈(黃盛彬)
제3장 누적적 인과이론의 관점에서 본 국제관광 공간의 발생:
　　　　중국의 경험에서 - 양위청(梁玉成)
제4장 중국 중산층의 해외여행과 소셜미디어에서의 자아 구축 - 저우치엔(周倩)

제1장
한국에 대한 요우커들의 시선과 여행 체험*

강명구·남은영

I. 들어가며

현대인의 삶에서 여행과 관광은 일상의 탈출 및 분주한 생활 속에서 여가를 즐긴다는 측면 뿐 아니라 현지의 다양한 문화에 대한 체험과 현지인과의 만남, 낯선 곳에서 자신의 새로운 모습을 발견하고 다른 문화 속에서 대안적 삶의 양식을 추구한다는 의미에 이르기까지 다양한 스펙트럼을 갖는다. 이와같이 여행이 갖는 의미는 개인적인 휴식과 여가에서부터 폭넓은 체험과 사회문화적인 의미 추구에 이르기까지 매우 광범위하다.

그러나 기존의 여행 연구 담론에서는 여행자(traveller)와 관광객(tourist)의 '의미의 위계'를 발견할 수 있다. 즉 삶에 있어 여행의 의미를 추구하는 여행자와 표피적·외양적·상업적 여행을 하는 관광객으로 구분하는 이분법이 있으며, 이러한 위계를 전제로 연구가 진행된다. 관광객은 여행자와 달리 주마간산형의 상업화된 여행을 하는 사람들을 뜻한다.[1]

---

* 이 글은 『아시아리뷰』 6권 2호(2017: 201-248)에 게재되었던 논문을 본서의 편집 취지에 맞도록 수정·보완한 것입니다.
1 '관광(tourism)'은 주로 기분전환이나 여가를 목적으로 떠나는 여행이다. 사전적인 의미로

이 글에서는 이와 같은 위계를 해체하고 '누구나 여행자이자 관광객이 될 수 있다'는 관점에서 연구를 진행하고자 한다. 즉 여행자와 관광객을 구분해서 고찰하지 않고, '천박한 관광'으로 보는 관점에서 벗어나서 여행자의 '내면으로부터' 여행과 관광의 의미를 찾고자 한다. 예를 들면 기존의 언론의 관점이나 일부 연구에서는 중국 관광객이 쇼핑중심의 관광을 하며, 소란스럽고 문화적 훈련이 되어 있지 않는 사람들이라는 비판적인 시선이 존재한다. 그리고 중국 관광객이 증가하면서 전 세계적으로 요우커들의 매너없는 행동과 무례함을 비판하는 현지 언론들의 보도가 많았다.

그러나 이 글은 이러한 비판을 넘어서서 관광객의 시선(tourist gaze)과 관광객 내면의 여행 경험을 고찰하고자 한다. 이 글의 연구 질문은 크게 다음과 같다. 한국에 요우커 천만 시대가 도래했는데, "한국을 여행하는 중국인은 어떤 '중국인'인가?"에 대한 물음이다. 즉 '이들은 어떤 특정한 인구학적인 특성과 사회경제적인 지위를 가진 중국인이며 어떤 이유로 어떤 장소를 주로 방문하는가'를 고찰한다. 다음으로 '이들은 어떻게 한국 여행을 경험하는가'에 대해 관광객의 시선을 통해 분석하고자 한다.

이 글에서는 서울을 방문한 중국 관광객 조사와 중국의 인터넷 여행후기

는 다른 지방이나 다른 나라에 가서 그곳의 풍경, 풍습, 문물 따위를 구경하는 것을 뜻한다. 따라서 관광은 일상생활권을 벗어나 타 지역에서 이루어지는 장소적인 전제가 있으며, 관광이 종료되면 반드시 원래의 주거지로 돌아오게 된다. 목적지로서의 이동 및 체재는 일시적이고 단기적이다. 관광은 여가활동으로서 여행지에서 보수를 얻게 위한 활동은 관광에서 제외한다. 오늘 관광을 의미하는 Tourism은 라틴어의 "tornus"(돌다, 순회하다)에서 파생된 용어로 Tour는 짧은 기간 동안의 여행으로서 각지를 여행하고 돌아온다는 의미를 지녔다. '여행(travel)'은 유럽에서 여행이 위험하고 힘들었던 중세 시기 이후에 생겨난 용어로 어원은 Travail(수고, 노고)에서 왔다(hotel.gu.ac.kr/boardnew/lib/down.php fname). 따라서 과거의 여행자들은 어려움을 겪어가면서 스스로 여행길을 열어가는 모험가로 여겨지지만 오늘날의 상품화된 관광은 전문가이드가 아무 위험없이 모험을 즐길 수 있도록 설계한 것들이라고 할 수 있다(Urry and Larsen, 2011).

검색을 통하여 관광객 시선의 유형을 분류했다. 한국을 방문하는 요우커들은 다양한 정체성을 가진 중국인들로 구성되며, 애국적이고 '자부심이 강한 중국인' 쇼핑과 라이프스타일을 추구하는 '코스모폴리탄 중국인' 드러나지 않는 이면을 보려 하고 문화적 체험을 중시하는 '자기성찰적인 중국인'으로 구분할 수 있다. 이와 같은 관점에서 여행을 하면서 갖게 되는 중국 관광객의 시선을 '애국적/발전주의적 시선', '소비주의/코스모폴리탄적 시선', '해석적/자기성찰적 시선'으로 정의하려고 한다.

대체로 기존의 관광지의 의미에 관한 연구들은 경관, 기후, 시설 등과 같은 관광지의 자연적 특성이나 기능적인 요소를 측정하는 속성들의 목록을 나열한 후, 이를 측정하는 방식을 선호해왔다. 이러한 연구 대부분이 관광지에 대한 개인의 인지적 평가에 주목하는 접근방식을 취했다. 이로 인해 관광지가 의미를 얻어가는 과정에 대한 이해보다는 결과에 대한 평가중심적인 해석을 해왔다고 볼 수 있다(Wamsley and Young, 1998; Young, 1999).

이에 비해 관광사회학 및 관광지리학 분야의 연구자들을 중심으로 관광지는 단순한 지리적·물리적 속성으로만 정의할 수 없으며, 다양한 사회적 맥락을 통해 특별하게 보여지는 사회적·문화적 구조의 산물이라는 주장이 제기되고 있다. 이는 특정한 사회문화적 구조에서 태어난 사람은 그러한 구조에 의해 사회화되고 개인의 정체성을 확립해나간다는 사회 구성주의적 관점을 지지하며 대중문화 및 미디어, 사회적 담론의 영향력을 중시한다(Dann, 1996; Hughes, 1992). 관광 이미지는 관광객이 가보지 않은 곳에 대한 어떤 기대감을 갖게 하는 과정이라고 볼 수 있다. 이러한 이유로 직접 경험을 통해 획득한 장소 이미지보다는 매체를 통해 간접적으로 전달된 이미지가 관광지 생산의 핵심요소가 된다(심승희, 2000).

이 글에서는 관광 경험을, 위에서 설명한 세 가지 시선(gaze), 그리고 관광객이 여행 이전에 미디어나 담론을 통해 형성한 관광지에 대한 지리적 상상(geographical imaginaries) 등이 상호작용하면서 구성되는 것으로 본다. 여기에서는 진정성 및 관광객 유형, 관광객의 시선에 대한 이론적 연구를 비롯해 여행자의 관광 동기 및 관광지 선택에 관한 연구, 방한 중국 관광객의 특성 및 소비문화에 관한 경험적 연구 등 투어리즘에 관한 기존의 다양한 연구를 바탕으로 중국 관광객에 대한 조사결과와 인터넷 여행후기를 분석했다. 중국 관광객의 한국 이미지와 한국에 대한 인식, 관광객의 시선과 관광체험, 소비문화 등을 고찰하고, 이를 통해 중국 관광객의 관광 경험의 특징과 자신의 관광 경험에 의미를 부여하는 과정을 살펴보고자 한다.

II. 기존 연구 검토

1. 관광에 대한 이론적 연구

이 글에서는 '내면으로부터' 중국인 관광객의 여행경험이 갖는 의미를 살펴보기 위해 다양한 '진정성(Authenticity)'에 대한 논의와 '관광객의 시선', '지리적 상상'에 대한 기존연구를 고찰한다. 이 연구에서는 관광에서의 위계는 존재하지 않으며, 관광객 내면의 여행경험이 '관광객의 시선'과 '지리적 상상'을 통하여 구성되어진다고 보고 있다.

따라서 이 연구에서는 중요한 이론적 자원으로서 '진지한' 관광과 '천박한' 관광 등 여행경험에서의 위계를 설명하고 있는 '진정성' 이론과 여행자가 자신의 일상적 시선을 통하여 여행장소를 소비한다는 관점의 '관광객의 시선' 이론에 대해 소개하고 있다. 그리고 지리적 상상을 통하여 장소정체성이 소비되고 재생산되며, 거부되기도 하는 투어리즘 실천에 관한 '지리적 상상' 이론에 대해 논의하고 있다.

1) 진정성(Authenticity)

1960년대의 관광 연구는 관광객이 추구하는 관광 경험의 본질에 관해 논쟁이 많았다. 부어스틴(D. Boorstin)은 관광을 일정한 시대의 병적 증세로 간주하면서 가짜 이벤트(pseudo-events)를 쫓아다니는 얄팍한 근대 대중관광객들을 비판한다(Boorstin, 1961). 그러나 맥캐널(D. MacCannell)은 근대 관광객은 부어스틴이 주장하는 것처럼 얄팍하지 않고 오히려 현대사회의 소외감을 극복하기 위해 전근대적인 다른(pre-modern other) 사회에 있을 법한 진정한(authentic) 것을 추구하는 진지한 사람들이라고 주장한다(MacCannell, 1973).

맥캐널 이후 진정성은 관광 연구 분야에서 핵심 쟁점 중 하나가 되었다. 맥캐널이 진정성이란 개념을 처음 사용한 이후, 진정성은 관광사회학과 관광인류학 분야에서 관광매력물, 특히 전통문화의 특성이나 관광객의 동기 및 경험을 설명하는 중요 개념으로 발전해왔다. '진정하다는 것이 무엇을 의미하고 관광객이 기대하고 경험하기 원하는 진정한 것이란 무엇인가'와 관련하여 학자들 간에 다양한 관점이 제시되었다. 맥캐널은 진정성은 관광매력물에 내재한 객관적 속성으로 '진품으로서 진정성'을 의미하며 관광객들은 진품(original)으로서 관광매력물의 진정성을 추구한다고 보았다(MacCannell, 1973).

이와 같이 진정성을 전근대사회의 특정 대상에 내재한 속성으로 보는 객관주의적 관점에 대해 브루너(E. Bruner)는 관광매력물에 내재한 객관적 속성은 없다고 주장한다. 즉 진품은 여러 이해관계자의 요구에 맞추어 끊임없이 재구성되고 새롭게 만들어져가는 것이다. 이러한 구성주의적 관점에서는 관광객들은 각자의 이미지와 기대하는 관광매력물의 진정성을 추구하게 된다. 따라서 문화원형으로서 전통춤은 공연관광 상품으로 재창조될 수 있으며, 관광객의 요구에 맞추어 재창조된 공연상품으로서의 전통춤 역시 관광객들의 기대와 이미지에 부합하는 한 관광객들에게는 진정한 것으로 경험될 수 있다. 즉 진정성에 대한 주관주의적 입장이라고 볼 수 있다(Bruner, 2005).

위의 두 가지 관점은 관광매력물의 진정성에 대해 논의하고 있는데 비해 세 번째 관점은 관광 체험의 진정성을 중시하며 관광매력물의 속성과는 무관하게 관광객의 진정한 경험에만 초점을 둔다. 왕(N. Wang)은 포스트모던 관광객들은 관광매력물이 진품인지 아닌지 혹은 자신들이 가진 이미지나 기대에 부합하는지에 대한 관심보다 관광을 통해 체험이나 몰입의 경험을 원하고, 가족이나 동반관광객들과의 공동체의 경험과 같은 실존적 경험을 추구한다고 주장한다(Wang, 2000). 이렇게 관광 체험의 진정성을 주장할 때 '진정성과 진정성의 부재'라는 이원론으로 보기보다는 여행 경험을 통하여 누구나 그 나름대로의 진정성을 가질 수 있다는 주장이 가능해진다.

코헨(E. Cohen)은 부어스틴과 맥케널이 주장한 근대관광의 두 가지 측면인 탈일상성과 진정성의 추구라는 양자를 포괄하는 관광객 유형론을 제시했다. 즉 부어스틴의 관광객이 추구하는 레크리에이션적이거나 기분전환적인 관광 경험뿐 아니라 맥케널의 진지한 여행객이 추구하는 체험적·실험적인 관광 경험과 실존적인 관광 경험도 포함하고 있다. 코헨은 유형론은 분석을 위한 일종의 이념형일 뿐 개개 관광객은 한 번의 관광에서 몇 개의 상이한 관광 경험을 할 수 있다고 제안한다. 또한 개인의 관광이력 측면에서도 나이가 들어가면서 추구하는 관광 경험이 변화될 수 있는 만큼, 이에 대한 경험적 연구도 필요하다(Cohen, 1979a).

코헨의 관광객 유형 분류는 탈일상성을 추구하는 위락형(recreational mode), 기분전환형(diversionary mode)과 진정성을 추구하는 경험형(experiential mode), 실험형(experimental mode), 실존주의형(existential mode) 등 다섯 가지로 구분한다. '위락형'은 일상에서 벗어나 잠시 쉬며 자문화권에서 즐기는 행락행위를 하는 관광객을 말하며, '기분전환형'은 중심의 탐구 없이 일상의 권태에서 벗어나 자문화권에서 즐기되 별다른 의미부여 없이 소일하는 관광객이다. '경험형'은 외부 문화 속에서 '진정성'이라는 '타 문화'를 탐구하지만 삶의 중심은 자문화권의 일상에 두고 있다. '실험형'은 자문화중심의 대안으로 타 문화의 진정성을 시험하되, 삶의 '중심'을 타 문화에 두지 않는 관광객으로서 지속적으로 표류하는 관광행위를 한다. '실존주의형'은 타 문화를 갈구하며 타 문화중심에 가면 이미 영적으로 몰입되는 여행자를 말한다(Cohen, 1979a). 이러한 코헨의 관광객 유형 분류는 부어스틴의 오락을 추구하는 천박한 관광객과 맥캐널의 진정성을 추구하는 진지한 관광객을 모두 포괄하여 종합적인 관광객 유형론을 제시한 것으로 평가된다.

2) 관광객의 시선

관광 연구에서 큰 영향을 미친 또 하나의 중요한 주제는 1990년에 발표된 어리(J. Urry)의 『관광객의 시선(The Tourist Gaze)』이다. 어리는 맥캐널이 주장한 진정성보다는 정주지와 관광목적지 간의 '차이'가 더 중요한 요인이라고 본다. 그 차이는 관광객의 '시선'을 통해 구별된다. 이는 '관광의 본질 및 동기는 무엇인가?'에 대한 새로운 해석으로 간주되고 있다. 어리는 오랫동안 관광학 논의에서 핵심적 개념으로 상정해 온 '진정성'이라는 개념을 '시선'의 형성에 따른 결과물에 지나지 않는 것으로 규정함으로서 기존의 논의에서 나타나는 '진정성'과 '비진정성' 간의 경계의 불명료성이라는 한계를 극복할 수 있었다(심승희, 2000).

현대인은 종종 일상의 주거지나 작업장을 벗어나 여행을 떠나게 되며, 관광을 하면서 평소 일상생활에서 소비했던 것과는 다른 소비재를 소비한다(Urry, 1990). 즉 일상적이 아닌 일련의 경관이나 마을 경치를 시선을 통해 '소비한다'는 것이다. 관광객은 관광대상지의 사회, 문화, 환경 등 비일상적 외부환경을 흥미와 호기심으로 바라보며, 그런 바라보기를 통해 대상물을 감상하고 또 그것이 어떠할 것이라고 기대한다. 어리는 여행자의 시선이 사회마다 집단마다 그리고 역사적 시기마다 다르게 나타나고 변한다고 전제한다.

시선(gaze)의 개념은 보는 것은 학습된 능력이며, 단순하고 순수한 관점으로 본다는 것은 신화임을 강조한다. 시선이란 마치 언어와도 같은 것으로, 한 사람의 사고방식은 사회-문화적으로 형성되며 다양한 '보는 방식(way of seeing)'이 존재한다. 우리는 결코 하나의 사물만을 보지 않으며 항상 사물과 우리 자신과의 관계를 본다. 즉 시선은 세상을 반영하기보다는 세상을 질서지우고, 형성하고 분류하는 행위다. 이러한 프레임은 관광객이 그들의 눈으로 '흥미롭고, 좋고, 아름답다'고 보기 이전에 형성된 것으로, 먼저 잠재적으로 물리적 형태와 물질적 공간을 보도록 만드는 비판적 자원과 기법이자 문화적 렌즈가 된다.

어리는 관광자의 시선은 그가 여행하기 이전의 비관광 상태의 일상적 사회경험(이를테면 직장이나 가정생활 방식이나 평소 의식 등)에 의해 지배된다고 주장한다. 따라서 관광자의 시선만 살펴보아도 역으로 그가 속한 사회가 어떤 사회인지, 그 사회에서 어떤 일이 벌어지고 있는지를 알 수 있다는 것이다. 즉 그의 사회적 배경, 시대적 배경이 그의 시선을 규정하고 있다. 관광대상과 그의 거주지 사회에서의 일상 간에 존재하는 '차이'는 관광의 중요한 요소다. 이 차이는 기호(sign)의 형태로 나타나며 여행자들은 이 표지(marks)를 관광하고자 한다. 이후 어리는 시선이론에 대한 비판론을 의식하여 관광자의 시각적 경험만이 관광 경험의 전부는 아님을 주장한다(Urry, 1992).

시선은 인간관계의 기본인 권력관계와 밀접한 관계를 맺고 있는데 어리의 시선이론은 타 문화권에서 행해지는 관광 형태에 부합하는 경향이 있다(박상훈·김사헌, 2011). 관광객과 현지민의 관계가 사회경제적으로 불평등할수록 시선이 관광지나 주민에게 미치는 영향이 크다. 즉 관광대상지보다 사회경제적 우위에 있는 관광객의 경우 그들의 시선이 현지민에게 상당한 권력을 행사할 수 있음을 의미한다.

3) 지리적 상상

'지리적 상상(Geographical imaginaries)'에 대한 학술적 담론은 어떻게 장소정체성이 구성되고 조종되는지, 그리고 이러한 정체성들이 어떻게 소비되고 재생산되거나 거부되는지에 대해 이해할 수 있도록 하는데 기여했다. 데이비드 하비(Harvey, 1973)는 처음으로 지리적 상상이라는 용어를 '공간인식(spatial consciousness)'의 한 형식으로 도입했는데, 이것은 개인이 자신의 삶 속에서 공간과 장소의 역할을 이해할 수 있도록 하고 지리학에 의해 사건이나 경험이 형성되는 방식을 이해할 수 있도록 해 주었다. 하비(Harvey, 1973)는 '상상이 사람들에게 공간을 창의적으로 사용할 수 있도록 해주고 타인에 의해 창조된 공간형식, 예를 들면 건축가나 도시계획 전문가에 의해 디자인된 공간의 의미를 감상할 수 있도록 해 준다'고 설명하고 있다. 메시(Massey, 1995)는 지리적 상상을 '우리가 지리적 세계를 이해하는 방식이며 그것을 우리 스스로와 타인들에게 재현하는 방식'이라고 정의한다. 재현의 도구는 지도, 여행브로셔, 후기, 뉴스, 리포트를 포함한다. 이러한 인상(impression)은 메시의 설명에 의하면 '집단의 권력과 이익, 관점을 반영하는 사회의 산물'이다. 사실상 지리적 상상은 '개인적일 뿐 아니라 사회적인 것'이며 주관적이면서 또한 강요된 것이다(Driver, 1999). 하비와 메시에 따르면 '투어리즘적 상상'은 투어리즘 풍경-관광명소, 관광목적지 국가전체와 지역-을 관통하는 상상적 과정으로서 정의되는데, 이는 다양한 사람들에 의해 여러가지 형식으로 재현되고 묘사된다. 재현물은 여행기와 브로셔, 광고, 캠페인 슬로건, 투어리즘 기념품 뿐 아니라 개인, 기획자, 기업가와 대중의 의견들을 포함한다(T.C. Chang and S.Y. Lim, 2004). 장소에 대한 투어리즘 상상은 투어리즘 목적지를 직접적으로 홍보하는지 여부와는 무관하게 매스미디어에 의해 구축되고 유지되어지기도 한다(Ateljevic 2000).

목적지에 대한 상상은 관광객의 행위에 영향을 미치는 중요한 역할을 한다(Hughes, 1992). 보통 이러한 상상은 자신의 사회 속에서 형성되고 매스미디어, 홍보책자, 입소문 등으로부터 온다. 이든서(Edensor, 1998)는 이러한 상상이 대체로 매스미디어와 여행스토리로부터 나온다고 주장한다. 상상력에 대한 습관적인 인식틀은 공간에 대한 상상을 구체화하고 명확하게 만드는데, 이는 관광객들의 소비행위에 강력한 영향을 미치는 힘이 있다. 그러므로 투어리즘은 어리(Urry, 2002)가 제안했던 것과 같이 일상생활의 경험으로부터 떠나는 것이 아니라 오히려 관광객의 일상생활의 연장이며 상상과 소비의 실천들은 여행지에서의 투어리즘 경관과 더 광범위한 소비사회 간의 사회-공간적인 연계를 구축한다(Su, 2010).

　이와같이 여행 경험을 여행객의 내면으로부터, 관광객의 시선으로부터 해명하려는 최근 여행 연구들은 진정성의 문제, 관광객과 관광 현지를 바라보는 시선의 문제, 지리적 서사와 투어리즘 소비에서 다양한 관점을 제기하고 있다. 무엇보다 여행의 진정성이 자칫 여행 경험의 위계를 설정할 수도 있다는 문제를 어떻게 넘어설 것인가에서 상당한 진전이 이루어지고 있다. 즉 진정성의 위계 설정이 타당하지 않을 수 있다는 방향으로 나아가고 있음을 확인할 수 있다. 또 한편으로 여행실천을 둘러싼 사회경제적 조건이 여행지와 여행객의 위계를 만들고, 이것이 여행객이 여행지를 보는 시선에 영향을 주고 있다는 주장도 제기되었다. 이 점은 시선의 문제에서도 여행객의 출신국가와 여행하는 국가의 위계에서 보듯이, 단순히 여행하는 시선이 여행의 사회경제적 위계와 밀접히 연관되어 있음을 보여주는 주장이라고 할 수 있다. 이들 두 주장은 상반되는 것이라기보다는 오히려 여행 경험이 여행자의 내면, 여행자와 여행지의 사회경제적 조건에 의해서 복합적 의미를 만들어낼 수 있음을 시사한다고 하겠다.
　또 한편으로는 지리적 상상에 관한 연구는 투어리즘을 통해 어떻게 장소에 대한 서사가 해석되고 장소이미지가 수용되는지 보여준다. 즉 지리적 상상이 관광객과 주민 등 최종 소비자에 의해 '내적으로' 재작동하는 방식에 대해 이해할 수 있게 한다. 따라서 이러한 세 가지 연구의 흐름은 중국인 관광객이 한국을 여행하며 경험하는 관광체험의 진정성, 그리고 중국인으로서 한국을 바라보는 여행자의 시선과 지리적 상상 등을 설명하는데 적합한 이론적 자원이라고 할 수 있다.

2. 중국 관광객에 대한 실증적 연구

여행 혹은 관광에 대한 실증적인 연구는 크게 1) 관광 이미지와 관광객의 만족 및 관광지 선택에 관한 연구, 2) 문화소비로서의 여행소비의 특성에 관한 연구, 3) 관광산업에 관한 연구 등으로 나뉜다. 지금까지 진행된 중국 관광객에 대한 연구도 이러한 주제들을 다루고 있다.

먼저 관광목적지 이미지와 관광객 만족, 충성도 간 구조적 관계에 대한 연구에서 츠와 취(Chi and Qu, 2008)는 만족요인으로서 쇼핑, 활동/이벤트, 숙박, 접근성, 매력물, 환경, 음식 등 8개 차원을 제시했다. 이러한 속성에 대한 만족요인은 전반적인 만족과 충성도에 영향을 미치고 있음을 밝히고 있다. 쉬 외(Hsu et al., 2009)는 대만을 방문한 관광객을 대상으로 관광지를 선택하는 요인과 선호도를 평가하는 연구를 했다. 그들은 관광지를 선택하는 것은 복합적인 의사결정 과정으로서 이러한 의사결정 과정은 많은 내·외부 변수의 영향을 받는다고 주장한다. 이러한 주장에 근거해서 관광객의 관광동기를 크롬턴(J. Crompton)의 배출-흡입(Push-Pull) 모델을 기반으로 구분하고 있다. 한국, 일본, 중국 관광객들간 관광지 선택 속성에 대한 차이를 분석한 한 연구에서 중국 관광객들이 가장 선호하는 관광지 요인으로 자연경관, 쇼핑, 친절한 서비스를 꼽았다(임병훈 외, 2005).

중국인을 포함한 한국을 방문하는 외국인의 주요 관광쇼핑 품목의 시대별 변화에 대한 연구도 있다. 한국을 방문한 외국인은 1960년대에는 전통공예품, 1970년대에는 전통공예품, 자수정, 완구, 1980년대에는 신발, 피혁제품, 전통공예품 등을 주로 구매했다. 이같이 과거의 관광쇼핑이 주로 토산품이나 전통공예품이었다면, 최근에는 의류나 가전제품 등 공산품이나 식료품을 선호하는 것을 알 수 있다. 또한 한국을 방문한 외국인의 주요 관광쇼핑이 과거에는 공항면세점 위주로 이루어진 데 반해, 최근에는 시내면세점, 재래시장, 백화점, 가두점 등으로 다변화되고 있다. 외국인이 선호하는 점포 중 명동이 가장 인기 있는 것으로 나타났다(김현숙·최은정, 2009).

한편, 방한 중국 관광객의 관광지 선택 및 만족도에 대한 실증적인 연구결과에서는 좀 더 구체적인 항목을 지적하고 있다. 중국 관광객이 한국의 관광지를 선택하는 데 중요하게 여기는 항목으로는 숙박시설의 청결성, 쇼핑상품의 질, 편의시설, 교통의 편리성 등의 순서로 나타났다. 만족도가 높은 항목으로는 편의시설, 교통의 편리성, 교통시설 서비스, 숙박시설 청결성, 기후, 쇼핑상품의 질 등으로 나타났다. 쇼핑 가격, 음식 가격, 다양한 음식, 기념품, 숙박요금 등의 항목은 만족도가 낮은 것으로 분석되었다(정병웅 외, 2009).

최근 베이징시의 소득계층별 문화소비 추세를 해외여행 소비를 중심으로 고찰한 연구에서는 흥미로운 결과를 보여준다. 베이징시는 주민의 소득수준 향상으로 문화소비에 대한 욕구가 증가하고 있는데 여기에 소득수준이 결정적인 요인으로 작용하기 때문에 소득계층별 문화소비의 격차가 존재한다. 고소득 계층일수록 문화소비 중 해외여행 소비가 급증하는데 중국 정부의 아웃바운드(outbound) 관광정책 발전, 주 5일 근무제 도입과 유급휴가제에 따른 여가시간 확대는 소득수준 향상과 맞물려 베이징시 주민의 해외여행 소비 증가의 중요한 요인으로 작용했다. 또한 인터넷 보급 증가로 전자상거래가 용이해지면서 온라인 여행사가 급증했고 이는 온라인 여행 상품의 구매 증가로 확대되었다. 최근 중국은 '여유법' 시행으로 향후 단체여행보다는 개인 자유여행 위주로, 저가의 여행상품보다는 고가지만 고급여행상품 위주로 소비가 이루어질 것으로 예상된다(김성자·이중희, 2014).

한편, 중국의 국외관광의 발전 현황에 대한 연구에서는 중국 국외관광 시장의 시기별 발전 과정을 단계별로 살펴보고, 중국 관광시장의 구조, 소비 특징과 발전요인 등을 분석했다. 중국 국외관광은 ① 개혁개방 초기의 홍콩-마카오 관광, ② 변경 관광(1987년 이후), ③ 국외관광, 친척 방문(1988년 이후), ④ 규범적 발전단계(1997~2000년), ⑤ 고속 발전단계(2001년~현재)로 구분할 수 있다. 중국인의 방한 관광은 매년 평균 18% 수준으로 고속성장을 해왔고, 2010년 이후부터 2017년 중국의 고고도미사일방어체계(THADD, 사드) 보복에 따른 금한령으로 중국인 관광객이 급감하기 전까지는 매년 30%대의 증가속도를 보이고 있었다. 중국 국외관광 시장은 인구와 경제 규모로 인해 해외소비 능력에서 세계 최고다. 그러나 선진국에 비하면 그 역사가 짧기 때문에 발전 수준은 아직 초보 단계다. 국외관광 인원 중 대부분은 처음 출국하는 사람들이다. 한국관광공사에서 중국 관광객을 상대로 실시한 설문조사에 따르면 '한국을 관광지로 선택한 요인'에 대해 '쇼핑'이라고 답한 비율이 80.6%로 가장 높았다. 이로 미루어볼 때, 중국 관광객의 방한 관광의 주요 목적이 쇼핑이라는 것을 알 수 있다. 세계관광기구에서 2020년에는 중국이 세계 최대의 관광송출국이 될 것이라고 전망할 정도로 중국의 국외관광 시장의 잠재력은 매우 크다(차경자·진학문, 2013).

한류가 한국 관광에 미치는 영향에 주목한 일련의 연구들도 있다. 고정민(2012)의 연구에 따르면 현대인의 소비문화 트렌드 중 하나는 체험형이다. 관전이 아니라 직접 참여하고 체험해 보겠다는 것으로 한류관광도 체험형 소비라고 할 수 있다. 이러한 한류관광은 크게 세 가지로 나눌 수 있다. 첫째, 한류 콘텐츠를 직접 한국에서 감상하기 위한 직접적 한류관광이다. 둘째, 드라마, 영화 등의 촬영 장소는 방문하는 촬영지 관광이다. 셋째, 소비자들이 한류와 연관된 상품을 구매하는 파생적 한류관광이다. 한류를 통해 한국 상품에 대한 이미지가 높아져 일반상품을 구매하거나 성형, 음식, 유학, 화장품, 쇼핑 등 한류 콘텐츠와 연관된 상품을 구매하기 위한 것이다. 이처럼 한류관광은 생태관광이나 자연관광과는 달리 '문화관광'이나 '창조관광'의 특징을 가진다고 볼 수 있다(고정민, 2012).

또한, 한류가 한국 상품 소비에 미친 영향을 실증적으로 분석한 연구도 있다. 드라마에서 시작된 중국에서의 한류는 최근 K-pop의 인기로 그 여파를 이어가고 있다. 이로 인해 한국 상품의 수출이 증가하고, 한국을 방문하거나 한글을 배우려는 인구가 증가했다. 한류의 영향을 가장 많이 받은 것으로 파악되는 한국 상품인 화장품과 의류의 구매 의사에 영향을 미치는 한류 콘텐츠는 드라마인 것으로 파악되었으며, K-pop도 유의미한 영향을 미치는 것으로 분석되었다(김주연·안경모, 2012). 또한 중국인들의 한국에 대한 호감이 한국식료품, 화장품, 승용차 등 한국 상품 구매 의사에 긍정적인 영향을 미치고 있음을 밝힌 연구도 있다(이준웅, 2003). 이와 같이 한국 드라마, K-pop에 대한 만족감과 한국에 대한 호감도는 중국과 일본에서 한국 상품에 대한 평가를 높여 구매 의사에 중요한 영향을 미치는 것으로 나타나고 있다.

III. 연구방법

이 연구에서는 양적 연구방법과 질적 연구방법을 병행하였다. 특히, 이 연구에서는 방한 중국 관광객에 대한 설문조사를 하고, 한국을 방문한 관광객들의 인터넷 후기 등을 조사했다. 그 결과를 바탕으로 중국 관광객의 한국 여행 경험에 대해 경험적으로 분석하였다. 〈2015 방한 중국 관광객조사〉는 서울대학교 아시아연구소에서 주관했고, 한국을 방문한 중국 관광객을 대상으로 2015년 10월에 이루어졌다. 조사내용은 한국 방문 동기, 여행정보 수집 방법, 방문 장소, 가장 많이 참여한 활동, 여행의 목적, 한국 여행 전후의 이미지, 한국 이미지 형성에 영향을 준 요인 등에 관한 항목이 포함되었다. 조사는 명동, 인천공항, 동대문, 잠실역 등 중국 관광객이 많이 방문하는 장소에서 이루어졌는데, 이곳을 찾는 중국인 관광객들을 대상으로 구조화된 설문지로 거리조사를 실시했다. 그리고 P여행사를 통해 한국에 온 중국 단체관광객을 대상으로 그룹 설문조사를 실시했다.

질적 연구방법으로는 방한 중국 관광객이 한국 방문 이후, 중국에서 여러 여행 관련 인터넷 사이트에 올리는 여행기를 수집해 분석했다.[2] 질적 연구는 양

---

2 이 글에서 분석한 중국의 여행후기 인터넷사이트명은 TripAdvisor(중문명 猫途鹰(마오투

적 연구로는 해결하기 어려운 복잡한 사회현상에 대한 심층적인 관찰과 분석 및 깊이 있는 해석을 시도하는 연구방법이다. 즉 현상의 체계를 단순화하거나 범위를 제한하지 않고, 있는 그대로의 개방적인 상태에서 파악하게 된다. 따라서 질적 연구는 심층적이고 풍부한 사실 발견이 가능하며, 조사 설계 및 자료수집에 있어 융통성이 있으며, 작은 표본으로도 연구가 가능하다는 장점이 있다. 비록 질적 연구가 주관적이며, 조사결과를 일반화하는 데 어려움이 있다는 단점이 있지만 위와 같은 장점으로 연구자가 연구를 함에 있어 질적 연구는 양적 연구와 동반관계를 이루고 있다(Creswell, 2012).

질적 연구의 가장 근본적인 특성은 사건, 행동, 가치 등을 참여자의 시각에서 본다는 것이다. 질적 연구에서 관심을 갖고 있는 것은 '의미'라고 할 수 있다. 이 연구에서 주요 관심은 관광객들이 여행을 통해 그들의 삶에 의미를 부여하는 방식이다. 이러한 관점에서 질적 연구전략으로서 중국인 관광객의 세계관, 경험, 느낌을 이해하고, 그들의 입장과 위치에 서 보는 공감과 이해의 방법으로 자료를 해석하고자 한다.

이 글에서는 여행 경험이 표현되고 있는 담론 중 인터넷 여행후기들을 모아서 분석했다. 그동안 진행된 관광담론에 관한 연구들은 주로 전문가들에 의해 산출된 문학작품, 여행서적 및 가이드북과 같은 홍보 메시지 등에 집중되어 있다(Morgan and Pritchard, 1998; Dann, 1996). 여행서적들은 미지의 것에 대한 불안을 해소해주고 정보를 제공하기 때문에 독자들이 잘 모르는 행선지에 대해서 이러한 자료에 의거하여 장소에 대한 태도를 형성하게 된다(최인호, 2005). 또한 신문기사와 같은 언론도 관광지에 대한 호기심이나 태도, 이미지와 시선 등을 형성하는데 중요한 역할을 한다(Whorf, 1964). 기존의 연구들은 1차 텍스트

잉)), 百度貼吧(바이두 테바), 穷游(츙유), 新浪博客(신랑 블로그), 蚂蜂窝(마펑워), 途牛(투뉴), 百度旅游(바이두 뤼유), 大豫社区(다위서취), 搜狐旅游(서우후 뤼유) 등이며 총 9개의 인터넷사이트이다.

인 미디어 텍스트나 그에 관련된 2차 텍스트(홍보물, 기사 등)에 초점을 맞추었으나 비전문인의 텍스트, 즉 3차 텍스트(대화, 가십, 인터넷 게시물, 후기 등)는 간과해 왔다(최인호, 2005). 그러나 인터넷을 비롯한 커뮤니케이션 기술의 획기적인 발전으로 이제 비전문집단, 즉 수용자들이 생산하는 콘텐츠와 담론을 더 이상 무시할 수 없게 되었다. 관광객들은 실시간으로 관광지를 촬영하고 공유할 수 있게 되었으며, 이제 단순히 미디어에 순응하는 수용자의 위치를 넘어 자신들만의 담론을 생산하며 관광지에 대한 담론을 직접 활성화하고 있다. 이 연구는 관광지에 대한 비전문 담론의 주체가 되고 있는 관광객의 인터넷 여행후기를 분석대상으로 한다. 해당 게시글은 중국인들이 여행후기를 포스팅하는 대표적인 중국 인터넷 여행 사이트에서 중국인의 한국여행과 관련된 후기를 수집한 것으로 출처와 각 사이트의 특징에 대한 설명은 표 1과 같다.

관광객에게 관광지의 의미를 이해하는 것은 장소라는 대상이 사회적으로 어떻게 형성되는지를 살펴보는 것에서부터 출발한다. 장소 또는 공간이라는 것은 단지 물리적이고 객관적인 실재일 뿐 아니라 집합적 주관성에 의해 사회적인 의미체계와 연상관념으로 구성된다고 볼 수 있다(Shields, 1991). 그러므로 관광지 또한 하나의 장소로서 물리적 속성뿐 아니라 사회적 담론으로 구성되는 사회적 상상의 결과라고 할 수 있다(Hughes, 1992; Salazar, 2012).

즉 사회화 과정에서 축적된 재현물들이 개인의 상상력을 만나 타자와 타지에 대한 집단적인 세계관을 형성하게 된다는 것이다. 이와 같이 문화적으로 형성된 '바라보는 방법(way of seeing)'은 타문화에 대한 각종 편견과 환상을 포괄하는데, 사진과 영상과 같은 시각적 요소, 언어를 비롯한 모든 커뮤니케이션 매체는 보는 방법을 주도하는 강력한 도구가 된다(Hughes, 1992). 대중의 상상 속에 특정한 이미지와 선입견이 덧입혀지면서 관광은 사회적 구성물인 '보는 방법'에 영향을 받는다. 즉 관광지 자체는 변화하지 않지만 시대와 사회적 맥락에 의해 이를 해석하는 관점이 변화할 수 있고, 장소성의 해석은 관광지의 객관적인 특성보다는 관광객이 속한 사회의 담론이 주도한다고 볼 수 있다(송신의,

표 1 인터넷 여행 사이트명

사이트명	URL / 사이트 특징
TripAdvisor 중문명: 猫途鹰(마오투잉)	http://www.tripadvisor.cn/TourismBlog-t2960.html#_tag242083 세계적인 여행 정보 웹사이트인 트립어드바이저(TripAdvisor)의 중문 사이트이다. 트립어드바이저의 로고로 쓰이는 부엉이의 중국어 번역 마오토우잉(猫头鹰)에서 중간 글자만 발음이 비슷하면서 여정을 뜻하는 투(途)로 바꾸어서 중문 사이트 이름을 만들었다. 트립어드바이저에는 7억 건이 넘는 평가와 리뷰가 있으며 전 세계 49개국 월평균 방문자 수가 4.9억 명에 달하는 만큼 중국에서도 대표적인 여행 정보 및 리뷰 사이트이다.
百度贴吧(바이두 테바)	https://tieba.baidu.com/p/6446327282 중국의 대표적인 검색 사이트인 바이두에서 만든 것으로 중국에서 가장 큰 커뮤니티 사이트이다. 같은 주제에 대해 흥미를 느끼는 사람들끼리 자유롭게 교류하고 돕는 것을 목적으로 만들어졌다. 인문자연, 지역정보, 교육, 생활, 스포츠, 영화, 드라마 등 다양한 주제를 망라하고 있다. 활동 중인 회원 수는 15억 명 이상이며 커뮤니티 수는 2,200만 개에 달한다.
穷游(츙유)	http://bbs.qyer.com/thread-645668-1.html?authorid=1266540 츙유는 중국어로 배낭여행을 의미한다. 배낭여행이라는 단어에서 알 수 있듯이 츙유는 2004년 독일에서 유학 중이던 중국인 유학생이 여행 정보 공유를 위해 만든 사이트로부터 시작되었다. 처음에는 유럽 회원 수가 많았으나 중국 국내 이용자 수가 점차 증가하면서 중국으로 기반을 옮겼다. 사용자들의 자발적인 참여로 지금까지 성장했다는 특징이 있다.
新浪博客/国燕的博客 (신랑 블로그)	http://blog.sina.com.cn/s/blog_53d229bb0101et8s.html 중국의 대표적인 포털 사이트인 신랑(新浪)에서 운영하는 블로그이다. 중국에서 이용률이 가장 높다. 일례로 2019년 1월 기준으로 방문자 수 1위 블로그에는 24억 5천만여명이 방문했다.

사이트명	URL / 사이트 특징
蚂蜂窝(마펑위)	http://360.mafengwo.cn/travels/info.php?id=726692 2006년에 설립된 여행 서비스 사이트로 처음부터 여행기를 중심으로 여행경로와 방법, 경험 등을 공유하는 것으로부터 시작되었다. 서로 협력하며 돕는 개미와 꿀벌에서 착안하여 중국어 개미(蚂蚁)의 첫 글자인 마(蚂)와 꿀벌(蜜蜂)의 마지막 글자인 펑(蜂)을 한 자씩 따서 현재의 이름을 만들었다. 기존의 여행상품 위주의 사이트와 달리 개인적인 경험에 근거한 자유 여행 정보를 주로 다룬다. 중국 청년 사이에서 인기 있는 사이트이자 여행 전 꼭 방문해야 하는 사이트로 알려져 있다. 현재 회원 수는 약 1억 명이다.
途牛(투뉴)	http://www.tuniu.com/trips/10009379 2006년 설립된 여행 예약 사이트이다. 중국 180개 도시에서 출발하는 단체여행, 자유여행, 항공권, 호텔 등의 상품 및 예약 서비스를 제공하고 있으며 1,500만 명 이상이 서비스를 이용하였다. 여행 상품 위주의 사이트이지만 여행기 공모 이벤트를 진행하고 있기 때문에 여행기도 찾아볼 수 있다.
百度旅游(바이두 뤼유)	http://lvyou.baidu.com/notes/a96da4fc1ad2812bca01a1bd(2019년 12월, 현재 사이트 폐쇄) 중국의 대표적인 검색 사이트인 바이두에서 만든 여행 정보 사이트이다. 2011년 서비스를 시작하였고 여행기와 여행 목적지 정보 등을 제공하고 있다. 여행 전문 사이트만큼은 아니지만 약 88만 건의 여행기와 187만여 건의 리뷰가 등록되어 있다.
大豫社区(다위서취)	http://myhenan.qq.com/forum.php?mod=viewthread&tid=697922(2019년 12월, 현재 사이트 폐쇄) 중국에서 널리 쓰이는 메신저인 QQ를 만든 기업 Tencent(腾讯)와 허난(河南)일보가 2011년 공동으로 만든 웹사이트 다위(大豫)에 있는 커뮤니티 사이트이다. 뉴스, 부동산, 자동차, 미식, 건강 등 여러 항목이 있지만 그 중에서도 커뮤니티는 가장 다양한 의견이 모이고 상호 작용이 활발한 곳이다.
搜狐旅游(서우후 뤼유)	http://travel.sohu.com/20150303/n409297034.shtml 중국의 유명 포털 사이트인 서우후에서 운영하는 채널 중 하나이다(서우후는 2017년 기준으로 중국 인터넷 사이트 부문에서 7위를 했다). 각 지역별 정보가 게시되어 있는데 전문가보다는 일반인이 집필한 글이 많아 여행기처럼 개인적인 의견도 많이 게시되어 있다.

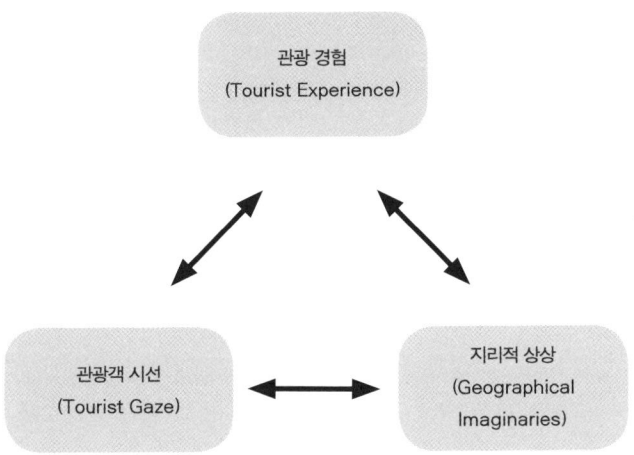

그림 1 설명틀: 관광 경험, 관광객 시선, 지리적 상상의 상호작용

2016).

　이와 같이 이 글에서는 관광객의 경험을 사회적 구성물로서 파악하며 관광객이 갖는 시선과 지리적 상상이 결합되어 관광지에 대한 의미 형성이 이루어진다고 본다. 특히 관광지를 둘러싼 이미지와 의미부여의 맥락이 관광객의 사회구성원으로서의 신념이나 가치체계뿐 아니라 개인의 사적인 국면과 경험 속에서 형성된다는 점을 드러내고자 한다.

IV. 중국 관광객 통계와 경향: 어떤 '중국인'이 한국을 여행하는가

1. 중국의 해외여행 추이와 여행객의 특징

2014년 현재 1억 명에 달하는 요우커들의 세계여행은 1997년 3월부터 시작되었다. 2001년 세계관광기구(World Tourism Organization: WTO)에 가입한 이후 중국의 해외여행 절차가 더욱 간편해져 중국인들의 해외여행 붐이 일기 시작했다. 2003년 중국 해외여행자 수는 2,000만 명에서 2008년 4,000만 명에 이르렀으며, 2014년에는 사상 최대인 1억 명을 돌파했다.

베이징에 본부를 두고 있는 세계관광도시연합회(World Tourism Cities Federation: WTCF)는 2014년 8월 중국 해외 여행소비에 관한 보고서를 발간했다. 이 보고서에서는 10만 명의 요우커를 대상으로 설문조사를 진행하여 중국인 해외여행객의 특징을 조사했다. 이들의 1인당 평균 월소득은 11,512위안(한화로 약 200만 원 조금 넘음)인데, 중국 내 중급 이상 도시민의 평균 월소득에 비해 3배 많은 것으로 나타났다. 단체여행객의 평균 월소득은 1인당 8,000위안(약 140만 원)이며, 개인여행자 1인당 평균 월소득은 10,000위안(약 176만 원)으로 단체여행객보다 약간 더 높았다.

중국 해외여행객이 꼽는 매력요소로는 아름다운 자연경관(73.6%), 진정한 문화(68.6%), 유구한 역사(58.1%), 맛있는 음식(48.5%), 기념비적 건물(33.3%), 합리적인 가격(33.3%), 저렴한 상품(29.1%), 박물관(22.1%), 친절한 사람들(17.1%) 등이다(WTCF, 2014). 지역별로 나타난 중국 해외여행객의 방문 이유로는, 한국이나 일본의 경우 맛있는 음식, 합리적인 가격, 저렴한 상품, 최신 유행 의류의 쇼핑 등을 꼽았으며, 동남아는 합리적인 가격을 주요 이유로 들고 있다. 이에 비해 유럽이나 미국은 유구한 역사, 독특한 문화, 안락한 환경, 기념비적인 건물, 수많은 박물관 등이 주요 방문 이유로 나타났다. 즉 아시아 국가는 주로 합리적 가격 및 쇼핑을 위해서 관광을 한다면, 유럽이나 미국은 역사적인 유적지나 박물관 관람 등 문화관광을 위한 방문지가 되고 있음을 보여준다.

최근 한국을 찾는 외국인 관광객은 2010년 880만 명에서 2014년 1,420만 명으로 상승하는 등 가파른 성장세를 보이고 있다. 그 중심에는 '요우커'라 불리는 중국 관광객이 있다. 특히 이들은 2013년 430만 명에서 2014년 613만 명으로 매년 폭발적인 증가세를 보이고 있다. 중국의 해외여행 붐은 마치 거대한 파도와 같아서 이미 멈출 수 없는 대세로 자리매김하고 있다. 중국의 해외여행객에게는 아시아 권역에서도 중국과 문화권이 같은 홍콩·마카오·대만과 휴양지로서 매력적인 동남아시아권, 쇼핑 인프라가 훌륭하고 엔화 약세로 가격경쟁력까지 갖추고 있는 일본이라는 좋은 여행지가 있다. 많은 후보지 중에서도 한국은 요우커에게 특히 매력적인 시장으로 부상하고 있다. 여기에는 최근 들어 더욱 거세진 신한류 열풍과 지리적으로 매우 유리한 위치, 홍콩 정국의 변화와 일본과의 불편한 관계 등 대외적인 요건이 영향을 미친 것으로 분석된다(전종규·김보람, 2015).

2014년 한국을 방문한 요우커 중에서는 20~30대가 가장 많고 이는 41.8%에 달한다. 개별여행을 선택한 사람이 53.8%로 과반수 이상이며, 처음으로 한국에 온 사람이 74.3%로 대다수이고, 여성이 62.3%로 남성에 비해 많은 것으로 나타났다. 중국 여행자들의 활동 중에서 쇼핑이 차지하는 비중이 82.2%로 압도적으로 높은데, 중국인이 가장 선호하는 쇼핑 장소는 시내면세점(60.7%)이며 다음으로는 명동(42.2%), 공항면세점(30.1%) 순이다. 쇼핑목록으로는 향수·화장품(73.1%)이 가장 많고, 의류(40.8%), 식료품(32.7%) 등을 많이 구매하는 것으로 나타났다(문화체육관광부, 2015).

2. 중국 관광객의 한국에 대한 이미지와 시선: 중국 관광객 조사(2015) 자료 분석

1) 한국 관광에 대한 기대감 형성 과정과 참여 활동, 관광 목적

중국인 관광객의 여행경험을 고찰하기 위해 관광객을 대상으로 설문조사를 실시하였다. 서울대학교 아시아연구소에서는 2015년 10월 5~10일 사이 한국에 온 중국 관광객 310명을 대상으로 관광 목적, 방문 장소, 여행 경험, 한국과 한국인에 대한 이미지, 한국 문화에 대한 느낌, 한국 이미지에 영향을 미치는 요인 등에 대해 설문조사를 했다. 명동, 동대문, 인천공항, 면세점 등 중국 관광객이 많이 방문하는 장소에서 관광객을 대상으로 거리조사를 실시했다.[3]

설문조사 결과를 분석하면서 먼저 한국 관광에 대한 기대감을 갖는 과정이 어떠한지 알아보았다. 조사에 응답한 중국 관광객 중에서 해외여행이 처음인 경우는 약 40%지만 5회 이상인 경우도 20%에 달했다. 서울 방문이 처음인 경우가 80%로 가장 많으며 응답자 대부분(77%)이 여행계획 시 처음부터 한국을 목적지로 선택했다. 여행정보는 인터넷(76.5%)을 통해서 얻은 경우가 가장 많고, 다음으로는 친지·친구·동료(66.5%), 여행사(54.5%), TV·라디오·신문·잡지 등의 보도자료(42.3%) 순으로 나타났다. 상대적으로 관광안내서적(23%), 항공사·호텔(3%)을 통해 여행정보를 얻는 경우는 많지 않았다.

여행준비 방법은 여행사 등이 기획한 단체투어에 참가한 경우가 63.2%, 나머지 36.8%는 왕복표와 숙박 등을 개별적으로 준비하거나 왕복표와 숙박 등이 포함된 개인여행 패키지 상품을 이용하는 것으로 조사되었다. 실제로 조사 대상자 중 단체관광으로 온 여행객이 많이 포함되어 있어서 실제 관광공사의 방한 중국인 조사보다 본 연구에서 단체관광객 수가 약간 더 높게 나타나고 있는 것을 볼 수 있다.

한국 여행에서 '가장 많이 참여한 활동'에 관한 설문에서는 쇼핑(87.1%)이 가장 많았고, 다음으로는 시티투어(35.5%), 고궁·역사유적지 방문(32%), 번화가 산책(29.4%), 자연경관 감상(27.1%), 유흥·오락(17.4%) 등의 순이다. '가장 좋

---

[3] 전체 사례 수는 310명이다. 325부의 설문지 중에서 응답이 불성실한 15부를 제외하고 310 사례가 분석되었다. 남성이 30.6%, 여성은 69.4%로 여성이 압도적으로 많다. 연령대는 20대가 30.6%, 30대가 24.8%로서 20~30대 젊은 층이 전체의 과반수를 넘는다. 최종학력은 대졸 이상자가 50.2%로 가장 많고 전문대이상까지 포함하면 74.5%로서 전체의 4분의 3이 전문대졸이상의 고학력자로 구성되어 있다. 월소득은 20,000위안 이상이 41.9%이며 10,000~20,000위안 이하가 35.6%를 차지하여 10,000위안 이상의 소득자가 77%로서 절대다수로 나타나고 있다.

았던 활동'도 같은 순위로 나타나고 있지만 응답비율은 쇼핑 60%, 시티투어, 고궁 역사유적지 방문, 번화가 산책, 자연경관 감상 등은 모두 약 17~18% 내외로 선호도는 참여율에 비해 상대적으로 낮게 나타나고 있음을 주목할 수 있다. 중국 관광객이 가장 많이 방문한 장소는 명동(86.6%), 경복궁(72.2%), 동대문시장(75.8%), 남산·서울타워(63.8%), 청와대(58.4%), 롯데월드(53%), 청계천·광화문광장(44.3%) 등이다.

여행 목적에 대해서는 코헨(E. Cohen)의 관광객 유형에 관한 연구를 기초로 설문을 구성했는데, 크게 '탈일상성'을 중시하는 것과 '진정성'을 추구하는 것으로 구분했다. 먼저 탈일상성을 추구하는 관광은 두 가지 목적이 포함되는데, '여흥을 즐기며 휴식 및 재충전하기 위하여'가 37%, '일상생활의 무료함에서 탈출하기 위하여'가 11.1%였다. 즉 오락 및 일상의 탈출과 같은 목적이 약 48%로 나타나고 있다. 이에 비해 여행 체험의 진정성을 추구하는 관광객 유형인 '다양한 문화 속에서 대안적 삶의 방식과 새로운 나의 존재 찾기'(30.2%)와 '낯선 풍경과 문화를 접하면서 삶의 새로운 의미 찾기'(21.7%)를 선택한 사람들도 51.9%로 나타났다. 따라서 과반수이상의 중국 관광객이 단순히 일상의 탈출이나 휴식뿐만이 아닌 여행 체험에서의 진정성 추구를 주된 관광의 목적으로 삼고 있는 것을 알 수 있다.

2) 관광지로서의 한국 이미지

관광장소, 관광목적지는 자연적·문화적 매력물과 같이 물리적 환경과 관광객들의 다양한 사회심리적 특성이 결합되어 구성된다(민웅기·김남조, 2005). 관광은 문화적 의미가 부여되는 경험적 소비의 형식이며 사회적 지위와 사회적 정체성 등을 표현하는 상징적 소비가 되기도 한다(Baudrillard, 1992; Featherstone, 1991). 오늘날 사람들은 매체를 통하여 관광지에 대한 이미지를 형성하는데, 관광목적지의 이미지는 장소에 대한 대중매체의 표현을 접한 대중들의 상상 속에서 장소에 대한 의미가 생겨나게 되고 특정 이미지, 기억, 연상, 정서적 몰입, 애정 등에 의해 특정 장소를 방문하려는 욕구를 가지게 된다(Lash and Urry, 1998; Iwashita, 2003). 여행에서의 이미지는 관광 만족도와 이후 재방문 의사에도 중요한 영향을 미친다.

중국 관광객의 한국 여행 전후의 이미지는 약 85%가 '좋았다'고 응답했다. 한국의 이미지에 대한 여러 특징이 조사되었는데, 5점 만점으로 평가했을 때, 가장 긍정적인 답변은 '쇼핑할 곳이 많다'(3.60), '기후가 좋다'(3.47), '즐겁다'(3.45), '활기차다'(3.42), '편안하다'(3.40), '흥미롭다'(3.38) 등의 순으로 나타났다. 이는 한국에 대한 이미지는 쇼핑을 중심으로 형성되어 있으며, '기후가 좋으며 즐겁고 활기찬 곳'이라는 장소 이미지가 자리잡고 있음을 알 수 있다. 한국인에 대한 이미지를 질문했을 때, '예의가 바르다'(3.64), '근면하다'(3.56), '정이 많다'(3.5), '약속을 잘 지킨다'(3.45), '실용적이다'(3.45), '계산에 밝다'(3.43), '인간관계를 중시한다'(3.41)의 순으로 나타났다. 따라서 중국인이 보는 한국인의 대표적인 이미지는 '예의 바르고 근면하며 정이 많은 사람들'인 것으로 나타나고 있다.

한국에 대한 이미지를 형성하는 데 가장 영향을 준 요인은 '쇼핑·상품'(24%)과 '현대 대중문화'(22.1%)로 나타났다. 다음으로 '한국 전통 민속문화·한국역사'(14%)와 같은 전통문화 및 역사 분야, '고도성장 등의 경제 분야'(12.9%), '관광지로서의 매력과 같은 관광 분야'(11.2%), '친밀해진 한중관계 등의 양국관계'(10.2%), '과학기술 분야'(6%)와 같은 요인으로 나타났다. 전반적으로 '쇼핑 및 관광'과 같은 '소비주의 시선'이 45.4%로 가장 많고, 다음으로는 현대 대중문화나 전통 민속문화·한국역사와 같은 '문화주의 시선'은 36.3%이며, 경제성장이나 과학기술과 같은 '발전주의 시선'이 18.9%를 차지하고 있다. 즉 한국을 방문하는 중국 관광객은 주로 소비나 관광, 대중문화 및 한국의 전통문화·역사 그리고 경제성장 및 과학기술의 발전 등을 통해 한국에 대한 이미지를 형성하고 있는 것으로 나타났다.

V. 중국 관광객들은 한국 여행을 어떻게 경험하는가?: 인터넷 후기 분석
– 세 가지 유형의 '관광객 시선'을 중심으로

앞에서는 양적방법을 통해 중국관광객들의 방문목적과 한국에 대한 이미지가 어떤 것인지, 한국에 대한 이미지 형성에 영향을 준 요인이 무엇인지에 대해 살펴보았다. 중국인 관광객에 대한 조사연구를 통한 양적 분석이 사회현상의 전체적인 경향과 특징을 알려준다면, 질적 연구방법은 행위자의 관점에서 그들의 입장과 위치에 서 보는 공감과 이해의 방법으로 그들의 세계관, 경험, 느낌을 이해하고자 한다. 여기에서는 질적 방법을 통해 중국인 관광객이 여행을 통해 그들의 삶에 의미를 부여하는 방식을 알아보고자 한다.

이제 중국 관광객들이 작성한 인터넷 여행후기를 통하여 그들이 한국을 바라보는 시선과 여행경험을 좀 더 심층적으로 분석하고자 한다. 우리는 인터넷 후기를 통해, 한국을 여행한 중국 관광객들에게 세 가지 시선이 존재함을 확인할 수 있었다. 즉, '애국적/발전주의적 시선', '소비주의/코스모폴리탄 시선', '해석적/자기성찰적 시선'이다. 첫째, '애국적/발전주의적 시선'이란 경제적 발전을 중심으로 사회의 이미지를 형성하는 시선을 말한다. 이런 시선에서는 한국의 고도성장을 높이 평가하며, 한국을 발전과 진보의 나라, 창의적이며 개방적인 사회, 활기차고 효율적이며 중국이 배워야 할 모델로 파악한다. 여기에는 양가성이 있는데, 중국인으로서의 자부심이 한편에 자리잡고 있는 반면, 선진국에 대한 열등감도 중층적으로 결합되어 있다. 한편으로는 중화의식과 같은 국민적 자부심이 나타나기도 하며, 다른 한편으로는 한국의 청결 상태나 위생, 전통의 보존, 발전된 모습에 부러움을 표현하기도 한다.

'소비주의/코스모폴리탄 시선'은 한국을 쇼핑하기 좋은 곳으로 보고, 한국인의 외모나 차림새에 많은 관심을 가지게 되는 시선이다. 한국인들이 '유행과 외모를 중시하고 옷을 잘 갖추어 입으며 화장을 잘한다'고 보고 있으며, 한국의 도시들을 '변화하고 다원화되어 있으며 다채로운 곳'으로 경험한다. 위의 두 시선이 경제성장과 소비 및 라이프스타일 등을 위주로 형성되었다면 '해석적/자기성찰적 시선'은 겉으로 잘 드러나지 않는 이면의 것들에 관심을 갖고 그것들을 살펴보고자 하는 시선이다. 이러한 '해석적/자기성찰적 시선'은 한국과 한국인의 이미지에 대해 긍정적인 면과 부정적인 면을 동시에 바라보고 있다. 또한, 효도여행, 가족여행, 친구와의 여행 등 여행의 동반자와의 관계나 자신의 생애사적 경험 속에서 여행의 의미를 발견하고 여행을 통한 생애기억(life memory)의 축적이 이루어진다.

이 장에서는 이러한 세 가지 유형의 시선 속에서 중국인의 한국에 대한 이미지가 어떻게 드러나고 있는지 살펴보고자 한다. 이를 통해 관광지에 대한 의미의 형성 과정이 어떻게 이루어지는지를 고찰하고, 관광객의 시선 속에서 지리적 상상과 개인의 생애사적 경험, 정체성 및 내적 동기 등에 영향을 받으며 관광지 장소에 대한 이해가 지속적으로 구성되어간다는 것을 보여주고자 한다.

1. 애국적/ 발전주의적 시선

중국 관광객의 '애국적/발전주의적 시선'은 이중적인 모습을 보이는데, 한국의 발전된 모습에 대한 긍정적인 평가와 부러움을 표현하면서, 이와 동시에 중국 문화와 전통에 대한 자부심도 드러내고 있다. 이를테면 중국 관광객은 서울을 현대적인 활력이 넘칠 뿐 아니라 오랜 역사가 숨쉬는 곳, 전통이 잘 보존되어 있어서 현대와 전통이 잘 어우러져 있는 곳으로 인식한다. 그러나 다른 한편으로는 중국의 역사적 건축물에 비해 규모가 작고 건축 스타일이 중국을 따라한 것 같다고 느끼기도 한다. 구이저우성(貴州省)에 거주하는 30대 여성은 "건축물이 중국보다 보존이 잘 되어 있다"고 하고, 북경에서 온 30대 남성은 "궁궐 등이 잘 보존되어 있는 것을 통해 한국인이 역사와 전통에 대해 관심이 많고 아낀다는 것을 알 수 있다"고 평가한다.

또한 요우커들은 한국이 청결 정도나 위생 상태가 중국보다 훨씬 좋고, 공기가 깨끗하고 환경이 좋다고 평가하고 있다. "한국의 휴지통은 위생적이며 공중화장실이 매우 청결하다"고 하면서 이는 "경제가 발달"한 것을 반영하고 있다고 부러움을 표시한다. "길에 쓰레기가 없고 휘발유 냄새도 전혀 나지 않아" 한국이 "매우 깨끗한 도시"라고 표현하고, 공공시설이 잘 되어 있고 공중화장실에 휴지가 있는 것도 만족스러운 경험으로 언급된다. 관광객의 '애국적/발전주의적 시선'을 통하여 시설물의 청결도가 국가의 발전 정도를 가늠하는 지표가 되고 있음을 확인할 수 있다.

> 서울이 TV에서 보는 것처럼 과장된 형태는 아니지만 공공시설은 분명히 잘 되어 있다. 공중화장실에 휴지가 있고, 표지판에 중국어, 일본어, 영어가 병기되어 있고, 거리에 공기 펌프가 있는 것 등이다(20대 여성 2명 동반여행 / 출처: http://bbs.qyer.com/thread-645668-1.html?authorid=1266540).

한편 중국 관광객은 한국의 상점에서 종업원들의 친절한 태도를 부러워하며 이러한 것들을 중국이 배워야 한다고 높이 평가하고 있다. 상하이에 거주하는 30대 여성은 한국 여행이 매우 만족스러웠는데, 특히 친절한 서비스가 마음에 들었다고 한다. 한국에서는 "손님을 환영하고 제품에 대하여 자세히 설명해주면서 열정적으로 환대"하는 것에 비해, 중국에 돌아가서 상하이 엑스포 박물관을 방문했을 때에 중국 종업원이 불친절한 태도로 대하는 것을 보면서 "한국 종업원의 친절한 미소가 그리워졌다"고 표현한다. 저장성(浙江省)에 사는 20대 여성에게 한국의 첫인상은 깨끗한 공기와 시민들의 '예의바름'이었는데, 특히 "기사아저씨들이 승객들에게 일일이 인사하는 점을 인상 깊게 느꼈다"고 한다. 한국인들이 "규칙을 잘 따르고 에스컬레이터에서 스스로 좌측에 자리 잡으며 공공장소에서 거의 큰소리를 지르지 않고 귓속말로 이야기를 하는데, 이것은 시장 분위기와 같은 중국과 천지 차이"라고 표현한다.

    이러한 태도에서 중요한 점은 여행객은 '외국을 여행하는 개인'이라기보다는 '중국인'으로 여행한다는 것이다. 쓰레기통, 화장실 등 일상생활에서 언제나 마주치는 사물과 일상적 행위에서 중국에서의 경험과 방문 국가에서의 경험을 끊임없이 비교하면서 자신의 나라에 대해 비평하고 질책하고 더 나아지기를 희망한다. 또 문화유적의 모양과 건축양식이 중국과 유사하지만 크기가 다르고, 그런 점에서 중국에 자부심을 느끼는 것도 자연스러운 일이다. 이것을 통해 여행객의 경제적 수준이나 사회적 지위, 교육 수준에 관계없이, 여행하는 사람은 자신의 정체성(민족·국가적 정체성)을 가지고 그 안에서 여행지를 바라다봄을 알 수 있다.

    여기에서 중국 여행객은 개인적 삶의 수준에서 한국의 문화유산, 청결, 친절함 등을 평가한다기보다 중국과 중국인도 이런 측면에서 더 좋아졌으면 좋겠다는 태도를 표명하면서 민족적 정체성을 드러내고 있음을 알 수 있다. 이와 같이 자신이 만나고 여행하는 지역과 그 지역의 사람에 대하여 독립적으로 평가하고 비교한다기보다는 자신의 국가와 상대 국가를 비교하고 '우리도 더 나아졌으면 좋겠다'는 방식으로 애국적이고 발전주의적인 태도를 보이고 있다. 이것은 한 국가의 국민으로서 자연스러운 태도이기는 하지만, 상대방의 문화를 그 자체로 보기보다는 끊임없이 대상화하고 있음을 알 수 있다.

2. 소비주의/ 코스모폴리탄 시선

중국 관광객은 한국을 찾는 목적으로 단연 쇼핑을 첫째로 꼽는다. 중국의 20~40대 여성의 쇼핑에 대한 애착은 세계적으로도 각별하다. 중국은 풍요로웠던 대국의 기질이 남아 있어 돈 씀씀이에 인색하지 않을 뿐더러 낭비를 관대하게 보는 편이다. 그렇다면 요우커들은 왜 한국을 쇼핑의 최적지로 꼽는 것일까?

한국은 가격과 품질에 대한 신뢰, 아시아 국가로서의 거리상의 근접성, 특별함이 있을 것으로 기대하는 신한류라는 세 가지 충족요건을 가지고 있는 것으로 분석된다. 한국은 같은 글로벌 브랜드 제품이라 하더라도 가격과 품질에서 중국 본토보다 절대적인 우위에 있다. 명품 브랜드 의류는 중국 백화점보다 한국 면세점 가격이 30% 이상 저렴하며 품질에 대한 신뢰 또한 높다. 동대문상가의 의류는 중국 백화점에서 판매하는 중국 의류와 비슷한 가격대지만 트렌드나 품질 면에서 우수하다는 것이 요우커들의 공통된 판단이다. 중국인들에게 쇼핑을 위해 중국에서 한국까지 날아오는 2~3시간의 거리는 전혀 문제가 되지 않는 것이다(전종규·김보람, 2015).

생존에 필요한 최소한의 물질적·경제적 욕구를 충족한 이후에 자신의 외모와 정체성을 문화적으로 고양시킬 수 있는 쉽고 편리한 방법이 소비문화가 마련해준 라이프스타일이라 할 수 있을 것이다. 물질적 욕구에서 문화적 욕구로 넘어가는 과정에서 소비문화는 돈을 지불하면 별다른 훈련과 지식 습득 없이도 자신의 몸과 외양을 고양시키고 새로운 라이프스타일로 상승시킬 수 있는 기회를 제공한다. 해외여행에서의 쇼핑은 이러한 필요를 충족시켜주는 가장 편리한 길이라고 할 수 있다.

따라서 많은 요우커는 '소비주의 시선'으로 한국에서의 여행을 체험하고 있으며 쇼핑과 대도시 서울의 문화적 매력에 빠져들게 된다. 이들이 쇼핑을 위해 방문하는 곳은 명동, 동대문, 롯데백화점 면세점, 인사동, 홍대 등이다.

명동은 여성들의 화장품 쇼핑을 위한 필수 코스며 중국어를 하는 직원들의 친절한 서비스와 할인행사 등으로 요우커의 만족도가 높다. 명동은 "화장품, 액세서리, 의류 등 중고급 제품 위주로 판매하면서 가격이 매우 싸서" 쇼핑하기에 좋을 뿐 아니라 "밤에 먹거리와 구경거리가 많아서 마치 풍경이 일본의 긴자, 홍콩의 왕자오와 같은 곳"으로 느끼고 있다. 명동에는 "중국에서 흔히 볼 수 있는 브랜드들도 있지만 처음 보는 것들도 많이 있고 매장의 종업원들은 중국어에 능통해서 쇼핑하기에 매우 편리한" 곳이다.

명동은 서울의 패션타운이다. 여기서 의류, 신발, 잡화와 화장품을 살 수 있을 뿐만 아니라 각종 음식점과 커피숍이 있다. 남대문, 동대문과 비교하면 명동은 중고급 상품을 위주로 판매하고 거리 양측에는 고급브랜드의 가게도 찾아볼 수 있다(30대 남성, 북경 거주 / 출처: http://360.mafengwo.cn/travels/info.php?id=960726).

요우커들은 한국에 와서 한국 여성의 메이크업과 패션감각 등을 보면서 외모에 관심을 갖게 되고 외양을 꾸미고 싶다는 욕구를 갖게 되는 것 같다. 북경에서 온 20대 여성은 "원래 메이크업에 별로 신경을 쓰지 않는 편이었는데 한국에 온 이후에 부쩍 관심을 갖게" 되었다고 말하면서, "아마도 한국의 분위기에 영향을 받은 것 같다"고 한다. 요우커들은 대체로 한국 여성이 화장을 자연스럽게 잘하고 패션에 관심이 많으며 옷을 잘 갖추어 입는다고 느끼고 있다. "한국 여자들은 스타일이 뚜렷해서 길거리를 걸어다니다 보면 누가 중국인이고 누가 한국인인지 쉽게 판단할 수 있다"는 것이다. "피부가 좋고 화장도 자연스럽다. 학생들도 화장을 하고 화장을 안하면 다른 별에서 온 것같이" 눈에 띈다. 거리에서도 중국인은 달라 보인다. 중국에 돌아가서 "한국에서 산 화장품을 써보았는데, 정말 좋아서 적게 산 것을 후회하고 다음에 올 때는 캐리어를 끌고 올 것"을 다짐한다. 이와 같이 '소비주의/코스모폴리탄' 시선은 한국 여성들의 외모와 차림새 등을 중국 관광객 자신과 비교하면서 직접적으로 표출되고 있다. 소비주의 시선은 서울 거리를 걸으면서 도처에서 감지되면서 자연스럽게 패션과 피부 미용에 대한 관심, 화장품 등의 구매로 이어진다.

호텔에서 짐을 간단히 정리하고 명동으로 옮겼는데, 명동은 정말로 여성들의 천당이었다. 화장품, 액세서리, 명품의류 … 친구랑 함께 길거리를 누비면서 마음껏 쇼핑을 했다. 원래 메이크업에 별로 신경을 쓰지 않는 편인데, 한국에 온 이후에 부쩍 관심을 갖게 되었다. 아마도 한국의 분위기의 영향을 받은 것 같다(20대 여성, 북경거주, 대학교 시절 단짝 친구랑 졸업여행으로 한국을 방문함 / 출처: http://www.mafengwo.cn/i/3473442.html).

명동과 함께 젊은 여성 관광객이 가장 많이 방문하는 곳이 동대문이다. 동대문 의류시장에 밀리오레, 두산타워 등 대형 쇼핑몰이 들어서면서 이 일대는 젊은이들의 유행 메카이며 패션의 중심지가 되었다. 이들 쇼핑몰은 백화점에 뒤지지 않는 최첨단 시설을 갖추고 있으면서도 가격이 싼 것이 최대의 장점이다. 10만 원이면 '머리부터 발끝까지' 신세대 멋쟁이가 될 수 있는 곳이 바로 동대문시장이다. 동대문 쇼핑몰은 재래시장과 백화점의 중간 형태의 성격을 가지면서 전국의 의류, 옷감, 신발 등 유통업계의 리더 역할을 하고 있어서 중국 관광객이 방문하는 쇼핑 명소가 되었다. 요우커들은 동대문이 "관광객의 필수 코스로서 밤에도 불야성을 이루고 있어 서울에 온 며칠 내내 밤마다 쇼핑"을 하기도 한다. 특히 "최신 유행의 상품들을 찾아볼 수 있고 TV 속 연예인들이 입고 나온 의상이 다음날 똑같게 만들어져서 동대문에 나온다"는 소문도 있다. '가격이 합리적이고 질도 좋다'는 의견이 대부분이나 한편으로는 '가격이 생각보다 비싸고 서비스가 좋지 않다'는 평가도 동시에 받고 있다.

동대문은 관광객의 필수 코스다. 이곳은 대낮에는 도매상가, 밤은 불야성으로 유명하다. 많은 가게가 새벽까지 영업해서 관광객들이 밤에 여기서 쇼핑하기에는 딱 좋은 것 같다. 두타쇼핑몰, 여기서는 한국에서 한창 유행인 신상품을 찾아볼 수 있고 질도 좋고 가격도 동대문에서 높은 편이다. 개인적으로 이곳을 선호해서 서울에 온 며칠 내내 밤마다 여기서 쇼핑을 했다. 밀리오레 쇼핑몰에서 많은 짝퉁상품을 찾아볼 수 있다. 가격도 합리적이고 질도 좋았다(20대 여성, 북경 거주 / 출처: http://www.tripadvisor.cn/TourismBlog-t2960.html#_tag242083).

명동과 동대문이 화장품이나 의류를 쇼핑하기 위해 방문하는 장소라면 홍대와 인사동은 젊은이들의 문화와 전통문화를 체험할 수 있는 곳이다. 홍대는 한국 최고의 예술계 대학으로 유명하여 아티스트 지망생들이 눈에 띄게 많다. 대학 주변에는 미니 스테이지를 갖춘 바, 카페, 라이브카페, 클럽 등이 많다. 이러한 곳의 무대에서는 매일 밤 인디 밴드가 공연한다. 문화의 첨단을 달리려는 젊은이들의 열기가 가득한 젊음의 거리다. 그밖에도 패션의류, 잡화, 액세서리, 네일아트점, 헤어살롱, 구두점 등이 많다(정승일, 2002). 이곳에서 요우커들은 "길거리 공연을 구경하며, 짙은 예술의 향기"에 젖어든다. 공연을 즐길 뿐 아니라 각양각색의 공예품과 특이한 핸드메이드 제품을 구매하기도 하며 젊음의 정취를 맛본다.

인사동에는 과거 서울에서 가장 번화했던 종로거리가 있으며 현재에는 골동품, 고미술품, 화랑, 고서적점, 전통찻집, 민속공예점, 전통옷집 등이 모여 있다. 인사동은 서울의 대표적인 문화예술의 중심지로 전통과 현대, 신·구세대가 어우러진 다양함과 생생함을 지닌 거리다. 매주 일요일 '인사동 거리축제-문화장터'가 열리며 가끔 사물놀이 공연이나 길거리 공연도 볼 수 있다. 갖가지 전통문화 행사와 함께 전통문화 예술품을 사고 파는 풍물시장을 열어 많은 방문객이 모여들고 있다. 이처럼 홍대와 인사동은 명동, 동대문의 쇼핑문화와는 다른 문화예술의 매력을 발산하는 곳으로 전통과 현대를 가로지르는 문화소비의 장소가 되고 있다.

쇼핑은 중국 관광객에게는 주요 관광목적 중 하나라고 해도 과언이 아닐 정도로 중요하다. 관광을 하면서 자유여행을 온 경우는 적어도 하루나 이틀 정도는 쇼핑하는 날을 정해 명동이나 면세점, 마트에서 하루 종일 쇼핑을 한다. 젊은 여성관광객은 "여행가방 하나가 한 곳에서 산 화장품만으로도 꽉 차버리고 한 손에 여행가방을, 한 손에는 봉지를 들고" 뛰다시피 하면서 다음 쇼핑 장소로 이동한다. 쇼핑을 할 때는 시간이 없어서 "하루 종일 한 끼도 먹지 않았는데, 배가 고픈 줄도 모르고" 보내기도 한다.

이처럼 자유여행객들은 하루 종일 원하는 곳을 정해 쇼핑을 할 수 있지만 단체관광으로 온 경우에는 반나절 정도 쇼핑할 시간을 갖는다. "약 3시간 정도 자유시간을 주어서 '전투모드'로 전환한 뒤 면세점에 뛰어가 드라마 '별에서 온 그대'에서 전지현이 사용한 44호 립스틱을 찾았는데 알고 보니 이미 매진된 상태라서 한류의 파워가 새삼 대단하다는 것을 느끼게" 된다. 쇼핑 후 곧바로 공항으로 향하여 "미처 짐을 정리할 시간이 없어서 공항 한복판에서 쇼핑한 물건들을 펼쳐놓고 하나하나 싸는 희귀한 광경"이 펼쳐지기도 한다.

많은 물건을 구매하면서 요우커들은 스스로 어떻게 의미부여를 하고 있을까? 세계적으로 중국 관광객의 구매 행태에 대해 현지 언론에서는 '폭매(暴賣) 혹은 싹쓸이 쇼핑'과 같은 용어로 부정적인 시선을 던지기도 한다. '한국에 올 때는 여행 가방이 1개였는데, 떠날 때는 2~3개로 늘어나고, 심지어 공항에서 바닥에 앉아 쇼핑한 물건들을 풀어놓고 짐을 다시 싸기도' 하는 것이 현실이다.

그러나 '소비주의/코스모폴리탄 시선' 속에서 요우커들에게 쇼핑은 여행의 가장 큰 목적이자 동기이며 여행을 값지게 하고 즐겁게 하는 중요한 의미를 가진다. 인터넷 여행후기에서도 관광객들은 쇼핑한 물건들을 침대 위에 가득 가지런히 진열해놓고 마치 전리품을 자랑하듯이 사진을 찍어서 올린다. 그들에게 쇼핑이야말로 "이렇게 중국인들이 한국 경제에 힘을 가해주는" 가장 가시적이고 활력있는 행위인 것이다. 중국인은 과거에 풍요로웠던 대국의 국민들로서 근대의 역사적 굴욕과 저발전을 넘어서서, 이제는 경제적인 부를 축적하여 마음껏 해외여행을 하면서 쇼핑할 수 있는 자유와 능력을 지니게 된 것이다. 이와 같은 자부심과 만족감이 '소비주의 시선'의 기저에 도사리고 있다.

한국이 요우커들에게 쇼핑천국으로 비춰지는 한편, 그들이 '한국'이라는 브랜드에 빠져드는 중요한 요인은 '한류' 열풍이라고 할 수 있다. 한류(韓流)라는 말은 90년대 후반에 만들어진 것으로 중국어에서 한류(寒流)라고 하는 동음이의어가 있는데 그 뜻은 '매섭게 파고들어온 바람'이라는 의미이다. 중국 언론들이 '한국유행'의 줄인 말로 동음이의어 한류(韓流)라는 용어를 처음 사용하기 시작했다. 일반적으로 한류란 중국대륙에서 대중가요, TV드라마, 영화 등 한국의 대중문화가 큰 인기를 끄는 현상에 대해 중국사람들이 붙인 명칭으로 알려져 있다(손산산, 2007). 국내언론에서는 2000년 2월 H.O.T의 중국 공연을 계기로 본격적으로 쓰기 시작했는데, '한국문화에 대한 열광적인 선호현상'을 의미한다.

1990년대 중반 한국 드라마의 인기가 아시아 국가로 확산되면서 시작된 한류는 2000년대 중반 들어 주춤하다 2000년대 후반 아이돌 그룹 가수들로 대표되는 K-pop의 인기로 소위 '신한류'라고 불리며 한류의 인기가 이어지고 있다(김주연·안경모, 2012). 지금의 '신한류'가 10년 전의 한류와 차별화되는 것은 이전과는 다른 '구매력'에 있다고 분석되고 있다. 즉 1990년대 초·중·고 시절을 보냈던 중국의 '원조 한류' 청소년들이 성장해 한국 드라마와 영화, K-pop에 열광하는 20~30대 세대, 즉 중국의 소비시장을 움직이는 주류 세대가 된 것이다(전종규·김보람, 2015).

1990년대 이후 중국의 사회경제적 변화 속에서 한류 드라마와 영화는 외부세계와 오랫동안 단절되었던 중국인들의 한국에 대한 지리적 상상력을 확대 또는 재구성하는 계기가 되었으며, 한류에 의해 새로 구성된 지리적 상상력은 한국을 방문하는 중요한 요인 중 하나가 되었다. 방한 관광 선택에서 한류의 영향이 클수록 만족도와 향후 재방문 의사가 더 높게 나타나는데, 이는 한류의 영향을 더 많이 받을수록 관광지로서의 한국에 더 큰 애착을 가지게 된다는 것을 의미한다(최경은, 2007). 이와 같이 문화 콘텐츠의 영향력은 매우 크며, 이것이 한국 대중문화상품의 수출 및 소비재 수출 증가와 같은 경제적 효과를 가져올 뿐만 아니라 한국음식을 즐기거나 한국을 방문하고, 더 나아가 한글을 배우려는 인구의 증가로 나타나고 있다.

명동성당은 한국 천주교회 공동체가 처음으로 발생한 곳인데, 한류 팬들은 한국 천주교회의 상징인 명동성당을 보면서 드라마 속에서 본 명동성당을 연상한다. 드라마에서의 명동성당은 "실제보다 더 크게 보이게 촬영"된 것에 놀라면서 "서울의 많은 장소가 TV에서 본 것보다 작아서 한국의 연출 능력이 매우 뛰어나다"고 느낀다. 이것은 일반적으로 중국 건축물의 크기가 한국보다 크기 때문에, 드라마에서 보여지는 이미지들을 실제보다 더 큰 것으로 상상하기 때문이다. 대부분의 중국 관광객이 한국의 고궁이나 주택, 길 등이 모두 작다고 느끼는 것도 이와 같은 맥락일 것이다.

아이돌 그룹 '신화'의 팬으로 친구와 함께 콘서트 구경 차 한국투어를 시작한 K-pop 팬들은 "여의도 KBS, MBC 방송국을 방문하고 최신 앨범과 다양한 핫트랙을 사기 위해 교보문고에서 반나절간 머물기도" 한다. K-pop 팬이라서 "'신화' 이민우가 경영하는 음식점에 찾아가서 저녁식사를 하고 신화치킨집에 갔으나 신화가 없어 실망"을 한다. "한국에서 연예인을 마주치지 못해 아쉬웠는데, 콘서트 관람 후 떠나는 날 공항에서 연예인 이다해를 만나서 흥분해 친구와 소리를 지른다.". 이처럼 한류의 영향으로 한국을 방문한 요우커들로서는 고궁이나 관광명소를 방문하고 면세점에서 쇼핑을 즐기는 일반 관광객들과는 달리, 콘서트 참관이 가장 중요한 이벤트다. 한국에서 체류하는 동안 한국 대중문화 및 아이돌 그룹과 관련된 장소들을 방문하며, 쇼핑품목도 화장품이나 의류보다는 음반을 구매하는 것이 더 중요하다. 이들에게는 한국에 와서 '연예인을 만나는 것'이 마치 백마 탄 왕자를 만나는 것과도 같은 꿈에 그리던 사건인 것이다.

> 명동성당을 보고 친구와 나는 이렇게 작은 곳을 어떻게 그렇게 큰 느낌이 나도록 촬영했는지 감탄했다. 사실 서울의 많은 장소가 이런 감정을 들게 했다. 한국의 연출은 정말 대단하다. 그런데 친구에게 사진을 찍어 보내줬더니 TV와 똑같다고 했다. 한국은 정말 신기한 곳이다…(20대 하한족 여성 2명, 거주지 불명 / 출처: http://bbs.qyer.com/thread-645668-1.html?authorid=1266540).

소비주의/코스모폴리탄 시선으로 보았을 때, 한국 여행은 어떻게 경험되는 것일까? 중국 관광객은 대체로 4박 5일 혹은 5박 6일간 한국에 머문다. 중국 여행사의 방한 관광상품들을 보면, 서울에서만 체류하는 경우 광화문광장, 롯

데면세점, 명동거리, 신라면세점, 경복궁, 청와대, 동화면세점, 청계천, 서울타워, 남산공원, 북촌, 홍대거리 등을 방문한다. 서울 관광과 함께 남이섬이나 제주도, 강원도 등을 4박 5일 일정으로 방문하는 코스도 있다. 요즘은 단체관광에서도 이틀 정도의 자유활동 시간을 주는데, 주로 이 시간을 활용하여 명동이나 동대문 등에서 쇼핑을 하는 경우가 많다. 자유여행에서는 7박 8일 정도의 여유 있는 일정으로 서울과 함께 제주도 등을 관광한다. 관광객들은 유적지와 관광명소, 쇼핑센터 등을 방문하면서 전통과 현대가 공존하는 다채로운 서울의 모습과 문화의 정취를 감상하며 하루하루 즐겁고 풍요로운 체험의 시간을 갖는다.

그러나 각자 다른 방식으로 서울을 경험하게 되는데, 그중에서도 소비주의적 시선 속에서 요우커들은 쇼핑을 통해 "진정한 서울을 느낀다." 쇼핑천국인 명동에 가서 한류스타들의 하얗고 매끄러운 피부를 부러워하며 질 좋은 한국의 화장품을 구매하기도 한다. 미식가들은 비빔밥, 삼계탕, 불고기 등의 한국 음식을 먹고 명동거리, 종각, 남대문시장 등에서 맛있고 가격이 저렴한 길거리 음식을 맛보면서 서울의 매력을 느끼고 여행의 의미를 부여한다. "서울 국제도시는 쇼핑하기에 편리하고 서비스도 좋았다. 맛있는 음식과 아름다운 경치, 그리고 깔끔하고 산뜻한 한국풍의 의상이 가장 인상이 깊었다." 소비주의를 통해서 한국을 경험하는 중국 관광객은 일반적으로 코스모폴리탄적인 특성을 함께 지니고 있다. 이들은 라이프 스타일을 추구하는 젊은층으로서 관광 일정이 많아 체력적으로 힘들더라도 바쁘게 움직이면서 관광과 쇼핑을 즐기는 적극적이고 활기찬 젊은 세대이며, 관광만족도도 대체로 높다.

이상에서 중국인 여행객들은 쇼핑을 통해 글로벌한 소비문화 안으로 진입하고 스스로 패션이나 라이프 스타일에서 고양되었다는 느낌을 가지게 됨을 알 수 있었다. 여행의 목적이 쇼핑이고 많은 시간을 쇼핑에 할애한다고 해서 그 여행의 의미를 폄하할 수는 없다. 여기에서 중요한 것은 여행객 자신들의 판단과 선택을 통해서 새롭게 자신의 외모를 가꾸고, 매력적이라고 판단되는 자신의 몸에 대한 치장과 미디어를 통해 익숙해진 글로벌한 수준의 라이프 스타일에 동참하고 있다는 느낌 등을 가지게 되면서 새로워진 자신의 모습을 경험한다는 점이다.

3. 해석적/자기성찰적 시선

이 글에서 해석적/자기성찰적 시선은 관광지에 대하여 겉으로 드러나지 않는 이면의 모습을 들여다보는 시선, 여행지의 특징을 자신의 논리로 설명하거나 해석하려는 시선을 말한다. 이것은 맥캐널이 말한 '이차적 시선(the second gaze)'과 유사하다. 맥캐널은 어리가 주장하는 관광객의 가시적 시선, 즉 '일차적 시선(the first gaze)'도 중요하지만 보이지도, 보여주지도 않는 이면의 이차적 시선이 있으며 이것을 어리가 간과하고 있다고 주장한다(MacCannell, 2001). 이러한 해석적/자기성찰적 시선은 앞의 애국적/발전주의적 시선이나 소비주의/코스모폴리탄 시선보다 관광지나 현지인에 대해 좀 더 비판적인 관점들로 구성된다. 그 관찰의 내용은 발전주의나 소비주의와 유사하지만 '보는 방식'이 매우 다르다. 해석적/자기성찰적 시선을 가진 이들은 일반 관광객보다 한국의 문화와 역사에 대해 더 많은 지식이 있으며 대체로 자신이 살고 있는 도시(중국) 외에 다른 곳들을 여행한 경험이 있거나, 한국을 여러 번 방문해 겉으로 보이는 한국의 특징과 모습뿐 아니라 잘 드러나지 않는 숨은 측면을 관찰할 수 있는 능력이 있다. 이 유형의 관광객들은 좀 더 심층적인 곳까지 들여다보는 시선을 가지고 있어서 관광장소와 현지문화에 대해 분석하는 능력이 세 유형 중에서 가장 뛰어나다.

서울은 조선조 때는 한양(漢陽)으로 불렸고, 1910년 순종 때 한성(漢城)으로 바뀌었다가 일제강점기에는 경성이라 불렸다. 그런데 현재 이름인 서울로 바뀌게 된 계기는 지금까지 알려진 바에 따르면, 광복이 되고 새로운 나라를 세울 때 우리나라의 수도 이름만은 한글로 짓자는 의견이 있어 서울로 낙착이 됐다는 것이다. 서울은 서라벌에서 유래한 것이니 '새로운 땅'이라는 뜻이 된다(최준식, 2004).

서울을 방문한 북경 출신 30대 남성은 "한국에서 예전에 한성이라는 칭호를 서울(首尔)로 바꾼 동기를 잘 모르겠다"고 하면서 그 이유를 "한성이 서울보다 거창한데, 대만과 같이 '탈중국화'를 실행하기 위해서인지도 모르겠다"고 해석한다. 지금은 '서울'의 중국어 표기가 '首尔'이지만 2005년 이전만 하더라도 중국인들은 서울을 한성이라 했다.[4]

이와 같이 서울의 역사를 잘 알고 있을 뿐 아니라 서울로 명칭을 변경한 것에 대해 '탈중국화의 실행'이라는 나름대로의 해석을 하면서 "서울에 도착했을 때 사방으로부터 깊은 모국(중국)의 낙인을 감지할 수 있다"는 감상을 피력하고 있어서 그가 지닌 중화의식의 뿌리를 엿볼 수 있다.

> 비행기에서 내려서 공항버스를 타고 호텔로 향했다. … 개인적으로 한국에서 예전의 한성이라는 칭호를 서울로 바꾼 동기를 잘 모르겠다. 나는 한강이 지키고 있는 한성이 서울보다 거창하고 입에 오르기 쉽다고 생각한다. 혹시 대만과 같이 '탈중국화'를 실행하기 위해서 그랬을 수도 있다. … 비록 중국이 한국에 식민통치를 한 적은 없지만 내가 서울에 도착했을 때 사방으로부터 깊은 모국의 낙인을 감지할 수 있었다(30대 남성, 북경 거주/출처: http://360.mafengwo.cn/travels/info.php?id=960726).

---

4   1946년에 대한민국 수도의 명칭이 '서울'로 바뀌었음에도 중국인들은 60여 년 동안 계속 서울을 '한성'으로 불러 온 것이다. '서울'이 한자 표기가 없는 순수 우리말이라서 중국인에게는 적응하기가 쉽지 않았기 때문일 수 있다. 중국이 자발적으로 국제관례에 맞게 서울과 유사한 발음으로 표기를 정해 사용했어야 할 것이나, 중국인들은 서울을 줄곧 한성이라고 해 왔다. 그러다보니 표기상 여러 가지 혼란이 야기되고 서울의 도시브랜드 가치에도 부정적인 영향을 끼쳤다. 따라서 한국정부는 1992년부터 서울의 중국어 표기개선을 추진했으나 진전이 없다가 2004년 다시 추진되어 많은 논쟁과 공론화 및 여론수렴 과정을 거쳐 2005년에 '首尔'로 새로운 표기를 확정하게 되었다(오형철, 2011).

한편 서울이 '작은' 도시라는 것은 아마도 거의 모든 요우커의 생각에 자리 잡고 있을 것이다. 서울 시내 관광을 하면서 "지도를 보고 먼 거리일 줄 알았는데, 조금만 걷다 보면 도착"하는 거리고 "여러 관광지를 지하철 한 번만 타고도 모두 돌아볼 수 있다는 것도 서울이 작기 때문"인 것이다. "서울광장같이 그렇게 작은 곳에서 콘서트도 한다는 것이 놀라울 따름"이라고 표현한다. 서울이 작다는 것은 큰 나라 중국에서 온 요우커라면 모두 공감한다. 그는 관광지로서 홍보하거나 콘서트를 개최하기에 '너무' 작다고 평가하는데, 중국 관광객이 서울의 작은 규모에 대해 언급하는 것은 일견 당연하다고 볼 수 있다.

북경에서 온 20대 여성 관광객은 인사동이 "규모가 작으며 상하이의 티엔즈팡이라 불리는 전자방(田子坊)과 비슷하다"고 했다. 인사동의 유래도 알고 있으며 "고대와 현대가 병존하는 한국 문화를 구현"하고 있다고 보았다. "인사동은 조선 양반들의 집거지였는데, 조선왕조의 몰락과 함께 많은 양반이 소장해오던 물품들을 팔기 시작했고, 그것이 인사동 골동품점의 유래가 되었다. 인사동에서 가장 유명한 것은 쌈지길이다. 화랑과 미술관, 특색 있는 가게들을 찾아볼 수 있지만 쇼핑몰에서 파는 공예품들이 중국에서도 흔히 볼 수 있는 것들로 특색이 없고 가격이 비싸다"고 보았다. 그러나 "각종 관광기념품들은 한국 전통문화가 함축되어 있다"고 평가한다.

한편 상하이를 상징하는 랜드마크인 동방명주탑(Oriental Pearl Tower)과 남산타워를 비교한다. 캄캄한 밤에 조명을 밝혀 상하이의 야경을 아름답게 장식하는 아이콘인 동방명주탑에 비해 "남산타워는 밤에 화려한 조명이 없으며" 정부의 전기절약 정책 때문에 밤이 되면 도시가 매우 어두워지는 광경도 지적한다. 여기에서 한국의 인사동과 상하이의 전자방, 남산타워와 상하이의 동방명주탑을 비교하면서 관광지의 특징과 부족한 점들에 대해 들여다보는 자기성찰적 시선을 나타내고 있다. 많은 요우커는 한국의 문화가 일본과 중국 그 사이에 있다고 생각하고 있다. 그런데 실제로 한국을 방문한 중국인은 일본인과 달리 한국인에게서 중국인의 그림자를 많이 볼 수 있고, 그 때문인지 한국에 올 때마다 알 수 없는 익숙함과 친근감을 느낀다고 한다.

한편 한국인의 특징으로 과대포장에 능숙하다는 점을 지적하곤 한다. 그래서 "한류 드라마에서 보여지는 장면이 일상의 모습이 아니라"고 실망을 표출한다. 따라서 한국은 쇼핑을 하기에 좋은 곳이며, 경관을 구경하기에는 추천할 만한 관광지가 아니라고 생각한다. 이는 한류 드라마를 통해서 구성된 한국에 대한 지리적 상상은 화려하고 규모가 크며 멋진 곳으로 형상화되어 있기 때문이다. 한국을 방문하여 드라마의 장면들과는 다른 수수하고 평범한 일상의 모습을 보게 되고, 기존에 형성된 이미지가 무너지면서 인지적·정서적인 격차와 부조화를 느끼게 되는 것이다.

일부 요우커들은 이것이 연출을 통해 과대포장한 것이라고 느낀다. 아마도 한국뿐 아니라 다른 나라의 드라마 촬영지를 방문했다 하더라도 똑같은 감정을 느끼게 될 것이라고 보여진다. 일반적으로 드라마나 영화는 현실을 재현하고 있긴 하지만 그대로 복제하는 것이 아니라, 꿈과 상상력을 더하여 우리의 머릿속에서 그려낼 수 있는 가장 아름답고 이상적인 모습을 보여주고자 하기 때문이다. 따라서 한류 드라마를 통해 한국에 기대가 큰 여행객일수록 실망도 더 크게 마련이다. 그래서 "한국은 가도 후회하고 안 가도 후회하는 곳"이 되어 버린다.

> 경복궁이 얼마다 웅장하고 남산타워가 얼마나 낭만적인지 언론에서 홍보를 했지만 막상 가보니 그렇지 않았다. 그리고 한국 드라마에서 흔히 보는 장면들은 대부분 5성급 호텔이나 빌라별장에서 찍은 것이라서 우리에게 보여준 것이 가장 좋은 모습들이었지 일상의 모습이 아니었다. 결론을 짓자면 한국의 물건들, 특히 옷과 화장품 등은 매우 싸서 쇼핑하기에는 좋겠지만 경관 구경으로는 그다지 추천하고 싶지 않다. 한 마디로 한국은 가도 후회하고 안 가도 후회하는 곳이다(40대 남성, 쓰촨성 성도 거주 / 출처: http://360.mafengwo.cn/travels/info_qq.php?id=3117797).

자기성찰적 시선을 가진 관광객들은 문화 체험을 중시하는 경향이 있다. 이를테면 현지의 독특한 문화를 직접 경험해 보고자 한다. "한복이나 찜질방 체험"을 통해 "서울이 생각보다 구경거리가 많다"고 느끼기도 한다. "편견을 갖지 말고 무엇이든지 직접 경험을 해보아야 알 수 있다"고 생각하는 것은 매우 긍정적인 자기성찰적 시선으로 보인다. 대부분의 요우커들이 '서울은 규모가 작아서 구경거리가 많지 않고 쇼핑을 하는 도시로 적합하다'는 선입견을 가질 수 있다. 그러나 직접적인 문화 체험을 통하여 경험의 폭을 넓히고 시각적인 구경거리를 넘어선 오감으로 느끼는 체험적인 여행을 추구할 수도 있다.

여행을 통하여 거리에서, 지하철에서, 공공장소에서 다른 나라의 사람들이 살아가는 일상의 모습을 관찰할 수 있다. 이를 통해서 자신의 모습이나 자국의 모습을 비추어보고 새롭게 자신의 모습을 발견하기도 하고, 배우고 싶은 모델을 찾는 경험적인 과정이 이루어진다. 한편 그들이 어떤 관광객인가에 따라서 다양한 문화적 체험이 이루어지고, 현실의 소외감으로부터 벗어나서 삶의 새로운 의미를 찾고 대안적인 삶의 방식을 모색하는 소중한 경험이 될 수도 있다.

자기성찰적인 관광객은 여행에서의 문화 체험을 중시하면서 단순한 '관광객'이 되고 싶지 않으며, "선입견을 갖지 말고 무엇이든 직접 가서 체험해야 판단을 할 수 있다"고 생각한다. 즉 여행 일정이 관광가이드에 의해 일방적으로 짜여지거나 기존에 알려진 여행정보에 의해서 장소에 대한 이미지가 고착되는 것을 거부하면서, 주도적으로 자신이 만들어가는 체험적 관광을 선호한다.

> 나는 여행을 떠날 때 일반적으로 다른 나라의 문화를 체험하는 것이 중요하다고 생각한다. 예를 들어 한국인들은 식사할 때 우리와 달리 공공장소에서 큰소리를 지르지 않는다. 그리고 지하철에서는 아무리 배고프고 시간이 급해도 음식을 먹는 습관이 없었다. 길을 묻는 행인을 만나면 열정적으로 가르쳐주고 심지어 휴대폰으로 검색까지 해가면서 안내해준다. 이들의 열정적이고 친절한 모습은 나에게 깊은 인상을 남겼다(40대 남성, 쓰촨성 성도 거주 / 출처:

http://360.mafengwo.cn/travels/info_qq.php?id=3117797).

또한 해석적/자기성찰적 유형의 관광객은 자신의 생애사에서 여행 동반자와의 관계에 의미를 부여하는 '생애기억의 축적'을 위한 여행을 한다. 30대의 한 남성은 아내와 함께하는 부부동반 여행에서 "아내가 인사동에 도착하여 화장품 가게로 직행해 쇼핑을 했고, 오후에는 다시 명동에 가서 지인들이 부탁한 화장품을 사서 귀국 준비를 했다. 이번 한국 여행에서 가장 큰 수확은 화장품인데, 여행가방에 온통 화장품들로 가득 차서 정말 무거웠다"고 말한다. 이와 같이 한국 여행 중 쇼핑을 주로 하면서 소비주의 여행을 체험하고 있지만, 남편은 여행가방이 매우 무거워졌음에도 불구하고 "그러나 아내가 좋아하는 모습을 보니 힘들어도 위로가 되었다"고 아내에 대한 애정을 표현한다. 이와 같이 쇼핑은 단지 '필요한 물건을 사는 것'을 넘어서서 '쇼핑을 통해 만족해하는 아내의 모습을 보고 흐뭇해하는 남편의 내면적인 풍경'까지도 이끌어낸다. 일반적으로 쇼핑은 필요를 충족시키는 도구적인 행위며 동시에 라이프 스타일과 정체성을 추구하는 상징적 행위이기도 하다. 그러나 동반자와 함께하는 여행에서 쇼핑은 매우 정서적이고 관계지향적인 행위가 될 수 있는 것이다.

모녀가 함께하는 동반여행 후기에서도 함께 여행하는 사람이 누구인지, 또 어떤 이유로 여행을 하는지에 따라 여행 경험과 여행에 부여하는 의미가 달라지고 있음을 볼 수 있다. 광서장족 자치구에 거주하는 한 여성은 엄마에 대해 "친구이자, 선생이자, 심지어 연인"이라고 표현하며 자신에게 엄마는 '태양과 같은 존재'라고 말한다. 엄마의 생일선물로 무엇을 원하는지 물어보자 엄마는 아마도 한국 드라마 영향 때문인지 '한국에 가는 것'이라고 대답했다. 여행사가 정해준 숙소는 작지만 깔끔한 곳이었는데, 본인에게는 그저 그렇게 느껴졌지만, '엄마가 만족했으므로 괜찮다'고 느꼈다. 엄마는 쇼핑왕으로 명동과 동대문에서 '싹쓸이 쇼핑'을 했다. 딸은 엄마의 소원을 들어드려 매우 만족해했다. 매년 엄마를 모시고 한 군데를 여행한다는 약속을 하고 작년에는 홍콩과 마카오를, 올

해는 한국을 갔다. 반드시 "엄마와 행복과 기쁨을 같이하면서 계속 함께 여행을 할 것"이라고 다짐한다. 이와 같이 여행을 통해 모녀간의 애정과 유대가 더욱 돈독해지고 있음을 보여준다.

어르신(친정엄마와 시어머니)들과 함께하는 가족여행 사례에서는 아직 아이가 어려서 거리가 가까운 서울을 가기로 결정했다. 여행지에서 "딸의 귀여운 얼굴, 어르신들의 웃음을 볼 때 모든 것이 아름다워 보였다. 결혼한 지 4년이 되었는데도 매번 여행을 신혼여행처럼 여긴다"고 표현한다. 여행을 하면서 결혼생활이 언제나 새롭게 유지되었으면 좋겠다는 바람을 갖게 된다. 꼭 크거나 좋거나 아름답거나 흥분되는 것이 아니라도 "가고 싶은 곳 어디든지 가족과 함께라면, 어르신들이 건강하고 결혼생활이 아름답다면 어디를 가든지 모두 집과 같다"고 했다. 이와 같이 여행은 결혼생활을 새롭게 유지되도록 하는 활력소이기도 하면서 가족과 함께하기 때문에 여행지가 어디가 되든지, 방문한 곳이 아름답고 좋은 곳이 아니더라도 편안하고 행복하게 느끼는 것이다.

대학 졸업을 앞두고 단짝친구와 여행을 한 베이징에 거주하는 20대 여성은 "예로부터 중국에는 '여행은 한 사람을 알아갈 수 있는 가장 좋은 방법'이라는 말이 있는데, 개인적으로 여행에서 가장 중요한 것이 바로 함께 여행하는 동반자라고 생각"하고 있다. 졸업 후 친구와 당분간 볼 수 없게 되었는데, 이번 한국 여행에서는 학창 시절의 마지막 추억을 함께 보내게 되어서 매우 만족스러워했다. 정말 죽이 잘 맞는 친구라서 "곧 이별하게 될 것을 생각하면 조금 슬프긴 했지만 여행을 통해서 돈독해진 우정이 그렇게 쉽게 변하지 않을 것"이라 믿고 있다. 이와 같이 여행은 사람을 알아가는 좋은 경험이자 우정을 더욱 돈독하게 하는 과정이 될 수 있다. 친밀한 관계 속에서 신뢰를 쌓을 수 있도록 해주는 것이 여행의 또 하나의 중요한 의미가 될 수 있다.

여행 과정을 통해서 겪게 되는 여러 가지 해프닝은 폭넓은 생활 경험을 쌓도록 하며 포용력도 넓게 해주는 장점이 있다. 따라서 때로는 여행자의 성격도 변화시킨다. 베이징에 거주하는 20대 남성은 여행 경험이 쌓임에 따라 급한 성격이 많이 바뀌었다고 고백한다. "좌절감이나 불미스러운 일을 당해도 평정심을 유지"할 수 있게 되고 차분하게 문제를 해결할 수 있는 능력이 배양되었다. 생애 첫 해외여행인 한국 방문을 통해서 "담력도 많이 커지고 앞으로도 해외여행뿐 아니라 낯선 환경에 처하게 되더라도 적응해가면서 생활할 수 있다는 자신감"도 얻게 되었다.

　　지금까지 살펴본 바와 같이, 여행은 바쁜 일상에서 오는 피로를 풀 수 있게 해준다. 많은 경우 여행의 주요 목적이 일에서 해방되고 일상에서 벗어나서 여가를 즐기며 스트레스를 푸는 것이지만, 한걸음 더 나아가서 휴식이나 일상의 탈출을 넘어서는 내면적이고 성찰적인 의미도 있다. 여행을 통하여 새로운 문화를 체험하고 여행의 동반자와의 유대를 돈독하게 하면서 즐거운 추억을 만들어간다. 여행지에서 일상생활에서는 접하기 어려운 여러 가지 낯선 상황에 조우하면서 새로운 경험을 하게 된다. 이것이 개인의 성격이나 사고방식을 변화시키고 문제해결 능력을 증가시킬 뿐 아니라 삶 속에서의 적응력과 자신감도 키워준다. 여행은 낯선 곳에서 새로워진 나를 발견하고 일상에서의 변화를 가져오게 하는 새롭고도 독특한 체험이 되는 것이다.

VI. 결론

이 연구에서는 한국을 방문한 중국 관광객에 대한 설문조사와 인터넷 여행 후기 조사를 실시하여 한국과 한국인에 대해 어떤 이미지를 갖게 되었는지를 알아보고, 관광객 스스로가 여행에 부여하는 의미에 대해 관광객의 시선의 관점에서 분석하고자 했다. 여기에서 두 가지 질문은 '어떤 중국인이 한국에 오는가'와 '중국 관광객은 한국을 어떻게 경험하는가'다. 이 질문에 답하기 위하여 설문조사에서는 중국 관광객을 대상으로 인구학적·사회경제적 배경이나 관광 목적, 여행을 준비하는 과정, 한국인과 한국에 대한 이미지 등을 조사했다. 그리고 한국을 방문했던 중국 관광객의 인터넷 여행후기에서 여행 경험과 한국에 대한 인상을 소개한 글들을 모아서 분석했다.

관광은 많은 사람들에게 '삶의 질'을 재는 척도로 인식되며, 분주한 일상 생활에서 결여된 것들을 보상하거나 노동을 중심으로 짜여진 생활 속에서 삶의 균형으로 부여하는 활동으로 간주된다. 기존의 여행담론에서는 '여행의 의미를 추구하는 여행자(traveler)'와 '피상적이고 상업적인 여행을 하는 관광객(tourist)' 간의 위계적인 구분이 전제되어 있다. 그러나 이 글에서는 여행자와 관광객을 위계 속에서 고찰하지 않고 관광객의 '내면으로부터' 그들이 자신들의 여행에 어떤 의미를 부여하는지 알아보고자 했다.

설문조사 결과 한국을 방문하는 중국 관광객은 여성과 20~30대의 젊은 층, 대학 졸업 이상의 학력을 가진 사람들이 전체의 과반수를 넘는 것으로 나타난다. 한국 여행에서 가장 좋았던 활동은 '쇼핑'(60%)을 가장 많이 꼽았고, 다음으로 '시티투어', '고궁·역사유적지 방문', '번화가 산책', '자연경관 감상' 등이 약 20%로 나타나고 있다. 관광지로서의 한국의 이미지는 '쇼핑할 곳이 많고, 기후가 좋으며, 즐겁고, 활기찬 곳'이라는 평가가 많았다. 중국 관광객은 여행에서 단순히 일상에서의 탈출이나 오락 및 여흥을 즐기는 것뿐 아니라 다양한 문화 체험 및 새롭게 자신의 존재와 삶의 의미를 찾고자 하는 동기가 강하게 드러나고 있다.

이와 같이 관광객의 행위나 감상, 그리고 기대감은 그들의 정체성, 자아인식, 사회적 열망 등을 나타내고 있다. 관광객이 자신들의 여행실천을 어떻게 의미화하는지를 분석하기 위해 이 글에서는 세 가지 유형의 시선으로 구분했다. 즉 '애국적/발전주의적 시선', '소비주의/코스모폴리탄 시선', '해석적/자기성찰적 시선' 등이다. 이러한 분류는 '이념형(ideal type)'으로서 각각의 관광객들이 단지 하나의 시선으로만 한국을 바라보는 것이 아니며, 여러 시선이 동시에 중층적으로 결합되면서 한국에 대한 이미지를 형성하고 있음을 볼 수 있다.

　이러한 시선은 여행을 하는 중국인들이 갖고 있는 정체성과도 관련되는데, 먼저 중국 국민이라는 정체성을 가지고 해외를 여행하는 시선을 보면 강력한 애국주의와 발전주의가 발견된다. 한국을 중국이 배워야 할 '발전의 모델'로 삼기도 하고 도시의 규모나 역사, 문화적 수준 등을 비교하면서 중국인으로서의 시선을 가지고 한국과 도시를 바라본다. 여기에는 중국인의 자부심과 중화의식, 또는 부러움과 열등감 등이 교차하는데 이것이 '애국적/발전주의적' 시선이다. 이러한 시선에서 여행객은 '여행하는 사람'이라기보다는 '중국인'으로 여행을 한다는 것을 알 수 있다. 휴지통, 화장실, 지하철 등 일상생활에서 마주치는 사물과 일상적 행위에서 중국에서의 경험과 여행국가에서의 경험을 끊임없이 비교하면서 자신의 나라에 대해 비평하고 질책하고 더 나아지기를 희망한다. 이것을 통해 여행객 개인의 경제적 수준이나 사회적 지위, 교육 수준에 관계없이 자신의 민족국가적 정체성 안에서 여행지를 바라본다는 것을 알 수 있다. 한편 이는 상대방 타자의 문화에 대해 그 자체로 보기보다는 대상화하는 것이라고 할 수 있다.

　두 번째로 중국 관광객은 쇼핑과 소비, 라이프스타일에 관심이 많다. 특히 중국의 20~40대 여성 관광객의 쇼핑에 대한 애착이 두드러지게 나타난다. 한 개인으로서 자신을 어떻게 표현할 것인가에 관심을 갖고 특히 중국 여성 관광객은 서울시민과 한국인의 라이프스타일에 주목한다. 거리에서 한국 여성의 외모와 패션 등을 눈여겨보면서 젊은 여성 관광객의 화장품이나 의류 등에 대한 구매욕구가 더 커진다. '소비주의/코스모폴리탄 시선' 속에서 쇼핑은 관광의 가장 큰 목적이자 동기이며 여행의 즐거움을 배가시키는 가치있는 행위인 것이다. 한류의 영향도 한국이라는 브랜드에 빠져들게 하는 매력요소로서 한국에 대한 지리적 상상을 재구성하고 한국을 방문하도록 하는 중요한 요인이다. 한국 드라마나 K-pop의 팬도 한국 방문 시 '소비주의/코스모폴리탄 시선'으로 한국을 바라보면서 대중문화를 소비하게 된다. 드라마 촬영지를 방문하여 드라마 속의 장면을 회상하거나 콘서트 참관, 앨범 구입 등을 통하여 한류를 직접 체험한다. 이러한 시선 속에서 중국인 여행객은 쇼핑을 통해 글로벌한 소비문화 안으로 진입하고 스스로가 패션이나 라이프 스타일에서 고양되었다는 느낌을 가지게 됨을 알 수 있다.

중국 관광객은 대체로 표면적으로는 위의 두 가지 유형의 시선 속에서 한국에 대한 이미지를 구성하고 있다고 볼 수 있다. 그러나 관광지에 대해 겉으로 드러나지 않는 이면의 모습을 들여다보는 비판적 시선, 그리고 관광지의 특징을 자신의 논리로 설명하거나 해석하고자 하는 시선들도 존재한다. 이러한 시선은 현지문화에 대한 체험적인 여행을 선호하고 여행의 동반자와의 관계 속에서 생애기억의 축적을 통한 특별한 추억과 의미를 되새기고자 한다. 이 시선은 앞의 두 가지 유형의 시선보다 더욱 내면적이고 자기성찰적인 관점들로 구성된다.

해석적/자기성찰적 시선으로 한국을 바라보는 관광객들은 대체로 한국에 대한 역사적인 지식을 갖추고 있으며 문화적인 감수성도 뛰어나다. 한편 다른 장소들과 비교하여 한국의 특징과 부족한 점을 들여다보는 성찰적인 능력이 있다. 또한 단순한 관광뿐 아니라 현지의 문화 체험을 중시하면서 경험의 폭을 넓히고, 기존에 형성된 관광지에 대한 선입견을 넘어서 오감을 통한 경험을 활용해 인식의 지평을 넓히고자 시도한다. 그리고 '누구와 함께 여행하는가'도 여행에서의 의미를 새롭게 부여하는데 중요한 요인으로 작용한다. 효도여행, 가족여행, 친구와의 여행, 커플여행 등 자신의 생애사적인 국면에서 여행을 통해 동반자와 함께하는 추억을 만들고 신뢰와 우정, 유대감 등을 쌓게 된다.

이와 같은 세 가지 유형의 시선을 분석함으로써 중국 관광객이 한국에 대해 이미지를 구성하고 자신의 여행에 대해 의미를 부여하는 방식을 살펴보았다. 이 연구를 통해 드러난 결론은 첫째, 중국 관광객의 시선은 다양하고, 관광에 대해 의미를 부여하는 과정에서 본다면 '피상적인 관광'과 '자기성찰적 여행'이라는 의미의 위계가 있는 것은 아니라는 점이다. 즉 모든 여행에는 나름대로의 진정성이 있다. 물론 여행지의 역사와 해당 지역의 삶에 대해 어느 정도의 지식과

정보를 가지고 있고 얼마나 현지에 대해 관심을 가지고 있는가에 따라 여행자가 경험하는 의미의 폭과 깊이는 달라질 수 있다. 이것은 문화예술 소비에 있어서 문화자본의 역할과도 유사한 것이라고 볼 수 있다. 둘째, 이 글에서 세 가지 유형의 시선을 구분해 분석했으나, 여행하는 사람은 어떤 한 가지 시선만을 가지고 현지를 경험하는 것이 아니라 오히려 이 시선을 모두 가지고 있다고 보는 것이 타당하다. 그러나 여행을 하면서 이 세 시선 중에서 어느 하나의 시선에 초점을 둘 수는 있을 것이다.

이 글에서는 중국 관광객에 대해 현지 언론과 기존 연구에서 부여한 냉소적인 시선을 넘어서 관광객의 관점에서 그들의 내면을 들여다보았다. 분석결과를 통하여 여행체험에서 중요한 것은 호스트 사회에서 일방적으로 부여한 선입견이 아니라 관광하는 중국인 스스로가 여행에 의미를 부여하는 과정이라는 것이 드러났다. 이러한 여행체험의 과정은 여행객의 시선과 지리적 상상이 서로 교차하면서 구성된다는 사실을 보여준다.

참고문헌

고정민. 2012. "한류문화와 관광." 『한국관광정책』 49, 33-40

김난도·전미영·김서영. 2013. 『트렌드 차이나: 중국 소비 DNA와 소비트렌드 집중 해부』. 오우아.

김사헌. 2008. "어리의 관광시선론 재론." 『관광학연구』 32(6), 85-103.

김성자·이중희. 2014. "베이징시 소득계층별 문화소비추세 분석: 해외여행소비를 중심으로." 『국제지역학논총』 7(1), 113-140.

김주연·안경모. 2012. "중국에서의 한류콘텐츠 선호가 한국상품 구매, 한국방문 및 한글학습의도에 미치는 영향." 『한국콘텐츠학회논문지』 12(5), 447-458.

김학준. 2013. "Urry 관광시선론의 비판적 적용을 통한 일본인 관광객과 내국인의 상호 시선 비교." 『관광·레저연구』 25(3), 53-69.

김현숙·최은정. 2009. "서울방문 외국인의 관광쇼핑시 패션상품만족도와 점포경쟁력 지각이 관광만족도와 충성도에 미치는 영향: 일본, 중국, 미국관광객 비교." *Journal of the Korean Society of Clothing and Textiles* 33(9), 1441-1451.

김희영·김사헌. 2006. "탈근대성 시대의 고유성과 존재론적 고유성: 관광현상과 관계를 중심으로." 『관광학연구』 30(1), 9-27.

문화체육관광부. 2015. 『외래관광객 실태조사 2015』.

민웅기·김남조. 2009. "관광자의 소비문화와 관광목적지 이미지의 담론 연구." 『관광연구논총』 21(2), 61-82.

박상훈·김사헌. 2011. "어리의 시선이론과 이의 비판론에 대한 통합적 고찰: 에릭 코헨의 관광객 유형분류를 기준으로." 『관광학연구』 36(10), 13-31.

서용건·서용구(2004). "한류가 한국의 관광지이미지와 관광객 의사결정에 미치는 영향." 『관광학연구』 28(3), 47-64.

손산산, 2007 『한류가 한국 국가이미지, 방문의도 및 상품 구매의도에 미치는 영향- 중국인을 조사대상으로- 한국외국어대학교 국제지역대학원 석사학위논문

송신의. 2016. "인터넷 관광담론으로 보는 한국 관광객의 상상과 시선: 뉴욕과 상해 여행 후기 비교를 중심으로." 서울대학교 석사학위논문.

신경림·조명옥·양진향. 2004. 『질적 연구방법론: 다섯가지 접근』. 이화여자대학교출판부.
심승희. 2000. "문화관광의 대중화를 통한 공간의 사회적 구성에 관한 연구: 강진·해남 지역을 사례로." 서울대학교 박사학위논문.
오형철, 2011, "서울의 중국어 표기 개선에 관한 고찰." 『鄕土서울』 78, 275-299.
이연택 편저. 1994. 『학제적 접근에서 본 관광학 연구의 실제』. 일신사.
이운영. 2006. "중국에서의 한류가 한국의 국가이미지와 제품구매의사에 미친 영향." 『국제경영리뷰』 10(2), 107-135.
이장섭. 1994. "관광문화와 문화관광 소고." 『문화정책논총』 6, 279-300.
이준웅. 2003. "한류의 커뮤니케이션 효과: 중국인의 한국 문화상품 이용이 한국 인식 태도에 미치는 영향." 『한국언론학보』 47(5), 5-35.
이진형. 2007. "에릭 코헨의 관광사회학: 지식사회학적 접근." 『관광학연구』 31(1), 33-54.
이진형. 2013. "여행문화의 민족지: 에드워드 부르너의 관광인류학." 『관광학연구』 37(5), 283-306.
임병훈 외. 2005. "관광지 개성과 속성이 관광지 선택에 미치는 영향에 대한 연구." 『마케팅 과학연구』 15(3), 149-168.
전경수 편역. 1986. 『관광과 문화, 관광인류학의 이론과 실제』. 까치.
전종규·김보람. 2015. 『요우커 천만시대, 당신은 무엇을 보았는가』. 미래의창.
정병웅·진애니·정유리. 2009. "방한 중국인 관광객들의 관광지 선택속성 중요도-만족도 연구." 『사회과학연구』 48(2), 165-184.
정승일. 2002. 『Seoul City Tour Bus 서울 명소 체험하기』. 한림출판사.
차경자·진학문. 2013. "중국 국외관광의 발전현황과 한국에의 시사점." 『국제지역학논총』 6(2), 69-103.
최경은. 2007. "중국인의 방한관광에 대한 한류의 영향." 『대한지리학회지』 42(4), 526-539.
최승담·서정태. 2006. "대응분석을 통한 방한 중국관광객의 특성연구: 이미지 속성 및 사회통계적 변수를 중심으로." 『관광·레저연구』 18(1), 179-193.
최인호. 2005. "미디어 담론을 통한 관광지의 사회적 구성." 『관광학연구』 29(2), 487-505.

최준식. 2004. 『新 서울기행』. 열매출판사.

한숙영·김사헌. 2007. "유산과 유산관광의 개념에 관하여: 문헌연구를 중심으로." 『관광학연구』 31(3), 209-233.

Ateljevic, I. 2000. Circuits of Tourism:Stepping beyond the 'Production/Consumption' Dichotomy. *Tourism Geographies* 2(4), 369-388.

Baudrillard, J. 1992. *La Société de Consommation ses Mythes ses Structures*. 이상률 역. 『소비의 사회』. 문예출판사.

Boorstin, D. 1961. *The Image: A Guide to Pseudo-Events in America*. New York: Harper & Row.

Bruner, E. 1989. "Tourism, Creativity, and Authenticity." *Studies in Symbolic Interaction* 10, 109-114.

Bruner, E. 1991. "The Transformation of Self in Tourism." *Annals of Tourism Research* 18(2), 238-250.

Bruner, E. 2005. *Culture on Tour: Ethnographies of Travel*. Chicago: University of Chicago Press.

Chang, T.C. and Lim, S.Y. 2004. "Geographical Imaginations of 'New Asia-Singapore'." *Geografiska Annaler* 86(B), 165-185

Chi and Qu. 2008. "Examining the Structural Relationships of Destination Image, Tourist Satisfaction and Destination Loyalty: An Integrated Approach." *Tourism Management* 29, 624-636.

Cohen, E. 1972. "Toward a Sociology of International Tourism." *Social Research* 39(April), 165-182.

Cohen, E. 1979a. "A Phenomenology of Tourist Experiences." *Sociology* 13(2), 179-201.

Cohen, E. 1979b. "Rethinking the Sociology of Tourism." *Annals of Tourism Research* 6(1), 18-35.

Creswell, J. W. 2012. *Qualitative Inquiry and Research Design: Choosing among Five Approaches, 3edition*. CA: Sage.

Dabb, G. and E. Cohen. 1991. "Sociology and Tourism." *Annals of Tourism Research* 18(1), 155-169.

Dann, G. 1996. "The People of Tourist Brochure." In T. Selwyn ed. *The Tourist Image: Myths and Myth Making in Tourism*. New York: John Wiley & Sons Ltd.

Driver, D. 1999. "Imaginative Geographies." in Cloke, P., Crang, P. and Goodwin, M.(eds) *Introducing Human Geographies*, Arnold, London.

Edensor, T. 1998, *Tourists at the Taj: Performance and Meaning at a Symbolic Site*, London Routledge.

Harvey, D. 1973 *Social Justice and the City*, Edward Arnold, London.

Hsu, Tsai and H. H. Wu. 2009. "The Preference Analysis for Tourist Choice of Destination: A Case Study of Taiwan." *Tourism Management* 30, 288-297.

Hsu, T. K., Y. F. Tsai, and H. H. Wu. 2009. "The Preference Analysis for Tourist Choice of Definition: A Case Study of Taiwan." *Tourism Management* 30, 288-297.

Hughes, G. 1992. "Tourism and the Geographical Imagination." *Leisure Studies* 11(1), 31-42.

Fallon, P. and P. S. Schofield. 2006. "The Dynamics of Destination Attribute Importance." *Journal of Business Research* 59(6), 709-713.

Featherstone, M. 1991, Consumer Culture and postmodernism, London:Sage, 정숙경 역(1999), 『포스트모더니즘과 소비문화』, 현대미학사.

Goffman, E. 1959. *The Presentation of Self in Everyday Life*. New York: Doubleday.

Graburn, N. H. 2001. "Relocating the Tourist." *International Sociology* 16(2), 147-158.

Iwashita, C. 2003. "Media Construction of British as a Destination for Japanese Tourists: Social Construction and Tourism." *Tourism and Hospitality Research* 4(4), 331-340

Lash, S. 1993. "Reflexive Modernization: the Aesthetic Dimension." *Theory, Culture & Society* 10(1), 1-23.

Lash, S. and Urry, J. 1998. *Economics of Signs and Space*, SAGE Publications Ltd, London(박형준·권기돈 역. 1998. 『공간과 기호의 경제』. 현대미학사).

MacCannell, D. 1973. "Staged Authenticity: Arrangements of Social Space in Tourist Settings." *American Journal of Sociology* 79(3), 589-603.

MacCannell, D. 1976. *The Tourist: A New Theory of the Leisure Class*. New York: Schocken Books (오상훈 역. 1994. 『관광객』. 일신사).

MacCannell, D. 2001. "Tourist Agency." *Tourist Studies* 1(1), 23-37.

Maoz, D. 2006. "The Mutual Gaze." *Annals of Tourism Research* 33(1), 221-239.

Massey, D. B. 1995. "The Conceptualization of Place." in D. B. Massey & P. Jess (eds) *A Place in the World? Places, Cultures and Globalization*. New York: Oxford University Press. 45-85.

Morgan, N. and A. Pritchard. 1998. *Tourism Promotion and Power*. New York: John Wiley & Sons.

Naisbitt, J. 1994. *Global Paradox: The Bigger the World Economy: The More Powerful Its Smallest Players*. New York. William Morrow & Co.

Perkins, H. C. and D. C. Thorns. 2001. "Gazing or Performing?" *International Sociology* 16(2), 185-204.

Ritzer, G. and A. Liska. 1998. ""McDisneyization" and "Post-Tourism": Complementary Perspectives on Contemporary Tourism." *The McDonalization Thesis: Exploration and Extensions*. London: Sage Publication.

Rojek, C. and J. Urry. 1997. *Touring Cultures*. London: Routledge.

Salazar, N. B. 2012. "Tourism Imaginaries: A Conceptual Approach." *Annals of Tourism Research* 39(2), 863-882.

Shields, R. 1991. *Place on the Margin: Alternative Geographies of Modernity*. London: Routledge.

Smith, V. 1989. *Host and Guests: The Anthropology of Tourism*. Philadelphia: University of Pensilvania Press.

Urry, J. 1990. *The Tourist Gaze*. London: Sage Publication.

Urry, J. 1992. "The Tourist Gaze Revisited." *American Behavioral Scientists* 36(2), 172-186.

Urry, J. 1995. *Consuming Places*. London: Routledge.

Urry, J. 2002. *Tourist Gaze: Leisure and Travel in Contemporary Society*. London: Sage Publication.

Urry, J. and J. Larsen. 2011. *The Tourist Gaze* 3.0. London: Sage Publication.

Wamsley, D. and M. Young. 1998. "Evaluative Images and Tourism: The Use of Personal Constructs to Describe the Structure of Destination Images." *Journal of Travel Research* 26, 65-69.

Wang, N. 1999. "Rethinking Authenticity in Tourism Experience." *Annals of Tourism Research* 26(2), 349-370.

Wang, N. 2000. *Tourism & Modernity: A Sociological Analysis*. Pergamon, An Imprint of Elsevier Science.

Whorf, B. L. 1964. *Language, Thought and Reality*. Cambridge, Mass: MIT Press.

WTCF. 2014. *Special Report: Rise and Rise of China's Outbound Tourism*. World Tourism Cities Federation.

Xiaobo Su. 2010. "The Imagination of Place and Tourism Consumption: A Case Study of Lijiang Ancient Town, China." *Tourism Geographies* 12(3), 412-434

Young, M. 1999. "The Social Construction of Tourist Places." *Australian Geographer* 30(3), 373-389.

제2장

동상이몽?: 중국인 관광객을 향한 일본 미디어의 시선과 재현*

황성빈(黃盛彬)

I. 문제의 제기

2015년 일본에서 중국인 관광객에 대한 뉴스가 크게 늘어났다. 신문기사뿐만 아니라 텔레비전의 아침 프로그램에서는 고정 아이템이 되기도 했는데, 사실 특정 국가의 관광객이 뉴스가 되는 경우는 특이한 현상이다. 2015년 이전에는 한국과 타이완(臺灣)의 관광객이 가장 많이 일본을 방문했지만, 그들에게 초점이 맞추어진 뉴스가 집중적으로 다루어지는 일은 거의 없었다. 중국인 관광객이 급증하기 시작하는 2013년 이후에도 여전히 한국과 타이완의 관광객은 일본을 즐겨 찾았고, 중국인만큼의 증가 추세는 아니었지만 현저한 증가 추세를 기록했다. 따라서 유독 중국인 관광객이 뉴스로 등장하는 사례가 급증한 것은, 단순히 관광객 수의 증가에만 원인이 있다고 보기는 어렵다.

---

* 이 글은『아시아리뷰』6권 1호(2016: 373~402)에 게재되었던 논문을 본서의 편집 취지에 맞도록 수정·보완한 것입니다.

표 1 일본을 방문하는 외국인의 국가와 지역별 추이(2009~2015)   (단위: 명)

	2009	2010	2011	2012	2013	2014	2015
전체	6,789658	8,611,175	6,218,752	8,358,105	10,363,904	13,413,467	19,737,409
아시아	4,814,001	6,528,432	4,723,661	6,387,977	8,115,789	10,819,211	16,645,843
유럽	800,085	853,166	569,279	775,840	904,132	1,048,731	1,244,970
북미	874,617	905,896	685,046	876,401	981,981	1,112,317	1,310,606
상위 10개국							
한국	1,586772	2,439,816	1,658,073	2,042,775	2,456,165	2,755,133	4,002,095
타이완	1,024,292	1,268,278	1,043246	1,425,100	2,210,821	2,829,821	3,677,075
중국	1,006,085	1,412,875	993,974	1,465,753	1,314,437	2,409,158	4,993,689
미국	699,919	727,234	565,887	716,709	799,280	891,668	1,033,258
홍콩	449,568	508,691	364,865	481,665	745,881	925,975	1,524,292
호주	211,659	225,751	162,578	206,404	244,569	302,656	376,075
영국	181,460	184,045	140,099	173,994	191,798	220,060	258,488
타이	177,541	214,881	144,969	260,640	453,642	657,570	796,731
캐나다	152,756	153,303	101,299	135,355	152,766	182,865	231,390
싱가로프	145,224	180,960	111,354	142,201	189,280	227,962	308,783

출처: 일본정부관광국(JNTO) 통계자료에서 필자 작성.
http://www.jnto.go.jp/jpn/statistics/visitor_trends/index.html(검색일: 2016. 5. 30).

  2013년 국가/지역별 방일객 수의 통계(일본정부 관광국)를 살펴보면, 1위 한국, 2위 타이완에 이어, 중국은 3위였다. 2014년에도 타이완, 한국에 이어 중국은 3위였는데, 전년 대비 83.3%(2,409,158명)의 증가를 기록했다. 그 해에는 이 외 주요 나라에서도 일본을 방문하는 관광객이 늘어나서, 방일 외국인객의 총수는 전년에 비해 약 300만 명이 늘어났다. 이러한 추세는 2015년에도 이어져, 총 방일 외국인 수는 19,737,409명으로 늘어났고, 1위는 중국(4,993,689명), 2위 한국(4,002,095명), 3위 타이완(3,677,075명)이었다. 그 뒤로는 홍콩(1,524,292명), 미국 (1,033,258명), 태국(796,731명), 호주(376,075명)가 이어졌다. 중국의 증가율이 단연 두드러지지만, 다른 주요 나라들의 방문객도 의미 있게 증가한 것을 알 수 있다. 2015년에 한국은 전년 대비 45.3%, 타이완은 29.9% 증가했고, 다른

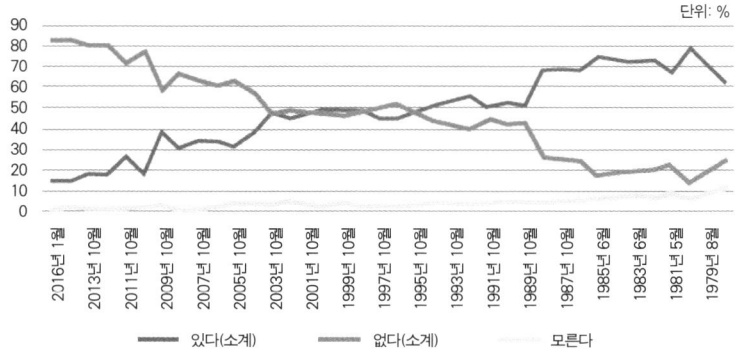

그림 1 중국에 대한 친근감의 추이(일본 정부 외교에 관한 여론조사)
출처: 일본 내각부 관방 정부광보실(日本政府内閣府官房政府広報室)조사보고서를 토대로 작성. http://survey.gov-online.go.jp/h27/h27-gaiko/index.html(검색일: 2016. 6. 30).

주요 나라들도 20~30%의 증가 추세를 기록한 것이 확인된다. 따라서 유독 중국인 관광객이 뉴스로 다루어지는 사례가 급증한 배경에는 일본 사회의 중국/중국인에 대한 인식의 문제가 있을 것으로 추론해 볼 수 있다.

일본의 중국 인식은 일본 근대사상사 연구에서 중요한 분야일 뿐만 아니라, 국제정치학, 사회학에서도 중요하게 다루어져 왔다(子安宣邦, 2003; 2012; 松本三之介, 2011; Tanaka, 1995). 또한, 언론이나 대중 출판의 영역에서는 출판의 홍수라고 해도 좋을 만큼 많은 담론이 생산되는 주제이기도 하다. 특히 최근 들어, 중국의 부상과 일본의 상대적 지위의 저하, 그리고 패권주의적 중국의 자세, 영토분쟁 등을 둘러싸고 양국 관계가 악화된 가운데, 중국에 대한 담론의 상황은 배타적인 분위기에 둘러싸여 있다고 보는 것이 정확하다. 그림 1은 일본 정부가 매년 실시하는 여론조사 '중국에 대한 친근감'의 추이인데, 1978년 62.1%, 1980년 78.6%에 달했고, 그 이후에도 높은 수준을 유지하다가 1990년대 무렵부터 내려가기 시작해 최근에는 20% 아래로 내려간 것이 확인된다. 즉, 중국인 관광객에 대한 높은 관심의 배경에는 '비 친근감'이나 '혐오감'이 동시에 자리 잡고 있다고 볼 수 있다.

이 글은 이런 상황에서 '중국인 관광객'이 뉴스에서 재현되는 양상을 파악하는 것이 목적이며, 논점은 다음의 두 가지로 제시할 수 있다.

첫째, 그동안의 관광에 대한 사회학적 연구가 '관광'하는 사람들의 시선에 초점이 맞추어지는 경우(예를 들면, Urry and Larsen, 2012)가 많았지만, 이 글에서는 관광객들을 바라보는 호스트 사회의 시선의 문제성에 대해 논의해보고자 한다.

둘째, 중국인 관광객에 대한 시선이 형성되는 뉴스미디어와 여론 공간의 역학에 주목하고자 한다. 특히 이 글에서는 신문과 방송 등 이른바 주요 언론과 인터넷상의 뉴스 및 담론의 차이와 관계, 상호 침투의 영향 등에 주목한다. 일본 사회에서 초기에는 인터넷 공간의 여론 형성이 무시되어 왔으나, 최근 들어 '넷우익'으로 대표되는 과격하고 냉소적인 여론 공간의 문제가 지적되기 시작하고 있다(황성빈, 2014). 이른바 '넷우익'이나 '반한류'는 조직적 운동 측면과 동시에 대중적 분위기, 또는 군중적 여론으로 볼 수 있기에 '여론의 분석'에도 초점을 맞추는 것이 타당하다. 이 글에서도 이러한 문제의식에서, '중국인 관광객'을 둘러싼 뉴스와 여론의 지형이 어떻게 형성되고 있는지에 초점을 맞추고자 한다.

II. 일본의 언론과 여론의 지형

먼저 일본의 언론과 여론의 지형에 대해 살펴보기로 하자. 그림 2는 일본의 주요 언론, 그리고 인터넷상의 여론 공간을 대상으로 그 입장성(Positionality)을 정리해 본 것이다. 여기서 '입장'이 아니라, '입장성'이라는 용어를 사용하는 이유는, 언론과 여론의 지형을 고정적으로 파악하지 않고, 상황에 따른 가변성을 중요시하기 때문이다. 수평축은 좌파와 우파 또는 리버럴(liberal)과 보수의 위치를 나타내고, 수직 축은 '혼네(本音)'와 '다테마에(建前)', 즉 속내와 겉으로 드러나는 태도의 공간으로 나누어 봤다. 혼네와 다테마에의 사전적 정의는, 전자가 '본심에서 나온 말'로, 후자가 '원칙으로 세운 방침, 겉으로 나타나는 생각'으로 비교적 간단하게 이해할 수 있지만, 어용론적 차원의 개념적 논의는 이 글에서 충분히 다루기 어려운 복잡한 문제다.

이 개념을 뉴스 미디어 또는 여론 공간의 차원에 적용할 경우, '다테마에 미디어'와 '혼네 미디어'의 구분, 즉 원칙상의 방침 또는 당위의 차원, 계몽의 차원에서 보도, 논평 활동이 이루어지는 미디어와, 본심의 차원 또는 내부자나 우리끼리의 공간에서 표출되는 속내(본심)가 드러나는 미디어로 나누어볼 수 있겠다. 아울러 여론, 또는 사회적 담론의 차원에 주목할 경우, '이성적 여론'과 '심정적 여론' 혹은 '현실적 인식'과 '열망'으로 구분해서 논의해볼 수 있다.

이러한 분류를 착안하게 된 계기는 일본의 많은 대학생과 토론하는 과정에서 '혼네'를 진심으로, '다테마에'를 집단의 압력 등에 의해 어쩔 수 없이 표명한 태도로서 부정적으로 인식하는 경우가 많다는 것을 알게 된 것이었다. 또는, 인터넷 게시판 등에서 이 두 단어가 사용되는 문맥적 의미를 조사할 경우, 인터넷은 '혼네'의 공간으로, 기존의 주요 언론은 '다테마에'의 공간으로 인식되는 이분법이 횡행하는 것을 관찰할 수 있었다. 아울러 이 이분법은 흔히 일본의 주간지와 타블로이드판 석간신문 등이 '신문과 텔레비전이 보도하지 않는 뉴스'라는 캐치프레이즈로 독자성을 내세우는 등의 선정주의적 판매 전략에서도 확인된다.

일본의 주요 언론에 대해서는 '엘리트 미디어'와 '비엘리트(Non-elite) 미디어'(West, 2006), 또는 '기자클럽 미디어'와 '비기자클럽 미디어'로 나누는 논의도 있다(Freeman, 2001). 간단히 정리하자면, '엘리트 미디어'와 '기자클럽 미디어'는 신문협회 가맹사인 주요 신문과 방송사를 가리키고, '비엘리트 미디어'와 '비기자클럽 미디어'는 주간지와 석간타블로이드 신문 등을 가리킨다고 볼 수 있다. 이런 구분이 일본 저널리즘의 시스템과 문화를 설명하는데 필요한 요소를 적절히 지적하고 있지만, 내부의 이념적 입장의 다양성, 신문과 방송의 다양한 지면과 프로그램 내부에서 나타나는 다양성, 또는 인터넷 여론 공간의 확대와

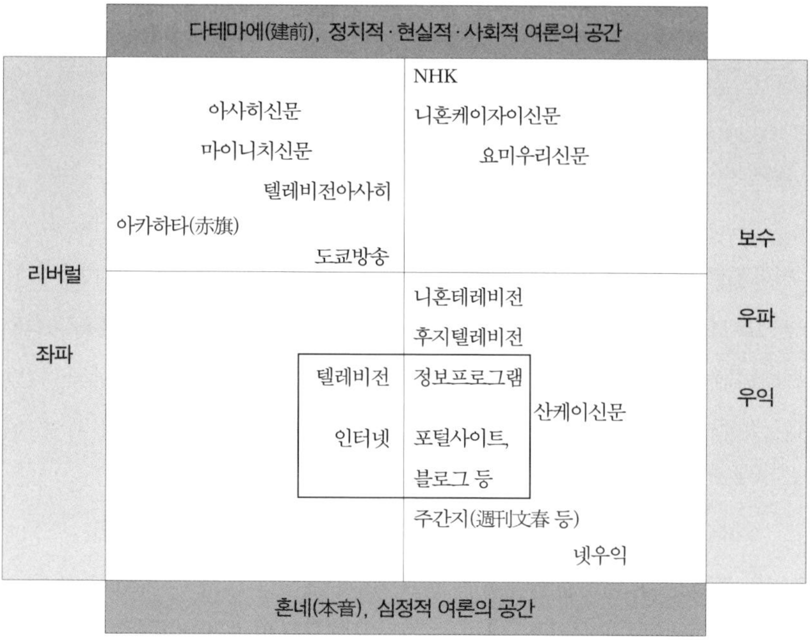

```
┌─────────────────────────────────────────────────────┐
│         다테마에(建前), 정치적·현실적·사회적 여론의 공간    │
├──────┬──────────────────────────────────────┬───────┤
│      │              NHK                      │       │
│      │   아사히신문    니혼케이자이신문          │       │
│      │   마이니치신문    요미우리신문            │       │
│      │      텔레비전아사히                     │       │
│      │ 아카하타(赤旗)                          │       │
│ 리버럴 │          도쿄방송                     │ 보수   │
│      ├──────────────────────────────────────┤ 우파   │
│ 좌파  │           니혼테레비전                 │ 우익   │
│      │           후지텔레비전                  │       │
│      │  ┌──────┬─정보프로그램                 │       │
│      │  │텔레비전│         산케이신문          │       │
│      │  │      │ 포털사이트,                  │       │
│      │  │인터넷 │ 블로그 등                   │       │
│      │  └──────┴──                           │       │
│      │         주간지(週刊文春 등)              │       │
│      │                          넷우익        │       │
├──────┴──────────────────────────────────────┴───────┤
│            혼네(本音), 심정적 여론의 공간              │
└─────────────────────────────────────────────────────┘
```

그림 2 일본의 주요 언론과 여론 공간의 입장성

그로 인한 기존 미디어와의 상호 침투의 영향 등을 고려하는 데는 더 설명되어야 할 요소가 많다.

    그림 2에서 일본 주요 언론의 위치는 고정적인 것이 아니라, 상대적 관계를 나타내고 있다. 먼저 수평축이 의미하는 바는 좌우의 상대적 위치인데, 『아사히신문(朝日新聞)』과 『마이니치신문(每日新聞)』이 왼쪽에, 『요미우리신문(読売新聞)』과 『산케이신문(産経新聞)』은 오른쪽에 위치한다고 볼 수 있다. 여기서 『아사히신문』과 『마이니치신문』을 리버럴이나, 좌파 신문으로 규정하는 것은 타당하지 않다. 그때그때의 이슈에 따라 형성되는 논의 구조 속에서 상대적인 위치성을 의미할 뿐이다. 중요한 것은 『아사히신문』이 『요미우리신문』보다 왼쪽에 위치한다는 전후 일본 사회의 인식이 존재하고, 쟁점이 되는 문제에 대해 어느 한 신문이 갖고 있는 상대적 위치에 대해서는 독자들도 알고 있을 뿐만 아니라 각 매체들도 공유하고 있고, 기자들도 내면화하고 있는 공통의 이해가 있다는 것

이다. 일본 공산당 기관지인 『아카하타(赤旗)』는 그림에서 아마도 왼쪽 끝에 위치한다는데 이견이 없겠지만, 상하의 위치는 이슈에 따라 진폭이 있다. 또 상황이나 판세에 따라 전체의 그림이 움직이는 경우도 있다. 국가적 위기나 감정적 트라우마가 사회 전체를 지배할 때는 아마도 아래로 기우는 경향이 발견될 것이며, 그 진폭과 형세는 역사적 배경, 정치문화 등에 따라 다르게 나타난다. 주어진 의제(agenda) 자체가 우경화한 경우에는 모든 미디어가 우파적 성향을 띠게 될 수 있다.

다테마에와 혼네가 미디어별 구분으로 고정화될 수는 없지만, 경향적으로 규정될 수는 있다. 즉, 주요 신문의 경우, 공공의 중요성이 있고 사회가 가야 하는 방향으로 논의를 전개해야 하며 반드시 집단 내부에 국한되지 않는 논의를 전개한다는 점에서 다테마에 공간에 위치한다고 볼 수 있는 반면, 주간지와 석간신문, 스포츠신문, 아침 정보 프로그램 등은 그렇지 않다. 공공성보다는 사회심리, 또는 집단심리적인 부분이 중요하고, 사람들이 원하는 뉴스를 제공한다. 바람직한 방향성, 즉 다테마에는 '아타리마에(当たり前)', 냉소적인 의미에서의 '올바른 태도'로서 오히려 경원된다. 그래서 뭔가 삐딱한 시선이 덧붙여지며 우리들, 즉 일본인의 공간성이 더욱 의식되고, 애국주의적 선정주의의 경향으로 나타나기도 한다. 따라서 혼네 미디어, 또는 공간으로 파악될 수 있다.

텔레비전 뉴스의 경우 수평축의 진폭은 그리 크지 않지만, 수직축의 위치 관계에서는 상대적으로 아래, 즉 '혼네 공간'에 가깝다. 텔레비전 프로그램 중에서도 더 소프트한 와이드쇼나 대중적 토론 프로그램은 일반 뉴스 프로그램이나 일간신문보다는 더 선정적이고 흥미 본위라는 점에서 더 아래에 위치한다. 텔레비전의 와이드쇼는 같은 방송국의 저녁 뉴스에서 다룬 뉴스를 다루면서도 독자적인 접근, 또는 시각(切り口: 기리쿠치)을 의식한다. 그리고 일본 방송의 산업구조를 고려할 때 저녁 뉴스 프로그램과 아침의 와이드쇼를 같은 언론 매체로 보는 것이 부적절한 면도 있다. 저녁 뉴스는 보도부에서 제작되지만, 와이드쇼는 사회정보 등의 부문으로 섹션화되어 있다. 또한, 전자는 도쿄의 방송국이 중

심인 지역 방송국과 뉴스 네트워크의 체제로 제작되지만, 후자는 실제 취재와 편집 작업은 거의 하청 프로덕션이 담당한다. 따라서 후자의 경우, 시청률을 더 의식하는 주문 생산에 얽매이게 되는 경향이 있다. 달리 말하면 저녁 뉴스 프로그램의 위치는 다테마에 공간에 있지만, 아침의 와이드쇼에서는 혼네를 말하는 이중성을 발견할 수도 있다.

그러나 각 미디어나 언론의 위치는 본질적인 것도 아니고 고정적이지도 않다. 신문은 전체적으로 '다테마에 미디어'에 가깝지만, 『산케이신문』이 비교적 그러한 것처럼 훨씬 '혼네'에 가까운 신문도 있을 것이고, 또 신문의 지면에서도 1면이나 정치, 경제면은 다테마에 공간으로 분류된다면, 사회, 문화면, 그리고 칼럼, 독자 의견란 등은 '다테마에'와 '혼네'가 동시에 발견되는 공간으로 볼 수 있다. 마찬가지로 방송매체는 상대적으로 아래쪽으로 기운 위치 관계를 파악할 수 있겠지만, 공영방송인 NHK는 더 '다테마에'에 가깝다고 볼 수 있고, 다른 방송 채널도 진폭은 적지만 그 위치 관계는 파악될 수 있다.

아울러 주목해야 하는 점은 이러한 복잡한 이중 구조에서 어떤 상호 영향, 침투의 과정이 일어나는가다. 즉, 다테마에 공간과 혼네 공간에서 의제나 프레임이 전혀 다른 경우도 있지만, 그렇지 않은 경우도 있다. 앞서 언급한 바와 같이 주어진 의제 자체가 우경화된 경우이거나, 강한 내셔널리즘 프레임이 사회 전체를 지배하고 있는 경우, 모든 매체가 집중적으로 취재하는 이른바 '미디어 스크럼'이 발생하는 경우 등을 상정할 수 있다. 이때는 텔레비전의 와이드쇼도, 주간지도, 스포츠신문도 일간신문이나 텔레비전의 저녁뉴스와 같은 이슈를 다룬다. 역설적이지만 다테마에 미디어, 즉 신문의 보급률이 현저히 높은 일본 사회에서는 사회적 중요성의 인식과 개인적 관심사가 비교적 높은 일치를 보인다. 따라서 '공공 영역'과 '사적 영역'의 분리는 두드러지지 않는다. 이런 상황에서는 '다테마에'와 '혼네'가 서로 착종적으로 공존할 여지가 많다.

따라서 이런 착종적인 여론 공간에 참여하는 각 참가자의 담론 전략이 어떠한 것인지를 파악하는 접근 방법도 필요하다. 각각의 미디어는 그 상대적인 위치성을 인식하고 있지만, 많은 주요 언론은 당파성 대신 '불편부당성', '공정성'을 원칙으로 뉴스를 생산한다. 상대적으로 좌파의 입장성을 갖는다고 해서 좌파의 입장을 대변하고 주장하는 옹호적 언론이 반드시 바람직한 것으로 인식되지는 않는다.

엘리트 신문을 지향하면서 국민적인 신문을 지향하는 주요 신문들도, 원칙상의 불편부당과 객관보도를 지향하면서 전체 사회의 여론이 어디에 있는지를 민감하게 의식하는 보도 활동을 전개한다. 시청률에 의존하는 방송미디어도 크게 다르지 않다. 따라서 다테마에 미디어도 때로는 담론 전략으로 혼네적 접근을 취하기도 하고, 적어도 혼네를 무시하거나 이에 대립하는 담론은 회피하기도 한다. 마찬가지로, 혼네 미디어도 때로는 다테마에 담론을 구사한다. 스캔들 저널리즘 또는 '서민의 대변인'으로 스스로를 내려서 인식하기도 하지만, 사회의 정의를 밝힌다는 사명감을 밝힐 때도 있다. 특히 1990년대 이후에는 정치 부패와 일련의 역사인식으로 주변국과의 갈등이 첨예화되는 가운데, 혼네 미디어가 다테마에 의제에 집착에 가까운 집중의 경향을 나타내는 사례가 증가하기도 했다. 따라서 한 신문이나 방송의 입장성을 전체적으로 파악되면서, 동시에 각각의 미디어 각 섹션, 즉 신문에서 조간과 석간, 정치, 사회면과 문화면 등의 공간에서 각기 어떤 담론 전략이 구사되는지, 텔레비전의 경우에도 저녁 뉴스와 아침의 와이드쇼에서 어떤 다른 입장성이 발현되는지에 대한 주의도 필요하다.

인터넷 공간의 확대가 가져온 변화도 주목할 필요가 있다. 인터넷으로 여론 형성의 공간이 확대된 이후에 기존 주요 언론의 여론 공간에 어떤 변화가 일어났는가 하는 것이다. 마찬가지로 기존 언론매체의 입장에 따라 새로 출현한 인터넷 공간의 입장성은 어떤 영향을 받았는지, 또한 상호간 영향도 연구주제가 될 수 있다. 이런 시각에서 볼 때, 왜 현대 일본사회의 여론 공간에서 왼쪽 아래 공간의 입주자는 없는 것인지, 왜 인터넷 공간에 '넷우익'적인 담론이 범람하게 되었는지 당연히 궁금해진다. 또 이러한 복잡다층적인 언론의 지형과 담론 전략 속에서 구체적으로 드러나는 여론의 형세를 파악하는 것도 필요할 텐데,

이 논의에 대해서는 글의 후반에서 인터넷 공간의 담론을 소개하고 분석하면서 다시 언급하기로 하겠다.

III. 주요 신문의 중국인 관광객 보도

일본 정부는 수년 전부터 중국인 관광객을 유치하기 위해 비자완화 등의 노력을 기울여왔다. 그 성과는 엔 강세의 영향으로 지지부진하다가, 이른바 '아베노믹스' 이후 엔 약세의 영향으로 2015년 설[春節]때는 중국인 관광객이 급증한다. 그리고 이것은 주요 미디어는 물론 인터넷의 다양한 공간에서 주목하는 대상이 된다. 신문보다는 TV와 주간지 등 더 상업적인 미디어의 시선에서 더 솔직한 중국 인식이 드러났지만, 신문보도에서도 유사한 시선은 공유되고 있었다.

먼저, 양적인 분포를 살펴보면 좌우 진영에서 큰 차이는 나타나지 않았다. 같은 조건(전국판)으로 '중국인 관광객'을 포함하는 기사를 각 신문사의 기사 데이터베이스를 이용해 검색한 결과, 『요미우리신문』에서 2013년 27건, 2014년 23건, 2015년 86건, 『아사히신문』에서 26건, 16건, 77건, 그리고 『산케이신문』에서 27건, 24건, 72건으로 나타났다. 즉, 2013년과 2014년에 비해 2015년 들어 부쩍 중국인 관광객 뉴스가 증가한 것을 알 수 있고, 각 신문 사이에 적어도 양적인 차이는 두드러지지 않는다. 좌우, 또는 리버럴/보수 모두 중국인 관광객에 대한 관심이 높아진 것을 알 수 있다.

요미우리, 아사히, 그리고 우파적 입장을 대변하는 산케이 사이에서 '중국인 관광객'을 다룬 뉴스의 양에 큰 차이가 없는 것은 어떻게 설명할 수 있을까? 이 질문에 답하기 위해서는 앞서 논의한 일본 언론의 입장성에 대해 다시 검토할 필요가 있다. 즉 일본 언론이 그 이념적, 또는 입장의 차이에도 불구하고 공유하는 부분이 있다는 것이다. 기자클럽시스템에서 생산되는 뉴스, 특히 스트레이트 뉴스는 정부관련 정보원(source)의 영향 또는 상호작용으로 인해, 차이보다는 공통점이 두드러지는 특징을 갖는다는 점을 상기해야 한다. 즉 '중국인 관광객'이 가져오는 경제효과와 관광산업의 진흥은 적어도 정부 차원에서는 국가적 의제이기 때문에 기자클럽시스템에서 생산되는 '다테마에 뉴스'는 각 신문 입장성의 차이에도 불구하고 공통점이 더 발견된다. 그러나 다테마에와 혼네의 구분이 애매하거나 동시에 나타나는 공간, 즉 사회, 문화면 또는 칼럼 등의 지면에서는 각 신문의 입장성에 따른 차이가 비교적 명확히 드러난다.

1. 『산케이신문』

먼저, 각 신문의 입장성에 따른 차이를 살펴보기로 한다. 혼네 우파적 특징을 비교적 파악하기 쉬운 『산케이신문』의 보도부터 살펴보자. 2015년의 『산케이신문』에서 '중국인 관광객'을 포함하는 많은 기사는 '경제효과'에 대한 스트레이트 기사가 가장 많았다. 이는 적어도 양적으로는 다른 신문들과 유사한 경향임을 알 수 있고, 신문매체로서의 경향성, 즉 다테마에적 위치성을 파악할 수 있다.

그러나 다른 신문과 구별되는 산케이적 입장이 선명히 드러나는 것은 칼럼이나 주장, 특집(피쳐) 기사 등에서였다. 구체적인 사례를 들어보자. 먼저 중국에 대한 시각이 드러나는 사례다. 중국인 관광객의 급증을 바라보는 『산케이신문』의 걱정이 반영된 칼럼이다.

> 항일전쟁 70년인 올해, 중국 정부는 일본에 대해 '역사 전쟁'을 맹렬히 걸어 올 것이다. 그런 한편, 중국인 관광객은 여전히 일본에서 선물을 싹쓸이로 사 들일 지도 모른다. 중국에 내재하는 두 문화, 즉 현실적 상인의 문화와 이데 올로기적인 정치문화에 어떻게 대치해야 할 것인가가 올해의 최대 과제다…

(『産経新聞』, 2015. 1. 1, 도쿄 조간).

설[春節] 상전(商戰)의 번성은 경제에 플러스가 된다. 일본 제품뿐만 아니라, 일본 그 자체(日本そのもの)에 친근감을 가져주면 좋다. 다만, 낙관은 어렵다. 일본에서 쇼핑을 즐길 수 있는 것은, 아직 일부의 부유층에 불과하다. 그들에 대한 대다수 국민의 선망과 반발이 반일감정에 불을 붙이지는 않을까. 그런 걱정이 앞선다(『産経新聞』, 2015. 2. 9, 도쿄 조간).

또 다른 산케이적 시각의 특징은 한국에 대한 의식이다. "경제 악화도 일본 탓인가?"라는 서울지국편집위원의 기사였다.

한국은 5월에 중동호흡기증후근(MERS) 감염 확대로 인해, 최근 2개월간 국내 소비는 더욱 냉각되어 외국으로부터의 관광객은 급감했다. 중국인 관광객이 감소하는 한편 일본에 가는 중국인은 늘어나, '중국인 관광객을 일본에 빼앗겼다'는 새로운 대일피해자의식이 미디어를 장식하고 있다(『産経新聞』, 2015. 7. 20, 도쿄 조간).

방한 외국인 관광객 수의 감소가 현저하다. 여행 후에 한국의 인상이 한결같이 나빠진다고 한다. "택시는 돌아가고", "호객행위가 끈질기다"고 한다. 중국인 관광객으로부터는 "두 번 다시 오고 싶지 않다"는 말도 듣는 지경…(『産経新聞』, 2015. 10. 7, 오사카 석간 사회면).

중국인 관광객이 뉴스가 되는 기사에서, 한국이 언급되는 기사를 다른 신문에서 찾아볼 수는 없었다. 그만큼 『산케이신문』의 한국에 대한 높은 관심을 반영하는 사례라고 볼 수 있다. 여기서 주목할 점은, 산케이적 입장성에서 핵심이 되는 것이 '친일'과 '반일'의 프레임이고, 역사인식에 집착하는 중국과 한국은 '반일'의 프레임에서 비추어지며, 그러한 집착에서 벗어나는 것이 곧 일본을 이해하는 '친일'이라는 암묵적 전제다.

『산케이신문』의 특징은, 중국인 관광객의 증가가 가져오는 경제효과에 대해서는 각 업계에서 제공되는 보도자료에 충실한 팩트 기사를 내보내다가도, 중국에서 사건, 사고가 날 때는 아래 인용하는 칼럼과 같이, 다시 걱정 모드로 돌아선다는 것이다.

> 중국에서는 톈진(天津) 시의 대폭발을 둘러싼 정부의 대응에도 불만이 고조되고 있다. 앞으로 항의 데모와 폭동이 빈발할 지도 모른다. …경제평론가인 죠넨 쓰카사 씨는 공산당 정권이 국민의 불만을 다른 곳으로 돌리기 위해서 반일 카드를 쓸 가능성을 지적한다. 애국심을 환기하기 위해 센카쿠열도(尖閣列島) 주변에서 문제를 일으키거나, 주가 폭락의 죄를 일본에 뒤집어씌울 수밖에 없을 것이다. 분명히, 중국인 관광객의 폭매(爆買い)가 시들해지는 것을 걱정할 상황이 아니다(『産経新聞』, 2015. 8. 27, 도쿄 조간).

그런 가운데서도 다시 경제효과를 전하는 팩트 기사, 또는 경제계, 기업이 스폰서가 되는 기사는 여전히 게재되고 있다. "'폭매' 수요를 잡아라. 오늘부터 중국 '국경절' 연휴"라는 경제면 기사다.

> 백화점, 편의점, 서비스 확충
> 중국에서는 건국기념일인 (10월) 1일 '국경절'부터 7일까지 대형 연휴에 들어간다. 이에 맞추어 일본 국내의 백화점과 편의점, 음식점 등이 중국인 관광객을 노린 방일 외국인 대상 서비스를 확충하고 있다. 중국 경제가 감속하고 있지만, 중국인 관광객의 면세점 매출은 호조 추세여서, 각 기업은 중국인의 '폭매' 수요를 끌어들이고자 필사적이다.
> 일본 백화점 협회에 따르면 8월의 백화점 면세 매출은 전년 동월 대비 3.6배

인 약 171억 엔으로 늘어났다. 특히 중국인 관광객의 면세 매출은 '전체의 3분의 2를 차지한다'(J 프론트리테일링)고 한다(『産経新聞』, 2015. 10. 1, 도쿄 조간).

2. 『아사히신문』

『아사히신문』 역시 가장 많은 기사는 경제효과를 전달하는 팩트기사였다. 다른 신문과 비교해 더 긍정적인 어조이고 중국과의 관계 호전에 대한 기대가 표출되고 있다.

2015년 1월 21일자 조간에 실린 기사는, "엔 약세 영향, 방일객 최다, 작년 3할 증가 1,341만 명 소비 2조 엔 넘어"라는 헤드라인에, "2020년에 2천만 명이라는 목표 달성이 현실감을 띄게 되었다"는 국토교통상(国土交通相)의 발언을 인용하며, 이러한 방일객 증가가 아베정권 성장 전략의 일환이라는 점을 강조한다. 이어서 여행업계, 유통업계 등의 현황을 소개하는 등 밝은 전망을 밝히고 있다.

이러한 인바운드(Inbound) 경제효과, 즉 중국인 관광객이 가져다주는 경제효과를 강조하는 기사에서도 산케이와 다른 점은 기업위주라기보다는 지역 등이 강조되는 경향이다. 그 차이는 산케이가 도쿄와 오사카의 본사에서만 발행하는 데 비해 『아사히신문』은 도쿄, 오사카 이외에도 서부, 홋카이도 등 다양한 지역에서 발행되고 있고, 판매 또한 전국적으로 분포되어 있다는 점이 영향을 준다고 볼 수 있다. 대표적인 기사를 아래에 소개한다.

(경제기상대) 외국인객을 지방 창생(創生)의 힘으로
일본정부관광국(JNTO)에 따르면, 2014년에 일본을 방문한 외국인 관광객은 1,340만여 명으로, 과거와 비교해 최고를 경신했다. 2005년의 670만여 명에서, 9년 만에 두 배로 증가한 것이다. 최근에는 경제발전과 엔 약세에 힘입어 동아시아, 동남아시아에서 방일이 늘어나고 있다. 도쿄나 오사카의 대도시에

서는 거리에서 외국인 관광객을 자주 볼 수 있다. 후쿠오카시의 호텔에서는 조식회장(朝食会場)이 중국인 관광객으로 가득 찬 모습을 보고 놀라기도 했다. 도쿄 아메요코(アメ横)에서는 4개국어(영어, 중국어, 한글, 말레이어)로 상품명과 가격을 쓴 안내판을 내건 가게도 있다. 관광청의 작년 10~12월 조사에 따르면, 지역별 방문율이 압도적으로 높은 곳은 도쿄를 중심으로 한 간토(関東) 지역이 60%, 이어 교토, 오사카 등의 긴키(近畿)가 40%에 못 미치는 정도다. 즉, 간토와 긴키에 압도적으로 관광객이 집중하고 있다…(『朝日新聞』, 2015. 2. 19, 조간).

한편, 『아사히신문』에서는 일본과 중국의 관계가 역사적, 문화적으로 깊은 유대가 있다는 식의 담론이 발견된다는 점도 특징이다. 아래와 같은 기사를 예로 들 수 있다.

지금 나가사키(長崎)를 방문하는 많은 중국인 관광객이 참퐁의 국물맛을 즐기고 돌아간다. 진 사장은 "우리 선조로부터 계승한 것을 우직하게 지켜나가는 것, 그것이 일본과 중국의 가교가 될 것이라고 생각한다"고 말한다. …규슈에서 최초로 돼지 뼈 국물 라면이 탄생한 것은, 1940년 전후의 후쿠오카 현(福岡県) 구루메시(久留米市)였다고 한다. 구루메상공회의소의 지역진흥 담당에 따르면, 1937년 나가사키 출신 요리사가 개점한 '남경천량(南京千両)'이 돼지 뼈를 처음으로 사용했다고 하고, 1947년에 다른 식당에서 현재 주류인 하얗고 탁한 국물이 만들어졌다(『朝日新聞』, 2015. 2. 11, 조간).

다음으로 칼럼 등 의견이 개진되는 기사에서 아사히적인 입장성이 나타나는 사례를 살펴보기로 하자. 2015년 2월 28일자 "덴세이진고(天声人語)"라는 칼럼은 일본과 중국의 관계에 대해 이런 기대를 밝히고 있다. 앞선 『산케이신문』의 칼럼과는 분명히 대조적인 입장이지만, 어딘가 현재의 양국 관계에 대한 문제인식에서 공유하는 부분이 있음을 알 수 있다.

> 일중 관계는 복잡하지만, 민간은 밀접한 관계를 지키고 있다. 카프카상을 수상한 중국인 옌롄커(閻連科) 씨는 "당신들은 정치를 한다. 우리는 경제와 문화로 교류한다"고 분리해서 생각한다. 중국인은 점점 성숙해지고 있다. 설 휴가에는 많은 중국인 관광객이 일본을 즐겼다(『아사히신문』, 2015. 2. 28, 조간).

"덴세이진고"는 『아사히신문』 조간의 장기연재 중인 1면 칼럼으로 최근 뉴스와 화제를 제재로 논설위원이 집필하고, 사설과는 다른 각도에서 『아사히신문』의 입장성이 나타나는 칼럼이다. 위에 인용한 칼럼에서는 정치적 관계가 악화된 상태지만, 일본을 즐기는 중국인 관광객이 두 나라 간의 경제와 문화 교류를 촉진시켜줄 것을 기대하는 내용으로, 얼핏 다테마에적 입장성이 나타나는 것으로 보이기도 한다. 그러나 정치와 경제, 문화를 구별해서 인식하고 논의하고자 하는 인식의 프레임이 있음을 알 수 있다. 그러한 인식을 굳이 중국의 지식인의 발언을 인용해서 소개함으로써, '정치'에 대한 집착이 중국 측, 특히 정치 지도층의 문제라는 인식을 암묵적으로 전제하면서, 일본 내 보수, 우파적 인식과 공명하는 자세가 나타난다. 다시 말해, '역사인식'에 대한 집착은 '정치적 반일'이며, '경제와 문화'적 관계의 발전을 통해 '친일'로 전환될 것이라는 인식의 프레임은 산케이적 인식과 오히려 유사하다. 아울러, 중국인이 점점 "성숙해지고 있다"는 대목에서 중국에 대한 우월의식이 내재된 태도도 엿보인다.

2015년 4월 11일자 조간에 실린 독자투고에서도 아사히적인 입장성이 어떤 것인지를 파악해볼 수 있다.

> 꽃구경과 외국인, 마음속의 중얼거림 -고등학교 교원 이시카와 고이치로(石川耕一郎(京都府, 54세))
> 지난달 말, 교토 다이고절(醍醐寺)의 벚꽃을 보러 나갔다. 중국인 관광객으로

보이는 분들도 많아, 그 큰 목소리에 일본어가 들리지 않게 되기 일쑤였다. 만개(滿開)를 앞둔 벚꽃 아래에서, 잡지 모델처럼 포즈를 취하며 사진을 찍는 모습을 보고 있으면, 여기가 어느 나라인가 싶은 당혹감과 위화감 같은 기분이 솟아올랐다. 벚꽃을 차분히 바라보고 싶은 마음에서 찾아왔기 때문에 더 그런 기분이 들었는지도 모르겠다. 24년 전 일본어 교사로서 중국에 1년간 체재한 경험이 있다. 현지 분들의 배려와 친절을 결코 잊지 못한다. 교육 현장에서도 타 문화 공생과 국제화의 필요성이 주장되었고, 그 중요성은 잘 알고 있다고 생각한다. 그럼에도 불구하고 나는 꽃구경 때 느낀 기분을 씻어낼 수가 없다. 노동인구 감소에 따라 개호를 비롯한 다양한 현장에 외국인 노동자를 적극적으로 받아들여야 한다는 논의가 있다. 많은 외국인이 일본에서 일하는 현실도 있다. 일본 경제를 지탱하기 위해서는 어쩔 수 없는 흐름일 것이다. 그렇다면 내가 느낀 '당혹감과 위화감'에 앞으로 어떻게 대처하여 극복해 나가야 할 것인지, 사회 전체가 진지하게 논의해야 할 때가 오지 않았을까? 그런 생각을 하면서 난만한 벚꽃을 바라보고 있었다(『朝日新聞』, 2015. 4. 11, 조간).

이 독자 투고에서는 중국인 관광객을 응시하는 일본사회 내의 시선, 또는 분위기를 '당혹감과 위화감'이라는 표현으로 나타내고 있다. 물론 투고자의 중국 체험을 소개하면서, 반중(反中)의 자세가 아니라는 점을 밝히며 일단 반전을 가져온 다음, 노동인구 감소의 추세 등을 고려해 외국인에 개방적인 자세가 필요하다는 것을 새삼 되새기는 반성(反省)의 형식을 취하고 있다. 이런 자세는 아사히와 같은 일본의 리버럴한 정치적 입장성의 전형적인 자세이며, 달리 말하면 '견식(見識)'으로 평가될 수도 있다.

그러나 다른 한편에서는, 혼네와 다테마에의 이중성이 여전히 내재되어 있는, 애매하고 엉거주춤한 자세가 보수, 우파 신문의 입장성과 명백히 대치하지 않는다고 볼 수도 있다. 그리고 이런 '당혹감과 위화감'이 『산케이신문』이나 텔레비전의 데일리쇼, 인터넷 공간 등의 '혼네' 또는 속내 공간에서는 더 한층 솟아오른 분노로까지 표출되고 있는 상황에서 표명된 것이라는 점 또한 되새겨 볼 필요가 있다. 즉, 이 투고에서 표명되는 '당혹감과 위화감'은 그 표명이 당연하다는 속내의 표출이 동반되는 것이며, 그럼으로써 다수 사회의 분위기에 배치되지 않는 입장성을 취하고 있다. 그리고 나서 본인의 중국 경험과 일본 사회가 당면한 현실을 다시 되새기며 반성적 자세를 취하고 있다는 점에서 다테마에적인 입장 표명으로 볼 수 있고, 동시에 엘리트 신문을 지향하는 『아사히신문』다운 계몽적 자세도 나타난다. 즉 여기서는 명분에 입각한 '정치적으로 올바른 의견'을 전개하고 있지만, 중국인 관광객에 대한 '당혹감과 위화감'을 애써 변명처럼 구사하며, 속내 공동체와 대치하지 않으려는 담론 전략이 사용되고 있다.

달리 생각하면, 외국인 관광객이 많아서 수선스러워진 것이 그토록 '당혹스럽고, 위화감이 느껴지는 것일까'라는 의문도 들고, 그렇다고 해도 그 나라를 대표하는 주요 신문의 지면에서 특정 국가에서 온 관광객의 존재에 대해 '당혹감과 위화감'을 표명하는 것은, 다른 사회에서라 면 그 자체로도 충분히 모욕적이고 차별적인 표현으로 인식될 수도 있다. 얼핏 전형적인 '리버럴의 견식'으로, 또는 '아사히적인 입장'으로 보이는 이러한 독자 투고에서도, 일본 사회 전체의 중국에 대한 인식, 경향성이 내재되어 있는 것을 알 수 있다.

다음에 소개하는 '중국인 관광객'에 대한 기사에서는 일본의 리버럴 진영의 담론이 갖고 있는 문제성을 여실히, 너무도 순진하게 드러낸다고 볼 수 있다. 이 기사는 정치, 경제면에 실리는 '기자클럽시스템'에서 생산되는 스트레이트 기사와는 달리 기자의 취재로 작성되었고, 또 석간에 게재된 기사라는 점에서 다테마에보다는 혼네의 입장성이 잘 표출되는 사례로 볼 수 있다. 또 앞서 소개한 칼럼에서 나타난 '정치와 경제, 문화의 분리' 인식이 명분의 차원, 또는 다테마에의 차원에서만 가능할 뿐, 속내의 세계에서는 여전히 분리 불가능한 것임을 드러낸다고 지적할 수도 있겠다. 결국은 산케이와 마찬가지로 아사히적인 입장성에서도 역사인식에 대한 집착에서 벗어나지 못하고 있다.

역사인식 등을 둘러싸고 삐걱거리는 일본과 중국. 그래도 지난 3월 약 34만 명의 중국인이 일본에 찾아왔다. '반일적'이라고 생각되기 십상인 중국 사람들은 일본을 방문해서 무엇을 느끼고 있을까? 구 만주(滿州) 출신의 외할아버지로부터 "수업 때 중국어를 말하면 일본인 선생에게 맞았다"는 얘기를 들었다. 중학교 역사 수업 때 일본이 자원에 탐내 침략전쟁을 일으켜 잔학하게 중국인을 죽였다고 교육받았다. 일본인에 대한 원한의 마음이 있었다. 한편, 애용하는 헤드폰 스테레오나 전자피아노는 일본 제품이다. …스스로가 일본에 대해 모순된 감정을 갖고 있다는 것을 알게 되었다. 일본에 와도 그 모순은 해소되지 않았다. 지금의 일중(日中)관계가 좋다고는 생각하지 않는다. 그렇지만 '일본'에 대해 무조건 역사를 연결시키는 것은 의미가 없는 일이다. 내가 느끼는 심경의 변화를 아무도 막을 수 없다…. 지금은 이주하고 싶을 정도로 좋다. 푸젠성(福建省)에서 가족과 친구 9명이 꽃구경을 위해 일본에 온 여성 부모로부터 "일본인은 난징(南京)에서 많은 중국인을 학살했다"고 들으면서 자랐다. 학교의 역사 수업에서 "일본인은 칼로 중국인의 배를 찔렀다"며, 선생님이 주먹을 불끈 쥐고 휘둘렀다. 일본의 인상은 '야만적이고, 중국인을 괴롭히는 나라'였다. 그런데 일본에 와서는 '중국은 도저히 따라갈 수 없다'며 온 가족이 감탄했다. 교토(京都)의 여관 여주인은 말이 통하지 않는 우리를 정중하게 방으로 안내해 주었다. 여러 번 고개를 숙이는 것도 인상적이었다. 교외에서도 도심에서도 쓰레기가 길에 떨어져 있는 것을 보지 못했다. 일본에 대한 인상이 바뀌었는지를 기자가 물었다. "이번에는 일본인과 한 마디도 얘기하지 못했기 때문에 그들이 무슨 생각을 하고 있는지를 몰랐다"고 한다 (『朝日新聞』, 2015. 4. 30, 석간).

이 기사에서는 놀라울 정도의 무지와 순진함으로 과거의 침략행위와 전쟁에 대한 중국의 역사 교육은 '반일'로 단정된다. 또한 그러한 교육을 받은 사람들이므로 당연히 '반일적'일 것이라고 추정한다. 그리고 그들이 현재의 일본 사회를 경험하고 일본에 대한 인식을 어떻게 바꾸었는지가 이 기사의 초점이다. 난징의 기억과 역사 교육은, 교토 여관의 정중한 접대와 청결한 거리의 관찰로 너무 쉽게 정리되어 버린다. 이 기사를 쓴 기자에게, 아니 『아사히신문』에게, 중국 침략의 역사와 난징 대학살의 진실은 그 정도로 가벼운 존재다.

일본과 중국의 관계 개선에 대한 기대는 중국인의 투고에서도 나타난다. 여기서 독자 투고를 아사히의 보도 사례로 소개하는 이유는, 투고한 독자가 『아사히신문』을 선택했고, 『아사히신문』 또한 그 투고를 선택해서 게재했다는 점에서 이중의 선택이 개재되었다는 점을 고려한 것이다. "풀뿌리 중일(中日)교류를 하자"라는 제목의 린젠싱(林建興, 香港 47세, 전자부품제조업)의 투고다.

> 많은 중국인 관광객이 일본을 방문하고 있습니다. 일본의 아름다움에 감동하고, 생각보다 좋은 인상을 가지게 되었다는 기사를 자주 봅니다. 방중단(訪中団)도 중국의 유구한 역사와 문화에 접해, 인상이 바뀌지는 않았을까요. … 중국과 중국인에 대한 과거의 인식을 일본인들이 바꿔서, 민간인의 마음의 교류를 심화시켜 나갑시다. 양국 정부도 민의는 무시할 수 없습니다. 그렇게 되면, 관계회복은 시간문제일 것입니다(『朝日新聞』, 2015. 5. 31, 조간).

두 나라 관계가 악화된 원인이 일본 측에도 있으며, 그런 일본 측의 자세에 대해 『아사히신문』 또한 비판적인 입장인 것을 다른 관련 기사에서는 찾아볼 수 있지만, 중국인 관광객을 보도하는 기사에서 그런 인식은 일체 드러나지 않는다. 다만, 정치관계의 악화가 문화 영역의 교류를 통해서 개선되기를 희망하는 순진한(Naïve) 기대일 뿐이다. 다음의 베이징 특파원이 보내는 기사에서도 그런 소박한 기대는 여전히 나타난다.

(특파원 메모, 베이징) '항일기념' 연휴는 일본 여행

…베이징 주재 일본 기업 간부로부터 한 통의 메일이 도착했다. "9월 3일 휴일, 중국의 일본계 기업은 (중국인) 사원에게 어떻게 대해야 할지?" 중국 정부가 '항일전쟁 기념일'로 정한 9월 3일을 휴일로 발표했기 때문이다. … 중국에서는 항일전쟁승리 기념행사가 계획되고 있는데, 국민에게 관심과 참가를 촉구할 목적이 있다고 한다. … 중국인 친구에게 어떻게 지낼지를 물어보니, '3일 연휴는 여행을 떠날 예정'이라고 한다. 정부가 휴일을 발표한 다음 날, '베이징의 징화스바오(京華時報)는 단기휴가이기 때문에 동남아시아나 일본, 한국이 인기'라는 여행사의 담화를 게재했다. 일본계 항공회사 간부도 "9월은 좋은 계절이기 때문에, 일본에 가는 중국인 관광객이 늘어날 것"이라고 기대했다. 일중(日中) 관계를 보고 있으면 심각해지기 십상이지만, 중국의 서민은 현실적이다. '항일기념' 연휴야말로 일본에 와서 일본을 이해하기 바란다(『朝日新聞』, 2015. 6. 17, 조간).

여전히 '항일전쟁'을 되새기는 것은 '반일'로 규정되고, 일본을 여행하고 즐기는 것은 '일본 이해'로 이어질 것이며, 그 '일본 이해'가 암묵적으로 전제하는 것은 '항일전쟁'의 기억이 흐려지는 것이다.

지금까지 살펴본 일본 주요 신문의 보도 경향을 종합하면 전반적인 중국인 관광객에 대한 보도는 일본 경제에 미치는 파급효과, 경제효과에 초점이 맞추어져 있었다. 『아사히신문』과 『산케이신문』도 이 점에서 차이가 없었다. 이 글에서 『요미우리신문』의 보도에 대해서는 다루지 못했지만, 일본의 리버럴, 보수 양 진영을 대표하는 『아사히신문』과 『요미우리신문』 사이에 중국인 관광객을 보도하는 프레임에서 차이는 두드러지지 않았다.

'중국인 관광객'을 보도하는 일본 미디어의 시선에서 엿보이는 '중국인 인식'은, 경제효과를 강조하는 보도에서도 '폭매(爆買い)'라는 말이 키워드로 사용되는 것에서 알 수 있듯이 '배금주의'에 사로잡힌 모습이었다. 여기에 과거의

'선망'은 존재하지 않는다. 중화문명의 선진 세계에 대한 선망도, 사회주의의 평등을 지향한 이상에 대한 선망도 없다. 오히려 과거에 이코노믹 애니멀로 불렸던 자신들의 '추(醜)'했던 모습을 되돌아보며 '일본의 선진성'을 확인하게 된다.

양국 관계에 미치는 영향에 대한 관점에서는 차이가 있었다. 양국 관계에 대한 인식이 신문 기사에서 표출되는 사례는 많지 않았다. 뉴스의 초점은 주로 일본 경제에 미치는 영향에 있었기 때문이다. 그러나 『산케이신문』의 보도에서는 '친일'과 '반일'의 프레임이 강하게 전제되었고, 『아사히신문』의 보도에서는 그러한 프레임이 암묵적으로 공유되고 있음을 알 수 있었다. 역사인식 문제로 어긋난 양국 관계와 중국인의 반일 정서 문제가, 많은 중국인이 일본을 방문하고 일본 사회를 경험함으로써 자연스럽게 해결될 것이라는, 안이한 기대인지 자아도취적 상상인지 판단이 어려운 무의식의 발로였다. 앞서 소개한 기사에서는, '난징 대학살의 역사'가 '교토 여관에서의 친절'로 상쇄될 수도 있겠다는 기대가 표명되기도 했다. 이런 기대가 신문 기사에서 밝혀질 수 있는 배경은 '우리의 순진무구함'과 '순수성'을 믿어 의심치 않는 전후 일본 사회의 '무의식적인 자화상'이다. 이러한 '무의식'은 바로 일본의 리버럴 신문이 보수언론이 제기하는 수정주의적 역사인식에 정면으로 맞서지 않으면서 보수 언론과의 차별성을 제시하는 방법이기도 하다.

IV. 혼네 공간의 담론 역학: '중국인 관광객의 매너' 문제를 사례로

한편, 주간지, 석간 타블로이드 신문, 인터넷 공간에서 뜨겁게 달아오른 문제는 '중국인 관광객'의 매너 문제였다. 그림 3은 구글의 검색 창에서 '중국인 관광객'을 입력했을 때 표시되는 검색어 예측 화면을 캡처한 것이다. 여기서 인터넷

그림 3 구글의 '중국인 관광객'의 검색어에 대한 예측 결과(2015년 9월 26일 검색)

공간의 초점은 기존 주요 미디어와는 달리 '경제효과'가 아니라, 민폐(迷惑), 폭매(爆買い), 매너(マナー) 등에 맞추어져 있다는 추측이 가능하다.

　중요한 것은 주요 신문의 보도에서도 '중국인 관광객의 매너 문제'를 다룬 기사는 대략 5건에 1건 정도의 비율로 등장한다는 사실이다. 다만 각 신문의 입장성에 따라 문제를 다루는 방식에서는 분명한 차이가 나타난다. 먼저『아사히신문』의 관련 기사를 살펴보자.

중국의 건국기념일인 '국경절'의 대형 연휴(10월 1~7일)를 맞아, 홋카이도(北海道) 내 각지는 중국인 관광객으로 붐비고 있다. 드러그 스토어(drug store)등은 '폭매' 효과를 기대하고 있지만, 중국인 관광객의 증가에 따라 습관의 차이와 매너 위반 등이 계기가 되어 트러블로 발전하는 경우도 생긴다.

… 매너 차이로 사건 발전

"처가 모욕당했다고 생각했다." 신혼여행 중이었다는 중국 상하이 출신의 은행원 남성(36세)은 이렇게 말하고 범행을 인정했다고 한다. 9월 26일 밤, JR 삿포로(札幌)역 편의점. 남성 점원이 계산하기 전에 아이스크림을 먹기 시작한 중국인 남성의 부인(25세)을 손짓으로 주의하자, 남성이 점원에게 폭행을 가했다. 점원은 얼굴에 가벼운 부상을 입었다. 경찰은 부인도 가세한 것으로 보고, 이 중국인 부부를 상해용의 현행범으로 체포했다. 매너 위반에 의한 트러블을 방지하기 위해, 홋카이도 관광진흥기구는 8월, 매너와 주의점을 일러스트와 중국어로 설명하는 『홋카이도여행상식』을 발행했다. "책자가 있으면 매너 위반의 내용을 설명하기 쉽다"며 호텔업계 등은 환영하는 의견도 있는 한편, "중국인에 한정하는 것은 문제가 있다"는 의견도 있다. 이 기구의 담당자는 "여행지로 홋카이도를 선택해주었는데, 불쾌한 기분이 들게 하고 싶지는 않다"고 말했다. 앞으로는 내용의 일부를 개정해, 영어판도 만들 예정이다 (『朝日新聞』, 2015. 10. 4, 조간, 홋카이도 총합).

이 기사는 사건 기사에 약간의 해설을 덧붙인 형식을 취하고 있는데, 다음에 소개하는 스포츠신문의 경우, 첫 문장을 이렇게 시작하고 있다. 『아사히신문』의 기사에서는 밝혀지지 않은 '팩트'와 '의견'에 밑줄을 그어보았다.

편의점에서 매너에 대해 지적한 점원에게 폭행을 가한 중국인 관광객이 26일, 홋카이도에서 체포되었다. … 남성 점원(24세)의 얼굴을 때리고, 머리채를 잡고 발로 차는 등, 코와 뺨에 타박상을 가한 용의… 작금에는 다른 관광지와 마찬가지로 홋카이도에도 중국인 관광객이 대거 방문하고 있다. 여행업계 관계자는 "홋카이도의 경우, 특히 게와 전복 등의 고급 식재가 많이 팔린다. 전매(転売) 목적으로 사는 사람들도 있는 것 같지만, 어찌되었건 너무 많이 오기 때문에, 지금은 홋카이도의 해산물점 종업원이 중국어도 잘 한다"고 한다. … 한편, 아니나 다를까, 중국인의 매너가 문제시되고 있어서, 지난달에는 홋카이도 관광진흥기구가 중국어 가이드북 『홋카이도 관광상식』 약 4,000부를 발행했다. 내용은 "공중욕장에서 수영하거나 떠들지 말아라", "레스토랑에서 먹다 남은 음식을 바닥에 버리지 말아라", "화장실 휴지는 변기에 넣는다"는 등 지극히 당연한 내용뿐이다. 일부에는 중국인을 바보 취급하고 있다는 비판까지 일어날 정도였다고 하지만, 이번 사건으로 그 필요성이

재인식되었다(위의 관계자). 이 가이드북에는 "계산하기 전에 상품을 열어보지 말 것"이라는 것도 빈틈없이 기재되어 있었다. 이 번 사건이 중국에서도 널리 보도되기를 바란다(『東京スポーツ』, 2015. 9. 25).

흥미롭게도 『산케이신문』과 『요미우리신문』에서는 이 사건을 다룬 기사를 발견할 수 없었다. 『산케이신문』은 아마도 홋카이도에 취재 거점이 없어서 기사화 하지 못했을 것으로 추정된다. 그러나 인터넷 공간에서는 『도쿄스포츠』와 같은 톤의 기사, 또는 블로그가 대세를 이루었다.[1]

한편, 이러한 분위기는 인터넷 공간뿐만 아니라 텔레비전의 스튜디오에서도 공유되었다. 2015년 5월 24일에 방송된 후지텔레비전의 일요일 아침 토론 프로그램(『新報道2001』フジテレビ)의 내용이다.

급증하는 중국인 관광객에 의한 '폭매'는 지금은 소매업자 등의 중요한 수입원이 되고 있지만, 문제는 관광 매너. 주위를 신경 쓰지 않고, 하고 싶은 대로 행동하는 중국인 손님을 거절하는 음식점도 있다. 관광 대국으로 가는 일본에 필요한 '접대 (『産経新聞』, 2015. 5. 23, 도쿄 조간)의 각오'를 생각해본다.

이어 2015년 9월 24일 TV아사히의 와이드스크램블(ワイドスクランブル)이라는 방송의 특집도 마찬가지로 중국인 관광객의 매너를 다루고 있다.

---

[1] 필자의 강의 수강생 약 250명이 제출한 "'뉴스'로서의 중국인 관광객"을 주제로 한 리포트에서 인용된 인터넷 뉴스 사이트, 블로그 게시판 등의 정보는 상당 부분이 중복된 것이었다. 검색 엔진을 통해 찾을 수 있는 블로그 등의 수는 100단위를 넘는 양은 아닌 것으로 보인다. 학생들이 인용한 인터넷 사이트는 상당 부분 중복된 것이었는데, 자주 인용된 인터넷 사이트는 산케이신문사가 운영하는 웹저널 IRONNA(http://ironnna.jp)에 실린 주장이었다(安田峰俊, 2015).

제2장 동상이몽?: 중국인 관광객을 향한 일본 미디어의 시선과 재현 **97**

심각한 중국, 악질 매너 실태. 현재 일본에 외국인 관광객이 급증. 올해 7월 일본 방문객은 과거 최고인 191만 명을 돌파했다. 그 중에서도 압도적으로 많은 것이 중국인. 그러나 중국인 관광객이 각지에서 매너 위반을 일으키고 있다. 노상금연지구에서 흡연, 담배꽁초를 아무데나 버리는 등. … 중국 뉴스 사이트에서 관광지에 버려진 대량의 쓰레기가 다루어졌다. 작년 12월에 난 징행 비행기에서 추락시키겠다며 흥분한 중국인 승객이 있었고, 이 승객은 컵라면의 뜨거운 물이 유료라는 데 대해 화를 내며 비행기를 되돌렸다. … 세 계유산에도 피해가 미치고 있다. … 연못에 동전을 던지는 일은 금지되었는 데, 올 7월에 청소를 했을 때 2만 7,000엔이 회수되었다(TV아사히, 〈와이드스크 램블〉 방송 중).

마지막으로 소개하는 사례는 교토에서 발생한 민박 문제다. 교토의 한 업자가 민간 아파트의 빈 방을 민박 숙소로 이용해 영업하다가 적발된 사건인데, 이 사건을 전달하는 『산케이신문』의 기사를 먼저 소개한다.

자택과 맨션 등의 빈 방을 유료로 빌려주는 민박은, 외국인 관광객의 증가에 따라, 만성적인 숙박시설 부족 해소책으로 주목받고 있다. …. 트러블도 일어나고 있다. 교토부 경찰은 문제의 맨션을 10월 2일 수색했는데, 이때 객실로 이용되고 있던 36실에는 중국인 관광객뿐이었다. 약 64명이 투숙하고 있었다. 관광하러 온 중국의 은행원 남성(26)은 "갑자기 경찰이 와서 놀랐다. 여기가 위법인지는 몰랐다"며 당혹스러워하고 있었다(『産経新聞』, 2015. 11. 6, 도쿄 조간).

『산케이신문』이 전달하는 이 사건 기사가 텔레비전의 특집 기획코너(「報道 LIVE あさチャン！サタデー, 2015년 11월 7일 방송)에서는 구도가 달라져 있었다. 얼굴에 모자이크 처리한 중국인 관광객 일행이 여행가방을 끌고 아파트로 들어가는 영상에 이어, 일본인 주민이 불만을 얘기한다. "한밤중에 버스가 도착해 수십

명이 여행가방을 끄는 소리에 놀라는 적이 한두 번이 아니다", "현관에서 담배를 피우고 있어서 무섭다"는 등이다. 불법 영업으로 적발된 업자는 등장하지 않고, 대립의 구도는 중국인 관광객과 일본인 주민으로 바뀌어져 있었다.

　이러한 기획과 유사한 프로그램이 저녁 뉴스 프로그램에서 다루어지는 경우는 드물었지만, 아침의 와이드쇼나 주말의 정보 프로그램에서는 거의 일상적으로 다루어지는 화제였다. 주목할 점은 그것을 전달하는 텔레비전의 시선이다. 일본 텔레비전 방송의 독특한 장르인 와이드쇼의 포맷으로 개발되어, 한국의 텔레비전 방송에서도 낯설지 않은 장면일 것이다. 스튜디오에는 사회자와 출연자들이 나란히 앉아서 그들의 시선 앞에 설치된 모니터를 통해, '중국인 관광객의 추태와 기행'을 취재한 영상 또는 유튜브 등을 통해 수집한 비디오 영상 등을 함께 지켜본다. 텔레비전 화면에서는 픽쳐 인 픽쳐(Picture in Picture)의 형태로 스튜디오 출연자들의 표정과 그들이 바라보는 취재 영상이 동시에 비추어진다. 이러한 프로그램 포맷을 통해 시청자들은 스튜디오의 출연자들과 함께 '중국인 관광객의 행동'을 응시하는 경험을 하게 되는 것이다. 마치 일본의 전 국민이 일본을 찾아온 중국인 관광객을 구경하듯이. 여기서 관광하는 사람들이 관광지 사람들의 시선의 대상이 되는 역전 현상이 벌어진다. 궁금해지는 것은 시청자들이 보고 즐기는 것이 과연 '중국인 관광객'인지, 아니면 그들을 '보고 즐기는' 스튜디오에서의 대화인지다. 쾌락의 대상은 중국인 관광객이지만, 공감의 상대는 스튜디오의 일본인들이다. 이렇게 전달되는 중국인 관광객의 보도는, 결국 '타자(他者)'의 '이문화(異文化)'를 보고 즐기며, 그에 대해 '우리'만의 온갖 수다를 떠들며 즐기는 '자아도취적' 응시에 다름 아니며, 여기에서 상호 이해나 교류를 기대하기는 무리다.

　인터넷 공간의 방대한 담론을 분석하는 작업은 최근의 텍스트마이닝을 비롯한 빅데이터의 분석 방법에 의존하는 것이 더 과학적일 수는 있겠다. 하지만, 필자가 강의하는 수업에서 '중국인 관광객'을 다룬 인터넷의 뉴스나 블로그 등에 대한 분석 과제 리포트를 분석한 결과, 250명 이상의 수강생들이 인용하는 인터넷의 뉴스나 블로그 등은 상당수가 공통된 것이었다. 많은 내용이 기존 미디어, 이 글에서 '혼네 미디어'로 분류한 미디어에서 생산된 것이 인터넷에서 재유통되고 있었다. 즉 주요 신문에서 적어도 양적으로는 가장 현저했던 '중국인 관광객=인바운드 경제효과'의 초점은 인터넷 공간에서는 메아리치지 않았고, 대신 혼네 미디어의 입장성이 반영된 '폭매', '매너' 등의 문제가 집중적으로 확산되고 있었다.

추측건대 많은 수강생은 '중국인 관광객'을 검색창에 입력한 다음에 표시되는 사이트를 찾아가는 검색 행동을 했을 것이다. 따라서 수강생들의 리포트에 인용된 '중국인 관광객'에 대한 인터넷 뉴스 검색의 결과는, 구글 등 검색 사이트 알고리즘의 영향이 반영된 것이다. 따라서 결코 추정의 수준을 넘어설 수는 없다. 입증하기 곤란한 점도 있지만, 이런 결과에서 인터넷 공간이 정보의 바다가 아니라 적어도 대다수의 사용자에게는 '비치(beach)' 정도의 수준에서 이용되고 있으며, 정보의 다양성과 질, 이슈에 대한 다양한 입장이 균형 있게 반영되지 못한다는 점을 주장할 수 있다.

최근 발표된 류터스 연구소(Reuters Institute)가 매년 발행하는 『디지털 뉴스리포트(Digital News Report)』 2016 조사 결과[2]가 이러한 추정적 결론을 뒷받침해준다. 이에 따르면 일본의 뉴스미디어 환경은 조사 대상 26개국 가운데서도 특이한 상황으로, 오리지널 뉴스를 제작하지 않는 야후 뉴스(Yahoo! News)가 인터넷상의 뉴스 이용자들에게는 가장 압도적인 비율로 선택되고 있다. 또한, 일본의 온라인 뉴스 소비자들은 어떤 뉴스 토픽에 관심이 있는지를 묻는 질문에 대해 조사 대상 26개국 가운데 소프트 뉴스에 대한 관심이 가장 높았고, 하

---

2   26개국 온라인 뉴스 사용자 5만 명을 대상으로 실시했고 각국에서 적어도 2,000명이 조사에 응답했다. 일본인 응답자는 2,011명이다. 조사 대상국은 미국, 영국, 독일, 프랑스, 이탈리아, 스페인, 포르투갈, 아일랜드, 노르웨이, 스웨덴, 핀란드, 덴마크, 벨기에, 네덜란드, 스위스, 오스트리아, 헝가리, 체코, 폴란드, 그리스, 터키, 한국, 일본, 호주, 캐나다, 브라질 등이다.

드 뉴스에 대한 관심은 가장 낮은 것으로 나타났다.[3] 주요 신문 등이 기존의 미디어 사업에 영향을 주지 않는 범위 내에서 인터넷상의 뉴스 제공에는 소극적이었기 때문에, 이는 다른 선진국에 비해 온라인 하드 뉴스의 충실도가 낮은 배경일 수 있다. 그렇지만 야후 뉴스 등의 포털사이트가 적극적인 뉴스 전략을 구사해 온 점, 그리고 무엇보다도 지금까지 살펴온 다테마에와 혼네의 착종적 공간 지형에서, 속내 공간의 욕구를 잘 충족시켜 왔다는 점에서도 원인을 찾아볼 수 있다.

V. 결론

이 글에서는 두 가지 문제제기를 하고자 했다. 하나는 '중국인 관광객'을 바라보는 일본 사회의 시선에 주목하는 것이다. 다른 하나는 그런 시선에서 어떤 다양한 입장성이 표출되고 있고, 그런 다양한 입장성은 어떤 지형을 이루고 있는지에 대한 관심이다.

보수, 리버럴 신문 사이에 나타나는 공통점은 이렇게 정리할 수 있다. 양 진영 모두 중국인 관광객을 주요 뉴스로 다룬다. 양적으로는 인바운드 경제효과에 초점을 맞추는 보도가 양 진영 모두 다수를 차지했지만, 의견 칼럼 기사 등 혼네가 발현되는 공간에서는 각기 다른 입장성을 취하고 있음을 알 수 있었다. 『산케이신문』의 경우, 역사인식에 강하게 집착하는 경향을 드러내며, '친일', '반일' 프레임이 강하게 자리 잡고 있음을 확인할 수 있다. 『아사히신문』의 경우 다테마에적 담론에서는 '양국 간 우호확대'와 '경제효과', 그리고 '정치와 경제, 문

---

[3] 이 조사에서 하드 뉴스란 국제, 정치, 비지니스/경제, 건강/교육에 관한 토픽의 뉴스를 가리키고, 소프트 뉴스란 오락/유명인, 라이프스타일, 예술/문화, 스포츠 토픽을 가리킨다.

화의 분리' 등의 주장이 나타나지만, '혼네'가 드러나는 독자투고나 의견 칼럼 등에서는 산케이와는 다른 접근이기는 하지만, 역시 '친일/반일'에 대한 보수/우파적 인식, 또는 혼네적 인식과 공명하는 부분이 발견되었다.

또한, 텔레비전의 와이드쇼나, 스포츠신문, 석간 타블로이드 신문에서는 강한 혼네적 경향이 드러났다. 즉 '인바운드 경제효과' 등에 대한 담론보다는 오히려 '중국인 관광객의 매너없음'과 경멸적 뉘앙스를 담은 '폭매'에 대한 비아냥이 주류를 이루었다. 인터넷 공간에서는 그러한 혼네적 담론이 압도적인 속도로 확산되고 있음을 확인할 수 있었다.

돌이켜보면 중국인 관광객을 바라보는 일본 사회의 시선 자체가 그들을 타자화하고 있다는 점을 지적할 수 있다. 그들을 바라보는 시선 자체가 타자화의 출발이며, 그러한 시선과 입장의 다양성에도 불구하고 공유되는 부분이 존재하고, 기존 미디어 공간에 인터넷 공간이 가세함으로써, 이 연구에서 개념적 분석틀로 제시한 다테마에와 혼네의 공간 역학에서, 혼네의 담론 영역이 그 영향력을 확대해 가고 있음을 확인할 수 있었다.

이 글에서는 '중국인 관광객'을 다양한 미디어의 창을 통해 응시하는 과정이 그 자체로 타자화의 과정이며, 그를 통해 '우리들 일본인'의 국민적 주체가 다시 확립되어가는 것을 인식할 수 있었다. 그 응시를 통해 다시 각인되는 것은 '우리들 일본/일본인'의 확실성과 우월성이며, 그 시선의 연장이 인터넷 공간까지 확장됨으로써 우리끼리의 혼네, 또는 속내 공간이 가상 공간에까지 확산되고 있는 것을 확인했다.

글을 마무리하며, 이 글의 제목 '동상이몽?'에 대한 생각을 밝힌다. 이 글에서 '동상이몽'이 의미하는 바는 서로 다른 주체가 다른 생각을 품고 있는 상황을 가리키는 동시에, '일본인'이라는 국민적 주체 안에 '다테마에'와 '혼네'라는 다른 생각이 착종적으로 공존하는 '주체의 분열' 또는 '애매한 주체성'을 의미한다고도 볼 수 있다. 이 글에서 충분히 전개하지 못한 논의는 앞으로의 연구에서 풀어 가고자 한다.

참고문헌

황성빈. 2007. "일본 신문업계의 디지털 시대 대응전략." 『관훈저널』 107, 130-140.
황성빈. 2014. "넷우익과 반한류, 배외주의의 여론." 『일본비평』 10, 124-163

子安宣邦. 2003. 『「アジア」はどう語られてきたか—近代日本のオリエンタリズム』. 東京: 藤原 書店.
子安宣邦. 2012. 『日本人は中国をどう語ってきたか』. 東京: 青土社
村上泰亮. 1987. 『新中間大衆の時代—戦後日本の解剖学』. 東京: 中央公論社
松本三之介. 2011. 『近代日本の中国認識 徳川期儒学から東亜協同体論まで』. 東京: 以文社
佐藤俊樹. 2000. 『不平等社会日本—さよなら総中流』. 東京: 中央公論社
高井潔司. 2002. 『中国報道の読み方』. 東京: 岩波書店.
竹内好. 1993. 『日本とアジア』. 東京: 筑摩書房.
山本明. 2007. "躍進する中国—テレビニュースが構築する中国イメージ." 萩原滋 編著. 『テレビニュースの世界像—外国関連報道が構築するリアリティ』. 東京: 勁草書房. 135-153.
山田昌弘. 2007. 『希望格差社会—「負け組」の絶望感が日本を引き裂く』. 東京: ちくま書店.
安田峰俊, 「中国人観光客よ, もう日本に来るな!「恥」の輸出が意味するもの」, http://ironna.jp/article/2203(최종 검색일: 2015. 11. 19).

Freeman, Anne Laurie Freeman. 2001. *Closing the Shop*. Princeton, N.J.: Princeton University Press.
Gudykunst, William B. and Tsukasa Nishida. 1994. *Bridging Japanese/North American Differences*. London: Sage.
Hall, Stuart. 1996. "Introduction: Who Needs Identity?" In Stuart Hall and Paul Du Gay, eds. *Questions of Cultural Identity*. London: Sage. 1-35.
Hall, Stuart. 1997. "The Spectacle of Other." In Stuart Hall, ed. *Representation*:

　　　　　Cultural Representations and Signifying Practices. London: Sage. 223-290.

Mitsubishi Corporation. 1988. *Tatemae & Honne: Distinguishing Between Good Form & Real Intention in Japan*. New York: Free Press.

Reuters Institute. 2016. *Digital News Report* 2016. available at http://www.digitalnewsreport.org/survey/2016/japan-2016/(최종 검색일: 2016. 6. 30).

Said, Edward. 1979. *Orientalism*. New York: Vintage.

Said, Edward. 1981. *Covering Islam: How The Media and The Experts Determine How We See The Rest of The World*. New York: Vintage.

Tanaka, Stefan. 1995. *Japan's Orient: Rendering Pasts in History*. Berkeley; Los Angeles: University of California Press.

Urry, John and Jonas Larsen. 2012. *The Tourist Gaze* 3.0. London: Sage.

West, Mark D. 2006. *Secrets, Sex and Spectacle: The Rules of Scandal in Japan and the United States*. Chicago; London: The University of Chicago Press.

제3장

누적적 인과이론의 관점에서 본 국제관광 공간의 발생: 중국의 경험에서**

양위청(梁玉成)*

I. 들어가며

최근 세계적인 경기침체로 중국 입국 관광객이 다소 감소하고 있다. 중국국가여유국(中国国家旅游局)의 통계에 따르면 2011년 이후 중국의 입국 관광객 수는 2011년 2,711만 2천 명에서 2015년 2,598만 5,400명으로 감소했다. 그러나 중국 입국 관광객을 국적에 따라 선진국과 개발도상국으로 나누어 통계를 내면 선진국 관광객 수는 소폭 감소한 데 비해 개발도상국 관광객 수는 반대로 최근 몇 년간 뚜렷한 상승세를 보인다(그림 1).[1]

---

*   역자: 주도경(서울대학교 인류학과 석사).
**   이 글은 『아시아리뷰』 6-2(2017: 269-293)에 게재되었던 논문을 본서의 편집 취지에 맞도록 수정·보완한 것입니다.
1   선진국(先進國, developed country)은 고도의 산업 및 경제 발전을 이룬 국가를 가리키는 용어로 그로 인해 국민의 발달 수준이나 삶의 질이 높은 국가들이 해당한다. 선진국으로 분

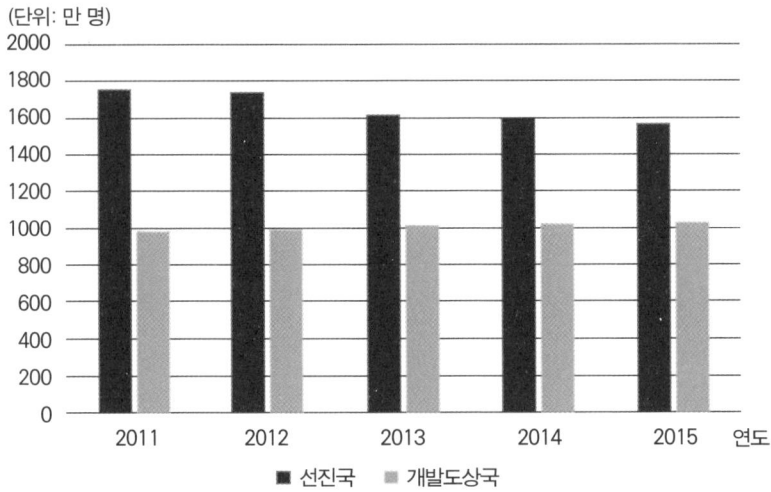

그림 1 2011~2015년 중국 인바운드 관광객 수
출처: 중국국가여유국 2011~2015.

류하는 기준은 모호한 경향이 있으나 몇몇 기준이 되는 지표나 분류에 의해 파악해 볼 수 있으며 그 가운데 경제 발달 여부가 주된 평가의 기준이 되고 있다. 대표적으로 1인당 GDP 가 높은 국가는 선진국일 가능성이 높다. 그러나 그 나라의 1인당 GDP 가 높더라도 고도로 발달한 산업이 없고 인프라가 부족한 자원 부국 등은 선진국이 아니다. 다른 경제적 기준으로는 산업화가 있다. 선진국이 세계 경제에서 차지하는 비율은 국제 통화 기금 2015년 GDP 기준으로 2015년 총명목 GDP의 60.8 %와 PPP GDP 42.9% 를 차지한다. 2015년 총명목 GDP 및 PPP GDP 모두 1조 달러이상 10개 선진국은 대한민국, 독일, 미국, 스페인, 영국, 오스트레일리아, 이탈리아, 일본, 캐나다, 프랑스이다. OECD, IMF, CIA, UNDP, EIU 등의 8개 국제기구 및 기관에서 정한 선진국 기준에 모두 부합하는 국가는 그리스, 네덜란드, 노르웨이, 뉴질랜드, 대한민국, 덴마크, 독일, 미국, 벨기에, 스웨덴, 스위스, 스페인, 아일랜드, 영국, 오스트레일리아, 오스트리아, 이탈리아, 일본, 캐나다, 포르투갈, 프랑스, 핀란드 등 22개국이다. 이 글에서는 좀더 넓은 범위로 IMF 경제선진국인 아시아의 한국, 대만, 마카오, 싱가포르, 이스라엘, 일본, 홍콩(7개국), 유럽의 그리스, 네덜란드, 노르웨이, 덴마크, 독일, 라트비아, 룩셈부르크, 리투아니아, 몰타, 벨기에, 산마리노, 스웨덴, 스위스 스페인, 슬로바키아, 아이슬랜드, 아일랜드, 에스토니아, 영국, 오스트리아, 이탈리아, 체코, 키프로스, 포르투갈, 프랑스, 핀란드(27개국), 아메리카의 미국, 캐나다, 푸에토리코(3개국), 오세아니아의 오스트레일리아, 뉴질랜드(2개국) 등 총 39개국이 포함된다.

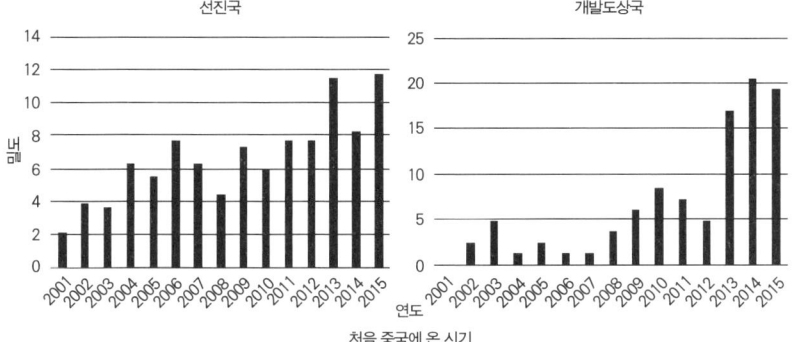

그림 2 광저우시 2000~2015년 중국 입국 관광객 수
출처: 광저우시 2015년 외국인 조사 통계.

필자가 2015년 광저우시 출입국관리사무소에서 진행한 조사 통계 결과는 이 점을 더욱 분명하게 보여준다. 최초 중국 입국 시기와 입국 시의 비자 유형에 따라 작성한 통계에 따르면 2000년 이후 개발도상국에서 관광비자를 지참하고 입국한 수는 빠르게 상승하고 있는 반면, 선진국에서 관광비자로 입국한 수는 최근 몇 년간 변화가 없음을 보여준다(그림 2). 세계경제가 하강세인 상황에서 선진국 관광객 수는 감소하는 반면, 왜 개발도상국 입국 관광객 수는 최근 몇 년간 증가하고 있는가? 이는 곤혹스러운 문제다.

최근 대부분 인바운드 관광 관련 연구는 관광 체험(Ryan, 1977; Urry, 1990; 陈伟, 2015)이나 성(省) 혹은 시(市) 간의 차이(赵东喜, 2008; 万绪才 等, 2013) 혹은 발전 추세와 글로벌적인 포지션 등(黎洁·赵西萍, 1999; 潘鸿雷 等, 2008; 金准·廖斌, 2016)에 집중되어 있다. 많은 연구는 인바운드 관광에 미치는 영향 요인에 관심을 기울이고 있다. 이러한 연구들은 여행 거리, 경제관계, 중국 관광비용, 관광 배출국의 경제적 조건, 중국과 경쟁관계에 있는 관광지의 물가 수준과 관광객의 자기 홍보효과 및 관광 지속성 등의 요소가 인바운드 관광에 미치는 영향(刘长生·简玉峰, 2006; 李旭·秦耀辰, 2014)에 주목하고 있다. 그러나 관광객의 국적에 따른 변화에 대해서는 별로 주목하지 않았다.

관광동력의 메커니즘과 관광공간에 대한 기존의 연구는 인구 노령화의 심화, 생활방식의 변화, 수입 흐름의 변화, 생활과 직업 가치관의 변화, 관광지의 공간 개발 등의 요소가 관광에 미치는 영향을 강조해왔다. 그러나 이러한 메커니즘으로는 이미 발견한 문제를 설명할 수 없다. 노령화 정도, 생활방식 혹은 수입의 변화와 관계없이 선진국은 개발도상국보다 더 많은 관광객이 있을 가능성이 높다. 따라서 추론과 현실의 차이를 찾아내고 이를 이론적·실증적으로 분석하는 것이 본 논문의 목적이다.

II. 관광 발전의 해석 메커니즘

관광은 무엇 때문에 급속히 발전해왔는가? 왜 갈수록 더 많은 사람들이 관광 욕구를 가지는가? 관광의 동력 메커니즘이 가리키는 것은 관광 발전의 촉진 요소다. 관광사회학에서 대부분의 학자들은 관광과 현대성을 연관시킨다. 이러한 관점에서는 거시적인 사회경제적 배경 요소가 관광에 미치는 영향을 중점적으로 고려했다(MacCannell, 1976; 王宁, 1999; 董培海 等, 2014). 윌리엄스(A. Williams), 로드리게즈(V. Rodriguez) 등은 관광이민이 발생하는 거시적 배경과 미시적 동인을 종합하고 분석했다. 경제적·사회적 발전 요소는 다음을 포함한다. 1) 노동시장 세계화: 국제노동자가 초래한 세계적 범위의 VFR(Variable Frame Rate), 해외 경험으로 인한 퇴직 후 거주지 선택지의 증가, 2) 노동시장의 불안정: 서구 국가에서 조기 은퇴 현상이 나타나 대량의 활동 가능한 은퇴자 발생, 노동력 유동의 증가, 3) 선진국 노령화, 4) 국가와 지역 간의 동일성이 증가하고 많은 관광지의 관광객의 필요를 만족시키기 위한 포스트모던적 모방 현상 출현, 5) 수입 흐름의 변화: 1950년대 이후 높은 수준의 복지정책으로 인하여 대중 관광의 발전 촉진, 노동이민의 기회 증가, 퇴직금과 기타 재산 획득으로 많은 수의 퇴직자가 관광업에 진입 및 이민으로 전향, 6) 생활, 직업 가치관의 재평가: 선진국에서는 과거의 전원생활방식과 아름다운 환경을 추구하는 등 기본 가치관의 보편적인 변화가 일어나, 이에 따른 시골 여행과 시골의 생활방식을 추구하는 이민 발생, 7) 교통과 소통방식의 변화: 교통과 정보혁명으로 인한 생산과 소비의 간극 단축 및 유통 방해물의 감소(Williams and Hall, 2000; Rodriguez, 2001).

관광공간의 발전에 대한 연구에서는 목적지의 발전전략과 공간적 특징 변화가 관광 발전을 촉진시켰음을 강조했다. 관광공간은 관광상품 생산과 소비의 실천의 장이다. 관광공간의 생산이란 자본, 권력과 이익 등 정치경제적 요소와 힘이 관광공간을 새롭게 구성하여, 관광공간으로 하여금 그 매개체와 산물이 되게 하며, 공간을 기반으로 한 사회관계가 형성되는 과정을 의미한다. 관광공간의 생산은 집합적 개념에 속하며, 관광공간의 생산자, 소비자, 생산력 및 생산관계가 그 요소로 포함된다. 생산자는 공간 생산계획을 세우거나 이것에 영향을 주는 위치에 있다. 예를 들어 관광개발 관련 정부, 개발업자, 미디어 혹은 관광단지 주민 등이다. 공간 소비자는 공간을 사용하거나 체험하는 수동적 존재다. 관광공간 생산력은 관광공간 제품을 만들어내는 생산능력으로, 공간 생산 조건과 상황을 결정한다. 관광공간 생산관계는 공간 생산 과정에서 만들어지는 사회관계이며, 공간 점유, 공간 배분, 공간 교환과 공간 소비를 포함한다. 관광공간의 생산과정에서 생산과 소비 양자는 상호작용을 통하여 사회관계를 형성하며, 공간의 미래를 결정한다(郭文 等, 2012).

그러나 이러한 이론은 본 논문이 제시한 문제를 분석하는 데 직접적인 도움이 되지는 못했다. 한편, 오늘날 관광에 대한 거시적인 사회경제적 배경에 관한 논의에서는 현대성의 변화가 관광 발전에 미친 영향을 강조했다. 즉 노령화, 수입 복지의 변화, 가치관과 생활방식의 변화가 관광에 대한 추가적인 필요성을 야기했다는 것이다. 이는 현대사회의 빠르게 증가하는 관광 수요를 설명했지만, 최근 개발도상국의 관광객 수가 빠르게 증가하는 데 반해 선진국의 관광객 수는 오히려 감소하는 상황을 설명하지 못한다. 다른 한편으로, 현재 관광공간의 발전에 대한 이론은 자본, 권력 및 기타 이해 당사자들의 관광공간 형성과 발전 전략을 강조했다. 그러나 한 지역 혹은 국가의 기본 환경이 큰 변화가 없는 상황에서 왜 어떤 유형의 관광객은 감소하는 반면, 다른 유형의 관광객은 급증하는지에 대해 설명하기는 어렵다.

III. 다중 목적을 가진 관광객

관광과 이민의 관계는 지속적으로 관심의 대상이 되어왔다. 양자는 모두 인구의 이동이며, 어느 정도는 관광이 이민을 매개로 한다고 간주되어왔다. 그러나 양자를 명확히 구분하는 것이 연구를 전개하는 데 도움이 된다. 홀(C. M. Hall) 등은 관광의 공간적 특성(관광은 타지에서 전개된다), 시간적 특성(관광은 일시적이며 장기체류가 아니다), 동기의 특성(관광은 장기적 거주가 아니다) 등의 세 가지 특징을 정리했다. 그러면서 관광에서 나타나는 출발지로 돌아가고자 하는 의도와 비영구적 거주 동기의 특성을 강조했는데(Hall, 1999), 이주는 종종 장기적 거주와 상관이 있다. 이와 같이 관광과 이민은 비교적 명확히 구분된다.

현재 관광과 이민 두 가지 요소를 모두 포함한 연구는 관광과 연관된 두 부류의 관광 이민집단에 집중되어 있다. 연구자들은 관광 이민을 관광소비이민과 관광노동이민 두 종류로 구분하고 있다. 관광노동이민은 관광지의 관광객 수가 증가함에 따라 새롭게 나타난 관광서비스업 혹은 원래 있던 관광산업 부문의 노동력 부족에 기인한 노동이민이다. 두 번째는 소비가 관광이민을 이끌어낸 경우로 그 분류가 비교적 복잡하다. 기존 연구들은 이민 지속시간, 이민 동기와 부동산소유권 관계 등 서로 다른 기준에 따라 계절성 이민, 생활방식 이민,

표 1 관광노동이민, 관광소비이민 및 관광객의 관광지에서의 행동 비교

	관광객	관광소비이민	관광노동이민 (지우화산[九華山]의 경우)
생활 방식	휴식. 관광지에서 일상생활과 다른 생활방식으로 지낸다.	생활과 휴식. 관광지에서 여유롭지만 일상과 같은 생활 방식으로 지낸다.	일 위주
시간	본질적으로 단기적이고 일시적이다. 단기간 내에 모든 체험을 하기 위해 늘 바쁘다.	연속적 혹은 계절적 거주. 여유롭게 생활하기에 진정한 현지 문화를 체험하고 이해할 시간이 있다.	연속적으로 장기간 거주. 생활리듬이 빠름. 진정한 지우화산을 체험하고 이해할 시간이 있다.
공간	시끄럽고 혼잡한 관광지를 방문하고, 호텔이나 민박에서 거주한다.	현지인이 자주 가는 장소(예를 들어 물건을 살 때)를 방문하고, 관광업과 관련 없는 시설과 장소를 사용하며, 자신의 생활 방식을 영위한다. 자신의 방에서 지낸다.	관광소비이민과 동일
활동	저가의 진정성이 결여된 휴식활동을 한다. 해변을 가고, 수영을 하며, 일광욕을 하고, 티셔츠나 반팔 셔츠 차림을 한다.	일상생활을 하며 현지인의 생활방식에 참여하고, 관광업과 관련 없는 시설과 장소를 사용하며, 기후와 환경에 따라 옷 입기를 달리한다.	일하는 것이 주도적이고, 작업복을 입으며, 관광객에게 서비스를 제공한다.
지식과 능력	단체 활동을 거치므로 진정한 현지 문화에 녹아 들지 못하고, 환경(기후 등)에 충분히 적응하지 못한다.	현지 문화를 비교적 깊이 이해하며 환경 기후에 대한 적응 능력이 비교적 강하다.	관광소비이민과 동일
사회 인식	책임감 결여, 시끄러움, 저속함, 어리석음, 폭음 등 좋지 않은 평판, 관광을 상업화와 문화 착취와 동일시.	저렴한 관광 형식을 거부하고 문화, 역사, 원시자연환경 등 고급 관광형식을 주장함.	자신의 물질적 이익 추구에서 출발하여 현지인이 서로 다른 유형의 노동이민에 대한 태도와 인식의 차이가 분명함.

출처: 杨钊·陆林(2008: 953).

은퇴이민 등으로 분류하고 있다(杨钊·陆林, 2008; 郭凌·吉根宝, 2015; 唐香姐·徐红罡, 2015). 생활환경, 시간, 공간, 활동, 지식과 능력, 사회인식 등에서 관광객, 관광소비이민, 관광노동이민을 구분해서 연구를 진행했다(표 1).

  이러한 방식의 구분은 본 논문의 연구에 시사점을 주었다. 즉 관광객이 관광 목적지의 진입 시점에 최초 목적과 차이가 있을 수 있는데, 이 차이 때문에

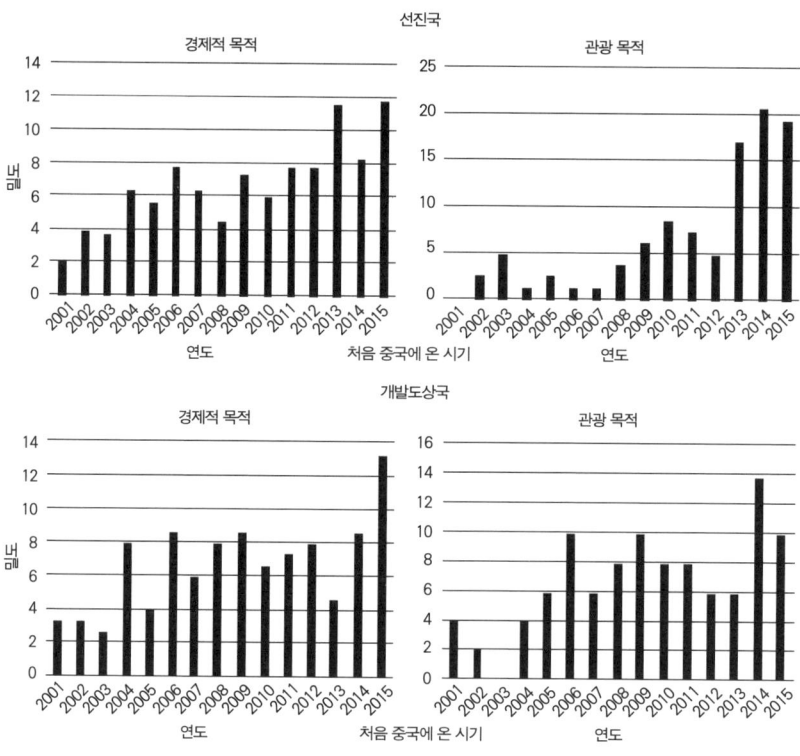

그림 3 목적에 따른 선진국과 개발도상국의 입국자 수 변화

그들의 생활방식, 관광 시간, 관광 활동의 유형, 공간 등이 달라질 수 있다. 2015년에 수집한 통계를 통해 아래와 같은 점을 도출했다. 즉 개발도상국이나 선진국을 불문하고 관광 비자가 증가하는 패턴과 취업, 비즈니스 등 기타 비자 유형의 증가 패턴이 일치한다는 점이다. 이는 관광을 목적으로 하는 비경제적 유형의 이동과, 취업 및 비즈니스 등 기타 장기체류 성격의 이동 간에 모종의 연관이 있음을 설명해준다(그림 3).

나아가 중국 입국 시 비자 유형과 입국 목적을 두고 상호작용을 분석한 결과, 중국 입국 관광객이 종종 다중의 목적을 가지고 있음을 발견했다. 이를 자세히 분석한 표 2의 내용에서 볼 수 있듯이 관광비자를 가진 사람 중 관광이 주 목

표 2 입국 외국인의 비자 유형과 입국의 주 목적 (단위: %)

	자기 사업을 하기 위해	다국적 기업에서 일하기 위해	사업 기회를 탐색하기 위해	자국 기업에서 일하기 위해	중국 기업에서 일하기 위해	가족 동행 이나 친척 방문	교환학생 이나 방문학자	관광
L비자= 관광비자	14.9	6.6	14.6	10.7	6.9	23.7	10.4	30.7
F비자 & M비자= 사업비자	46.0	24.9	39.4	32.1	18.1	12.2	9.9	15.8
Z비자= 노동비자	20.8	52.8	24.1	38.4	56.9	21.8	17.5	22.3
X비자= 학생비자	5.4	3.6	10.2	6.3	6.0	19.2	55.2	21.4
C비자= 승무원비자	1.0	0.5	0.4	0.0	0.0	0.0	0.0	0.0
J비자= 언론인비자	0.2	0.5	0.0	0.0	0.0	0.6	0.3	0.6
G비자= 경유비자	0.7	0.0	1.1	0.0	0.0	1.3	0.3	0.3
D비자= 거주비자	11.1	11.2	10.2	12.6	12.1	21.2	6.6	9.0
전체 인원 수	611	197	274	159	116	395	395	323

출처: 광저우시 2015년 외국인 조사 통계

적인 사람이 대다수인 것은 결코 아니다. 중국 입국 관광객들은 동시에 취업의 기회를 찾거나, 취업하거나, 친척과 친구를 방문하기도 한다. 이렇듯 중국 입국 관광객은 다중의 목적을 가지고 있다.

물론 모든 관광객이 여러 목적을 가지고 중국에 오는 것은 아니다. 다중 목적은 경비를 절감하기 위한 일종의 전략이라고 생각한다. 수입이 적은 사람일수록 다중의 목적을 가지고 입국할 가능성이 높다. 따라서 이 논문에서는 개발도상국 관광객의 다중 목적에 대해 다음과 같은 가설을 세웠다.

가설 1 : 선진국 관광객에 비해 개발도상국 관광객은 상대적으로 다중 목적
을 가지고 중국에 입국할 가능성이 높다.

IV. 다중 목적의 관광객과 누적적 인과 메커니즘

이민 연구에서 사회 네트워크 이론은 중요한 이론이다. 이민 네트워크 이론에서는 일반적으로 이민과 원 거주지의 친척, 친구, 가족애나 우정에 기초한 여러 특수 관계는 일련의 인간관계의 조합이며 그 유대관계는 혈연, 지연, 인연 등일 가능성이 높다고 제시했다. 이는 이민은 출발하는 커뮤니티와 도착하는 커뮤니티 간의 네트워크 관계의 작용임을 강조한다. 이민의 사회 네트워크는 다음 네 측면에서 정보를 제공하는 기능을 한다. 이주비용 감소, 문화적응 난이도 감소, 신규 이민자의 취업에 도움, 신규 이민자의 지출 절감 등이다.

메이시(梅西) 등은 이민 사회자본이론에 기초하여 누적적 인과이론[2]을 제시했다. 즉 이민 네트워크가 형성된 후에는 한편으로 이민정보가 더욱 정확해지고 더욱 광범위하게 전파되며, 이로 인해 이민 비용이 감소되기에 지속적으로 이민의 흐름을 생성한다. 다른 한편으로는 시간의 흐름에 따라 해외의 특정

---

[2] 누적적 인과이론은 지역개발이론 중에서 불균형이론을 주장한 미르달(Gunnar Myrdal)의 관점이다. 지역개발이론은 자원배분방법, 개발사업의 입지배분, 도시지역과 농촌지역 등에 관한 지식체계이다. 균형이론의 핵심은 지역 간에 나타나는 생산요소와 상품이동이 가격과 소득수준의 균형화를 가져온다는 것이다. 균형이론에서는 생산함수, 한계생산체감함수, 교통비가 제로가 되는 경우를 가정한다. 또한 생산요소와 상품이 자유롭게 이동하는 것을 전제조건으로 삼는다. 그러나 현실적으로는 생산요소와 선별적인 이동, 외부경제효과, 정부의 투자정책 등의 영향으로 그렇지 못하다. 그런 점에서 균형이론은 한계점을 가질 수밖에 없다. 이 같은 배경에서 미르달은 1957년에 균형이론과 상반되는 불균형이론을 발표하였다. 시장메커니즘은 지역 간의 균형을 가져오기보다는 불균형을 확대시킨다는 것이 핵심내용이다. 즉 '분산효과(spread effect)'와 '역류효과(backwash effect)'에 따라 시장메커니즘이 누적적으로 상향 또는 하향운동을 반복시킴으로써 지역격차가 커진다는 것이다. 미르달은 이와 같은 일련의 과정을 '순환/누적적 인과법칙(the circular and cumulative causation principle)'이라고 불렀다. 이 글에서의 누적적 인과이론은 이주가 발생하게 되면서 이민 출발지의 이민 네트워크가 스스로 발전하고 축적하면서 내재적 메커니즘을 획득하고 자체적인 연속성을 만들어내는 과정을 말한다(역자 주).

지역으로 향하는 이민은 출발지의 풍속이 유입될 수 있어 초기의 특정한 경제, 정치적 조건과 더는 관련이 없고, 그보다는 이민 네트워크와의 접근 정도와 이민 네트워크 중 누적된 사회적 자본 등의 요소에 의해 결정된다. 이민 과정은 스스로 발전하는 내재적 메커니즘을 획득하고 자체적인 연속성을 만들어낸다. 이민 네트워크는 비록 최초의 이민 발생에 대해서는 설명할 수 없지만, 이민의 지속성을 설명할 수 있고, 미래의 이민 동향을 예측하는 데 도움이 된다. 누적적 인과이론에 따르면 변화속도가 늦은 기타 요소는 더 이상 중요하지 않지만, 이민 출발지의 이민 네트워크는 스스로 발전하고 축적된다. 이민 행위는 내재적인 자체 연속성을 가지기 때문에 이민 행위가 의식의 통제를 초월하고 자체 연속성을 가진 '습관'으로 내면화되었을 때, 설령 최초 이민 행위의 환경에 변화가 일어나더라도, 제3자에게 비이성적으로 보이는 이민 행위가 해당 집단에서는 인정을 받으며 지속될 수 있다. 이주가 발생하게 되면 항상 송출국과 수용국의 사회 경제구조에 영향을 주면서 후속 이주를 끊임없이 증가시킨다.

  이민 네트워크는 이민 출발지로부터 도착지까지의 연결, 도착지의 네트워크 상황까지 포함한다. 네트워크 연결은 시간의 흐름에 따라 출발지에 대해 점점 더 크게 작용한다. 점점 더 많은 사람이 수용국으로 이주할 것이며, 이는 수용국과 송출국의 연결을 증가시킨다. 이민자가 수용국에서 생활한 시간이 길수록 잠재적 이민자에게 제공 가능한 정보와 자원의 질도 높아진다. 이러한 종류의 네트워크 연결은 일단 수용국에서 형성된 후에는 시간이 흐름에 따라 송출국의 비유동인구의 생성에 점점 더 영향을 준다(Massey and Espana, 1987; Massey, 1988; Massey, 1990; 梁玉成, 2013).

  개발도상국에서 중국에 온 관광객은 다양한 사람들과 교류가 필요하고 중국사회와 많이 접촉할 필요가 있다. 그들은 중국에서 더 많은 사회 네트워크를 만들 가능성이 있으며, 중국사회를 더 잘 이해할 가능성도 있다. 이러한 사회 네트워크는 다른 사람들의 중국행에 도움이 되고, 그들이 중국에서 비즈니스 등 관광 이외의 기타 업무를 진행할 때 조력자들을 증가시키는데 도움이 된다. 영국의 폴란드인 이민에 대한 연구에서도 관광 경험이 이민 유입에 영향을 준다는 점이 밝혀진 바 있다(Janta et al., 2011). 이에 따라 본 논문에서는 아래와 같이 관광의 누적적 인과 가설을 세울 수 있다.

> 가설 2.1: 개발도상국의 관광객은 선진국의 관광객에 비해 타인이 중국에 오도록 추천하거나 도울 가능성이 더 높다.
> 가설 2.2: 개발도상국의 관광객 수의 증가는 선진국에 비해 기타 목적의 입국자 수의 증가를 촉진할 가능성이 있다.

V. 통계 자료와 방법

1. 통계 자료

광저우에서 생활하는 외국인을 더 잘 이해하기 위해 중산대학(中山大學) 국가경영연구원 사회과학조사센터는 2016년 1월 광저우와 포산(佛山) 출입국관리사무소에서 각각 설문조사를 했다. 이 조사는 1개월이 소요되었으며 컴퓨터 모델링을 사용하고 14개의 언어를 이용하여 유효 설문지 총 1,500부를 작성했다.

2. 분석과 방법

통계 자료 분석은 세 부분으로 나뉜다. 첫째 부분은 동시발생분석(coincidence analysis) 방법을 사용하여 관광 목적 입국과 기타 목적 입국 간의 연관성 및 이러한 연관성이 다른 유형의 국가의 입국자에서 나타나는 차이를 살펴보았다. 두 번째 부분은 로지스틱(logistic) 모형과 포이즌(poison) 모형을 사용하여 개인 차원에서 다양한 관광 목적이 중국 관광객의 수용국에서의 사회자본에 미치는 영향을 분석했다. 세 번째 부분은 다층모형을 통해 국가 차원에서 관광의 누적적 인과효과를 살펴보았다.

　　동시발생분석은 최근 떠오르는 새로운 방법으로 기존 연구에서는 비교적 적게 언급되었으므로 여기서 중점적으로 소개하고자 한다. 동시발생분석은 에스코바르(Escobar, 2015)가 제안한 것으로 일련의 상황에서 빈번하게 출현하는 사건과 그들 사이의 관계를 분석하는 방법이다. 이 방법을 차용하여 서로 다른 사건이 동시에 발생하는 빈도(conjoint frequencies)를 이해할 수 있고, 서로 다른 상관계수를 계산할 수 있다. 에스코바르는 특히 다음의 세 상황에 동시발생분석이 적용된다고 보았다. 1) 서로 배타적이지 않은 다중반응(multiresponse) 항목 혹은 다중변수 정보의 분석, 2) 2모드 네트워크(two-mode networks)연구, 3) 동시 출현현상(co-occurrence)의 분석이다. 에스코바르가 볼 때, 동시발생분석의 주요 목적은 특정 조건 하에서 어떤 사건, 대상, 특징, 속성이 동시에 발생할 경향이 있는지를 관찰하는 것이다. 이러한 주어진 제약조건은 구체적 장면 (I)을 가리키고 이는 분석의 기본단위다. 매 장면 I(시나리오)에서 일련의 사건 J가 발생 가능하며, 이 사건들의 상호독립 혹은 상호의존은 모두 J에 관한 이분변수 X_j로 표시할 수 있다. 분석의 목적은 매 장면 I에서 $J(J-1)/2$개의 가능한 사건의 조합 중 결코 독립적이지 않은 조합 유형의 부분집합을 찾아내는 것이다. 예를 들어 두 개의 가능한 사건(각각 X_j와 X_k로 구분)을 가진 하나의 장면에서, 만약 이 한 장면에서 두 사건이 동시에 발생하면 이 두 개의 사건은 단지 우연의 일치(coincidence)라고 할 수 있다. 그러나 동시발생분석 방법을 많은 양의 장면을 가진 한 세트에 대한 통계분석에 사용할 경우, 한 개의 n×J의 행렬을 생성한다. 이 행렬 I는 0과 1로 구성된 결합행렬(incidence matrix)로, i번째 장면에서 사건 j의 발생 여부를 표시한다. 이때 1은 발생을 나타내고, 0은 발생하지 않음을 나타낸다. n×J을 전치(轉置, transposition)하면 이에 상응하는 J×J의 빈도행렬 F도 얻을 수 있다. 이는 두 사건에서 발생한 빈도로 구성된다. 하나는 사건 j 자체가 발생한 빈도이며(fjj), 다른 하나는 사건 j가 발생할 때 사건 k가 발생하는 빈도(fjk)다. 이어서 실제 상황의 한 세트 장면에서 서로 다른 사건이 발생하는 빈도의 결합행렬(실제 빈도)과 모든 사건이 서로 상관이 없다는 가정 하에 사건이 발생하는 빈도의 결합행렬(기대빈도)을 비교했을 때, 만일 사건 j가 발생할 때 사건 k가 발생할 실제 빈도가 기대빈도보다 크다면 이는 두 사건이 동시발생 사건일 가능성을 보여준다.

위의 이론을 이용하여 본 논문에서는 동시발생분석을 통해 설문조사 응답자들의 관광 목적 입국과 기타 목적 입국 간에 연관성이 있는지와 이러한 연관성 메커니즘이 개발도상국과 선진국 응답자 간에 차이가 나타나는지를 탐색 분석할 수 있다. 즉, 개발도상국의 응답자에게서 관광 목적 입국과 비즈니스 목적 입국에서 모두 응답으로 기록되었다면, 이는 개발도상국 응답자에게는 관광 목적 입국과 비즈니스 목적 입국에 강한 동시발생관계가 있음을 설명해준다.

VI. 실증분석과 결과

1. 개발도상국과 선진국 관광객의 중국 관광 행위의 차이

우선 동시발생분석의 방법으로 관광목적 입국과 기타목적 입국 사이에 연관성의 메커니즘이 존재하는지를 분석했다. 이러한 연관성에 있어서 선진국과 개발도상국 입국자 사이에 차이가 나타나는지도 분석했다.

동시발생분석은 유사한 종류의 '네트워크 다이어그램'을 생성하는 데 도

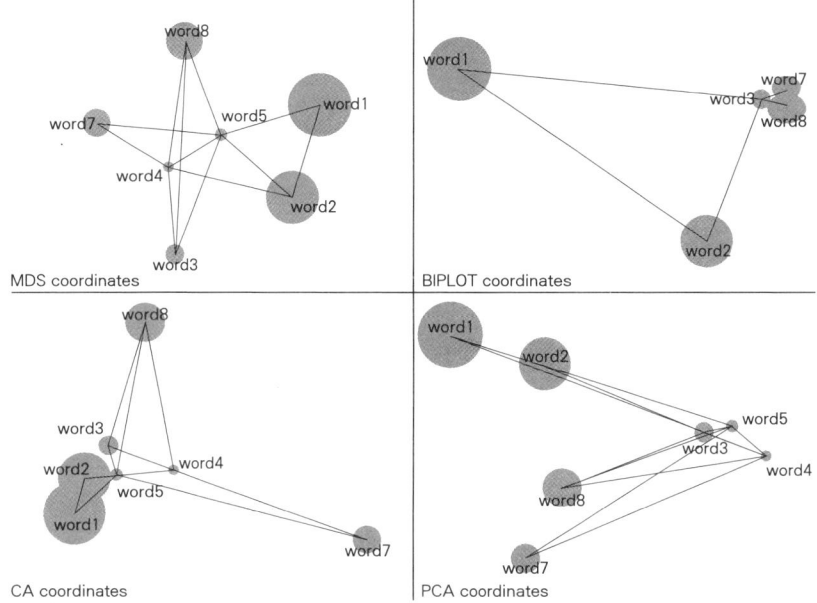

그림 4 개발도상국 응답자의 8가지 입국 목적 관계도(p < 0.05, 밀도: 0.57)

주: CA coordinates: CA 좌표

MDS coordinates: MDS 좌표

Word 1: 비즈니스   Word 2: 다국적기업 근무

Word 3: 비즈니스 기회 탐색   Word 4: 자국 회사 근무

Word 5: 중국 회사 근무   Word 6: 가족 및 친척과 동행

Word 7: 교환 및 방문 학생   Word 8: 관광

움을 주었다(그림 4 참조). 그림에서 결절점은 서로 다른 중국 입국 목적(결절점 word1~word 8은 각각 비즈니스, 다국적기업 근무, 비즈니스 기회 탐색, 자국 회사 근무, 중국 회사 근무, 가족 및 친척과 동행, 교환 및 방문 학생, 관광 등 8가지 입국 목적을 의미한다)을 나타낸다. 연결선은 두 개의 목적이 일정한 확률 조건에서 동시에 발생할 가능성을 표시하며, 밀도(density)는 관련된 사건의 모든 발생 가능한 사건 조합 $J(J-1)/2$에 대한 비율이다. 우선 개발도상국에서 중국에 오는 입국자의 각종 입국 목적의 동시발생 상황을 살펴보면, $p < 0.05$의 조건하에서(그림 4) 각종 측정방법이 모두 개발도상국 관광객은 임의의 두 목적 간에 동시발생 상황이 매

우 많음을 나타내었다(밀도가 0.57에 달함).

다음으로 그림 5에서 나타나듯이 $p < 0.01$의 조건하에서도 개발도상국 입국자의 여러 입국 목적 간에는 비교적 많은 동시발생관계가 존재하며, 개발도상국 입국자의 목적은 종종 단일하지 않고 다양한 목적이 있다. 또한 관광의 목적(word 8)이 자주 자국 회사 근무(word 4), 비즈니스 기회 탐색(word 3) 및 중국 회사 근무(word 5) 등 경제적 목적과 함께 나타남을 볼 수 있다. 이로부터 개발도상국 관광객은 중국 입국 시 다중의 목적을 가지며, 경제적 목적이 주가 됨을 알 수 있다.

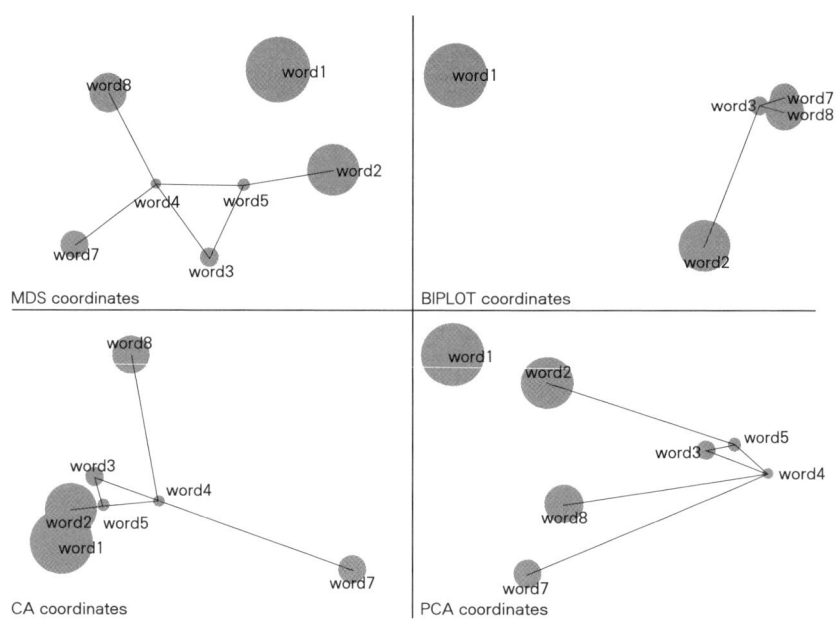

그림 5 개발도상국 응답자의 8가지 입국 목적 관계도($p < 0.01$, 밀도: 0.29)

주: CA coordinates: CA 좌표
MDS coordinates: MDS 좌표
Word 1: 비즈니스   Word 2: 다국적기업 근무
Word 3: 비즈니스 기회 탐색   Word 4: 자국 회사 근무
Word 5: 중국 회사 근무   Word 6: 가족 및 친척과 동행
Word 7: 교환 및 방문 학생   Word 8: 관광

반면 선진국 응답자의 입국 목적 간의 관계에서는 $p < 0.05$의 조건에서도 (그림 6), 각종 입국 목적 간에 두 가지가 공통으로 나타나는 상황이 매우 적다. 이로 보아 선진국 입국자는 중국 입국에서 종종 단일한 목적을 지닌다. 다시 말해 개발도상국에 비해 선진국 입국자의 중국 관광은 관광일 뿐이며 동시에 다른 목적을 가지지 않는다. 이는 가설 1에 대한 논증이기도 하다. 개발도상국에서 중국으로 온 관광객은 종종 다중의 목적을 가지지만, 선진국 입국자의 목적은 상대적으로 단일하다. 개발도상국과 선진국 입국자에게서 명백한 차이가 나타나는 이유에 대한 가능한 설명은, 개발도상국의 입국자는 경제 조건의 한계

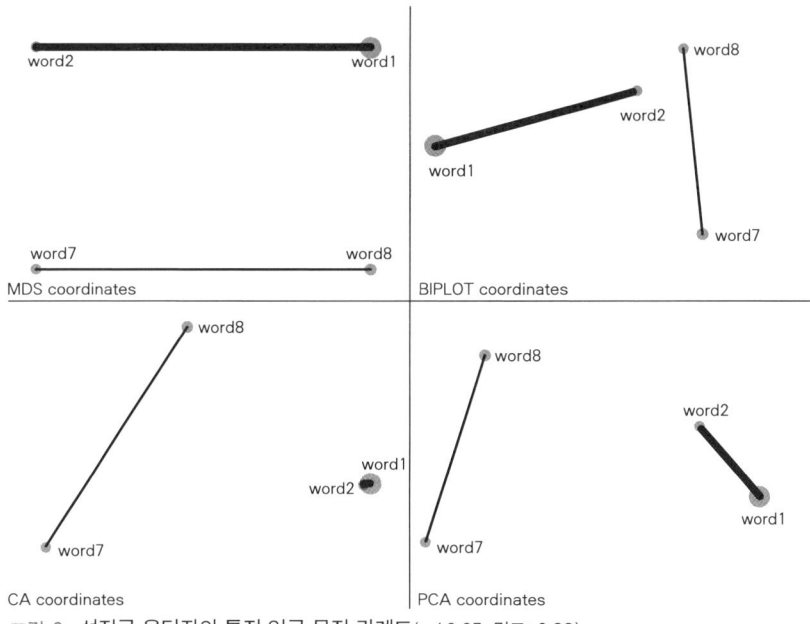

그림 6 선진국 응답자의 특정 입국 목적 관계도($p < 0.05$, 밀도: 0.33)

주: CA coordinates: CA 좌표

MDS coordinates: MDS 좌표

Word 1: 비즈니스   Word 2: 다국적기업 근무

Word 3: 비즈니스 기회 탐색   Word 4: 자국회사 근무

Word 5: 중국회사 근무   Word 6: 가족 및 친척과 동행

Word 7: 교환 및 방문 학생   Word 8: 관광

로 하나에만 제한되지 않고 여러 가지 목적을 실현해 중국 입국 비용을 절감하고, 최대 수익을 올리고자 한다는 것이다. 선진국의 입국자는 상대적으로 이러한 압력이 없기에 입국 목적이 좀 더 단순하다.

2. 관광의 누적적 인과효과 분석(개인 차원)

이어서 관광 자체에 대해서, 이민의 누적적 인과효과와 유사한 자기강화 메커니즘이 있는지, 즉 관광 자체가 관광목적지의 사회자본 증가를 가져올 수 있는지 살펴보고자 한다. 이 문제에 답하기 위해서 로지스틱(logistics) 모형과 포이즌(poisson) 모형을 각각 구축했다. 모형에서 종속변수는 각각 "당신은 고향 친구나 친척에게 중국에 오도록 소개할 것입니까"와 "당신은 몇 명의 고향 친구나 친척에게 중국에 오도록 소개했습니까"다. 두 개의 변수는 응답자가 중국에서 현재 가지고 있는 고향으로부터의 사회적 네트워크와 사회자본을 측정한다. 독립변수는 응답자의 성별, 국가 유형(선진국 혹은 개발도상국), 교육 수준, 연령, 처음 중국에 온 시기, 구체적 입국 목적 등이다. 이들 중 본 연구에서는 두 가지 설명 변수가 관건이다. 하나는 응답자의 국가 유형이고, 다른 하나는 관광 목적 입국 방식이 중국에서의 입국자 사회자본(미래에 증가 가능하거나 이미 존재하는)에 미치는 영향이다.

표 3의 분석 결과는 성별, 교육 수준, 연령과 처음 중국에 온 시기 등의 변수가 같은 조건에서 개발도상국 응답자가 선진국 응답자에 비해 더욱 쉽게 고향 친구나 친척을 중국에 오도록 소개하는 경향을 보여준다(logit model 1). 동시에 더 많은 수의 고향 친구나 친척을 중국에 오도록 소개하기 쉽다(poisson model). 그러나 이런 효과는 응답자의 입국 목적을 같은 조건으로 상정한 후에도 여전히 두드러지게 나타난다(logit model 2와 poisson model 2). 이는 선진국에 비해 개발도상국에서 온 응답자는 중국에서의 사회자본에 있어 뚜렷한 증가를 보여

표 3 관광의 누적적 인과효과

	자국으로부터 친구나 친척을 중국으로 소개하거나 안내함		몇 명의 친구나 친척을 자국으로부터 중국으로 소개하거나 안내했는지	
	logit model 1	logit model 2	poisson model 3	poisson model 4
남성=1	0.191	0.161	0.423***	0.374***
국가 유형(선진국=1)	−0.290*	−0.336**	−0.701***	−0.690***
교육 수준	−0.0146	0.0138	0.0936***	0.0972***
연령	−0.0231***	−0.0246***	0.0152***	0.0129***
최초 방문 연도	−0.0879***	−0.0833***	−0.0645***	−0.0687***
자기 사업을 하기 위해		0.317**		0.237***
다국적기업에서 일하기 위해		0.123		0.114***
사업 기회를 탐색하기 위해		0.0394		−0.123***
자국 기업에서 일하기 위해		−0.349		−0.270**
중국 기업에서 일하기 위해		0.0309		−0.147***
가족 동행이나 친척 방문		0.217		0.0087
교환학생이나 방문학자		0.0575		−0.0281***
관광		0.288***		0.0531***
상수	177.6***	168.1***	130.6***	138.9***
사례 수	987	987	538	538

주: *** p 〈 0.01, ** p 〈 0.05, * p 〈 0.1

준다. 아울러 관광이 응답자의 중국에서의 사회자본에 미치는 영향을 검증했다. 성별, 교육 수준, 연령, 처음 중국에 온 시기, 기타 중국 입국 목적을 동등하게 상정한 후, 관광 목적으로 중국에 입국한 응답자는 기타 목적의 입국자에 비해 더욱 쉽게 고향 친구와 친척을 중국에 오도록 하는 경향을 나타냈다(logit model 2와 poisson model 2). 이는 중국 관광은 관광객에게 중국에서의 사회자본을 제고할 수 있도록 도움을 준다는 것을 말해준다.

이상의 분석 결과를 통해 첫째, 중국 관광이 관광객으로 하여금 중국에서 사회자본을 제고하는 데 도움을 줄 수 있다는 가설 2를 초보적으로 검증하고, 둘째, 선진국과 개발도상국의 응답자 사이에 명확한 차이가 존재함을 알 수 있었다. 개발도상국에서 온 응답자는 중국에서의 사회자본에서 더욱 확실한 증가를 나타냈으며, 이는 관광이 사회자본에 대해 갖는 효과가 선진국과 개발도상국 간에 차이가 있을 수 있음을 의미한다. 이러한 차이가 나타나는 이유는 무엇인가? 가능한 해석은 개발도상국에서 온 관광객은 종종 다중 목적을 가지고 입국하는데, 이러한 다중 목적이 그들로 하여금 현지의 서로 다른 유형의 사람들과 더욱 많이 교류하도록 만든다는 것이다. 그리하여 그들의 현지 사회 네트워크의 육성과 사회자본의 증가를 촉진시킬 수 있으며, 나아가 그들이 더 많은 고향 친구와 친척을 현지로 오도록 소개할 능력과 동기를 갖게 한다. 이리하여 현지에서의 사회자본을 부단히 증가시키고 누적적 인과효과를 일으킨다고 해석할 수 있다.

3. 관광의 누적적 인과효과 분석(국가 차원)

앞에서는 국제관광의 누적적 인과효과를 개인적 차원에서 논증했다. 즉 개발도상국의 관광객은 중국 입국이 종종 다중 목적을 가지므로 현지에서 사회자본을 확대하는데 더욱 유리하며, 나아가 누적적 인과효과를 유발한다. 이 부분에서는 한걸음 더 나아가 국가 차원에서 관광이 기타 입국 목적에 주는 영향 메커니즘이 무엇인지, 반대로 기타 입국 목적이 관광에 어떤 영향을 주는지, 또한 양자의 영향 메커니즘이 개발도상국과 선진국의 입국자들 사이에서 차이가 있는지를 논증한다. 이를 논증하기 위해 우선 국가 차원의 통계 자료를 구축했는데 그 구체적인 과정은 다음과 같다. 예를 들어 조사한 응답자 중 미국에서 출발한 출발 전체 응답자의 처음 중국 입국 시기는 2010년(100명), 2011년(80명), 2014년(60명)이다. 통계 자료를 기반으로 3개의 관측치(observations)를 만들고, 이러한 방식으로 유추하여 기본단위를 국가와 최초 중국 입국 시기로 정하고 관측치를 구축했다. 동시에 모든 관측치는 1년간 해당 국가에서 중국으로 입국한 수, 1년간 해당 국가에서 서로 다른 중국 입국 목적을 구분한 사람 수 등의 변수를 포함한다. 이를 원칙으로 중국 입국자의 국가 발전 정도를 근거로 국가를 구분했고, 개발도상국과 선진국의 두 개의 데이터 세트로 구분하여 구축했다. 그 중 선진국의 통계 자료는 26개국, 117개 관측치를 포함하며 개발도상국의 통계 자료는 92개국, 404개 관측치를 포함한다.

본 논문은 다층모형을 사용하여 각각 개발도상국과 선진국의 통계 자료를 분석했고, 표 4와 표 5에서 서로 다른 중국 입국 목적의 사람 수를 종속변수로, 최초 중국 입국 시기와 기타 목적의 중국 입국자 수 등을 독립변수로 설정하여

표 4 국가 차원의 결과 상관관계 분석(선진국)

	자기 사업을 하기 위해	다국적 기업에서 일하기 위해	사업 기회를 탐색하기 위해	자국 기업에서 일하기 위해	가족 동행이나 친척방문	교환학생 이나 방문학자	관광
최초 방문 연도	0.0413**	-0.0128	-0.00196	0.00473*	-0.00159	-0.0149	0.0115
다국적기업에서 일하기 위하여	-0.174		0.0443	0.0226	-0.0258	-0.256**	-0.0336
사업 기회를 탐색하기 위하여	2.502***	0.481*		0.300***	0.136	-0.287	0.185
자국 기업에서 일하기 위하여	-1.086	0.193	0.413***		0.415***	0.697*	-0.292
중국 기업에서 일하기 위하여	0.75	-0.138	0.0847	0.185***		-0.323	-0.2
가족과 동행하거나 친척 방문	-0.0646	-0.155**	-0.019	0.0335*	-0.0347		0.119
교환학생이나 방문학자	0.239	-0.0297	0.0177	-0.0203	-0.0297	0.172	
관광객		-0.0147	0.0509***	-0.0143	0.0186	-0.00131	0.0602
자기 사업을 하기 위해	-82.25**	26	3.891	-9.502*	3.227	30.18	-22.88
상수	117	117	117	117	117	117	117
사례 수	26	26	26	26	26	26	26

*** $p < 0.01$, ** $p < 0.05$, * $p < 0.1$

표 5 국가 차원의 결과 상관관계 분석(개발도상국)

	자기 사업을 하기 위해	다국적 기업에서 일하기 위해	사업 기회를 탐색하기 위해	자국 기업에서 일하기 위해	중국 기업에서 일하기 위해	가족과 동행하거나 친척 방문	교환학생이나 방문학자	관광객으로 여행
최초 방문 시기	0.00406	-0.00821	0.000496	-0.00183	0.00132	0.000162	-0.000229	0.0162***
다국적기업에서 일하기 위하여	0.411***		0.0138	-0.00841	0.0155	-0.00486	-0.0772**	0.0954***
사업 기회를 탐색하기 위하여	0.204	0.0628		0.0632***	0.0456*	-0.00386	-0.102	0.160*
자국 기업에서 일하기 위하여	-0.0307	-0.19	0.275***		0.135**	-0.000764	0.0851	-0.0249
중국 기업에서 일하기 위하여	0.361	0.27	0.156*	0.101**		-0.000942	0.239	-0.0708
가족과 동행하거나 친척 방문	0.483	-0.725	-0.0977	-0.00461	-0.00235		-0.313	0.886**
교환학생이나 방문학자	0.307***	-0.144**	-0.0509*	0.0145	0.0233	-0.0046		0.145***
관광객으로 여행하기 위해	0.13*	0.174***	0.0547*	0.00283	0.00722	0.0115**	0.135***	
자기 사업을 하기 위해		0.254***	0.0289*	0.000285	0.0114	0.00228	0.0963***	0.0351
상수	-7.806	16.72	-0.983	3.697	-2.65	-0.324	0.54	-32.57***
사례 수	404	404	404	404	404	404	404	404
집단 수	92	92	92	92	92	92	92	92

주: *** p〈0.01, ** p〈0.05, * p〈0.1

분석했다.

우선 선진국에서 관광이 목적인 사람 수를 종속변수로 설정하여 분석한 결과를 살펴보면 기타 목적의 중국 입국자 수를 동일 조건으로 한 상태에서 선진국의 중국 관광객 수는 시간에 따른 증가 추세가 선명하지 않음을 통계 자료가 보여주며(표 4), 이 결과는 앞에서 서술한 부분과 일치한다. 동시에 기타 6개의 중국 입국 목적을 가진 사람 수가 선진국의 입국 관광객 수에 뚜렷한 긍정적(positive) 효과를 보여주지 않는다. 마지막으로 선진국 입국 관광객 수를 독립변수로 설정했을 때, 관광을 제외한 나머지 6개의 기타 목적으로 입국한 사람 수가 종속변수가 되며, 중국 관광의 그들에 대한 영향 효과는 뚜렷하게 드러나지 않는다. 이 역시 선진국 관광객에게 있어 중국 관광이 기타 목적으로 입국하는 사람의 수를 증가시키지 않으며, 동시에 기타 목적의 입국자 수도 중국 관광에 영향을 주지 않음을 의미한다.

표 5에서는 한 걸음 더 나아가 개발도상국에서 온 관광 목적의 중국 입국자와 기타 목적 중국 입국자의 상호작용 메커니즘을 분석했다. 개발도상국의 중국 관광객 수를 독립변수로 설정한다면, 개발도상국의 관광 목적 중국 입국자 수의 증가가 비즈니스, 다국적기업 근무, 비즈니스 기회 발견, 가족 및 친척과 동행, 학습 교류 등 기타 목적의 중국 입국자 수의 뚜렷한 증가를 초래한다는 것을 알 수 있다. 이러한 결과는 개발도상국의 중국 관광객 수 증가가 해당 국가의 기타 목적의 중국 입국자 수의 증가를 촉진시킴을 의미한다. 한편 개발도상국의 중국 관광객 수를 종속변수로 설정한다면, 우선 시간이 흐름에 따라 개발도상국의 중국 관광객 수가 최근에 부단히 증가하고 있음을 관찰할 수 있었다. 다음으로 흥미로운 점은 다국적기업 근무, 비즈니스 기회 발견, 가족 및 친척과 동행, 학습 교류 등을 목적으로 중국에 온 개발도상국 사람의 수가 많아질수록 동시에 개발도상국 중국 관광객 수도 증가한다는 것이다. 이와 같은 결과는 개발도상국의 중국 관광이라는 행위에 존재하는 누적적 인과효과를 밝혀준다. 우선 중국 관광은 종종 다중적 목적(예를 들면 경제적 목적)을 지닌다. 바로 이 다중적 목적의 존재가 이들 중국 입국자로 하여금 현지에서 각종 유형의 네트워크를 더욱 확장하고 견고하게 한다. 다양한 유형의 네트워크 확장은 경제적 목적 등 다양한 동기를 가진 중국 입국자에게 일정한 편의를 제공하여 더욱 많은 사람들이 중국에 오는 결과를 가져온다. 기타 목적의 중국 입국자 수가 증가하면 또 반대로 해당 국가에서 관광을 목적으로 중국에 입국하는 사람의 수가 증가한다. 이러한 순환은 누적적 인과효과를 구성한다.

VII. 결론

2016년에 광저우와 포산 두 곳에서 수집한, 중국에 머물고 있는 외국인 조사 통계를 통해 필자는 이민 연구 분야의 누적적 인과이론의 시각에서 관광과 이민의 관계를 분석했다. 또한 이를 기반으로 중국에 오는 개발도상국과 선진국 관광객의 차이를 분석했다.

이론과 실증연구 결과에 따르면 선진국의 중국 입국자에 비해 개발도상국의 중국 입국자는 다중 목적을 가지고 있다. 즉, 개발도상국의 중국 관광객은 단지 관광만을 하는 것이 아니라 비용을 절감하고 최대 수익을 올리기 위해 동시에 경제적 목적을 가지고 중국에 오는 경우가 많다. 다음으로, 개발도상국의 중국 입국자가 다중 목적을 가지고 중국에 들어오면 현지의 다양한 유형의 사람들과 더욱 많은 관계를 맺게 된다. 이는 그들이 현지에서 사회 네트워크를 형성하고 사회자본을 증가시키도록 촉진시킨다. 그리고 그들이 더욱 많은 본국의 사람들에게 중국에 오도록 소개할 동기와 능력이 생기게 하여 관광의 누적적 인과효과를 형성한다. 아울러 국가 차원의 통계 자료 분석 결과로부터 개발도상국은 관광 목적과 경제 목적의 중국 입국 간에 상호 영향이 있다는 것을 알 수 있다. 중국 관광이 현지에서 각종 유형의 네트워크를 확산하고 견고하게 하는 원인이기도 하지만, 다양한 유형의 네트워크가 기타 목적(예를 들면 경제적 목적)의 중국 입국자에게 일정한 편리를 제공해주어 더욱 많은 사람들이 중국에 오도록 만들었다. 기타 목적의 중국 입국자 수의 증가는 또 반대로 관광 목적의 중국 입국자 수의 증가를 자극해 서로 끊임없이 순환하며 부단히 커진다.

이상의 결과에서 드러나듯이, 실천적 차원에서 처음에 언급했던 개발도상국의 중국 관광객의 끊임없는 증가로 해당 국가의 중국 입국 이민자는 지속적으로 증가할 것이다. 본 논문에서 살펴본 관광 연구 분야의 새로운 메커니즘은 현재 국제관광, 특히 개발도상국의 관광객과 관광 행위에 대한 이해를 풍부하게 하는 데 도움이 될 것이다.

참고문헌

陈伟. 2015. "旅游体验及其影响因素与游后行为意向的关系研究." 云南大学博士论文.
董培海 等. 2014. "迪恩·麦肯奈尔旅游社会学思想解读: 兼评《旅游者: 休闲阶层新论》." 『旅游学刊』, 第11期.
郭凌·吉根宝·罗良伟. 2015. "从游客到旅居者: 旅游中的'新移民'研究." 『贵州民族研究』, 第5期.
金准·廖斌. 2016. "全球旅游分工体系和中国旅游业业定位." 『经济管理』, 第4期.
黎洁·赵西萍. 1999. "论国际旅游竞争力及其阶段性演进." 『社会科学家』, 第9期.
李旭·秦耀辰. 2014. "中国入境游客旅游目的地选择变化及影响因素." 『经济地理』, 第6期.
梁玉成. 2013. "在广州的非洲裔移民行为的因果机制." 『社会学研究』, 第1期.
刘长生·简玉峰. 2006. "中国入境旅游市场需求的影响因素研究." 『农业经济研究』, 第4期.
潘鸿雷·杨丽·马爱国. 2008. "我国入境游客特征与国际旅游可持续发展策略分析." 『资源开发与市场』, 第9期.
唐香姐·徐红罡. 2015. "生活方式型移民研究综述." 『地理科学进展』, 第9期.
万绪才 等. 2013. "中国城市入境旅游发展差异及其影响因素." 『地理研究』, 第2期.
王宁. 1999. "旅游, 现代性与'好恶交织': 旅游社会学的理论探索." 『社会学研究』, 第6期.
杨钊·陆林. 2008. "旅游移民研究体系及方法初探." 『地理研究』, 第4期.
赵东喜. 2008. "中国省际入境旅游发展影响因素研究." 『旅游学刊』, 第1期.
郭文 等. 2012. "旅游空间生产及社区居民体验研究." 『旅游学刊』, 第27卷 第四期. 广州市 2015年外国人调查数据.
Escobar, M. 2015. "Studying Coincidences with Network Analysis and Other Statistical Tools." *The Stata Journal* 15, 1118-1156.
Hall, C. M. 1999. *Geography of Tourism and Recreation: Environment, Place and Space*. London: Routledge.
Janta, H., L. Brown, and P. Lugosi et al. 2011. "Migrant Relationships and Tourism Employment." *Annals of Tourism Research* 38(4), 1322-1343.
MacCannell, Dean. 1976. *The Tourist: A New Theory of the Leisure Class*. New York: Schoken Books.

Massey, D. S. and F. G. Espana. 1987. "The Social Process of International Migration." *Science* 237(4816), 733-738.

Massey, D. S. 1988. "Economic Development and International Migration in Comparative Perspective." *The Population and Development Review* 14(3), 383-414.

Massey, D. S. 1990. "The Social and Economic Origins of Immigration." *The Annals of the American Academy of Political and Social Science* 510(1), 60-72.

Rodriguez, V. 2001. "Tourism as a Recruiting Post for Retirement Migration." *Tourism Geographies* 3(1), 52-63.

Ryan, C. 1997. *The Tourism Experience: A New Introduction.* London: Cassell.

Urry, J. 1990. "The "Consumption" of Tourism." *Sociology* 24(1), 23-35.

Williams, A. and C. Hall. 2000. "Tourism and Migration: New Relationships between Production and Consumption." *Tourism Geographies* 2(1), 5-27.

제4장
중국 중산층의 해외여행과 소셜미디어에서의 자아 구축**

저우치엔(周倩)*

1. 문제 제기

중국관광연구원이 발표한 〈2015년도 중국 해외여행 발전 보고서〉에 따르면, 2014년 중국 해외 여행객 숫자는 처음으로 1억 명을 넘어서서 1.07억 명에 다다랐다. 국제연합세계관광기구(UNWTO)가 2016년 3월 8일 발표한 보고에서는 2016년 중국은 지속적으로 전 세계에서 관광객을 가장 많이 배출하는 국가의 위치를 유지할 것이며, 2020년에는 세계 제일의 관광대국이 될 것이라고 예측했다. 중국인의 해외여행 목적지 순위 중에는 일본과 한국이 꾸준히 선두를 차지하고 있다.

일본정부관광국이 발표한 자료에 따르면 2014년 일본행 중국(대륙) 관광객의 일인당 평균 소비는 23만 엔으로 관광객 중 가장 높았다. 2014년에는 관

---

* 역자: 주도경(서울대학교 인류학과 석사).
** 이 글은 『아시아리뷰』 6권 2호(2016: 339-372)에 게재되었던 논문을 본서의 편집 취지에 맞도록 수정·보완한 것입니다.

광업이 일본 경제 성장률의 0.4%를 이끌었다. 또한, 2015년 일본행 중국(대륙) 관광객은 499만 명에 달해 10.73% 증가했다.

한국관광공사의 통계에 따르면 2015년 한국행 중국 관광객 수는 611만 명에 달할 것으로 추정된다. 이는 한국행 외국인 관광객의 4분의 1을 차지한다. 2015년 한국행 중국 관광객의 일인당 평균 소비금액은 약 2,200달러로, 한국행 관광객 평균 소비금액의 1배 이상이다.

환율 변동, 정부의 국제 정책 및 중국의 국제적 상황의 변화, 각국의 중국에 대한 비자발급 완화 혹은 면제, 도착 비자 제도의 실행, 비자 신청 과정의 자동화 혹은 비용면제 등 비자 수속 절차의 간소화와 개선으로, 현재의 중국인에게 해외여행은 이미 일부 부유층만이 향유하는 특권 활동이 아니라 대부분의 도시 중산층이라면 누릴 수 있는 소비활동이다. 해외 매체에서 중국인의 해외여행 열풍을 보도할 때 중국 대륙 관광객을 신흥 중산층으로 정의하기도 한다. 예를 들어, 일본 야후(Yahoo)에서 '중국 관광객'을 '중산층'으로 정의한 경우는 6만 5,100건이었으며, 구글(Google)에서 'Chinese tourists'를 'middle class'로 정의한 경우는 58만 1,000건에 달했다.[1]

그렇다면 중국 중산층이란 무엇인가? 중산층으로 정의된 중국 해외관광객은 어떠한 특징을 지니고 있는가? 그들의 해외관광은 어떻게 표현되는가? 중국 중산층의 해외관광은 중국 사회에 어떠한 영향을 미치는가? 이러한 문제에 답하기 위해 이 연구는 우선 중국 중산층이 어떻게 정의되는지를 살펴보도록 한다.

---

1 2016년 3월 18일 오후 4시 32분의 검색 결과.

II. 중국 중산층은 누구인가

2015년 10월 13일 크레디트 스위스가 발표한 〈세계재산보고 2015〉에 따르면 중국 중산층은 1.09억 명에 달했다. 전국 성인 인구의 11%밖에 차지하지 않지만, 미국의 9,200만 명을 초과하는 수치다. 중국은 이미 전 세계에서 중산층 수가 가장 많은 국가가 되었다. 이 보고는 중국의 여러 매체에 보도되어 순식간에 여론이 분분해졌다.

사회학에서 '중산층'은 줄곧 매력적이지만 논쟁의 여지가 많은 개념이었다. 직업, 수입, 교육, 명성, 소비, 사회적 인정, 정치적 태도 등 각 방면에서 중산층에 대해 반복적인 연구가 있어왔지만, 이러한 연구 결과들은 끊임없이 새로운 도전을 야기할 뿐 공통의 인식을 형성하기는 어려웠다. 중국에서 '중산층'은 한때 사회주의 이념에 위배되는 것으로 여겨져 타파해야 할 자본주의적 요소였다. 2000년 이후 '3개 대표'[2]의 제기와 더불어 중산층 연구의 열풍이 불게 되었다. 경제학자는 수입으로 사람들이 중산층에 속하는지를 결정하고자 한다. 그와 달리 사회학자는 많은 경우 직업의 관점에서 바라본다. 직업의 분류에 있어 육체노동에 속하지 않고 전문 기술을 지닌 노동자를 중산층으로 구분한다.

최근 중국 국가통계국에서는 일반적으로 가구 연수입 60~50만 위안을 중산층의 기준으로 삼고 있다. 중국사회과학원 사회학연구소에서는 비교적 간편한 방법을 택했다. 현재 중국인의 사회경제적 지위에 영향이 큰 3개의 지표(소득 수준, 직업의 유형, 교육 자본)로 중국 중산층을 결정하는 주요 기준으로 삼았다. 2006년의 조사 통계로 추산해보면, 중국사회과학원은 RMB 14,001~35,000

---

2   2000년 장쩌민(江澤民) 주석이 당의 역사적 경험을 총괄하고 새로운 정세와 임무에 대응할 필요에 따라 '3개 대표'가 중요하다는 사상을 제기했다. 주요 골자는 중국 공산당이 중국의 ① 선진적 생산력 발전의 필요, ② 선진 문화의 발전 방향, ③ 다수 인민의 근본 이익을 대표해야 한다는 것이다(역자 주).

사이의 사람들을 '소득상의 중산층'으로 분류했다. 또한, 월소득이 일정한 관리권한이나 기술을 보유한 비육체노동자를 '직업상의 중산층'으로 분류했다(육체노동의 관리인은 포함하지 않는다). 여기에는 자가고용과 고용주 등도 포함된다. 그리고 전문대학 혹은 4년제 대학 졸업이나 그 이상의 학력을 가진 사람들을 '교육상의 중산층'으로 분류했다. 이 기준에 따라 계산해보면 중국의 '직업상의 중산층'은 22.4%, '소득상의 중산층'은 17.8%, '교육상의 중산층'은 12.7%를 차지한다. 소득, 교육과 직업 이 세 가지 차원에서 분류한 결과를 합산하고, 세 가지 기준을 동시에 만족시키는 '중산층'을 계산해보면 전체 조사 대상의 3.2%에 지나지 않는다(李培林·张翼, 2008: 1-19). 또한, 앞서 언급했듯이 2014년 중국 해외관광객 수가 1.07억 명에 달했는데 이는 중국 인구의 7.7%를 차지한다. 만일 중국사회과학원의 분류 결과로 중산층의 기준을 삼는다면 중국의 해외관광객 중 반 이상이 소득, 교육, 직업에 있어 중산층에 속하지 않는다. 그런데 이들이 왜 중국 중산층 관광객이라 불리는가?

경험적 연구에 따르면, 객관적인 지표에 근거한 중산층과 사람들이 주관적으로 인정하는 중산층은 일치하기도 하고 불일치하기도 한다. 중국사회과학원의 조사 보고에 따르면 그들이 정의하는 중산층 이외의 '기타 계층' 중에서도 38.6%가 자신이 사회 '중류층', 즉 '주관적 중산층'에 속한다고 생각한다. 필자는 이전에 진행했던 조사에서 중국인의 중산층에 대한 인식이 상당 부분 매체의 영향을 받았으며, 특히 매체에서 중산층 이미지에 대한 묘사와 이의 전파가 객관적 중산층과 주관적 중산층의 불일치 현상을 초래하였음을 발견했다. 다시 말해, 오늘날 중국에서는 인구통계학적 요소와 중산층을 결정짓는 직업, 소득, 교육의 요소 외에도 매체가 '주관적 중산층'을 생성하고 영향을 미치는 데 결정적인 역할을 한다. 필자는 이전의 연구에서 매체구성론(Berger and Luckmann, 1967; Adoni and Mane, 1984)에 입각하여 중산층을 이해하는 삼중 모형(그림 1)을 제시했다. 그리고 이를 기초로 하여 매체가 묘사하는 중산층의 이미지에 대해 중국과 일본 양국을 비교·분석했다(周倩 2013).

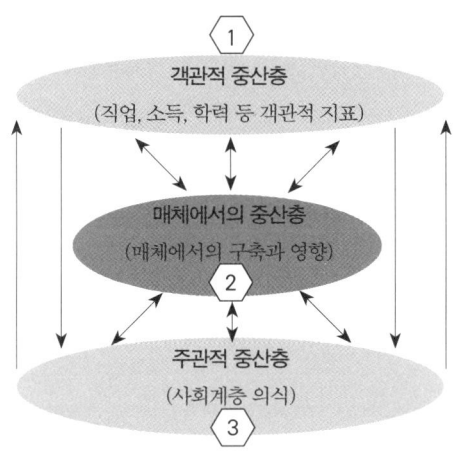

그림 1 중산층 이해 모형
출처: 周倩(2013).

    그러나 이전의 연구에서는 그림 1에서 나타난 3가지 중산층(객관적 중산층, 주관적 중산층, 매체에서의 중산층) 사이의 상호 영향과 관계에 대한 심도있는 분석이나 중산층 이해 모형의 활용 가치에 대한 증명이 이루어지지 않았다. 또한, 매체가 직접적으로 '주관적 중산층'에 영향을 미치는 것이 아니라 객관적 지표(예를 들어, 직업, 수입, 학력 등)와 밀접한 관련이 있는 소비 활동을 통해 간접적으로 '주관적 중산층'의 형성에 영향을 미치고 있음을 이후의 연구에서 발견하게 되었다. 물론 이 가설은 계속해서 증명되어야 한다.

III. 연구 목적과 대상, 그리고 연구 방법

    이 연구는 중국 중산층의 해외여행에 주목하고 소셜미디어 이용에 대한 관찰을 통해 중산층이 어떻게 매체를 이용하며, 해외여행이라는 소비행위를 통해 계층적 자아를 구축하는지 분석한다. 나아가 중국 중산층의 해외여행과 소셜미디어에서의 자아 구축이 중국 사회와 기타 계층에 미치는 영향에 대해서도 살펴본다.

연구 대상인 소셜미디어는 사람들이 창작, 공유, 평가, 토론 및 상호 소통할 수 있도록 하는 웹사이트이자 기술이다. 소셜미디어는 사용자에게 넓은 참여 공간을 허락하며, 전통적인 매체와 비교했을 때 참여적, 공개적, 교류적, 연결적이며 커뮤니티화하는 특성을 지닌다. 소셜미디어의 구체적인 형식으로는 소셜네트워크(SNS), 마이크로블로그, 블로그, 팟캐스트, 위키, 온라인게시판, 위치기반 서비스 등이 있다. 이 연구에서 설정한 구체적인 연구 대상은 중국 사람들의 일상생활에 깊이 뿌리내린 소셜미디어 웨이보(Weibo)다. 2006년 트위터가 생겨난 이후, 2009년 9월 중국 인터넷 업계에서 가장 영향력 있는 포털 사이트 시나(Sina, 新浪)가 웨이보 서비스를 개시하고 지금에 이르기까지, 웨이보는 중국인의 정보 인식과 습득, 심지어 세계에 대한 인식과 태도에도 영향을 미치고 있다. 웨이보의 가장 큰 기능은 보통 사람들이 자아를 드러내고 자아를 구축하는 플랫폼을 제공한다는 것이다. 이 기능은 또한 사람과 사람 간의 교류와 소통을 편리하게 만들었으며 공동체 의식의 형성을 돕는다.

앞서 언급한 중국사회과학원의 조사 결과에 따르면 중국 중산층의 인구통계학적 특성은 고학력(대졸 이상이 절대 다수를 차지한다는 것)과 저령화(26~35세 연령 집단이 사회의 '중류층'이라 인정할 확률이 가장 높음)이다. 여기서 알 수 있듯이, 이들은 인터넷 접촉이 빈번한 집단이기도 하다. 중국 인민대학이 2009년 12월 웨이보 이용자를 조사한 결과에 따르면, 주 이용자는 청년 위주이고, 고학력이며, 중간 정도의 소득자로 나타났다. 이를 볼 때 이 연구의 대상인 중산층과 웨이보 이용자는 그 인구통계학적 특성이 비교적 일치함을 알 수 있다.

이 연구에서는 주로 가상민족지적 방법(virtual ethnography)을 사용했다. 이는 인터넷 가상 환경을 주요한 연구의 배경과 환경으로 삼고, 인터넷의 표현 플랫폼과 상호작용 수단을 이용하여 자료를 수집해, 인터넷과 이와 관련한 사회문화 현상에 대해 연구하고 해석하는 방법이다. 이는 글과 사진에 대한 관찰 및 인터넷 가상 커뮤니티에서의 사회적 상호작용에 대한 관찰을 포함한다. 이 연구는 가상 민족지적 방법이라는 큰 틀 아래, 텍스트 분석을 통해 인터넷 공간에서의 언설과 상호 작용을 분석하고, 글과 사진, 사회적 배경을 결합하여 중국 중산층의 웨이보 게시글을 통해 그들이 표현하고자 하는 해외여행이라는 소비 활동은 무엇인지 살펴본다. 또한, 그들이 해외여행을 통해 어떻게 자아를 구축하는지 살펴보고자 한다.

IV. 선행 연구와 연구 의의

이 연구에는 두 방면의 연구들이 중요한 참고가 된다. 하나는 계층과 관광 간의 관계에 대한 연구고, 다른 하나는 관광과 소셜미디어에 대한 연구다. 여기서는 두 방면의 연구에 대해 각각 간단히 서술하고 이에 기초하여 연구의 의의를 설명해보겠다.

1. 관광과 계층에 대한 연구

소비문화이론 중, 소스타인 베블런(Thorstein Bunde Veblen)의 과시적 소비, 장 보드리야르(Jean Baudrillard)의 기호의 소비, 피에르 부르디외(Pierre Bourdieu)의 취향의 소비 모두 다른 각도에서 동일한 원리를 설명하고 있다(Veblen, 1899; Baudrillard, 1970; Bourdieu, 1979). 소비의 분화와 사회 계층의 분화는 밀접한 연관이 있으며 소비는 계층을 구분하는 중요한 기준이 된다. 소비사회에서 관광은 사람들의 여가 지출의 중요한 구성 요소다. 관광하는 사람이 가지고 있는 물적 자본, 인적 자본, 사회 자본 및 시간 자본이 모두 다르기 때문에 관광 소비에서도 다른 계층적 특성을 나타낼 수밖에 없다. 따라서 관광 소비와 사회 계층의 관계가 밀접함은 두말할 나위가 없다. 그러나 지금까지 관광과 계층에 대한 연구는 거의 모두 양적 분석에 의거하여 서로 다른 사회 계층에서 나타나는 관광 소비의 차이를 다루어 왔다. 이러한 연구는 '관광시장 세분화 연구'로 통칭할 수 있다. 예를 들어, 관광객의 연령, 성별, 직업, 가구 규모, 수입, 교육, 신앙, 종족, 국적에 따라 우선 서로 다른 사회 계층을 분류한 후, 그들 각각의 관광에서 드러나는 소비의 차이를 분석하는 것이다. 혹은 관광객의 관광 목적, 관광 형식 및 방식, 소비 횟수, 소비 시기, 관광 기간 등으로 시장을 세분화한다(韩勇·丛庆, 2006; Pappas, 2014; 古屋秀樹·全相鎭, 2014).

지금까지의 관광과 계층에 관한 연구는 사회 계층을 고정불변의 개념으로 생각하고, 관광이라는 소비행위가 사회 계층이나 계층의식을 형성하는 데 영향을 미칠 가능성을 간과했다. 존 어리(John Urry)는 『관광객의 시선(Tourist Gaze)』에서 이미 관광은 산업혁명으로 생겨난 도시 노동자의 생활 방식을 수반하며, 사회 계층의 탄생과 더불어 생겨났다고 지적했다(Urry, 1990). 이렇게 본다면 사회 계층과 함께 생겨난 관광은 필연적으로 사회 계층과 상생하는 관계임이 틀림없다. 그렇지만 어리 역시 이러한 관점을 심화시키지는 않았기에, 이 연구는 중국 중산층의 해외관광이라는 관점에서 관광과 계층 연구의 학술적 공백을 메우고자 한다.

2. 관광과 소셜미디어 이용에 대한 연구

관광과 소셜미디어 이용에 대한 연구는 대부분 경영학 분야에 속해 있다. 아직까지 중산층의 관광에서 웨이보가 어떻게 작용하는지에 대한 연구는 찾아볼 수 없다. 웨이보 마케팅이 관광업에서 담당하는 역할을 단순하게 다룬 일부 논문만이 존재할 뿐이다.

　웨이보를 통해 저예산으로 만들어진 관광 마케팅은 네티즌 및 관광객과의 소통과 교류를 증대할 수 있을 뿐만 아니라 관광회사의 브랜드 영향력을 넓힐 수 있고, 해당 브랜드에 대한 모니터링이 가능하다. 또한, 웨이보를 통해 자동으로 잠재적인 소비자를 선별할 수 있고, 웨이보에서 관광 서비스를 제공할 수도 있다(梁方方, 2011; 難波繁之, 2014). 모 지역 관광국의 공식 웨이보를 사례로 다양한 방법의 종합 마케팅, 대중과의 상호작용을 강화하는 마케팅, 유명 인사에게 의뢰하여 진행하는 바이럴 마케팅, 화제가 되는 사건을 계획하는 이벤트 마케팅, 대중의 감정을 잇는 마케팅 등 다양한 마케팅 전략에 대해 논한 연구도 있다.

　위와 같이 경영학적 관점에서 웨이보와 관광을 다룬 연구는 이 연구에 실질적 도움이 되지는 않는다. 다만 '웨이보관광'이 이미 새로운 유행이 되었음을 제시했을 뿐이다. 관광을 하는 사람은 웨이보를 통해 글과 그림을 바로 올릴 수 있고, '팬'[3]은 글과 그림을 통해 동일한 시간에 여러 명승고적을 유람할 수 있다. 이 연구에서는 바로 이러한 현상을 다루고자 하며, 이것은 중산층이 어떻게 웨이보를 이용해 자아 이미지를 나타내고 자아의식을 구축하는 관광을 하는지와 밀접한 관련이 있다.

3. 연구의 학술적 의의

최근 매체 연구의 경향 또한 이 연구의 관심사다. 최근 매체 연구에서 소셜미디어는 지속적으로 중점적 연구 대상이 되고 있다(宗乾进 외, 2012). 현재 중국에서는 소셜미디어 웨이보에 대한 연구 주제가 주로 미디어학 관점(매체, 신문, 여론, 소셜 인터넷 등), 교육학 관점(대학생, 사상정치 교육 등), 경제학 관점(마케팅), 문헌정

3　중국어로 粉丝(펀스). 트위터의 팔로워(follower)와 유사하다(역자 주).

보학 관점(王空莉·张敏, 2012) 등 네 가지 방면에 집중되어 있다. 중국인이 웨이보를 이용해 어떻게 자아 이미지와 생활방식을 표현하며, 이를 통해 어떻게 커뮤니티의식을 형성하는지 등과 같은 중요한 주제와 연관된 연구는 거의 없다. 이 연구는 바로 이런 한계 지점을 고려하여, 중국 중산층의 해외관광과 소셜미디어에서의 자아 구축이라는 주제를 시도해봄으로써 현재까지 사회학에서 관광과 계층에 대한 연구, 관광과 소셜미디어 사용에 대한 연구 그리고 중국 웨이보 연구에서 부족한 부분을 보충하고자 한다. 이것이 이 연구의 학술적 의의라 할 수 있다.

V. 중산층의 해외관광에서 나타나는 특징과 표현

2015년 6월 1일부터 2016년 3월 1일까지 분석한 결과, 웨이보에 나타나는 중국 중산층의 해외관광에 대한 서술에서 아래와 같은 특징과 표현을 도출했다.

1. 관광 동기: 경험, 휴식 및 사회교류의 복합적 추구

관광 동기는 관광의 필요를 발생시키는 주관적인 조건이자 한 사람의 관광 활동을 촉진하는 내적 동력이다. 관광 동기와 관련된 웨이보 내용 조사에서 중국 중산층의 해외관광 동기는 주로 업무 스트레스를 해소하고, 견문을 넓히며, 경험과 체험을 추구하는 것으로 나타났다.

일본 옷을 입고 후지산 온천에서 사케를 마시며, 스시를 먹고, 다다미에 누워

온천에 몸을 담그니 모든 업무 스트레스가 전부 사라진다(웨이보 이용자 梁文輝 TONY, 남성. 연령 미상. 미드랜드산업 선전(深圳)지구 영업부 부사장).

그렇게 많은 도시를 다녀봤고, 많은 사람과 마주쳤지만, 사진을 한 장 한 장 넘겨볼 때 비로소 내가 이렇게 많은 곳을 다녔고 서로 다른 풍토와 인심을 경험했음을 알게 된다. 남방의 작은 마을에서부터 서북의 대사막 그리고 해외에 이르기까지 지금 돌아보니 또 다른 분위기가 느껴진다. 아마도 이게 여행의 묘미겠지~(웨이보 이용자 Duo_布鲁多多张, 여성. 1990년대 이후 출생. 대학원생).

12박 13일의 꿈과 같았던 영국 여행, 잉글랜드부터 시작해서 스코틀랜드까지 한 바퀴를 일주했다. 이렇게 많은 사랑스러운 외국 친구들을 사귀고, 아름다운 풍경을 감상하고, 보면서 군침을 흘리고, 아이를 데리고 현장에서 역사를 공부했다. 이러한 경험은 해볼 만한 가치가 있다! 아이와 어른이 몸과 마음의 성장을 경험하게끔 한다. 해외여행을 선택하는 것은 한 가정의 생활방식을 선택하는 것이지, 사람들과 여행을 공유하는 것에 의미가 있지 않다. … 이러한 여행을 원하는가? 고공 낙하산, 심해 잠수, 호랑이와 사진 촬영, 헬리콥터 위에서 남아프리카 동물의 대이동 보기, 기차 위에서 풍경을 감상하며 스파하기, 유람선 위에서 서커스 관람하기? 이곳으로 오라. 전 세계가 우리의 사무실이다. 세계 각국에서 온 꿈을 품은 친구들과 사귀고, 새로운 생활을 시작하라!(웨이보 이용자 WV梦幻之旅-雪, 여성. 연령 미상. 외자 회사 경영진)

이상의 웨이보 글에서 나타나듯이, 중국 중산층은 해외여행을 통해 한 편으로는 정신적 긴장을 풀고 심신을 편안하게 하며, 업무 스트레스를 감소시킴으로써 업무 효율을 높인다. 다른 한 편으로는 여행을 통해 견문을 넓히고 미래의 발전을 위해 더욱 많은 문화자본과 사회자본을 축적하기를 희망한다. 또한 해외여행은 그들에게 대자연 혹은 여행 목적지인 현지의 풍토와 인심에 완전히 융화되도록 만든다. 그래서 자연 풍경과 문화 풍속을 감상함과 동시에 자신의 능력을 검증하고 인생 경력을 풍부하게 만든다.

2. 관광의 형식: 자가용 여행과 개별 자유여행

에릭 코헨(Erik Cohen)은 관광 체험이라는 주관적 느낌의 관점에서, 익숙함과 낯섦의 서로 다른 추구의 조합으로 관광객을 단체관광(모든 일정이 여행사를 통해 짜인다), 개별 관광(일정이 사전에 짜인 것은 아니지만 여전히 여행사를 통해 짜인다), 탐험가(the explorer, 자신이 여행을 계획하지만 편안한 숙소와 믿을 만한 교통수단을 찾으며, 조심스럽게 현지인과 교류한다), 방랑자(the drifter, 현지인과 같이 생활하고, 현지인의 생활 방식을 시도한다. 흔히 임시 고용을 통해 여행 생활을 유지하며, 명확한 여행 목적이나 정해진 일정, 시간표가 없다) 등 네 부류로 구분했다(Cohen, 2004).

이 연구의 조사에서 중국 중산층의 해외관광은 대체로 에릭 코헨이 제시한 개별 관광객과 탐험가에 속함을 알 수 있었다. 이는 중국 중산층이 자유를 추구하면서도 휴가 기간이 한정되고, 일정한 정도의 경제적 기반과 지식 및 기술을 가지고 있어 개인적이면서도 탐험적인 여행 방식을 실천하기 때문이다.

그 중에서도 해외관광 중 자가용 여행[4]은 자주적이고 레저의 성격이 뚜렷

---

[4] '자가용 여행'이라는 단어는 20세기 미국에서 처음으로 출현했다. 여행자가 자동차를 주요 교통수단으로 삼아 스스로 운전을 하고, 여행 목적지가 지닌 특수한 인문자연 환경과 관련 시설을 이용하여 여행하는 것을 의미한다. 건강, 휴양 및 오락이 하나가 된 개성이 풍부하고 매력이 무궁한 여행 활동이다. 초기에는 주말에 운전하여 여행하는 것을 선데이 드라이브(Sunday-drive)라 불렀다. 이후에 점차 드라이브 트래블(Drive-travel)로 발전했다. 1980년에는 미국 자가용 여행이 도시 간 여행의 84%를 차지해 무시할 수 없는 새로운 여행 방식이 되었다.

하며 광범위한 지역을 아우른다는 특징을 가지고 있어 여행의 개성화를 이끌어 낼 수 있다. 이러한 요소들은 중산층 휴양 여행의 특질에 부합하기 때문에 자가용 여행은 중국 중산층에게 환영을 받는다. 자가용 여행은 현재 시나 웨이보의 열띤 화두 중 하나다. 각종 해외 자가용 여행에 대한 공략과 감상을 공유하는 글은 끊임없이 올라온다.

> 포틀랜드를 떠나서 가는 길에 크레이터호 국립공원에 갔다. … 미국에서 가장 깊은 호수이자 북미에서 두 번째, 세계에서 아홉 번째로 깊은 호수다. 어떤 오염도 없고 호수가 너무 푸르러서 진짜가 아닌 것처럼 느껴진다. 고요한 광활함. 가끔 비가 내린다. 호수를 따라 운전하니 매우 편하다. 야영지에서 혼자 준비한 간단한 식사를 하고, 다람쥐를 놀리다 보니 하루가 금방 갔다(웨이보 이용자 摄影思远vik, 남성. 연령 미상. 신예 사진작가).

자가용 여행과 비교했을 때, 개별 자유여행도 중국 중산층이 여행 중 나타내는 '자유', '독립', '탐험'에 대한 취향을 드러낸다.

> 자유여행의 매력은 자유, 독립, 격정과 도전의 충만함에 있다. 스스로 일정을 결정하고, 공부를 열심히 한 다음 보고 싶은 관광지를 선택하고, 독특한 분위기의 숙소를 선택하고, 의기투합할 수 있는 여행 친구를 선택한다. 배낭을 메고, 평소의 가식을 내려놓고, 낯선 도시에 가서 진실한 자신을 찾는다(웨이보 이용자 公羽口向, 남성. 1990년대 이후 출생. 은행원).

> 신비한 고대문명국가를 탐험하고, 천년 역사의 축적을 느껴본다. 나의 이집트 여행 노선: 충칭-카타르 도하-이집트 카이로-이집트 기자-이집트 룩소르-이집트 홍해-이집트 멤피스-이집트 카이로-카타르 도하-충칭(웨이보 이용자 梦草的微博, 여성. 37세. 대학 졸업).

여행은 독특한 개성을 지닌 것이다. 해외의 다른 풍경과 본토의 풍토와 인심을 느끼다 보면, 진정으로 현지인의 생활 방식을 체험할 수 있다(웨이보 이용자 言途, 남성. 연령 미상. 선전(深圳) 시 신탄쉬(心探索) 과학기술회사 직원).

이상의 웨이보 글에서 나타나듯이, 해외 자유여행은 중국 중산층의 생활 형태와 자유 취향에 부합하는 여행 방식이다.

3. 여행의 특징: 깊이와 품격의 상징, 합리적인 기호의 소비, 개성화와 다양화

현재 해외여행은 중산층이 아닌 대다수 중국인이 보기에는 여전히 다소 사치스럽게 보인다. 그러나 많은 중산층은 이미 해외여행을 평소의 긴장된 생활과 업무를 조절하는 중요한 소비 활동으로 바라보고 있다. 중산층의 해외여행에 대한 인식이 점차 성숙해감에 따라 점점 더 많은 중산층이 해외여행은 깊이가 있고 품질이 높아야 한다고 주장한다.

부디 일본 쇼핑 관광을 멈추자. 깊이 있는 일본여행이야말로 진정한 당신의 품격을 나타낼 수 있다! 일본은 나에게 뒤얽힌 감정을 갖게 하는 나라다. 그러한 객관적인 요소를 제외하면 일본은 당신이 좋아하고 깊이 있게 체험할 가치가 있는 땅이다. 도쿄는 번화하지만 질서를 잃지 않고, 아사쿠사 문 앞의 인력거꾼은 특별한 풍경이다…(웨이보 이용자 愛旅行的凱西, 여성. 30세 이상. 라디오 진행자).

내가 '중산층의 근심'을 앓고 있음을 명확히 알고 있다. 세속적인 안정의 기준과 개인의 흔들리는 기준에서 균형을 잡기 어렵다. 사치품을 좋아하고, 돈을 들여 소위 '퀄리티'를 구매하고 싶고, 나의 독특한 취향을 자랑하고 싶고, 해외여행에 각별한 애정이 있다. 여기에 서니 미래는 불투명하지만, 자연스럽고 여유로우면서도 돈이 많은 내가 되었으면 좋겠다(웨이보 이용자 微缩角, 여성. 연령과 직업 미상).

우리는 엄청 신났다! 이 여행 플랫폼은 더욱 많은 중산층이 상류사회의 호화스러움을 체험할 수 있도록 해준다. 더욱 많은 창업자가 부유한 인생으로 들어가도록 해 준다(웨이보 이용자 WV梦幻之旅薇小宝, 여성. 20세 이상. 북경 카이쉬안(凯旋) 국제미디어광고회사 계약직 연기자).

이상에서 알 수 있듯이, 깊이와 품격을 구비한 해외여행은 중국 중산층에게 소비취향의 표현일 뿐만 아니라 중산층 생활문화의 상징이다.

중국 중산층이 보기에 여행 소비도 기호를 의미한다. 그들은 자신의 체면과 신분, 필요를 위해 여행 중 일정 수준에서 음식, 숙박, 교통, 관람, 쇼핑, 오락 등이 서로 부합할 것을 요구한다. 그들은 합리적인 소비를 주장하며, 구매 가능한 범위 내에서 소비한다. 예를 들어, 자신이 파악한 여행 관련 정보를 충분히 활용하여 가장 좋은 여행 노선, 가장 저렴한 항공권과 숙소, 가장 맛있는 식당을 선택하며, 여행사가 추천하는 특가 단체 상품을 맹목적으로 선택하지 않는다. 또한, 위생 조건과 부대시설이 비교적 좋고 특색 있는 숙소를 선택하고, 음식도 인테리어가 세련되고 서비스가 세심하며 맛이 신선하고 좋은 식당을 선택한다. 따라서 해외여행에서 먹고 마시고 노는 '공략'이 웨이보 공간에서 꾸준히 인기 검색어다. 중국 중산층은 해외여행 이전에 더욱 합리적인 여행 계획을 짜기 위해 각종 공략을 참고할 뿐만 아니라 여행이 끝나고 자신의 '공략'을 열심히 공유한다.

스플리트에서 출발하는 쾌속선은 가격이 저렴하지는 않지만 지불할 만한 가치가 있다. 도착하는 곳마다 놀랍다. 그리고 마치 물속에서 달리는 말과 같아서 시원스럽게 질주한다. 선장은 40여 년간의 항해 경력이 있어서 자주 비명 지르는 우리를 안심시키고, 풍랑도 무섭지 않게 해준다(웨이보 이용자 by_左手, 여성. 1980년대 이후 출생. 프리랜서 언론인).

오늘은 전형적인 유럽 날씨라 할 수 있다. 베네치아의 굽이치는 운하, 다양한 건축 양식을 융합한 산마르코 광장, 날아오르는 비둘기와 갈매기는 밀물 때가 되면 거울처럼 비치는 물의 아름다운 부호가 된다. 나폴레옹에 의해 유럽에서 가장 아름다운 응접실이라 칭해진 이곳은, 이와 같은 애정 때문에 행궁도 설립되었다. 유럽 최초의 카페도 있었는데 지방 귀족이 이용했음이 틀림없다. 이 물의 도시가 이렇게 많은 관광객의 중량을 감당할 수 있는지 모르겠다(웨이보 이용자 wendyleungjay, 여성. 연령과 직업 미상).

쇼핑을 즐기는 사람의 2주. 호주에서는 호주의 물건을 산다. 복고풍 소가죽 가방, 양모 목도리, 구미(歐美) 형식 마 재질의 옷 빨간색과 하얀색 각 1개, 시폰 소재의 복고풍 짙은 꽃무늬 옷, 순면 분홍 원피스, 체크무늬 롱 셔츠, 분홍 오프 숄더 섹시 티, 레이스업 슈즈, 탑숍(TOPSHOP) 검정 원피스, 이탈리아에서 만든 말가죽 벨트 아! 쇼핑이 참 만족스럽다! 내 취향이 잘 반영되었다!(웨이보 이용자 美宝哥, 여성. 1990년대 이후 출생. 대학원생)

중산층은 여행 목적지 선택이나 실제 여행 소비 활동에서나 여행 상품의 사용 가치만을 소비하는 것이 아니라 그들 자신의 이미지를 소비하고 있다. 그 이미지에서 기쁨, 꿈, 욕망과 같은 각양각색의 감정적 체험을 획득한다. 이러한 기호의 소비는 중산층에게 물건이 그만큼의 가치가 있다는 인식을 하도록 한다. 또한, 더욱 큰 부수적인 효과는 이러한 경험을 가진 중산층의 사회적 지위에 대한 표명이자 확정이 된다.

중국 중산층은 해외여행 소비에서 깊이와 품질을 강조할 뿐만 아니라 가격의 합리성과 기호 소비의 만족도를 고려한다. 그들은 더 이상 주마간산식의 단체관광을 원하지 않고, 관광 명소에 멈춰서 사진을 찍고 시야를 넓혀 관람하는 식의 여행에 머물러 있지도 않는다. 그들은 여행 과정 중에 개인화된 서비스를 누리기 원하고 여행 소비 방식에서 다양한 선택이 있기를 바란다. 한편, 중산층의 이러한 개성화와 다양화에 대한 필요는 여러 조건의 제약을 받는다. 예를 들어, 해외여행 시장의 발전 추세, 중산층 자신의 여행 경험, 재력, 시간, 정보 등의 조건 이 모두 그들의 필요를 제한할 수 있다. 따라서 웨이보에서는 유학생과 현지 학생으로 구성되어 다양한 여행 자문 서비스와 개성에 따른 개별 자유여행 계획을 제공하는 계정이 끊임없이 생겨나고 있다.

VI. 중산층 관광객이 웨이보에서 사용하는 전략과 자아의 구축

지금까지 웨이보를 통해 나타나는 중산층의 해외여행이라는 소비 활동의 특징과 형식을 알아보았다. 이어서 그들이 웨이보에서 어떠한 전략으로 해외여행을 통해 자아를 구축하는지 살펴본다.

1. 글과 사진의 결합

중국 중산층이 해외여행과 관련하여 웨이보에 올리는 형식을 살펴보면 거의 모두 글과 사진을 결합한 형태다. 지금까지 중국 웨이보에 대한 연구에서도 이러한 웨이보가 가장 환영 받는 형식으로 여겨진다고 나타났다(孙会·李丽娜, 2012).

그림 2 중산층의 해외여행 관련 웨이보의 풍경 사진

그림 3 중산층의 해외여행 관련 웨이보의 인물 사진

내용 면에서 보았을 때, 중산층의 해외여행 웨이보에서는 풍경이 가장 많은 비중을 차지한다(그림 2). 그리고 중산층의 해외여행 관련 웨이보에서 사진 관련 분석 이후 발견한 것은, 사진 중 인물과 경관 요소가 가장 많다는 사실이다. 특히 관광지의 주민을 포함한 경우가 많았다(그림 3).

사진학적으로 보았을 때, 촬영 장면은 촬영자와 피사체 간의 실제적 위치와 심리적 위치를 구현한다. 여행 사진에서 장면은 가장 쉽게 드러나며 촬영자와 촬영 대상 간의 실제 거리를 반영한다. 일반적으로 장면 변화의 범위는 클로즈업에서 롱샷(long-shot)에 이른다. 촬영자와 촬영 대상 간의 거리가 짧을수록 촬영자가 촬영 대상과 더욱 친밀한 관계를 맺고 싶어하며, 촬영 대상에 대한 관점이 더욱 주관적임을 나타낸다. 중산층이 자신과 여행 친구, 혹은 관광지 주민을 드러내고자 할 때 자주 사용되는 방법은 클로즈업이다. 따라서 다른 사람이 중산층의 해외여행을 볼 때 여행지만을 보는 것이 아니라 본인(과 친구)을 보는 것이다. 다시 말해 그들은 여행만을 드러내려는 것이 아니라 '자신의 여행'을 강

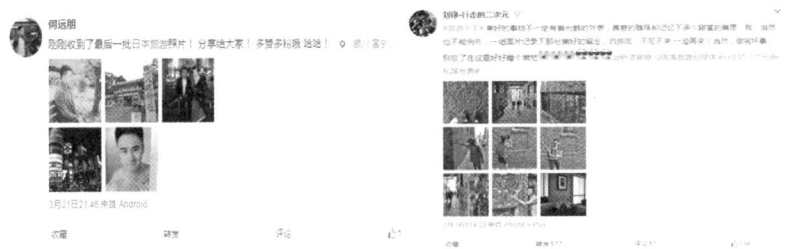

그림 4 중산층의 해외여행 관련 웨이보의 클로즈업 사진

그림 5 중산층의 해외여행 관련 웨이보의 물건 사진

조한다(그림 4).

사진에 포함된 물건과 사진 장면의 교차분석 이후, 사진에 물건이 포함된 경우 '현지 음식', '커피', 'DSLR 카메라' 등이 '출연 빈도'가 가장 높았음을 우선적으로 발견했다(그림 5). 물론 이 부분에 대한 분석은 향후 객관적인 수치로

검증할 필요가 있다.

　　중국 중산층 해외여행 관련 웨이보의 사진을 형식과 내용 두 가지 방면에서 살펴본 결과, 중산층 해외여행이 웨이보 플랫폼에서 보이는 대략적인 특징을 알 수 있었다. 중국 중산층이 웨이보에서 드러내고자 하는 것은 해외여행지의 풍경과 인심보다는 중산층 자신과 여행 친구의 소비 취향이다. 특색 있는 '현지 음식', '샤오즈'[5]의 정서가 짙은 '커피', 가격이 저렴하지 않은 'DSLR' 등 높은 '출연 빈도'를 지닌 물건은 웨이보에 사진과 함께 게시되는 방식으로 중산층의 독특한 지위를 구축하고 강화하면서 중산층의 여행과 기타 계층의 여행에 뚜렷한 차이를 암시한다.

2. 현실적인 자아의 구축과 관람 및 공연

에드워드 토리 히긴스(Edward Tory Higgins)는 '현실적 자아(actual self)'와 '이상적 자아(ideal self)', '의무적 자아(ought self)'를 구분해 설명한다(Higgins, 1987). '현실적 자아'는 자신 혹은 타인이 생각하기에 실제로 갖추고 있는 특성을 나타낸다. '이상적 자아'는 자신 혹은 타인이 희망하는 이상적으로 갖추어야 할 특성을 나타낸다. '의무적 자아'는 자신 혹은 타인이 생각하기에 갖추어야 할 의무와 책임이 있는 특성을 나타낸다. 이 연구에서는 중국 중산층의 해외여행 관련 웨이보의 내용과 형식에 대한 관찰을 통해 중국 중산층이 웨이보에서 '현실적 자아'를 구축하기가 더 용이함을 발견했다.

　　중국 시나, 소후(Sohu, 搜狐), 넷이즈(Netease, 网易) 등 대형 인터넷 사이트 웨이보에서는 2012년 3월 16일부터 실명제를 시행하여 공개 모드에서는 자발

5　일정 정도의 학력과 경제력을 지니고 있으며, 품위 있고 격조 높은 생활을 추구하는 젊은층 (출처: 『중한신조어사전』 학고방).

적으로, 관리자 모드에서는 실명을 강제하는 방식을 채택했다. 이는 웨이보 사용자가 실제 개인정보를 등록한 이후에야 글을 게시할 수 있음을 의미한다. 실명 인증을 하지 않은 구(舊)웨이보 사용자는 게시나 공유를 할 수 없으며 열람만 할 수 있다. 웨이보 실명제는 웨이보가 주로 '현실적 자아'를 구축하도록 하는 원인이자 배경이다. 이러한 상황에서, 웨이보는 주로 사람 내부에서 일어나는 '자전적 서사'와 사람들 사이에서 일어나는 '타인과의 인사말 나눔'을 통해 '현실적 자아'를 구축한다. 중국 중산층은 글로 쓴 이야기를 통해 해외여행 중 발생한 사건을 설명하면서 자신의 자아를 설정하고 확정하며 인정한다. 동시에 '자전적 민족지'와 근사한 일련의 사진을 보여줌으로써 자아 이미지를 유통시킨다.

한편, '자아'에 대한 인식은 고립된 개인에게서 싹트는 것이 아니라 '타자'가 침투한 결과다. '타자'는 '자아'를 이해하는 데 필수 불가결한 참조물이다. 웨이보에서 '타자'의 참여는 '현실적 자아'의 글로 이루어진 세계를 풍부하게 만들었으며, '타자'의 '자아'에 대한 구축에 영향을 주고 있다. 웨이보 공간에서 웨이보의 주인은 타인을 '팔로우'할 수도 있고 자신의 '팬'을 보유할 수도 있다. 웨이보 주인은 팔로우하고 있는 대상의 글을 읽거나 평가할 수 있으며 동시에 자신의 웨이보 글이 자신의 팬에 의해 읽히거나 평가 받을 수 있다. 상태를 찾아보고 동 일한 시스템 내에서 자신과 타인의 소셜 네트워크를 왕래하기 위해, 웨이보 주인은 그들과 같은 네트워크 아이디를 개설하고 연결해야 한다. 따라서 웨이보는 매우 밀접한 상관관계를 지닌 사회 공간에 의존하고 있다. 바로 이 공간에서 정보가 생성되고 유통된다. 다시 말해 정보 교류와 웨이보 공간에서 대화에 진입하기 위해 사용자는 상호 간의 연계를 수립해야 한다. 웨이보는 느슨한 연결 조직이라 할 수 있다. 그리고 그 안에 더욱 긴밀한 집단 혹은 특정한 주제나 흥미를 둘러싸고 형성된 하위 집단이 있다. 그들은 상호 간의 열람과 평가를 통해 서로 인사말을 나누는 관계를 성립한다.

위궈밍(喻国明) 등은 웨이보 관련 연구에서 다음과 같은 결과를 제시했다. 웨이보 사용자의 친밀한 관계는 어떠한 화제에 대한 공통의 관심 혹은 정보의 교류와 공유가 가져오는 가치와 지위의 동일시에서 비롯된다. 또한, 서로 다른 사람들이 공통으로 관심을 기울이고 어떠한 화제에 대해서 더 이해하고자 할 뿐만 아니라 누가 동일하게 관심을 기울이고 동일하게 이해하는지, 이러한 공통의 인식이 사람들의 인정과 귀속감 등 동일한 흥미와 취미를 어떻게 일으키는지 알게 된다. 웨이보 사용자 간의 유사한 직업배경 혹은 가치관, 생활 방식은 모두 이러한 상호작용에 오래도록 동력을 제공한다(喻国明 외, 2011).

중국 중산층의 해외여행이 웨이보 플랫폼에서 기타 계층과 다른 중요한 지점은 중산층과 해외여행 관련 웨이보는 그 자아를 드러내는 전형적인 특징이 명확하며 취미를 공유하는 집단이라는 것이다.

그렇다면 웨이보에서 중산층의 해외여행과 관련한 동일시와 귀속감의 성립을 어떻게 이해해야 하는가? 이 연구에서는 '관람과 공연 패러다임(Spectacle/Performance Paradigm)'이 중요한 시사점을 지닌다고 생각하여 해당 개념을 참고했다. '관람과 공연 패러다임'으로 보면 중국 중산층의 해외여행이나 여행 중 소비 활동을 웨이보에서 드러내는 것은 일종의 '공연'이라고 볼 수 있다. 이러한 공연적 성격은 중산층 해외여행이 기타 계층과의 차이점을 형성하게 했다. 앞서 언급했듯이, 중국 중산층의 해외여행은 현지의 문화와 풍경을 추구하고, 남들과는 다른 소비를 추구하며, 자아를 드러내는 등 전형적인 특징을 보인다. 이는 팀 에덴서(Tim Edensor)가 명명한 "정체성 지향의 공연"이다. "정체성 지향의 공연"은 특정한 '공연'을 통해 자신과 다른 대중 관광객을 구분한다(Edensor, 2001).

물론 지금의 중국 중산층 해외여행의 '공연'은 또 다른 함의가 있다. 중국 중산층 개인의 여행은 웨이보 네트워크를 통해 시시각각 한쪽 끝에 있는 천만 명의 사람들, 천만 개의 공간과 함께 연결되기에 그들 개인의 '공연'은 천만 명의 시선을 마주해야 한다. 이 점을 중국 중산층은 자각하고 있다. 이것이 바로 그들이 여행 중에 업데이트가 불가능할 경우 '죄송하다'고 느끼거나 인터넷이 연결되지 않을 경우 사전에 알리는 이유다(그림 6).

아베크롬비(Abercrombie)와 롱허스트(Longhurst)는 '공연'의 성질은 모든

그림 6 해외여행 웨이보를 바로 업데이트할 수 없거나, 인터넷이 연결되지 않을 경우의 사전 예고

드러나는 것들이 스타일, 디자인 및 중요한 이미지를 강조하는 방향으로 변한다고 지적했다. 이 점 또한 중국 중산층의 해외여행 웨이보에 강하게 나타난다(Abercrombie and Longhurst, 1998).

우선 웨이보의 발표 내용에 따르면, 중산층은 해외여행을 글과 그림이 결합한 사진으로 드러낸다. 또한 웨이보와 같은 실시간 매체에 게시함으로써 필연적으로 공연성과 연극성을 지니게 된다. 다음으로, 시나 웨이보의 설정에 따르면 사용자가 만일 다른 사용자를 '팔로우'하면 자동으로 그 사용자의 '팬'이 된다.

웨이보에서의 '팬'은 두 가지 기본적인 특징을 지닌다. 첫째, 다른 사람들보다 게시글을 세심하게 주목하여 본다. 둘째, 공통으로 한 게시글을 주목하기 때문에 커뮤니티를 형성할 수 있다. 여기서 알 수 있듯이 시나 웨이보에서 설정한 '팬'은 '팬덤 연구'가 의미하는 팬과는 거리가 멀다. 매 건의 웨이보 게시글에 대한 평균적인 평가 수는 팔로우한 사람의 수보다 훨씬 적다. 웨이보에서의 '팬'은 일종의 매체 구축과 더 유사하다. 대부분의 웨이보 사용자는 '팔로우'나 댓글 '열람'에 그치고 있지만 '팬'의 존재로 인해 모든 웨이보 사용자에게 드러낼 수 있는 무대가 생긴 것이다. 이전까지의 매체는 대부분 먼저 공연자가 있고 나중에 관중이 있는 형태였다. 그러나 웨이보 공간에서는 먼저 '팬'이 있고 이후에 '공연자'가 생겼다고 할 수 있다. 끊임없는 자아의 드러냄을 통해서만 '팬'을 유지할 수 있다. 웨이보 공간에서의 이러한 독특한 '관람과 공연'의 매체 구도로 인해 중산층이 웨이보로 해외여행을 기록할 때마다 '팬'을 유지하기 위해서 전심전력으로 자아를 표현한다. 아울러, 해외여행에 열광하고, 비슷한 소비 지향과 공통의 흥미를 지닌 중국 중산층의 웨이보상의 존재는 이러한 자아의 '공연'이 가능케 하고, 지속 가능하도록 하는 전제가 된다.

VII. 중산층의 해외여행이 중국 사회에 미치는 영향

위의 분석을 통해 본 연구는 중국 중산층이란 무엇인지, 중국 중산층의 해외여행이 어떠한 특성을 지니는지, 그들이 웨이보라는 새로운 매체를 이용해 해외여행으로 어떻게 자아를 구축하는지 차례로 살펴보았다. 마지막으로 중국 중산층 해외여행이 사회에 미치는 영향에 대해 알아본다.

1. 사회 안정과 소비 견인

중산층의 기능에 대한 논의는 대개 '정치의 후방에서 호위와 소비의 전방에서 지휘'를 보편적인 수사로 삼는다. 중국 중산층이 정치를 뒤에서 밀어주는 현상은 중국 사회의 안정과 조화로운 발전에 유익하다. 그들이 서로 다른 사회 계층과 이익집단의 갈등을 중간에서 완충하는 역할을 하기 때문이다. 이외에도 중산층의 성공 혹은 사회적 지위의 획득은 가문과 같은 선천적인 요인에 기대는 것이 아니고, 기회를 틈타 요행을 부리거나 뇌물을 받아 법을 어기는 등 비합법적 수단을 사용하는 것도 아니다. 개인이 성실히 노력하고, 열심히 공부하며, 양질의 교육을 받고, 문화자본을 축적하며, 독자적인 안목과 시장의 기회를 포착하는 능력을 발휘하는 등 자신의 힘으로 이룩한 것이기에 공정하게 사회적 지위와 개인적 성공을 획득한 모범사례로 인식된다. 린 로렌스(Lynn Laurence)가 제시한 정치와 시장의 이중전환론도 중산층의 현재 지위와 생활 문제에 대한 분석에 도움이 된다(Laurence, 1998). 중국 사회학자 저우샤오훙(周曉虹)이 제시한 중산층에 대한 '정치 후방 호위와 소비 전방 지휘'의 관점도 소비행위에서 나타나는 취향과 격조를 추구하는 경향에 대한 분석에 이론적 기초를 제공해 준다.

중산층은 소비에 있어서는 앞에서 이끄는 모습을 보인다. 그들이 소비를 이끄는 현상은 베블런(Thorstein Veblen)의 『유한계급론(The Theory of the Leisure Class)』, 리스먼(David Riesman)의 『고독한 군중(The Lonely Crowd)』, 어빙 고프먼(Erving Goffman)의 『일상생활에서의 자아 표현(The Presentation of Self in Everyday Life)』, 폴 퍼셀(Paul Fussell)의 『계급(Class)』, 피에르 부르디외(Pierre Bourdieu)의 『구별짓기(La Distinction)』, 장 보드리야르(Jean Baudrillard)의 『소비의 사회: 그 신화와 구조(La Société De Consommation: ses mythes, ses structures)』 등 100년이 넘도록 사회학자들이 흥미를 가지는 주제다.

과거의 중산층이 자산을 축적하여 생산 규모를 확대하고자 했다면, 오늘날의 중산층은 타인의 회사 혹은 국가 공공 기관에서 일하면서 보수를 받는 일과 수입의 인생 모형을 가지고 있기에 소비가 일반적으로 생산재 영역이 아니라 생활재 영역에서 일어난다(따라서 집과 차를 소유하는 것은 그들에게 재산이 있다는 중요한 상징이다). 더불어 그들은 사회적 명성을 중시해서, 찰스 라이트 밀스(Charles Wright Mills)의 말을 빌리자면 강한 "지위공포가 존재한다"(Mills, 1951). 또한, 유행이 전파되는 매체의 주된 관중이기 때문에 다른 집단에 비해 소비에 있어 앞에서 이끄는 모습이 뚜렷이 나타난다. 한편, 중산층은 많은 경우 양질의 교육을 받고 자랐기에 생활 취향과 격조를 추구하는 모습도 나타난다. 중산층의 과도해지거나 양식화된 이러한 특성에 대해 퍼셀은 베블런의 어조로 중산층의 천박성과 일률성을 풍자했고, 부르디외와 퍼셀은 소비의 취향이 현대 사회 계층을 구분하는 중요한 지표임을 제시했다.

중국에서 중산층이 소비를 전방에서 지휘하는 현상은 이미 두드러지게 나타난다. 오늘날 대중 매체는 중산층이 소비하고, 또 소비하고, 과소비하도록 이끈다. 현재 중산층의 소비는 이미 가정 내구재에서 고급 주택, 자가용, 여행 방식 등으로 전환되었다. 이러한 개인의 지위와 사회 계급을 결정하는 기호의 작용은 특히 중요하다. 주택, 자동차, 여행 소비를 통해 자신의 지위가 자연적 현상임을 확정하기 때문이다. 소비 연구에서 강조하는 바처럼, 현대 사회에서의 소비는 문화적 의의를 지니고 있고, 소비가 문화 체험과 개인의 지위를 형성할 수 있다.

사회심리학 연구에 따르면 대중은 개인의 재산을 통해 추상적인 자아를 구체화하려는 경향이 있고, 소비하는 상품과 서비스의 브랜드 등급을 통해 사회적 계급을 획득한다. 따라서 현대의 소비는 물질적 형태에서의 사용 가치를 지니는 것이기도 하지만 점점 사람들의 '자아 표현'의 주요 형식이 되고, '지위 인정'의 주요 근거가 되고 있다. 사회학자들이 보기에 소비는 더 이상 하나의 경제적, 실용적 과정이 아니라 문화적 기호와 상징적 의미의 표현 과정이다. 소비자가 구매하는 것은 단순히 사용 가능한 실용적 상품에 머무는 것이 아니라 소비자 본인이 되고자 하는 어떠한 사람 혹은 누리고자 하는 생활 방식의 방향을 암시한다. 사람들은 소비의 실천, 소비 양식에서 기호의 사용을 통해 그들의 자아에 대한 사회 집단의 인정을 구축한다. 그리고 서로 다른 계층은 생활방식, 가치관, 사회심리와 소비 경향 등에 있어 차이를 보인다.

이상의 분석에서 중국 중산층이 해외여행 소비를 대하는 태도가 적극적이고 열정적임을 알 수 있다. 그들은 해외여행을 개인의 지위를 드러내는 지표로 삼는다. 지표의 형성은 초기에 유한(有閑) 계급이 자신의 특권 신분을 보호하기 위한 새로운 노력이었다. 중산층이 형성될 초기에 그들은 적극적으로 상류층 사회의 생활 방식을 모방하고 비교함으로써 자신의 생활도 취향이 있으며 상류층 사회와 가깝다는 점을 내보이려 노력했다. 지표가 진전함으로써 중산층의 생활방식은 유행과 취미가 되어, 비교적 낮은 계층이 경쟁적으로 모방하는 대상이 되었다. 중산층은 이 과정에서 자신의 잠재력을 발전시키는 적합한 언어를 찾았고, 동일한 언어 환경에서 자신의 집단을 형성했다. 그리고 재생산을 통해 이러한 지표가 전해져 내려갔다.

중국 중산층의 해외여행을 대하는 적극적인 태도는 중국 사회 하층민에게 일종의 모범이 되고 견인 작용을 했다고 말하지 않을 수 없다. 일부 잠재적인 비중산층 소비자에게 해외여행을 소비하고자 하는 충동과 계획을 갖도록 만들었고, 소비의 동기와 필요가 생기도록 했으며, 소비 실천이 가능하도록 했다. 동시에 중산층의 지표는 그들의 자녀에게로 전해진다. 그들의 해외여행 소비에 대한 태도는 부분적으로 자녀 교육 방식의 변화와 자녀의 견문 확장, 문화 자본의 축적, 어렸을 때부터 가정환경과 지위에 맞는 취향의 학습을 목적으로 한다. 이렇게 중국 중산층 취향의 전승이 가능해진다. 중산층의 해외여행 소비는 개인이 지위를 표현하는 수단이지만, 중국 사회에 해외여행 소비열풍을 몰아왔으며, 해외여행업의 수입에 중대한 공헌을 하면서 사회경제를 촉진했다.

2. 여행 소비 활동에서의 문명화 영향

적지 않은 매체에서 중국인의 해외여행에 관해 보도할 때 여행자의 소양 문제를 거론하는 경우가 많다. 일부 단체 해외관광객은 국외에서 격식에 맞지 않는 행동을 하거나 현지의 관습과 풍속을 존중하지 않고 환경을 파괴하곤 한다. 그렇지만 중국 중산층은 자신이 처한 조건과 사회적 지위로 인해 해외에서 여행을 소비할 때 자신에게 해당된 역할을 의식하며, 그 역할에 요구되는 바에 따라 일을 처리한다.

앤서니 기든스(Anthony Giddens)는 행동하는 사람의 위치가 사회적 지위를 대표한다고 생각했다.

"사회적 위치는 사회적 관계망에서 한 사람의 확정적인 지위를 결정한다. 이 지위는 '부류'가 되어 특정한 규범적 예속을 동반한다"(Giddens, 1986: 161). 이는 고프먼의 역할이론과도 유사하다. 고프먼이 보기에 각 개인은 주어진 지위의 요구에 따라 연기를 하는 '역할연기'자들이다. 역할을 연기하는 과정에서 각자는 상황에서 전달되는 인상과 실제 그에게 주어진 역할에 걸맞은 자질을 서로 일치시키고자 노력해야 한다. "어떤 사람이라도 특정한 지위에 처함으로써 획득할 수 있는 자아 이미지는 감정적으로, 인지적으로 끌림의 대상이 된다. 역할을 통해 연기하는 것과 이러한 연기 중에 생성되는 자아에 대한 인정으로 자신을 바라보는 것을 갈망하고 기대하게끔 만든다"(Goffman, 1959: 75).

중국 중산층은 비교적 높은 지식수준과 소양을 가지고 있기 때문에 해외여행에서 소비를 할 때 현지의 풍속과 관습을 존중하고, 현지의 일상생활을 방해하지 않는다. 동시에 현지 환경과 융합할 수 있으며, 문명인의 신분으로 현지 환경을 보호하려 한다.

> 어디를 가든지 화제만 조금씩 바꾸면 된다. 건강, 청춘의 아름다움, 깨끗한 공기, 수질 오염, 환경 보호, 자녀 교육, 해외여행… 마음속에 있는 이야기를 나누어 보자. 이 모든 것은 보편적인 관심이어서 매우 의의가 있고 가치가 있는 화제들이다. 자유롭고 자연스럽게 나누는 것을 지속하다 보면 더욱 많은 자산을 얻게 될 것이다 (웨이보 이용자 wei信444578875, 남성. 1990년대 이후 출생. 직업 미상).

위의 웨이보 글에서는 중산층이 자신의 이미지를 매우 중시하고 있음을 알 수 있다. 그들은 자신을 사회적 계급에 알맞은 위치에 놓고 '공연'을 한다. 사회적 책임감도 강해서 자신의 행동을 통해서 주변 사람에게 긍정적 영향이 미치기를 희망한다. 그들은 해외여행에서 자연/인문 환경의 감상뿐만 아니라 그 안에 융합되기를 원한다. 그리고 사회적 책임감을 가지고 자신의 느낀 바를 공유해서 대중적인 관심을 얻기를 바란다.

> 아이를 데리고 여행할 때면 현지의 풍습과 인심, 음식을 쉬지 않고 이야기한다. 그리고 박물관, 미술관, 공원, 교외 등에 데리고 간다(웨이보 이용자 痴情的 咖啡, 여성. 연령과 직업 미상).

위의 웨이보 글에서는 중국 중산층이 자녀 교육을 매우 중시함을 알 수 있다. 현재 중국 중산층은 아직 1세대에 속한다. 그들의 지속된 생활 습관을 한 번에 고치는 일은 거의 불가능하다. 따라서 그들의 소비나 예식은 다소 억지스러운 면이 없지 않다. 관습은 한 사람의 행동에 지속적인 영향을 미친다. 부르디외에 따르면 취향의 형성은 시간이 축적되는 과정을 필요로 한다. 취향 혹은 특정 계층의 소비 습관과 생활 방식은 생활 형편의 개선에 따라 급격히 변화하기 어렵고 일정한 시간을 필요로 한다. 중국 중산층은 자녀 교육과 그들의 취향을 배양하는 것을 매우 중시한다. 그들이 여행에서 진정으로 취향을 드러내려면 일정한 시간과 노력이 필요하겠지만, 자녀에 대한 교육과 취향의 배양은 보편적인 교육에 열중하는 대다수의 중국인에게 필히 영향을 미칠 것이다.

3. 부작용: 과시 소비와 사회 계층화

앞서 언급했듯이, 중국 중산층이 해외여행에서 나타내는 취향은 관광의 발전 혹은 기타 계층에 긍정적인 작용을 한다. 그러나 중산층의 소비 행위에 대해 객관적으로 바라볼 필요가 있다. 일부의 과시성 소비와 이로 인한 계층화는 사회 발전에 부정적인 영향을 미칠 것이다.

중산층은 자신이 속한 위치로 인해 강한 지위공포를 가지고 있다. 그들은 한 편으로는 합리적인 소비를 하지만, 다른 한편으로는 소비를 통해 나타내는 취향이 한 사람이 속한 사회 계층을 반영할 수 있다는 사실을 깊이 인지하고 있기 때문에 비이성적이고 충동적으로 소비하는 측면도 있다.

> 일본 마루코 테마 상품점. 싹쓸이 하고 싶은 충동이 든다! 너무 귀여워. 사자, 사자, 사자!(웨이보 이용자 用时间怀念过去, 여성. 연령과 직업 미상)

> 얼마나 오랜만에 하는 쇼핑인지. 내일 홋카이도를 떠난다. 오늘 어떤 외투를 살지 보기 위해 나왔다. 대부분의 매장이 봄옷으로 바뀌었지만 14,000엔 하는 외투를 70% 세일가에 샀으니 너무 신난다. 사쿠라이 쇼가 선전한 PC 안경을 써보았는데 아무런 불편함이 없어서 도수 없는 투명한 스타일로 선택했다. 전형적인 충동구매다. 일본에서 가장 하기 쉬운 일이 바로 충동구매다(웨이보 이용자 AKANE萌萌哒, 여성. 연령과 직업 미상).

위의 예시는 전형적인 과시성 소비를 나타낸다. 이와 유사한 글이 중산층 해외여행 웨이보에서 매우 보편적이다. 중산층의 심리적 요인이 소비 행위에 미치는 영향 외에도, 중국 사회 발전의 특수성, 소유제 유형과 단위의 성격 등이 자원의 배치에 미치는 영향이 크기 때문에 이 역시 중산층의 소비 방식에 영향을 미칠 수 있다. 일부 중산층은 조직에서의 지위라는 자원을 가지고 있기에 '공금'을 이용하여 여행을 갈 수 있다. 그래서 그들은 돈과 시간의 문제를 걱정하지 않고 고급 소비가 주는 쾌락과 체험을 마음껏 누릴 수 있다. 아래 글에서 이러한 현상이 뚜렷이 나타난다.

> 4년을 견뎠다. 결국 스튜디오에서 공금으로 일본 단체여행을 가는 기회가 올 때까지 견뎠다. 오늘 소식을 듣고 기뻐 죽겠다(웨이보 이용자 QLY_花十四, 여성. 1980년대 이후 출생. 예술가).

현재 해외여행은 일종의 소비의 상징으로써 사회 분화의 기능도 한다. 중산층의 여행에서 과시성 소비와 자신이 가진 사회적 지위라는 자원의 이용은 일정 정도 중국의 일반 대중에게 부정적인 영향을 미친다. 사회적 불평등감을 심화시킬 수 있고, 지위의 격차를 조성할 수 있다. 이 외에도 과시적 소비를 추구하는 것은 현재 소유하고 있는 자본을 지출하고 소모하는 대가로 이루어지며, 어떤 사람에게는 소외감을 느끼게 해 여행을 아무런 의미 없이 '사고, 사고, 또 사는' 허영적 소비로 만든다. 그러나 이러한 부정적 영향은 긍정적 영향에 비해 분명 주된 것은 아니다. 중국 경제가 발전하고 인민의 생활이 보편적으로 부유해지면서 중산층의 해외여행 방식과 격조는 점점 확산될 것이다. 중산층은 이러한 고급 소비의 능력과 모델로서의 영향력으로 인해 중국이 세계로 나아가는 것을 지지해주는 역할을 한다.

VIII. 결론

이 연구는 중국 중산층의 해외여행에 대한 해외 매체의 보도현상에 주목하여, 먼저 중국 중산층이란 무엇인가를 시작으로 기존의 중산층 연구를 개관했다. 그리고 매체구성론적 입장에서 '주관적 중산층'의 생성과 매체가 이에 미치는 영향에 대한 탐구를 통해 독창적인 '중산층 이해 모형'을 설립했다. 이 모형에 근거하여, 중산층과 인구통계학적 특성이 비교적 일치하는 웨이보 이용자들을 대상으로 중국 중산층의 해외여행이 어떠한 특성을 가지며, 매체를 이용한 해외여행 소비 행위를 통해 자신의 계층의식과 자아 이미지를 어떻게 구축하는지 살펴보았다. 아울러 중국 중산층의 해외여행과 소셜미디어에서의 자아 형성이 중국 사회와 기타 계층에 미치는 영향에 대해서도 살펴보았다.

웨이보의 글과 사진을 분석하고 인터넷 가상 커뮤니티에서의 상호작용을 관찰하면서 다음과 같은 사실을 발견했다. 중국 중산층의 해외여행 동기는 경험과 휴식, 그리고 사회 교류로 복합적이다. 여행 방식은 자가용 이용과 자유여행이 주를 이룬다. 여행의 특징은 "깊이와 품격의 상징, 합리적인 기호의 소비, 개성화와 다양화"로 요약할 수 있다. 중국 중산층 여행자는 웨이보에 글과 사진을 결합하는 전략을 사용함으로써 '현실적인 자아'를 구축한다. 그리고 이러한 자아 구축은 '관람과 공연' 아래 서로 주고받는 관계를 이루고 있다. 요컨대, 현재 중국 중산층의 해외여행은 중국 사회의 안정과 소비의 견인 역할을 하고 있다. 그들의 여행 소비 활동 중의 문명화된 행위 또한 중국의 대중적 여행자의 관념에 영향을 미친다. 중국 중산층이 해외여행에서 과시적 소비로 중국의 일반 대중에게 어느 정도 부정적인 영향을 미칠 수 있지만, 이러한 부작용이 분명 주된 것은 아니다.

결론적으로, 이 연구는 중국 중산층의 해외여행과 소셜미디어에서의 자아 구축이라는 주제를 탐구해봄으로써 기존 사회학에서의 여행과 계층에 대한 연구, 여행과 소셜미디어 사용에 대한 연구, 중국 웨이보 관련 연구의 부족한 부분을 보충하고자 했다. 이것이 이 연구의 의의라 할 수 있다. 그러나 이 연구에서 제시된 '중산층 이해 모형'에서 '객관적 중산층', '주관적 중산층', '매체에서의 중산층' 간의 상호 영향과 상호 관계에 대해서는 향후 보다 상세하고 심층적인 실증적 연구가 요구되며, 이것은 후속 연구 과제로 남긴다.

참고문헌

韩勇·丛庆. 2006.『旅游市场营销学』. 北京: 北京大学出版社

课题组微博旅游营销模式. 2011. "北京市东城区旅游局官方微博的案例研究."『北京第二外国语学院学报』9, 1-5.

古屋秀樹·全相鎮. 2014. "旅行者の志向と宿泊観光旅行との関連性分析."『土木学会論文集D3(土木計画学)』5, 267-277.

梁方方. 2011. "微博营销在旅游业中的应用研究."『顺德职业技术学院学报』3(1), 26-29.

李培林·张翼. 2008. "中国中产阶级的规模、认同和社会态度."『社会』28(2), 1-19.

難波繁之. 2014. "ソーシャル・ネットワーキング・サービス(SNS)を活用した観光情報発信に関する教育の現状と課題."『観光ホスピタリティ教育』7, 26-35.

孙会·李丽娜. 2012. "高频次转发微博的特征及用户转发动机探析: 甚于新浪微博"当日转发排行榜?"的内容分析."『现代传播』06, 137-138.

王空莉·张敏. 2012. "微博研究现状综述."『图书馆学研究』12, 2-15.

喻国明·欧亚·张佰明 等. 2011.『微博: 一种新传播形态的考察(影响力模型和社会性应用)』. 北京: 人民日报出版社

周倩. 2008. "現代中国における『中産階層』イメージの析出—メディア分析と社会分析をつなぐ—."東京大学大学院学際情報学府修士学位論文

周倩. 2013. "〈ミドルクラス〉の再考—社会構築主義とメディア学の視点から理解模型を提示する."『情報学研究』85, 1-13.

宗乾进·袁勤俭·沈洪洲. 2012. "国外社交网络研究热点与前沿."『图书情报知识』6, 68-75.

Abercrombie, Nicholas and Brian J. Longhurst. 1998. *Audiences: A Sociological Theory of Performance and Imagination*. N.Y.: SAGE.

Adoni, Hanna and Mane Sherrill. 1984. "Media and Social Construction of Reality." *Communication Research* 11(3), 323-340.

Baudrillard, Jean. 1970. *La Société De Consommation: ses mythes, ses structures*. Paris: Gallimard(今村仁司他 訳. 1995.『消費社会の神話と構造』東京: 紀伊國屋書店).

Berger, Peter L. and Thomas Luckmann. 1967. *The Social Construction of Reality*. New York: Anchor Books.

Bourdieu, Pierre. 1979. *La Distinction*. Paris: Editions de Minuit(石川洋二郎 訳. 1990.『ディスタンクシオン I, II』. 東京: 藤原書店).

Clark, C. 1999. "Book Review of Audiences: A Sociological Theory of Performance and Imagination [J]." *Mass Communication and Society* 2(3/4), 187-189.

Cohen, Erik. 2004. *Contemporary Tourism: Diversity and Change* (Tourism Social Science Series), Somerville: Emerald Group Publishing.

Edensor, T. 2000. "Staging Tourism Tourists as Performers [J]." *Annals of Tourism Research* 2, 322-344.

Edensor, T. 2001. "Performing Tourism, Staging Tourism: (Re) Producing Tourist Space and Practice [J]." *Tourist Studies* 1, 59-81.

Fussell, Paul. 1983. *Class: A Guide through the American Status System*. New York: Touchstone.

Giddens, Anthony. 1986. *The Constitution of Society: Outline of the Theory of Structuration*. Oakland: University of California Press(李康译 訳. 1998.『社会的构 成』. 三联书店).

Goffman, Erving. 1959. *The Presentation of Self in Everyday Life*. New York: Anchor(徐江敏译 訳. 1990.『日常接触』. 北京: 华夏出版社).

Higgins, E. T. 1987. "Self-discrepancy: A Theory Relating Self and Affect." *Psychological Review*, 319-340.

Lynn, Laurence E. 1998. "The New Public Management: How to Transform a Theme into a Legacy." *Public Administration Review* 58, 231-237.

Mills, C. Wright. 1951. *White Collar: The American Middle Classes*. New York: Oxford University Press.

Pappas, N. 2014. "The Effect of Distance, Expenditure and Culture on the Expression of Social Status through Tourism." *Tourism Planning and Development* 11(4), 387-404.

Reisman, David. 2001. *The Lonely Crowd*. New Haven: Yale University Press.
Urry, John. 1990. *Tourist Gaze: Leisure and Travel in Contemporary Societies (Theory, Culture and Society Series)*. Thousand Oaks: Sage Publications.
Veblen, Thortein B. 1899. *The Theory of the Leisure Class: An Economic Study in the evolution of Institutions*. London: Macmillan(高哲男 訳. 1998. 『有閑階級の理論』. 東京: ちくま学芸文庫).

II부

진정성의 구성과 관광의 재발견:
탈냉전, 장소성, 문화유산이 관광에 갖는 함의

제5장　동아시아에서의 탈냉전과 전장 관광의 지속가능성: 진먼을 중심으로 - 정근식, 오준방(吳俊芳)
제6장　서울의 '재구조화'와 일본인 관광: 강남개발을 중심으로 - 김성민(金成玟)
제7장　오키나와의 성지와 종교적인 것의 관광적 재발견 - 가도타 다케히사(門田岳久)
제8장　가짜가 만들어낸 진짜, 관광문화에서 진정성의 다양화:
　　　　신고촌 그리스도의 무덤 사례를 중심으로 - 오카모토 료스케(岡本亮輔)
제9장　'진정성' 구축과 복수성: 동아시아 군함도(軍艦島) 사례에서 - 기무라 시세이(木村至聖)

제5장

동아시아에서의 탈냉전과 전장 관광의 지속가능성: 진먼을 중심으로*

정근식 · 오준방(吳俊芳)

I. 전장 관광 개념과 기존 연구들

1980년대부터 시작된 중국의 개혁개방과 경제성장, 그리고 1990년대 이후 진행되는 세계적인 탈냉전은 동아시아 관광산업의 지형을 바꾸어 놓고 있다. 자연 관광이나 문화유산 관광은 물론이고, 한국이나 타이완(臺灣)의 경우 민주주의로의 이행과 과거의 국가폭력이 낳은 상처의 치유가 이루어지면서, 과거의 재난이나 비극적 사건이 발생했던 지역을 돌아보는 다크 투어리즘(dark tourism)이 형성되었다. 더불어 냉전의 최전선이었던 지역을 돌아보는 전장 관광 등이 새롭게 형성되고 있다.

  전장 관광은 원래 미국의 남북전쟁이나 유럽의 제1차 세계대전 또는 제2차 세계대전의 흔적을 찾아 전쟁의 비극을 반복하지 않아야 한다는 맥락에서

---

* 이 글은 『아시아리뷰』 6권 1호(2016: 251-292)에 게재되었던 논문을 본서의 편집 취지에 맞도록 수정·보완한 것입니다.

시작된 것이다(Lloyd, 1998; Seaton, 1999; 2000; Cooper, 2006; Chambers, 2012). 동아시아에서도 전쟁의 흔적을 담고 있는 지역을 방문하는 전장 관광이 일찍부터 존재해왔지만, 오랫동안의 냉전과 분단은 본격적인 전장 관광의 형성을 방해해 왔다.

1970년대 오키나와(沖繩)를 시작으로 1990년대 한국이나 타이완에서 진행된 탈냉전은 기존의 안보 관광을 평화적 전장 관광으로 변화시키거나 최소한 양자를 미묘하게 혼합하고 있다. 한국에서는 휴전선이나 판문점 관광을 넘어서 금강산 관광 프로젝트가 남북 간 화해 협력의 일환으로 시작되었고, 타이완에서는 양안 간 대치의 최전선이었던 진먼(金門)이 새로운 전장 관광지로 떠오르게 되었다. 냉전 하에서의 전장 관광이 대체로 민족주의적이고 안보지향적 프로젝트의 일부였다면, 탈냉전 하에서의 전장 관광은 상대적으로 성찰적이며 평화 지향적 프로젝트에 속한다고 할 수 있다(Herborn and Hutchinson, 2014). 과거의 안보 관광이 그렇듯이 전장 관광 또한 기획 주체와 여행 주체가 항상 동일한 패러다임을 공유한다고는 할 수 없으며, 종종 의도와 결과가 다른 효과를 낳는다는 점이 흥미롭다.

이 글은 동아시아에서 새롭게 형성된 전장 관광의 대표적인 사례의 하나로 양안, 정확하게 말하면 소양안(小兩岸 또는 金廈地區)에 속하는 진먼에 주목하여, 전장 관광의 형성과정과 관광의 실천, 효과를 살펴보려고 한다. 진먼은 양안 분단의 출발점이 된 꾸닝토어 전투(古寧頭戰役)의 현장이자, 양안 대치시기 포격전의 현장이었고, 타이완 측 최전방의 경계였다. 탈냉전과 함께 시작된 진먼 관광은 전장 관광이면서 경계지점을 돌아보는 국경 관광을 겸했다. 진먼 관광은 주로 서로 다른 방향을 가진 두 집단, 즉 타이완에서 들어오는 관광객과 중국 대륙 특히 진먼의 대안(對岸)에 있는 샤먼(廈門) 및 푸젠성(福建省) 지역에서 들어오는 중국 관광객을 표적으로 한다. 이 글에서는 관광의 구체적 동학을 관광객과 원주민들 간의 상호작용 과정으로 보면서(Maoz, 2006), 관광 주체인 타이완 관광객과 대륙 관광객의 시선과 행태의 차이를 검토하고(Perkins and Thorns,

그림 1 진먼과 소양안
출처: Google map.

2001), 더 나아가 진먼의 전장 관광이 어떻게 대안인 샤먼에서 이에 상응하는 전장 관광을 발전시켰는가를 탐구해보려고 한다. 이를 위해 문헌 연구와 현장조사 외에 2015년 말부터 2016년 초까지 진먼의 전장 관광 관계자들을 인터뷰했다. 인터뷰 대상자는 총 7명이었고, 여기에는 여행사 사장 한 명, 가이드 두 명, 국가공원 안내원 세 명, 그리고 택시 기사 한 명이 포함되었다. 이들의 증언을 통해 주로 타이완과 중국의 관광객들 간의 차이를 파악했다.

지금까지 진먼의 탈냉전과 전장 관광에 관한 연구는 상당히 축적되어 왔다. 마이클 스조니(Michael Szonyi)의 『냉전의 섬』이 2008년 출간된 이래 진먼이 동아시아뿐만 아니라 세계적으로 알려지기 시작했고, 포격전의 유산인 탄피로 만드는 칼 제조업은 장인 우 쯩동(吳增棟) 씨와 함께 유명해졌다(Zhang, 2010).

진먼의 전장 관광 발전에 대한 연구에서 호 진숑(侯錦雄, 1999)은, 진먼의 관광 산업이 개방 초기에 급속히 발전하다가 1998년 정체 단계에 들어가는데, 그 이유를 타이완에서 온 관광객의 '개방 6년의 한계효용 감소', 즉 진먼을 타이완 관광객에게 개방한 지 6년이 지나자 신비감이나 매력이 줄어들었기 때문이라고 지적했다. 그때까지 대륙에서 오는 관광객은 별로 없었다. 호 진숑의 지적은 '진먼의 전장 관광'의 지속가능성에 관한 문제를 제기한다. 꿔 메팡(郭美芳, 2012)은 진먼 전장 관광의 한 가지 문제점으로 자원의 상실을 지적했다. 즉, 1992년 계엄령을 해제한 이후 진먼인들은 자신의 삶의 터전이 가진 '전장' 이미지를 떨쳐내고 싶어 했다. 그 때문에 1990년대부터 많은 군사적 방어 시설을 철거하기 시작해서 중요한 역사적 흔적뿐만 아니라, 주민의 기억이 담긴 장소들의 정신적 의미도 지웠다는 것이다. 짜오 나이쟈(趙乃嘉, 2012)는 진먼의 전장 경관은 국제적인 자원이며, 전장 경관을 먼저 보존하고 이것이 가진 문화적 가치를 복구한 후 관광진흥을 도모해야 한다고 주장했다. 또한, 쓰 페린(施沛琳, 2014)은 진먼의 관광진흥을 위해서는 미국 남북전쟁의 크로스 스테이트(Cross-State) 여행 코스처럼 진먼의 대안인 샤먼과의 협력이 필요하다고 주장했다.

 이러한 연구 성과를 참조하면서, 진먼의 전장 관광 형성과정에서 처음 제기된 쟁점이 전장 관광과 레저형 관광 사이의 선택이었음을 상기할 필요를 느꼈다. 진먼에서 처음 전장 관광을 만들어 갈 때, 과연 진먼의 군사시설들이 매력적인 자원으로 작용할 수 있을 것인지에 대해 확신이 없었다. 또한, 탈냉전 이후 시간이 지나면서 냉전적 대치를 직접 경험하지 않은 세대들이 성장했기 때문에 전장 관광의 지속가능성이 쟁점으로 떠올랐다. 전장 관광의 지속가능성이라는 문제는 그 성공의 역설적 산물이기도 하다. 증가하는 관광객을 모두 수용하면 자원이 고갈되고, 주민의 생활양식이 파괴되는 결과를 낳을 수 있기 때문이다. 이러한 맥락에서 진먼 전장 관광의 형성 과정뿐만 아니라 그것의 지속가능성을 탐색해보려고 한다.

II. 진먼 전장 관광의 기반

1. 계엄령 해제와 탈냉전(1992년)

진먼은 중국 대륙과 인접한 섬으로, 1949년 10월 꾸닝토어 전투, 1954년과 1958년의 포격전, 그리고 이후의 냉전시기에 건설된 군사적 방어시설의 흔적이 많이 남아 있는 '냉전의 섬'이다. 이 섬에서 이루어진 전투를 기록하고 기념하는 역사관은 냉전시기에 이미 세워졌다. 1992년 이 섬에서의 계엄해제 이후, 이런 군사적 대치와 심리전의 유산을 활용한 관광 계획이 세워지고, 이에 따른 관광 산업이 성장하고 있다.

꾸닝토어 전투를 기억하기 위한 꾸닝토어전사관(古寧頭戰史館)은 바로 이 전투에서 국민당이 승리하는 모습을 기록하는 전쟁역사관으로, 1984년에 세워졌다. 또한, 1958년 8월 23일부터 44일간 계속된 포격전을 기념하기 위한 8·23 포격전(八二三砲戰) 전사관도 1988년에 세워졌다. 냉전시기에 세워진 이러한 역사관에 더하여 탈냉전시기에 과거의 군사시설을 활용한 전장 관광 계획이 새롭게 수립되었다.

계엄시기에 진먼 주민은 물론 타이완 주민들도 진먼을 자유롭게 여행하지 못했다. 진먼에서 실시되었던 전지정무(戰地政務)에 따르면, 진먼 여행을 위해서는 엄격한 심사를 받아야 했고, 교통편도 거의 없었다. 1987년에 타이완 정부가 대륙 친척 방문을 허용했지만, 중국 연해에서 진먼을 겨냥하고 있는 600문의 대포는 그대로 있었으므로, 타이완 국방부는 개방과 국가안보 사이에서 진퇴양난에 빠져 있었다. 1987년 타이완 본섬에서 계엄령이 해제된 후, 진먼 주민들은 진먼에서도 계엄령을 해제하고 좀 더 자유로운 생활을 위하여 노력했고, 그 결과 1992년 진먼과 마쭈다오(馬祖島)의 계엄령을 해제할 수 있었다(鄭根埴·吳俊芳, 2015). 이 두 섬에서의 계엄 해제는 전지정무의 해체를 의미했다. 물론 계엄령 해제가 곧 진먼의 관광산업을 이끌어온 것은 아니다. '식칼왕(菜刀王)'이라는 호칭을 얻은 왕 텐샹(王天相)은 중국에서 쏜 포탄을 사용하여 이를 빛나게 갈고 그 위에다 '8·23 포격전 기념'이라는 글을 새기면, 타이완에서 식칼 한 자루당 5,000NTD로 팔 수 있다고 말했다.[1] 이 말은 진먼의 전쟁 유적과 물품들이 진먼 주민에게 얼마나 중요한지, 진먼과 멀리 떨어져 있는 타이완 본섬 주민에게 진먼의 이미지가 어떻게 형성되어 있는지를 추측할 수 있게 하지만, 관광객이 자유롭게 접근할 수 있는 교통로가 마련되어야 했다. 상품이 될 수 있는 장소의 매력과 함께 자유로운 왕래와 교통수단이 필요했다.

2. 타이완과 진먼 간 민항기 취항(1996~2001년)

1960년대 냉전기에 진먼과 타이완 본섬을 연결하는 교통편은 정기 여객선이 일주일에 한번 취항했고, 1970년대 중반에는 더 악화되어 8~10일에 한번 취항할 정도로 진먼은 고립된 섬이었다. 여객선의 취항시간은 고정적이지 않았고 시간도 많이 걸렸다. 다른 교통수단인 비행기는 모두 군용기로, 높은 직급의 공무원이나 군인만 탑승이 가능했다. 일반 주민은 공부나 치료를 받기 위해 본섬에 간다고 해도 타기 힘들었다. 계엄시대에 진먼 주민들은 도내뿐만 아니라 도외로 이동할 때도 통행증이 필요했다. 타이완 본섬으로 가려면, 통행 신청을 하여 허락을 받아야 했다. 진먼방위사령부(金門防衛司令部)에서는 1회용 '중화민국 타이완 진먼 지역 왕복동의서(中華民國台灣金門地區往返同意書)'를 발급했다.[2]

1987년 타이완에서 계엄령을 해제한 후, 국방부는 민항기를 진먼에 취항

---

1 『天下雜誌』, 「金門新戰事」, 88期, 1988. 9. 1, http://www.cw.com.tw/article/article.action?id=5038465(검색일: 2016. 1. 25).

2 〈戰鬥金門〉, http://www.jjes.km.edu.tw/local/b3-4-1.html(검색일: 2016. 1. 23).

하도록 허가했다. 원래 중화항공(中華航空)이 진먼 항로에 취항할 것을 고려했는데, 진먼 주민들이 장기간 폐쇄된 공간에서 생활하면서 돈을 아끼는 것이 몸에 배었으므로, 비싼 항공기를 잘 이용하지 않으리라는 추측에 따라 항공편 취항을 포기했다. 이후 1990년 원동항공사(遠東航空)가 타이완과 진먼의 항로를 개설했다. 당시 군용기에

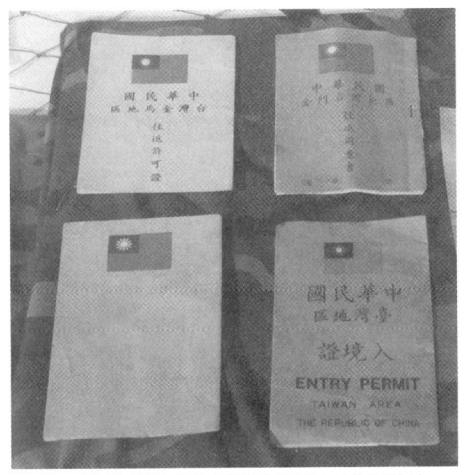

그림 2 중화민국 진먼-타이완 지역 왕복 동의서
출처: 필자 촬영.

대한 불만이 많았을 때라 이 민항기의 취항은 진먼 주민에게 큰 환영을 받았다. 1990년 6월 국방부는 진먼과 마쭈의 주민에게 허가증 대신에 신분증을 이용하여 타이완과 진먼, 마쭈를 왕복할 수 있는 명령을 발표했다. 1992년에 진먼방위부와 현(縣)청은 '진먼지구 출입신청 절차규정(人民入出金門地區申請作業程序)'을 공포했고, 타이완 주민의 진먼 여행과 친척 방문을 허가했다(金門縣政府, 2009a: 182).

이후, 5개의 항공사가 끊임없이 진먼으로의 노선을 추가해 진먼과 타이완은 진정한 1일 생활권으로 재편되었다.

3. 진먼과 샤먼 간 항로 개설(2001년)

1993년 2월 타이완 국방부와 교통부, 내정부는 진먼과 마쭈 지역의 관광 허가를 선포하고 '진먼과 마쭈 개방관광법(金門馬祖地區開放觀光辦法)'을 공포했다. 처

음에는 관광객 수를 제한했는데, 관광업자들의 항의로 이듬해부터 관광객 수를 하루 150명에서 700명으로, 출입증 유효기간을 2개월에서 6개월로 조정했다. 1년 후 진먼 관광객의 성장률은 180.28%(1993년 2월과 1994년 2월 1년간의 성장률)가 되었고, 진먼 지역 출입 통제가 해제되었다(台灣內政部營建署, 1994: 97-99). 국내외 인사들도 신분증 또는 여권만으로 두 번 신청 없이 자유롭게 출입이 가능했다.

1996년 타이완에서 최초의 총통직접선거를 할 때, 중국은 타이완을 향해 유도탄 연습을 했고, 특히 두 번째 연습에서는 진먼 서남방과 펑후(澎湖) 서쪽으로 실탄 훈련을 했다. 양안 간 긴장이 커지면서 타이완 해협 위기(臺海危機)로 발전했다. 양안관계에 긴장감이 흐르자 관광객 성장률이 3.0%로 감소되었다. 이 사례를 통해 군사 훈련과 양안 간 긴장이 관광객의 감소에 얼마나 큰 영향을 미치는지 확인할 수 있다(陳建民, 2003: 15).

1992년 3월 중국 푸젠 성위원회 서기인 첸 광이(陳光毅)가 "샤먼과 진먼을 의미하는 두 개의 문이 서로를 열고, 마쭈다오와 마웨이다오(馬尾島)를 의미하는 두 마리의 말이 선행하자(兩門對開, 兩馬先行)"는 소삼통(小三通)의 개념을 제안했다. 진먼 주민은 환영했지만, 타이완 정부는 안전문제를 들어 이를 받아들이지 않았다(楊樹淸, 2002). 진먼 주민들은 계엄령 해제 후 샤먼과의 소삼통이 이루어지도록 노력했다. 그리고 이를 통해 전장 이미지와 군사 경제로부터 탈피하여 새로운 생활방식을 모색했다.

1998년 진먼의 관광업자들이 진정한 개방을 추진하기 위해 시위를 했다. 2000년 3월 2일, 타이완 입법원이 '낙도건설조례(離島建設條例)' 제18조를 통과시킨 후, 시험적으로 진먼과 마쭈, 펑후 지역이 중국과 통항하는 것에 동의했다. 이듬해 1월부터 '진먼-샤먼', '마쭈-마웨이(馬祖-馬尾)', '진먼-취안저우(金門-泉州)' 등 세 개의 항로를 본격적으로 열었다. 진샤 항로는 처음에 진먼의 수이터우부두(水頭碼頭)에서 샤먼의 동두부두(東渡碼頭)로 연결하는 것이었는데, 2004년 4월 샤먼 동두부두가 국제부두로 지정되었고, 2008년 샤먼의 우퉁부두(五通

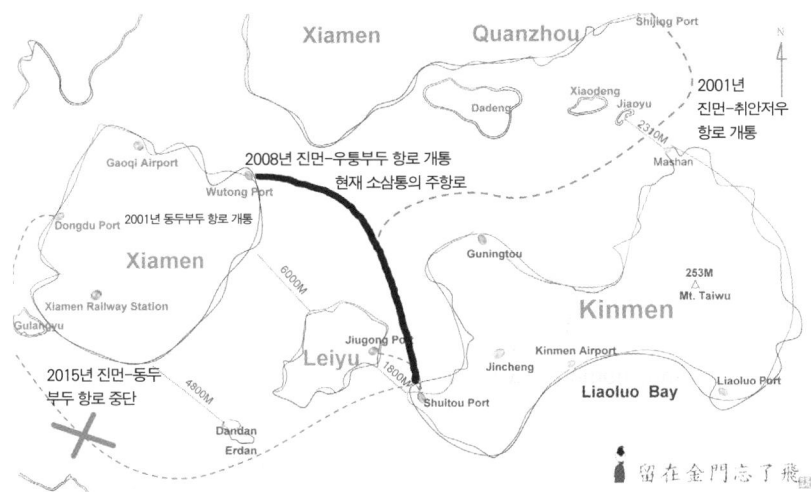

그림 3 진먼의 소삼통 항로(2001년과 현재를 구분하여 표시)
출처: 사진은 사이트 〈留在金門忘了飛〉를 참조하고 필자가 보충 설명함.

碼頭) 항로가 추가되었다. 2009년에 진먼 수이터우부두에서 샤먼 동두부두 간에는 1일 20회, 샤먼 우퉁부두와는 1일 8회의 정기선이 취항했다. 이 항로를 이용해 진먼과 샤먼의 왕복 36회 정기선을 운항하고, 운항시간도 60분에서 30분으로 단축했으며, 가격도 550NTD에서 450NTD로 줄어들었다. 하지만 우퉁부두에서 샤먼의 번화가인 중산루(中山路)까지는 멀리 떨어져 있어서 중산루 인근 부동산에 투자한 진먼 주민들은 자신의 집까지 도착하는데 1시간 30분이 소요되어 더 많은 불편을 겪게 되었다. 그러나 소삼통 항로를 이용하는 사람은 2011년에 220만 명에 달했고, 2000~2011년간 성장률이 연평균 14.25%였다(經建會 管制考核處, 2012: 46).

그림 4는 소삼통 항로를 왕래하는 타이완과 중국 선박을 표시한 그림이다. 대부분의 진먼 주민은 소양안을 왕복할 때 타이완 회사의 배를 선호하는데, 그것은 배 운임이 항상 할인되기 때문이다. 타이완 회사가 운영하는 둥팡즈싱(東方之星) 호가 진먼 주민에게 50%를 할인해주자 대부분이 이를 이용했고, 중국 선박 회사들이 이에 항의했다. 이에 따라 둥팡즈싱 호의 진먼 주민에 대한 할인

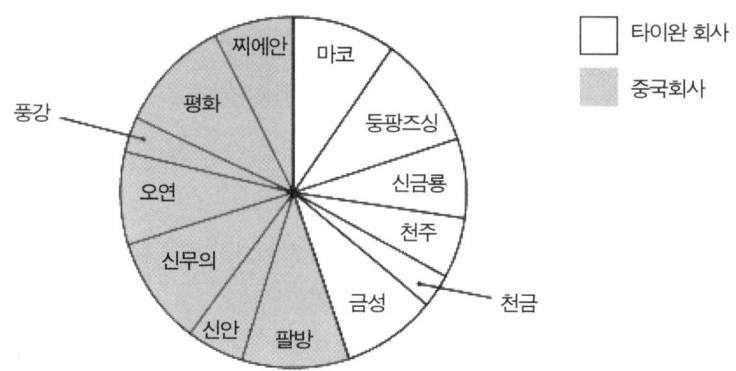

그림 4 2014년 양안 소삼통 선박 이용률
출처: 진먼항무국(金門港務局).

율을 35%로 줄였다. 그렇지만 중국 선박 회사는 진먼 주민에게 혜택을 주지 않기 때문에 진먼 주민들은 여전히 타이완 선박 중에서 둥팡즈싱 호를 타는 사람이 많다.

III. 관광 계획과 관광자원 개발

1. 관광진흥계획의 출현

1990년, 진먼에서 아직 계엄령이 해제되기 전에 이미 타이완 관광국은 '진먼 지역 관광자원 조사 및 전체 발전 계획(金門地區觀光資源調查與整體發展計畫)'을 작성하여 관광산업의 가능성을 기대하고 있었다. 이 계획에서는 진먼의 군사 시설들이 세계적으로 뛰어난 관광자원이며, 국가 안전에 위협이 되지 않는 이상 이를 진먼의 발전에 활용해야 한다고 명시했다. 1992년에는 타이완 관광국이 '타이완 지역 관광 여행의 체계적 개발계획(台灣地區觀光遊憩系統開發計畫)'을 작성했는데, 낙도들을 '뤼다오와 란위계통(綠島, 蘭嶼系統)', '펑후 계통(澎湖系統)', '진먼과 마쭈 계통(金馬系統)' 등 3개의 관광지구로 나누었다. 그러나 진먼과 마쭈 지역은 국가 안보의 요충지라서 다른 지구와는 달리 관광국 외에 국방부도 계획과 추진에 참여했다. 국방부는 군사시설을 관광자원으로 전환시킬 수 있는 가능성과 범위를 연구했다.

　　1995년, 냉전시기에 진먼이 가지고 있던 군사적 중요성을 고려해 타이완 정부는 전쟁 역사를 주제로 한 유일한 국가공원을 진먼에 설립했다. 이 공원은 타이완의 제6번째 국가공원이다. 진먼국가공원이 관할하는 지역은 진먼 면적의 4분의 1을 차지하며, '꾸닝토어 구역', '타이우 산(太武山) 구역', '구깡(古崗) 구역', '마산(馬山) 구역', '샤오진먼(小金門) 구역' 등 5개 지구로 나눈다. 이 5개의 구역은 모두 양안전쟁 때의 군사적 유산을 보존하고 있고, 일반 역사 유적과 자연 자

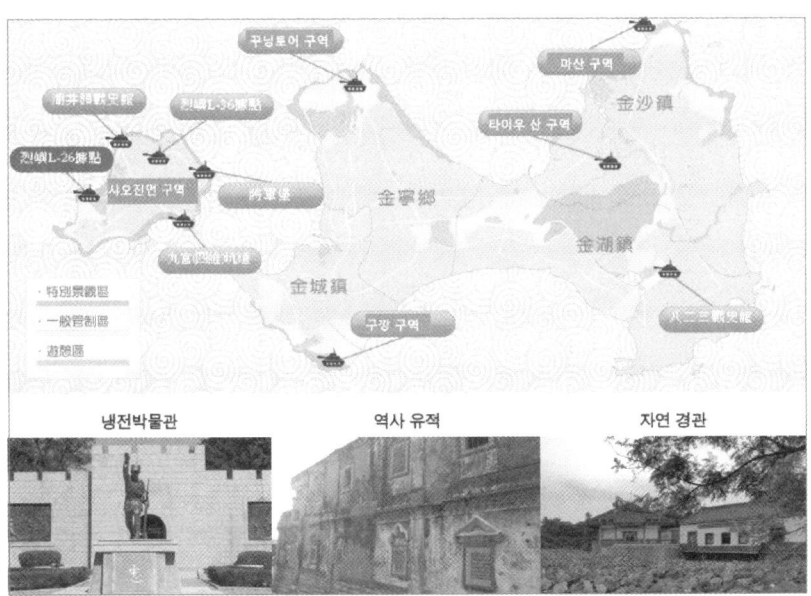

그림 5　꾸닝토어 복합 관광 지구의 구성
출처: 국가공원 참조

원도 있기 때문에 국가공원 당국은 이 세 요소를 결합하여 복합적인 관광 지구로 만들려고 노력했다.

예를 들면, 꾸닝토어 전투와 8·23 포격전 두 전역의 전쟁 유적을 중심으로 인근의 고적과 마을, 그리고 자연 경관을 한데 묶어서 테마 지역을 만들었다(水牛設計部落有限公司, 2010: 5). 진먼의 서북쪽에 있는 꾸닝토어 마을은 1949년 국공내전 시에 국민당군과 공산당군이 진먼에서 가장 치열하게 싸웠던 곳이다. 전사관을 중심으로 파생된 전쟁 유적들이 '베이산양루(北山洋樓)', '리 콩치엔 장군 묘(李光前將軍廟)', '후 렌 장군 기념관(胡璉將軍紀念館)', '배뢰기념비(排雷紀念碑)', 그리고 '심리전 방송벽(心理戰播音牆)' 등이다. 또한 이 지역에는 난산(南山)과 베이산(北山) 마을의 인문풍속을 결합하여 진먼의 자연자원을 소개하는 쌍리자연습지 센터(雙鯉濕地自然中心)도 있다.

진먼국가공원이 설립되면서 작성된 '진먼특정지역계획(金門特定區計畫)'(1995)에 의하면, 진먼의 관광 체계는 국가공원 체계와 지방 체계로 나뉜다. 국가공원 체계는 주로 내정부가 계획하는 것이고, 지방 체계는 진먼 현청이 계획하는 것이다. 계엄령이 해제된 이후 진먼은 더 이상 군사행정 체제가 아니라 일방행정 체제로 전환되었고, 진먼 주민의 생활의 질을 향상시키기 위해 1996년의 '국토종합개발계획(國土綜合開發計畫)'과 '진먼생활권종합발전계획(金門生活圈綜合發展計畫)'이 작성되었다. 진먼은 지방 생활권에 포함되었지만, 동시에 '전국 혹은 양안 역사, 문화, 관광의 특구 및 생활권'으로 거듭나기 시작했다. 타이완의 낙도관광개발 기획연구('台灣地區離島觀光系統發展規劃研究')와 이에 따른 진먼현 종합발전 수정계획('修訂金門縣綜合發展計畫')을 보면, 1999년부터 진먼의 지리적 특성과 진샤(金沙) 지역의 통합발전을 강조하고, 또한 관광자원의 지속적인 운영과 이용에 대해 관심을 갖기 시작했음을 알 수 있다(金門縣政府, 2009b: 349-357).

2000년에 타이완 입법원이 통과시킨 '낙도건설조례'는 총 20개다. 이 중에서 진먼 관광에 직접적인 영향을 주는 조례가 네 가지 있다. 하나는 지뢰제거 조례(排雷條例)다. 진먼이 장기간 전쟁 상태였기 때문에 관광산업이 발전하려면 군사적 관리에서 벗어나야 한다. 진먼에서는 1949년 이후 공산당의 상륙공격을 방지하기 위해 300헥타르에 달하는 지역에 10만 개의 지뢰를 묻었다. 이 지뢰는 진먼을 방어하고 생태자원도 보호하는 기능을 해왔지만, 관광객들은 지뢰가 매설된 상태에서는 두려움과 불안 때문에 이곳을 찾지 않는다. 이 때문에 '낙도건설조례'의 제9조에서 지뢰 제거를 규정했을 뿐만 아니라, 지뢰가 제거된 안전한 토지를 진먼 주민에게 돌려줘야 한다고 규정했다(오준방·정근식, 2014).

둘째, 타이완과 중국 관광객들의 소비를 촉진시키기 위해 낙도 지역의 관세와 영업세 면제의 특혜를 주는 조례를 제정했다. 2015년에는 진먼에 최초의 면세점 '에버그린 진후광장(昇恆昌金湖廣場)'이 창립되었다.

셋째, 낙도 개발에 대해 큰 도움이 된 것이 바로 '낙도건설기금(離島建設基金)' 조례다. 이 기금은 중앙정부에서 보조금을 주는 방식으로 2001~2010년까지 무려 200억 원의 보조금을 지원했다. 제1기(2003~2006년)의 낙도 건설 목표 중에 진먼을 '국제관광 레저섬'으로 발전시키는 내용이 포함되었다. 실제로 2000~2010년 동안 관광객의 성장률이 99.07%에 달했고, 진먼현은 70.05억 원의 보조금을 받았다(經建會管制考核處, 2012: 45). 이것은 전체 보조금의 32.86%로, 진먼은 낙도들 중에 가장 많이 보조를 받은 섬이 되었다.[3] 2010년에는 진먼의 군사 자원을 재활용하여 관광수익을 높이기 위해 낙도건설기금의 보조로 진먼 현청에서 비어 있는 군영의 활성화 계획을 진행했다. 타이완국가발전위원회의 보고서에 따라 2015년 진먼의 관광객 수가 395만 명을 돌파한 것으로 보면 낙도건설기금이 확실히 진먼의 발전에 아주 큰 도움이 된다.[4]

마지막으로 진먼 관광 발전에 가장 도움이 되는 조례가 바로 양안의 시험적 항로 개발, 즉 소삼통이었다. 이것은 2001년에 실시되었다. 소삼통이 실시된

3　好房網, 「離島建設基金補助, 金門最多」, 2012. 6. 25, http://news.housefun.com.tw/news/article/1151622649.html(검색일: 2016. 1. 23).

4　國家發展委員會, 〈離島地區永續發展與創新亮點〉, 行政院 第3496次 會議

이후 2004년 '제1차 진먼현 관광발전 종합계획(金門縣觀光發展整體計畫第一次通盤 檢討)'에 의해 진먼의 관광은 4구역으로 구분되었고,[5] 2007년부터 시작된 전면적인 지뢰 제거 계획에 따라 '해안휴식(海岸遊憩)'도 주요 관광 항목에 포함되었다. 소삼통과 대삼통을 고려해서 진먼 현의 총제적인 발전 전략은 '국제관광 레저섬'을 목표로 삼았다(金門縣政府, 2009b: 357-360).

2. 전장 관광자원: 가시적 시설과 비가시적 자원

진먼의 전장 관광자원은 크게 군사적 시설과 군사적 통제로 형성된 냉전생태, 그리고 군사문화산업으로 나눌 수 있다. 군사적 방어시설과 전쟁 박물관들은 가시적이며 보다 구체적인 역사적 담론을 가진 자원들이다. 이 시설들은 진먼 냉전 경관의 가장 중요한 요소들이며, 탈냉전에 따라 다시 복원되고 재활용된다. 특히 진먼 서쪽은 중국 샤먼과 가까이 있어서 이쪽에 있는 군사시설들이 전장 관광의 중요한 자원이 되었다. 진먼 서북쪽에 있는 츠후(慈湖)와 꾸닝토어 지역의 바닷가에 이런 시설들이 가장 잘 보존되어 있어서 관광버스의 B코스 '꾸닝토어전장코스'가 되었다.[6] 이 지역은 진먼 전장 관광이 가장 일찍 발전하고 전장 관광자원이 가장 완비된 지역이다. 이 지역의 전장 관광자원은 크게 세 가지로 나눌 수 있다. 첫째, 가시적인 군사시설이다. 이 지역의 군영과 벙커가 진먼에서 가장 많다고 할 수 있다. 현재 관광자원으로 재활용된 군영은 세 개이고 벙커는 두 개다. 츠후에 있는 삼각보(三角堡) 벙커가 중국 샤먼의 공격에 대한 첫

---

5 북쪽은 진사진과 진닝진이 군사와 자연 자원을 주로 하고, 서남쪽은 인문과 자연 자원, 동남쪽은 산업자원을 주로 한다. 그리고 샤오진먼다오는 전쟁자원을 주로 한다.

6 2007년부터 시작된 진먼관광버스는 총 4코스가 있다. A코스는 슈이터우-자이 산 코스이고, B코스는 고령두전장 코스, C코스는 타이우 산-진사진 코스, 그리고 D코스는 롱웬(榕園)-타이후(太湖) 코스다.

그림 6 전장 관광의 가시적 자원들(츠후의 벙커와 용치)
출처: 필자 촬영.

방어시설이라서 관광 개방 이후 샤먼을 바라보는 전망 지점이자 여기에 오는 철새들을 관찰하는 명소가 되었다.

    이 벙커의 주변은 완벽한 3중 방어기제를 구성했다. 즉, 제일 바깥에 있는 방어선은 얕은 여울에 설치되는 장애물(용치 또는 궤조제)과 천연 방어 식물인 용설란(瓊麻)이고, 두 번째는 지뢰밭이다. 마지막 방어선은 바로 벙커다(오준방·정근식, 2014: 12). 츠후 자체도 방어 기능을 갖춘 호수다. 1969년 공산당군이 샤먼에 상륙하는 것을 막기 위해 550미터의 해안 제방을 만들었고, 이에 따라 원래 자유롭게 출입할 수 있는 바다가 둘로 분할되었다. 현재는 생생한 분위기를 되살리기 위해 삼각보 주변에 일부러 노후 탱크들을 나열하여 전시하고 있다.

    전장 관광에서 군사적 방어시설들이 과거의 역사를 '몸'으로 보여준다면, 전쟁역사관들은 '언어'로 과거의 역사를 설명하는 곳이다. 꾸닝토어 전사관은 진먼의 서쪽에 있고 8·23 전사관은 동쪽에 있다. 꾸닝토어전사관은 국민당군과 공산당군의 치열한 싸움을 보여줄 뿐만 아니라 국민당 정부의 승전 기억 홍보의 원천적 장소이며, 양안 분단의 실감을 생산하는 장소다. 특히 총탄 구멍이 가득한 서양식 건물의 폐허와 전쟁기념관이 이 전투를 잘 재현하고 있다.

    8·23 전사관은 1958년 양안 간 포격전과 심리전을 재현하는 장소로, 진먼의 가장 높은 산이면서 국민당 군대의 주요 지휘소였던 타이우 산기슭에 있다. 이 전사관은 꾸닝토어기념관과 같이 양안 대치의 상징이자 정치적인 이데올로기의 대표적인 장소로 진먼이 냉전 속 열전의 현장이었음을 증언하고 있다.

특히 타이완 관광객들은 이곳에 들러 냉전과 분단의 역사를 되새긴다. 전사관의 담론은 평화보다는 전쟁을 말하며, 패배가 아닌 승리의 역사를 말하며, 주민보다는 군대와 지휘자들을 주인공으로 삼아 담론을 만들어가는 특징이 있다.

전장 관광을 구성하는 자원은 이러한 가시적이고 과거의 전쟁을 증언하는 시설뿐만 아니라 군사적 통제 때문에 비의도적으로 형성된 환경과 경관을 포함한다. 진먼의 군사시설은 주로 방어용 시설로, 철벽같은 방어기제가 진먼을 지킬뿐만 아니라 자연 생태도 지켜주었다. 공산당군의 상륙을 막기 위해 마련된 지뢰는 진먼 주민의 접근 통제를 통해 환경을 보전하고, 동시에 지역개발을 억제했다. 해안도로는 탱크용 궤도로 개설되었고, 해안의 상륙 방지용 용치와 산림이나 전답의 공중낙하 방지용 피뢰침들이 독특한 냉전 경관을 만들었다. 그런 까닭에 진먼은 자연 경관을 잘 보존해온 장소가 되었고, 이에 따라 빨리 발전하고 도시화한 샤먼과 강렬하게 대비되어 중국 관광객들이 찾아오는 매력적인 장소가 되었다.

또한, 전장 관광에서 중요한 것은 여행의 흔적을 증명할 수 있는 기념품이다. 진먼은 냉전 시기의 군사적 근대화에 따라 특별한 군사경제가 발전했다. 가장 유명한 냉전산업은 바로 고량주 산업과 포탄 칼 제조업이다. 일례로 우 씨 가족은 청나라 때부터 칼 제조에 종사해 온 장인으로, 1937년에 지금의 칼 제조회사를 설립해서 처음에는 제2차 세계대전에서 연합군이 일본군에게 투하한 포탄 탄피로 칼을 만들었고, 나중에는 8·23 포격전에서 공산당군이 쏜 포탄 탄피로 칼을 만들기 시작했다. 우 씨는 방문객들을 위해 칼 제조 과정을 재현하고 있다. 그는 하나의 탄피로 40~60개의 칼을 만들 수 있다고 설명한다. 관광객들은 칼 자체보다 그 속에 포함된 이야기에 더 흥미를 느끼며 이를 사는 것이다. 특히 가게 뒤켠에 있는 대장간과 쌓여 있는 탄피들은 전장 관광의 진정성을 증명하는 핵심 요소들이다.

이와 함께 세계적으로 알려진 전장 관광의 상품은 고량주다. 탄피 칼 제조업은 개인적인 사업이지만 고량주 제조업은 공공사업이다. 이 고량주는 군대에서 민간인 예화청(葉華成)으로부터 얻은 시설과 방법으로 만들기 시작해 점차 확장된 것으로, 오늘날 진먼 주민복지의 원천이 되었다. 냉전 시기부터 고량주는 군인에게 큰 인기상품으로, 타이완 본섬으로 들어갈 때 꼭 사가야 하는 기념품이었다. 그들에게 고량주는 단순한 기념품이 아니라 객지의 외로움을 달래주는 약이고 본섬에서 살 수 없는, 한정 상품이었다. 관광 개방 이후 진먼고량주 회사는 지속적으로 과거와 현재를 기념하는 제품을 만들어왔고, 현지 소비용과 외부 판매용을 구분하는 전략으로 현지 관광객의 구매를 촉진해왔다. 진먼고량주 회사의 연 수익은 100억 타이완달러를 넘어섰으며, 지방정부 복지재정의 상당 부분을 충당하는 재원이 되었다.

3. 전장 관광의 발전

1992년 진먼에서 계엄령이 해제된 후 발전하기 시작한 관광산업은 초기에 타이완 관광객에 의존했는데 수요 확대에 한계가 있었다. 따라서 진먼 현청과 주민은 점차 대륙으로 오는 관광객을 겨냥하기 시작했다. 1995년부터 관광 가이드를 해온 채용영(蔡容英) 씨는 진먼의 관광객 구조 변화에 대해 이렇게 말했다.

> 20년 전 제가 가이드를 처음 시작할 때는 타이완 관광객만 있었고, 중국 관광객이 없었다. 그 때는 6개월 일하고 6개월 쉬었다. 타이완 관광객들은 거의 다 단체여행객이었다. 타이완에서 주 5일제를 실시한 후에야 배낭여행객이 나타났다. 육객(陸客, 중국에서 오는 관광객)은 처음에는 고위층 공무원들이었는데, 그들은 모두 교류를 명분으로 진먼다오에 왔다(가이드 채용영 씨 인터뷰).

타이완에서는 1998년부터 격주로 주 5일제 근무를 실시했고, 2001년부터 본격적으로 주 5일제 근무를 실시했다. 이에 따라 타이완 주민의 생활양식이 변화하고 관광오락산업은 급속하게 팽창하게 된다(黃振誼 外, 2011: 67). 주 5일제를 실시한 후 진먼을 찾는 타이완 본섬 주민이 많아졌는데, 이들은 주로 전쟁 유적을 보러 왔다. 특히 자기나 가족들 중에 진먼에서 병역을 마친 사람이 진먼을 많이 찾았다. 이들은 전쟁역사관을 꼭 방문하는 경향이 있기 때문에 이들을 일종의 추억 관광객이라고 말할 수 있겠다.

2008년 6월 19일 타이완 행정원에서 '소삼통 인원왕래 정상화실시방안(小三通人員 往來正常化實施方案)'을 통과시켜, 타이완 주민이 여권 등 증명서를 가지고 소삼통을 활용하여 중국을 왕복할 수 있게 했다. 이 때문에 소삼통을 이용하는 인원이 급증했다.[7] 그림 7을 보면 이를 확인할 수 있다.

타이완 주민과 마찬가지로 중국 국민도 2008년부터 소삼통을 이용하는 경우가 급증했다. 2008년 9월 말에 양안 정부가 중국 국민이 소삼통을 통해 타이완에 입국하도록 허용했기 때문이다. 흥미롭게도 이 결정은 중국 관광객이 진먼보다 타이완 본섬으로 여행하도록 하는데 큰 영향을 미쳤다. 이 방안을 실시하기 전에 타이완을 방문하는 중국 관광객은 하루에 300명도 안되었으나, 이 방안이 발표된 후 타이완 본섬을 향한 여행객이 크게 증가했다.

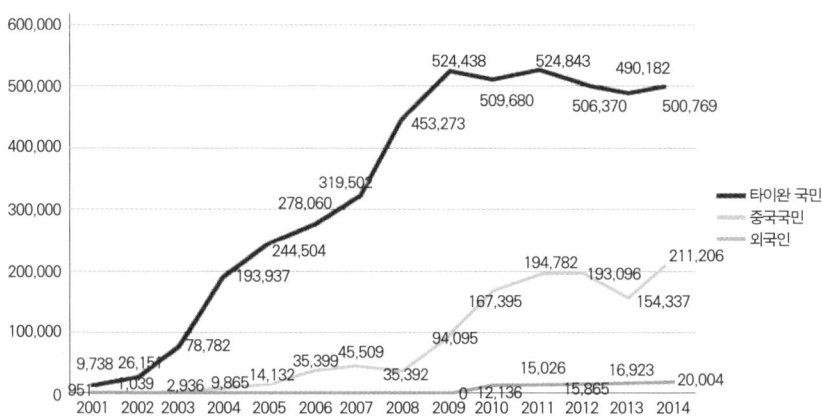

그림 7 진먼 소삼통의 출입국 연 인원수
출처: 중화민국행정원대륙위원회(中華民國行政院大陸委員會), 필자 정리.

---

7 大紀元,「台擴大小三通 馬英九不贊成金門撤軍」, 2008. 6. 20.

중국 관광객이 즐겨 찾는 장소는 타이완 관광객이 즐겨 찾는 곳과 다르다. 우선 이들은 전쟁역사관을 즐겨 찾지 않는다. 진먼 주민들은 중국 정부에서 대륙의 관광객들에게 전쟁역사관은 참관하지 말라는 지침이 있다고 믿는다.[8] 여행 가이드는 중국 관광객, 특히 고위층 공무원들을 안내할 때 사용하는 말에 주의해야 한다. 항상 옆에서 서기(書記)가 설명 내용을 기록하고 있기 때문이다. 예를 들어, '중국'이라는 용어는 사용할 수 없다. 대신 '국내'라고 말해야 한다. 서로의 관광 교류에 대해 나쁜 영향을 미칠까봐 가이드들은 용어를 신중하게 선택하면서 안내를 한다.

설날 휴일 기간에는 중국 단체 관광객들이 크게 감소하고, 보통 청명절(淸明節, 음력 4월 4~5일) 이후 진먼을 많이 찾아온다. 매년 7~10월은 중국 관광객이 많아서 성수기가 되었다. 나머지 달은 주로 타이완 관광객들이, 특히 배낭여행객들이 찾아온다. 이 때문에 관광객의 계절별 분화 현상이 발생했다.

중국 관광객 중에 타이완에 가려는 사람들이 진먼을 경유하는 경향이 생기면서, 진먼이 체류지가 아닌 경유지로 바뀌었다. 이 때문에 소삼통이 진먼의 경제 발전에 대해 도움이 안 된다는 의견이 대두되었다. 진먼 현청에서 여행사들에게 중국 관광객을 적어도 하룻밤 머물게 하라고 요청하고, 관광객 한 명당 150NTD의 인센티브를 주어 체류 여행을 장려했다. 관광 가이드 채용영 씨의 말에 따르면, 2010년부터 이런 인센티브제를 실행했다.

2016년 1월, 타이완 총통선거에서 민진당이 승리한 이후, 중국 정부는 3월 1일부터 단체 관광객 수를 줄이겠다는 정책을 발표했다고 한다. 이것이 공식 발표인지 단지 소문인지 확인되지 않은 상황에서, 인터뷰 대상자들에게 이에 대해 어떻게 생각하느냐고 물었다. 그들은 모두 아직 실감나지 않지만, 만약 중국 정부가 정말 이런 조치를 한다면, 진먼보다 타이완이 더 큰 충격을 받을 수 있다고 말했다.

---

8   인터뷰 대상자의 증언과 장 보웨이(江柏煒)의 '地方史與全球史的連結: 金門研究的價值(初稿)', 중국 관광객의 블로그를 분석해 보면, 그런 불문율이 있다고 생각된다.

Ⅳ. 언론 보도와 취향의 형성

1. 타이완 신문에서의 진먼 관광 보도와 타이완 관광객의 취향

2015년 한 해 동안, 타이완의 신문『중시전자보(中時電子報)』에 실린 진먼 관광에 관한 기사는 46편이었다. 그 중에 '전장'과 '소삼통'에 관한 기사가 가장 많았다. '전장'은 타이완 대중 매체들이 진먼을 다룰 때 꼭 언급하는 단어다. 국공내전 때 진먼은 타이완보다 더 심각한 '전장'이었고, 수많은 타이완 남성에겐 악몽의 장소이기도 했기 때문이다. 진먼은 최전선이어서 위험한 장소였고, 죽은 자들과 연관된 귀신 이야기가 많은 장소였다. 한 유명 연예인 첸 웨민(陳為民)이 TV와 책을 통해서 진먼의 귀신 이야기를 하면서, 진먼은 단순한 '전장' 이미지를 넘어서 좀 더 신비한 장소감을 갖게 되었다. 진지하고 엄숙한 역사와 오락성이 있는 귀신 이야기 때문에 개방 전부터 타이완 본섬 사람들에게 진먼은 신비한 장소로 이미지화되었다. 이렇게 만들어진 신비함이 진먼 관광을 이끄는 동력이 되었다.

  2015년 진먼 현청에서 페이스북을 통해 '진먼에서 꼭 방문해야 하는 명소 찾기'라는 프로그램을 진행했다. 그 결과, 작은 보트로 물품을 보급하던 자이산 갱도(翟山坑道)가 1위로, 쥐광루(莒光樓)와 타이우 산이 그 다음으로 선정되었다. 10개의 명소 중에 양안 전쟁에 관련된 장소가 다섯 군데나 포함되었다.[9] 이를 보면, 타이완 관광객들에게 진먼의 전장 관광은 상당한 매력과 시장성이 있다는 것을 알 수 있다. 특히 자이산 갱도에서 2009년부터 갱도음악회를 여는 등, 전쟁 유적과 예술의 결합을 통한 매력증진 프로젝트는 더 많은 관광객의 관심을 끌어오는데 기여했다.

---

9 『中時電子報』,「金門戰地夯點 翟山坑道奪冠」, 2015. 8. 29.

2015년 '소삼통'에 관한 보도기사는 약 11건이다. 특히 1월 1일부터 중국 관광객이 랜딩 비자를 신청할 수 있게 되면서 절차가 간소화되어, 소삼통을 이용하는 사람이 2014년보다 16% 증가한 176만 2,411명이었다. 그 중에 중국 관광객이 69만 2,181명으로 약 40%를 차지했다. 랜딩 비자를 신청한 사람은 6만 6,272명이다.[10] 중국 관광객이 많아지면서, 2015년에는 이들을 위한 면세점과 약국, 화장품점, 마트, 심지어 샤먼보다 먼저 애플스토어(Apple Store, 애플사 핸드폰 컴퓨터 매장)를 열었다.

타이완 단체여행객은 보통 배낭여행을 하고 2박 3일 진먼에 머무는데, 전장과 귀신 이야기 외에 또 하나의 유인이 바로 음식이다. 진먼 음식은 전쟁과 관련된 것이 많다. 예를 들어, 전쟁기에 쌀이 귀했기 때문에 주민들은 쌀을 죽으로 만들어 먹었다. 이것이 광동죽(廣東粥)이다. 수많은 사병을 위해 빨리 음식을 먹을 수 있도록 라면과 다른 식재를 같이 볶은 '볶음라면(炒泡麵)', 후롄(胡璉) 장군이 고량(高粱)을 쌀로 바꾸어 주는 정책으로 발전한 고량주도 있다. 이 전장 음식들은 타이완 관광객과 중국 관광객의 취향에서 상당한 차이를 만들어 낸다. 타이완인들의 여행 블로그에는 대부분 음식 사진이 크게 나온다. 타이완인에게는 이것이 상대적으로 익숙했지만 진먼의 전쟁 유적과 민난(閩南)식 건축은 생소한 것이어서 대조를 이루는 자원이 된다. 진먼은 타이완 본섬 주민들에게 '익숙하면서도 낯선 곳'이라고 할 수 있다.

타이완 본섬 주민은 주로 과거의 양안 전쟁에 대해 방송 매체나 진먼에 와 본 적이 있는 친척이나 지인을 통해서 알게 된다. 1949년 국민당을 따라 타이완에 온 군인들 외에 타이완 본섬에서 태어난 남성은 군복무를 해야 했는데, 당시 젊은이들이 군 입대 후 근무지 배치에서 가장 싫어했던 것이 바로 '금마장(金馬獎)'[11]을 타는 것, 즉 진먼에 배치되는 것이었다. 그러나 진먼에서 근무했던 군

---

10 『中時電子報』,「金門小三通人數 今年再創歷史新高」, 2015. 12. 31.
11 타이완에서는 제비뽑기로 군 복무지를 결정했다. '금마장'은 원래 1960년에 시작된 대표적

인들은 제대 후 가장 힘든 군 복무의 기억을 그리워하며, 이를 되새기기 위해 종종 진먼을 방문한다. 자신뿐 아니라 가족을 대동하고 진먼을 찾아오는 사람도 많다. 필자가 인터뷰한 사람들에 따르면, 타이완 관광객은 전지의 추억과 레저를 위해 진먼에 오고, 중국 관광객은 주로 '쇼핑'을 위해 온다.

    2013년 진먼 현청에서는 '진먼 전지관광 예술절'이라는 행사를 열고 '노병 고사관(老兵故事館)'을 개관하여 '진먼 백만대군이 영웅도로 돌아온다'는 행사를 개최했다. 이 행사는 주로 진먼에서 복무했던 노병들을 초대해서 그들의 추억을 말하게 하고, 이를 통해 향수를 자극하는 프로그램이었다. 영화, 핸드폰 앱, 그리고 여러 가지 군대 게임으로 노병뿐만 아니라 일반 진먼 주민과 본섬 주민도 많이 참여할 수 있도록 했다. 이런 오락 유형의 전쟁 관광은 과거의 학습형 전쟁 관광보다 관광객들의 관심을 더 이끌어 낼 수 있었다. 이외에 '갱도음악회', '꽝화웬 심리전 자료특별전(光華園心理戰特展)', '진동극장 옛날 영화보기(金東戱院老電影欣賞)' 등 과거의 군사시설을 이용해서 음악회나 전쟁 현장을 다시 느끼게 함으로써 관광객의 호기심을 만족시키려고 했다. 또한, 일부 군사지역은 중국 대륙인들에게는 개방하지 않고, 타이완 주민에게만 개방해서 이들에게 꼭 가고 싶다는 생각을 자극하기도 한다.

    타이완 관광객에게 진먼의 또 하나의 매력은 바로 맨눈으로도 보이는 '대안'의 풍경이다. 필자는 타이완 본섬에서 출장온 한 관광객을 꾸닝토어전사관 앞에서 만나 인터뷰했다. 그는 공무를 끝내고 한나절의 진먼 관광을 하려던 참이었고, 꾸닝토어전사관은 그의 첫 번째 방문 장소였다. 그는 다음과 같이 말했다.

    어렸을 때 교과서를 통해서 알게 된 진먼과 대안에 대해 너무 궁금해서 꾸닝

    인 반 공영화제의 영화 대상 이름으로, 이 영화제는 '진먼'과 '마쭈' 두 낙도의 첫 글자를 따서 이름 붙였다. 군 복무지로 진먼다오나 마쭈다오가 결정되면 이들은 무척 낙담하는데, 이를 반어법으로 표현한 것이 '금마장'을 타는 것이었다.

토어에 왔어요. 회사 동료가 옛날에 진먼에서 군 복무를 해본 적이 있어서 구경할 만한 곳을 소개해줬어요. 8·23 전사관도 꼭 가고 싶어요. 사실은 대안도 보고 싶은데 오늘 날씨가 안 좋아 샤먼이 안 보여서 아쉽습니다(타이완 관광객 A씨).

타이완 본섬 주민이 진먼에 와서 가장 신기하게 느끼는 것이 중국 대륙이 육안으로 보인다는 점이다. 진먼과 중국이 이렇게 가까운데도 진먼이 타이완의 섬이라는 것이 신기하다는 것이다. 그 때문에 양안 간 중요 전투에 대해 관심을 더 많이 가지게 된다.

2. 샤먼에서의 진먼 관광 보도와 대륙 관광객의 취향

샤먼의 유명한 여행 코스 중에 '바다에서 진먼을 바라보는' 코스가 있다. 이것은 샤먼과 가까운 진먼의 몇 개 섬이 아직 개방되지 않았기 때문이다. 특히 타이완에 속하지만 중국에 가장 가까운 다단다오(大膽島)에는 '삼민주의 통일중국(三民主義統一中國)'이라고 쓴 큰 입간판이 있고, 타이완의 국기 '청천백일기'도 있어서 이곳을 지나는 항로는 유명한 여행 코스가 되었다. 샤먼에서도 '일국양제·통일중국(一國兩制·統一中國)'이라는 빨간색 글씨로 쓴 입간판이 샤먼 해안과 다덩다오(大嶝島)에 있다. 관광객들은 이들을 보면서 냉전 시기의 심리전을 회상하고 중국의 미래에 대한 긴장감을 느낀다.

중국 관광객이 진먼에 여행을 오려면 '대륙주민 타이완 왕복 통행증(약칭 대통증)'이 있어야 하고, 진먼에 입국할 때 '입진증(入金證)'도 신청해야 한다. 입진증은 진먼과 마쭈, 그리고 펑후 등 낙도만 갈 수 있는 통행증으로, 이를 가지고 있으면 진먼에 15일간 머무를 수 있다. 하지만 타이완에 입국하려면 '입대증'을 따로 신청해야 한다. 입대증은 타이완의 모든 지역(진먼 포함)에 갈 수 있는

그림 8 입대증과 대통증
출처: 필자 촬영.

통행증이다. 중국 주민들이 소삼통을 이용해서 타이완에 가려면 보통 입대증을 신청한다.

　진먼을 찾는 중국 여행객 중에는 배낭여행객이 많은데, 이들이 진먼에 오면 항상 관광버스나 자전거 혹은 전기 스쿠터를 이용한다. 자전거는 입진증만 보여주면 무료로 3일을 빌릴 수 있다. 보통 대륙의 배낭여행객은 짧은 휴가기간에 진먼을 선택하는데, 휴가가 길면 타이완으로 여행을 간다.

　중국 관광객도 전장에 관심이 있지만 타이완 관광객보다는 적다. 오히려 두 집단이 모두 다 신기하게 생각하는 것이 핸드폰의 소통 범위로 느끼는 거리감이다. 진먼은 샤먼과 매우 가까워서 진먼의 어떤 지역이든지 중국 통신사의 신호를 받을 수 있다. 진먼과 가까운 샤먼의 일부 지역도 마찬가지여서 양안 관광객들이 이를 매우 신기하게 생각한다.[12]

---

12 〈百度旅游〉, http://lvyou.baidu.com/notes/de439bad52baf34409b2f5f8?sid=8bc6c1ec-deb81 cc848362df5?request_id=3445568601&idx=6(검색일: 2016. 1. 31).

중국 관광객이 가진 진먼에 대한 긍정적 이미지에서 가장 중요한 것은 사람들이 친절하고 열정적이라는 점, 환경이 조용하고 깨끗하다는 점, 그리고 물가가 싸고 품질이 좋아서 만족도가 높다는 점이다. 중국 관광객들은 진먼의 물가가 '배추값'이라는 농담도 한다.[13] 급속하게 도시화된 샤먼의 주민에게 진먼은 여전히 '시골'이지만, 자연 환경이 좋아서 샤먼 사람들의 '뒷마당'이 된다고 생각한다.

일반 중국 관광객은 양안 전쟁에 관한 역사관에 가기 어렵다. 특히 단체 관광객은 전사관을 구경하지 못한다. 여행 가이드로 일하는 동즈챵(董自强)과 황즈추안(黃紫川)의 증언에 따르면, 2011년 중국 관광객에게 타이완 자유여행을 허용한 후, 몰래 전쟁역사관을 구경하고 싶다는 중국 관광객이 증가했다.

> 중국 단체 여행객은 전사관을 구경할 수 없어요. 하지만 자유여행객이 가고 싶다고 하면 우리도 데리고 가야지. 우리는 서비스업이니까 손님이 원하면 보여줘야지. 하지만 그냥 간단하게 역사를 설명한다(여행 가이드 동즈챵씨).

> 옛날에 해방군을 했던 중국 사람이 이곳을 보고 싶어하지. 지금의 젊은이들은 이 역사에 대해 거의 모르고 관심도 없다(여행 가이드 황즈추안씨).

황 씨의 증언처럼 중국의 젊은이들은 양안의 전쟁 역사에 거의 관심이 없다. 예를 들어, 필자는 중국 사이트에서 중국 여성 두 명의 진먼 1일 배낭여행기를 분석해보았다. 그들은 관광버스를 타고 8·23 포격전 전사관에 가서 관광버스의 가이드가 8·23 포격전의 역사를 설명했을 때, 그 이야기를 들어본 적이 없고 특히 중국 교과서에 없기 때문에 대충 들었다는 글을 올렸다. 그들의 무관

---

13 〈百度旅游〉, http://lvyou.baidu.com/notes/cebce1e45ad4cb1cdbc0e75e?sid=8bc6c1e-cdeb81 cc848362df5?request_id=3445568601&idx=5(검색일: 2016. 1. 31).

심을 표현한 단적인 사례는 '8·23'을 계속 '8·13'으로 쓰는 것이었다.[14] 중국의 젊은이들은 전사관 같은 곳은 엄숙하고 심심하다고 생각하므로, 이것도 진먼의 전장 관광을 수정할 때 다시 고려해야 하는 사항이 되었다. 그러나 전장 관광은 원래 엄숙하고 진지한 것인데 너무 편하게 만들면 오히려 그 역사의 진실성과 의미가 사라질 수도 있다는 반론도 있었다. 여행사 사장으로 일하고 있는 싸오 웨창(邵維强) 씨는 이 점을 우려했다.

> 스산포 진지(獅山砲陣地)의 대포 발사 공연은 원래 의미 있고 관광객들에게 전쟁 현장을 느낄 수 있게 하는 것이었는데, 포격수들 중에 여자가 많아서 오히려 웃음거리가 된다고 생각한다(여행사 사장 싸오 웨창씨).

스산포 진지가 2011년 8월에 본격적으로 개방되어 진먼에서 유일하게 대포 발사 공연을 하고 있다. 이 공연이 많은 관광객의 사랑을 받고 있어서 진먼에 오면 꼭 봐야 하는 공연으로 간주되었다. 이 공연은 시간제 아르바이트로 일하는 사람들에 의해 연출되는데, 출연자 중에는 결혼이주 여성과 여대생이 많다. 군인들이 다 남자였는데 시간제 아르바이트로 여자를 고용하여 공연하는 것은 진실성이 떨어지고 관광객이 제대로 전쟁 분위기를 느끼지 못한다고 평가되기도 한다. 심지어 아르바이트생 중에는 대륙에서 온 여성도 있었다.

중국 관광객은 대부분 양안의 전쟁 역사에 대해 잘 모르기 때문에 특별히 전쟁유적을 보러 오는 사람은 많지 않다. 특히 여자들은 전쟁에 대해 관심이 별로 없고, 전쟁역사관을 그저 관광명소의 하나로만 바라본다. 이들에게 중요한 것은 쇼핑이다. 필자가 꾸닝토어전사관 앞에서 배낭여행으로 온 5명의 중국 여성을 만나 인터뷰했다.

---

14 〈百度旅游〉, http://lvyou.baidu.com/pictravel/3ea4f520d7b5f3d241b639b7 (검색일: 2016. 1. 31).

> 여기는 우리가 첫 번째 방문한 곳인데… 민박 사장님이 여기가 가장 가깝다
> 고 해서 왔어요….
> 사실은 이곳이 뭐하는 곳인지 아직 잘 몰라요…(중국 관광객 B씨).

인터뷰할 때 다른 일행들이 경계하는 눈빛으로 필자를 보고 있었고, 필자가 간단하게 이 전사관에 대해 소개해주겠다고 할 때도 그녀들은 괜찮다고 했다. 필자가 중국 어디에서 왔는지 물었을 때, 그들은 곤란한 표정으로 가야 한다며 떠났다. 꾸닝토어전사관이 양안 관계에서 매우 민감한 장소라 그녀들이 이 질문에 대답하고 싶지 않았을 것이다. 중국 여성 관광객에게 이 장소는 단지 하나의 의례적인 구경거리였다. 그러나 중국인 장년 남성에게 이 장소의 의미는 좀 더 각별할 수 있다. 특히 양안 전쟁을 경험한 사람은 진먼에 대한 감정이 다르다.

> 보통 나이 좀 많은 중국 손님들이 전사관을 구경하고 싶다고 해요. 한 번은
> 60년 동안 공산당 당원으로 일한 중국 손님이 놀러왔어요. 그는 전쟁 유적들
> 을 너무 좋아하고 기념품 가게에서도 국민당 당휘를 사고 나한테 사진을 찍
> 어달라고 했어요…. 또 한 번은 중국 산둥(山東)에서 온 손님이 꾸닝토어전사
> 관을 구경하고 난 후 내가 기념으로 사진을 찍어주겠다고 하자, 그 손님이 싫
> 다고 했어요. 나중에 알게 된 건데, 그 손님의 아버지가 꾸닝토어 전투에서
> 돌아가셨다는 거예요…(택시 기사 지 쟈싱씨).

꾸닝토어 전투는 양안을 분단한 중요한 전투였다. 타이완 노병들이 승리와 영광의 기분으로 진먼에 찾아오는 데 비해 중국의 인민 해방군 출신들은 패배의 장소였던 진먼에 대해 '아쉬움'을 가지고 찾아온다. 중국 포털 사이트인 바이두(百度)에 '진먼'를 검색하면 가장 먼저 나오는 것은 바로 '국공내전 때 왜 진먼을 해방하지 못했는가?', '진먼은 샤먼과 가까운데 중국인가, 타이완인가?'라는 질문이다. 진먼이 중국과 가장 가까운 곳이지만 국민당의 삼민주의 사상이

관철되는 곳이라서 관광하러 와도 아직도 '적의 진지'에 온 것처럼 조심스럽고, 민감한 장소나 구호를 피하는 해방군 출신 관광객도 있다.

> 어떤 손님이 해방군 29사단의 의무대 출신이었어요. 옛날에 진먼을 공격하는 작전에 참여했어요. 미군 탱크 앞에서 단체 사진을 찍으라고 하자 싫다고 했어요. 그 손님은 버스 정류장에서는 사진을 찍어도 민감한 곳에서는 안 찍는 거예요.(택시 기사 지 쟈싱씨).

택시 기사인 지 쟈싱은 이 손님이 왜 사진을 찍지 않는가를 물어보지는 않았으나, 정치적인 이데올로기에 민감한 사람들은 그럴 수 있다고 생각했다. 중국 여성들은 이에 대해 상대적으로 덜 민감하지만, 대부분 쇼핑에 더 관심이 많다. 여행 방식에 따라 쇼핑 장소가 약간 다르다는 점도 흥미롭다. 단체 여행객은 보통 면세점과 기념품 가게에서 쇼핑하고, 배낭여행객은 주로 시내에 있는 약국 화장품과 마트, 편의점에서 쇼핑을 한다. 이들은 고가의 면세 상품과 애플의 핸드폰, 컴퓨터뿐만 아니라 마스크팩, 분유, 설거지 스펀지, 걸레 등 일상용품도 많이 구매한다.

> 내륙 쪽 사람만 쇼핑하는 것이 아니라 샤먼 사람도 일상용품을 많이 사가요. 더 싸니까요. 50~60대 손님들은 별로 쇼핑을 하지 않고, 보통 젊은 부부들이 많이 쇼핑 하죠. 하지만 대부분 일상용품을 구매해요. 소비력이 가장 좋은 손님은 회사여행으로 오는 손님들이에요. 그들이 항상 고가의 면세상품을 사요 (가이드 채용영씨).

> 내 손님들 중에 구매 대행업 종사자가 있는데, 샤먼 여자입니다. 1년에 5~6회 정도 진먼에 와요. 대부분은 화장품 같은 여성 용품을 구매해요. 분유를 구매 대행하는 사람이 따로 있어요. 하지만 그 손님들은 관광명소보다 자연

을 더 좋아해요(택시 기사 지 쟈싱씨).

대부분 중국인들은 타이완 상품이 질이 좋고 더 싸서 진먼에서 쇼핑을 많이 한다고 말한다. 특히 몇 년 전에 중국에서 독극 분유 사건이 일어나 중국인들이 유아용품에 관심이 커졌고, 이 때문에 홍콩과 타이완에서 분유를 많이 구매하는 경향이 생겼다. 진먼의 분유 대행업자들은 부두 밖이나 매표소에서 샤먼으로 가려는 사람에게 인민폐 100원의 수고비를 지급하면서 분유를 샤먼에 운반해주도록 부탁한다. 중국 쪽 수요가 많아서 이 대행업을 하는 사람이 많아졌다. 부두에서 이를 통제하자, 일부 대행업자들은 배에서 승객에게 물품을 샤먼으로 운반해 달라고 교섭하게 되었다.

중국 관광객의 구매력이 커지면서 타이완의 백화점 재벌은 2014년 5월 5일, 진먼 최초의 면세점 '에버리치(昇恆昌, Ever Rich)'를 개점했다. 이 백화점은 진먼 최초의 5성급 호텔과 연계되어 있다. 이어서 7월에는 풍사야 프라자(風獅爺廣場, Wind Lion Plaza)도 개장했다. 에버리치 사는 타이완에서 가장 큰 면세점 회사이고 고가의 면세 상품을 판매한다. 이 백화점은 진먼의 번화가에 있는 것이 아니라 약간 한적한 곳에 있다. 따라서 일반 배낭여행객은 별로 가지 않고, 대신 호텔에 묵는 단체 관광객이 주로 이용한다. 풍사야 프라자도 시내에 있지 않고 공항 근처에 자리잡아서 주로 단체 관광객이 많이 간다.

3. 전장 국경 관광에서의 상호작용

진먼은 일반적인 전장이 아닌 경계에 있는 전장이었으므로, 이곳의 전장 관광은 국경 전장 관광, 또는 변경 관광으로 간주되어야 한다. 여기서의 관광은 분단과 대치상태로 인해 서로 잘 알지 못했던 주민들을 만나게 하여 새로운 상호 이미지를 만들어내고, 또 대안인 샤먼에 영향을 미쳐 유사한 전장 관광을 만들어내는 상호작용의 과정이기도 하다. 전자를 미시적·수행적 상호작용이라고 한다면 후자는 거시적·구조적 상호작용이라고 할 수 있다.

1990년대 초에 '냉전의 섬'인 진먼이 탈냉전을 경험하면서 주민의 생활방식도 바뀌기 시작했다. 계엄령의 해제와 군대의 철수에 따라 진먼 주민들은 기지 경제에서 벗어나고, 자기 고향의 발전에 대해 스스로 결정하고 싶은 욕망이 커졌다. 정치의 탈군사화와 함께 역설적으로 경제의 군사화가 진행되었다. 진먼 주민은 냉전의 유산이 얼마나 소중한 관광자원인지를 알게 되었다. 진먼에 있는 냉전적 문화자원은 타이완에서는 찾기 힘들고 샤먼에도 많지 않아서, 냉전의 유적들을 보존하는 것은 지역사회 발전을 위한 중요한 과제로 부각되었다. 장기간의 군사 통제 때문에 잘 보존된 민난문화와 자연 환경도 진먼의 중요한 관광 자원이 되었다.

타이완 관광객에게 진먼은 교과서에서만 배웠던 위험하고 위대한 전장이고 쉽게 들어갈 수 없는 장소로 각인되어 있다. 이들이 더 신기하게 생각하는 것은 진먼이 타이완보다 중국에 더 가깝다는 것이다. 개방 이후 타이완 관광객은 타이완 본섬과 멀리 떨어져 있는 '대안'이 어떻게 생겼는지 궁금해 하기도 하지만, 진먼이라는 냉전의 섬이 가진 신비함에 끌려서 많이 찾아왔다.

중국 관광객에게 진먼은 양안을 갈라놓은 상징적인 장소일 뿐만 아니라 금지의 대상이었다. 과거에는 진먼에 있는 전쟁 유적과 곳곳에서 볼 수 있는 국민당 삼민주의사상의 정신적 보루와 구호들은 접근 불가능한 대상이었다. 그래서 진먼을 방문하는 타이완 관광객은 냉전의 직접적 유산인 군사시설을 구경하는 것이 주요 목적이고, 중국 관광객은 냉전의 간접적 유산, 즉 군사화 과정에서 보존된 생태문화 자원들을 즐기고 쇼핑하는 것이 주요 목적이다.

중국 관광객에게 타이완은 심리적으로 멀게 느껴지는 장소인 반면, 진먼은 가깝게 느껴지는 장소다. 진먼에 대해 호기심이 증가하고, 양안의 정부들이 진먼을 평화 교류의 실험구역으로 지정했으므로, 중국 관광객들은 대체로 타이완보다 진먼을 먼저 찾는 경향이 있다.

양안의 관광객 때문에 진먼 주민의 생활이 많이 좋아졌지만, 불편해진 것도 있다. 진먼 주민들은 대륙에서 온 관광객과 타이완에서 온 관광객의 차이를 어떻게 표현하고 있는가? 일반적으로 진먼 주민은 타이완 관광객이 좀 더 예의 바르고 위생 수준이 높다고 생각한다. 그러나 타이완 관광객은 구매력이 낮고 여러 가지 서비스에 대한 요구도 많아서 여행업자들은 상대적으로 이들을 그다지 좋아하지 않는다. 반면에 중국 관광객은 구매력이 높아서 좋아하지만, 너무 시끄럽고 예절과 위생을 좀 더 개선해야 한다고 생각한다. 중국 관광객은 운전면허증이 필요 없는 오토바이를 빌리는 경우가 많은데, 항상 길에서 지도를 보고 있어서 오토바이 안전 교육을 더 시켜야 한다고 지적한다.

V. 심리전의 유산과 전장 관광의 문화적 효과

1. 샤먼에서의 상응형 전장 관광의 형성

진먼에서 전장 관광의 발전은 대안인 샤먼의 관광산업에도 영향을 미쳤다. 샤먼의 관광은 일명 피아노섬으로 불리는 구랑위(鼓浪嶼)를 중심으로 형성되었으나 진먼의 전장 관광이 발전함에 따라 포격전의 대안이었던 다덩다오의 군사시설을 이용한 대응적·모방적 전장 관광이 근래에 형성되었다. 구랑위는 19세기 샤먼이 개항장이 되었을 때, 서구의 외교관이나 상인들이 일종의 조계를 형성했기 때문에 서구식 건물이 많이 남아 있다. 여기에도 냉전기에 건설된 군사시설들이 많지만, 이것은 특별한 관광 상품으로 발전하지 못했다.

다덩다오는 중국 영토에 속하는 섬으로 진먼과 가장 가까운 거리에 있다. 여기에는 포격전 시기에 포병부대가 주둔했고 포격전의 흔적이 남아 있으며,

또한 심리전을 수행했던 곳이다. 샤먼의 샹안 구(翔安區) 정부는 이곳에 '영웅 3도 전지관광원(戰地觀光園)'을 세우기로 하고, 공기업인 샹안국투집단(翔安國投集團)이 공사를 맡도록 결정했다. 이 공기업은 2010년 5월부터 국가 4A급 관광지를 만드는 목표에 따라 1,500여만 위안(인민폐)을 투입하여 '진먼포격전시관', '국방교육관', 망원경 모양의 '모형관' 등 주요 전시관을 만들고, 30묘의 땅을 개발하여 입구 안내소, 4D 영화관, 상가, 해병전망대, 그리고 직업 훈련 관리 센터를 설치했다.

이들은 진먼과 마주보고 있는 다덩다오, 샤오덩다오(小嶝島), 자오위(角嶼)를 함께 묶어서 '영웅 3도'로 이름 붙였다. 포격전 시기에 이 작은 섬의 주민들이 영웅적으로 싸웠다는 의미다. 또한 '전지 관광'이라는 명칭을 사용했다. 진먼의 전장 관광이 추상적 개념이라면, 샤먼의 전장 관광은 구체적인 장소와 시설의 이름으로 사용되고 있는 구체적 개념이다.

이곳은 냉전기의 중국군 포병 및 심리전 시설을 활용한 것으로, 명백히 진먼의 전지 관광 요소들에 상응하는 방식으로 구성되었다. 상응하는 항목은 첫째, 구체적인 군사시설로서의 포병 진지다. 진먼의 스산포 진지나 그 밖의 진지와 대응하는 포진지, 특히 긴 거리의 지하터널이 여기에 해당된다. 포격전의 흔적을 보존하여 야외전시의 항목으로 삼기도 했고, 포격전으로 파괴된 건물 잔해나 담장을 전시하옥에 포함시켰다. 둘째, 진먼의 꾸닝토어 전사관이나 8·23 전사관처럼 냉전기에 만들어진 역사관에 상응하여 영웅 3도 전시관을 설치했다. 여기에서는 포격전 시기 주민들의 고투를 보여주는 사진과 '영웅적으로 싸웠던 인물들'을 주로 전시했다. 셋째, 진먼의 심리전에서 활용된 대형 스피커를 중요한 전시 자원으로 삼았다. 대형 스피커와 함께 '세계 최대의 나팔'이라고 명명한 스피커가 특별히 전시되었다. '세계 최대'라는 나팔은 실제로 최대인지를 고증했는지 알 수 없지만, 이런 명칭은 다분히 매력을 만들어내는 의미부여 방식이다. 넷째, 진먼에 속하는 다단다오에 설치되어 있는 '삼민주의 통일중국'이라는 입간판에 대응하여 '일국양제·통일중국'이라는 대형 입간판을 설치해 관광객의 시선을 끌려고 했다.

이처럼 이곳의 전시 항목들은 대체로 진먼에서의 전시 항목들과 대응하여 구성되었다. 그러나 이런 요소들은 가공으로 만들어낸 것이라기보다는 실제로 존재했던 것들에 기초하여 재배치한 것들이다. 포진지, 심리전의 도구들, 주민 생활의 전시가 여기에 해당한다. 그러나 '세계 최대'라는 수식어나 통일의 원칙을 보여주는 입간판들은 관광을 위한 매력 높이기의 일환이다.

샤먼의 전장 관광이 진먼의 그것에 대응하는 측면이 있지만, 때때로 진먼에서는 발견하기 어려운 점이 전시되기도 하는데, 그 대표적인 것이 화해의 전시다. 다덩다오의 심리전 전시관에는 과거 심리전 방송을 담당했던 중국 측의 쳰 페페(陳菲菲)와 타이완 측의 쉬 빙잉(徐冰瑩) 두 여성 아나운서가 세계 최대의 나팔 앞에서 서로 만나 화해하고 '과거'를 추억하는 사진이 전시되어 있다.

이런 화해의 장면이 실제로 있었던 것이라면, 진먼의 경우에는 이와는 다른 종류의 상상적 화해가 발견된다. 8·23 전사관의 상점 안에 장제스(蔣介石)와

그림 9 다덩다오의 화해의 전시(좌)와 진먼의 상업적인 화해의 장면(우)
출처: 필자 촬영.

마오쩌둥(毛澤東)의 사진을 나란히 걸어놓거나 슈이터우 마을의 득월루 옆에 있는 찻집의 담장에서 마오쩌둥의 사진을 걸어놓고 관광객의 시선을 유인하는 그림이 있는데, 전자를 진정성의 전시라면 후자는 상업적 코믹성이 가미된 전시라고 할 수 있다. 아마도 전자가 후자에 영향을 미쳤을 것이다.

샤먼의 상응적 전장 관광이 역으로 진먼에 미치는 영향을 볼 수 있는 사례는 또 있다. 다덩다오에 전시되어 있는 '세계 최대의 나팔'은 원래 1970년대에 만들었고 주로 공산당의 타이완에 대한 정책 방송용이었다. 이 나팔은 원래 푸젠 전선방송대(福建前線廣播電台)에 있었고 나중에 전시를 위해 다덩다오로 옮겼다. 이 세계 최대의 나팔이 다덩다오에 전시되기 이전에 진먼의 츠후 해변 삼각보 옆에는 이것보다 더 큰 나팔이 예술품으로 만들어져 전시되었다. 이 나팔은 2004년 '진먼 토치카예술절(碉堡藝術節)'이 열렸을 때 중국 설치예술가인 선위안(沈遠)이 만든 것으로, 과거의 적대적인 상황을 재현하기 위한 예술 작품이었다. 냉전기 소양안의 군사적 대치는 탈냉전기의 전장 관광을 이형동상(異形同狀)으로 만들어내는 역사적 원천이며, 상호작용의 기반이기도 하다. 이것은 일반적인 전장 관광과 다른 경계 전장 관광의 특징이라고 할 수 있다.

두 지역에서 전장 관광의 차이를 말한다면, 진먼은 전장 관광의 장소가 흩어져 있지만 샤먼의 전장 관광은 한 장소에 집중되어 있다는 점이다. 또한 진먼

그림 10 다덩다오의 세계 최대 나팔(좌: 1971, 2006)과 진먼의 나팔 예술품(우: 2004)
출처: 필자 촬영.

에 비해 샤먼의 전장 관광은 활성화되지 못했다. 이런 차이는 전장 관광이 단지 군사적 유산에 기초하는 것이 아님을 보여준다. 중국인들은 다덩다오에 있는 '영웅 3도 유적공원'에 별로 관심이 없으며, 타이완 관광객이나 기타 제3국의 관광객도 여기에는 아직 시선이 미치지 못하고 있다.

중국 정부는 진먼 전장 관광에 대한 직접적 대응은 아니지만, 진먼에서 직접 해운 항로로 연결되는 취안저우에 2006년 중국 민대연 박물관(中國閩台緣博物館)을 세웠다. 이것은 중국의 민난 지역과 타이완은 별개가 아니라 원래부터 하나의 뿌리이고 동일한 문화권에 속한다는 것을 보여주기 위한 것이다. 이 박물관은 타이완 독립파에 대한 정치문화적 차원의 대응으로, 중국 정부의 세심한 문화전략적 고려의 산물이라고 할 수 있다(김민환, 2016).

많은 사람이 간과하기 쉽지만, 꼭 주목해야 할 전시가 진먼과 가장 가까이 있는 샤먼의 바닷가에 있다. '일국양제·통일중국'의 간판 앞에 설치된 '회귀손(回歸手)'이란 조각 작품이다. 이 '회귀손'은 큰 손이 작은 손을 둘러싸고 있는 모습으로 한자 '회(回)'자 형을 만들고 그 사이로 하나의 작은 섬을 보이게 만든 조각 설치작품이다. 이 작품은 관광객이 발의 위치를 고정시킬 수 있도록 발자국을 포함하고 있다. 작품이 지시하는 지점에 발을 고정시키고 두 손 사이로 작품을 들여다보면 작은 섬이 보인다. 이 작품은 존 어리(John Urry, 2002)가 언급했던 관광객 시선으로서의 응시(gaze)론을 응용하면서, 동시에 이를 통해 특정의 정치적 효과를 생산해내는 예술적 장치라고 할 수 있다. 그림 11에서 볼 수 있듯이, 샤먼의 회귀손은 관광객의 시선을 끌어들여 고정시키고, 작은 진먼도를 응시하게 하며, 중국의 품으로 '돌아올 것'을 주문하는 느낌을 주도록 만들어졌다.

그렇다면 진먼에서 샤먼을 향해 바라보는 응시는 어떻게 구현되는가? 진먼에도 구조화된 응시가 존재한다. 바로 전시시설로 개방되어 있는 지하 벙커의 사격창이다. 이것은 실재했던 시설로 옛날 전장의 긴장된 분위기를 느끼면서 전방을 바라보도록 배치되어 있다. 양안 모두에서 상호 응시가 이루어지고 있는데, 다만 그 가시적 응집력은 샤먼 쪽이 진먼 쪽보다 훨씬 강하다고 할 수 있다.

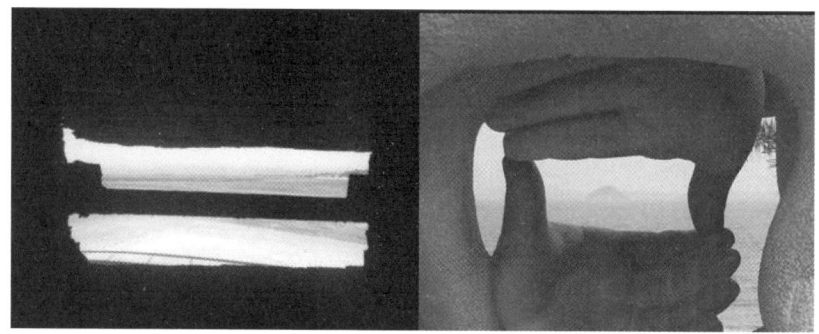

그림 11 소양안의 상호 응시와 그 차이(좌: 진먼 벙커 창문, 우: 샤먼 회귀손)
출처: 필자 촬영.

　　회귀손이 설치된 샤먼의 해변에는 마쭈상(媽祖像)이 새로 만들어 세워졌다. 마쭈는 원래 중국 푸젠성의 어민들이 모시는 여신이고 중국 대륙의 이민을 따라서 마쭈 신앙이 진먼과 타이완에 들어와 '민대 해양문화(閩台海洋文化)'가 형성되었다. 타이완의 마쭈 신들은 다 푸젠성의 '조묘(祖廟)'에서 기원한 것으로, 마쭈상이 샤먼의 바닷가에서 진먼을 바라보고 서 있는 것은 단지 하나의 만조신을 세운 것이 아니라 '집을 떠나간 아이에게 다시 집으로 돌아오라'는 모친의 심정을 표현한 것으로 보인다. 샤먼에는 비록 민대연 박물관과 같은 타이완을 향한 직접적 언명을 생산하는 박물관은 없지만, 이렇게 정치적·문화적·종교적 요소들을 결합하여 관광객을 끌어들이고 타이완을 향한 정치적 메시지를 만들어 낸다고 할 수 있다. 이들은 냉전 시기의 방송심리전을 대신하는 탈냉전시기의 문화정치를 보여준다.

2. 전장 관광에 문화 관광을 더하기

냉전 유산은 군사시설과 같은 직접적 유산과, 군사적 통제가 낳은 비의도적·간접적 유산으로 나눌 수 있다. 간접적 유산은 군사적 통제 덕분에 보존된 자연 환경과 인문환경으로 구분된다. 진먼은 저개발로 자원의 가치를 그대로 보존한 경우로, 전통적인 민난식 건축과 근대 초기의 서양식 주택이 있다. 이들은 전장 관광이 발전하는 과정에서 필연적으로 더해지는 문화적 자원들이다. 진먼의 관광 진흥전략은 전장 관광에서 문화적 요인을 더한 복합 관광으로 발전하는 경로를 걷는 것이다.

1949년 이전 진먼은 중국 푸젠 성의 민난 지역, 그 중에서도 통안현(同安縣)에 소속했으나, 1949년부터 타이완의 영토가 되었다. 민난 지역은 16세기부터 중국의 유명한 화교의 출발지로, 점차 교향(僑鄕)이 되었고, 타이완과 동남아시아에 널리 퍼진 '해양민난문화(海洋閩南文化)'의 원형이 있는 지역으로 의미가 변화했다.

진먼은 워낙 푸젠 성과 가까워서 민난문화가 농후하고, 샤먼의 급속한 도시화와 전통문화의 파괴에 대비되어, '살아있는 민난문화'와 '민난문화의 마지막 유전자 풀(gene pool)'로 간주된다(오준방, 2015: 398). 진먼의 건축은 해양민난문화를 보여주는 전통적 건물과 화교들의 회귀의식을 보여주는 서양식 건물들로 구분된다. 진먼에는 1949년 이전에 만들어진 서양식 건물 161채가 있고, 1949년 이후부터 1970년 초기까지 지어진 건물 69채가 있다(江柏煒, 2012: 9). 또한, 진먼 국가공원의 관리 아래 있는 전통 건물은 총 1,081채다.

진먼국가공원은 한편으로는 보존 가치가 있는 전통주택을 소유주에게 지원하여 2014년 6월까지 총 291채를 복원했고, 다른 한편으로는 2005년부터 방치된 전통 건물들을 집주인들로부터 30년간의 지상권을 확보하고 복원한 후, 이를 민숙업자에게 임대하는 방식(Reconstruction, Operation, Transfer: ROT)으로 재활용하기 시작했다. 이들은 계약기간 4~7년의 민숙으로 활용되거나 전시관으로 활용되었다. 2014년까지 지상권을 확보하여 복원한 전통 건축은 74채였고, 이 가운데 63채가 민숙으로 활용되었다. 또한, 군사적 공간을 재활용한 매점이 두 개다.[15]

---

15 中華民國內政部營建署,〈金門國家公園管理處活用公有資產, 榮獲財政部評定「國有公用不動產

민숙으로 활용하여 성공한 사례가 슈이터우 마을(水頭村)과 쭈산 마을(珠山村)이다. 슈이터우 마을에는 민숙이 총 23채 있고 매점이 두 개가 있는데, 하나는 식당이고 하나는 기념품 가게다. 쭈산 마을의 민숙은 12채다. 민난식 전통주택의 민숙은 타이완 본섬과 푸젠 성에서는 찾아보기 힘들다. 이들은 문화 보존과 현지 체험 관광의 이중적 전략의 산물이면서, 동시에 전장 관광에 문화적 요소를 덧붙이는 효과적인 장치다. 민숙이 대부분 민난식 건축을 이용한다면 서양식 건물을 모방하여 지은 '양루'들은 주로 역사문화 전시관으로 활용된다. 그중에 슈이터우 마을의 진슈이(金水) 소학교 건물은 1999년 복원하여 화교역사박물관으로 바꾸었고, 진후진(金湖鎭)의 첸징란(陳景蘭) 양루는 2008년 복원하여 '군사 경관의 재생(軍事地景的再生)', '교향문화의 재현(僑鄕文化的再現)', '마을생활의 보전(聚落生活的保全)'이라는 3개의 주제를 전시하는 복합 박물관이 되었다.

민난문화의 유산을 활용한 문화 관광은 전장 관광과의 상호작용을 통해 진먼의 관광산업을 더욱 풍부하게 만들었다. 이런 문화적 자원들이 주로 경관과 건축에 기초했다면, 냉전 기억을 활용한 새로운 복합 관광의 요소가 영화다. 2014년 부산국제영화제에서 개막작으로 상영된 영화 〈군중낙원(軍中樂園)〉은 냉전 시기에 금기시된 주제, 즉 군대 위안부의 이야기를 바탕으로 진먼에서

그림 12 화교박물관으로 재활용된 양루들
출처: 필자 촬영.

活化運用績效」公務預算組第三名〉, 2014. 2. 17, http://www.cpami.gov.tw/pda_chinese/index. php?option=com_content&view=article&id=17267&Itemid=141(검색일: 2016. 3. 10).

근무했던 병사의 기억을 다루었다. 원래 진먼에는 10만 명의 국민당 군대를 위한 일종의 공창으로서의 특약다실(特約茶室)들이 설치되어 있었고, 그 가운데 하나를 관광객을 위해 전시관으로 개조하여 개방하고 있다. 영화에서는 특약다실 건물로 첸칭지(陳清吉) 양루를 세트로 활용했다.

첸칭지 양루와 첸칭란 양루는 냉전 시기에 각각 국민당군의 훈련소나 휴게소로 이용되었다. 양루가 전통식 건물보다 크고 화려하며, 건물의 정면 상단부에는 화교들의 애국주의를 표현하는 상징으로서의 청천백일기와 국민당 당기를 그려 넣었기 때문에(江柏煒, 2012: 17), 국민당 군대의 활동을 표현하는데 적절했다. 그러나 이 양루는 개인 재산이어서 곧바로 관광자원으로 전환되지 못한다. 반면, 다른 세트장들, 예를 들어 양자이 거리(楊翟)와 자이산 갱도 등은 새로운 관광자원으로 거듭나고 있다. 특히 양자이 거리는 변화가 크다. 2013년 이전에는 오직 여기에 있는 풍사야만 소개되어 있었지만, 2014년 영화 세트장으로 재단장된 이후 새로운 볼거리로 재탄생했다. 1960년대의 가게와 휘날리는 청천백일기, 그리고 당시의 정치적 슬로건들은 타이완 본섬과 중국에서는 찾기 힘든 것으로 진먼의 독특한 냉전 기억을 재현하고 있다. 이 영화는 군사경제 아래에서 번성하다가 퇴락한 거리를 일시적으로나마 재생시키고, 특히 젊은 세대의 시선을 끌어들이는 효과를 만들었다.

VI. 맺음말: 복합 관광으로의 전환과 지속가능성

전장 관광의 형성 초기에 진먼은 확실히 타이완 관광객의 추억을 불러 일으켰고, 그 후로 점차 중국 관광객의 관심을 끌었다. 하지만 양안의 젊은 세대가 대부분 냉전 역사에 대해 낯설고 관심이 없기 때문에 시간이 지날수록 진먼의 전장 관광은 매력을 상실할 가능성이 크다. 젊은 세대의 취향에 맞춰 관광계획을 수정하면 원래의 엄숙함이나 진지함을 잃게 될 위험성이 있다. 진먼의 전장 관광은 점차 진정성과 오락성 사이에서 어느 것도 버릴 수 없는 딜레마에 빠지게 된다.

최근에 진먼의 전장 관광은 새로운 변화를 보이고 있다. 진먼 당국과 주민들은 전장 관광의 지속성을 위해 문화 관광과 결합시키고 나아가 국제적 인정을 통해 새로운 브랜드를 구축하려고 한다. 사실 이미 2002년 타이완 정부는 진먼을 세계유산 등재신청 후보로 선정했는데, 주로 '진먼 전장문화'와 '민난 상민문화(閩南常民文化)'를 주목했다(金門縣文化局, 2011: 22-34). 근래에 진먼 주민들도 진먼을 국제 관광 레저 섬으로 만들려고 노력할 뿐만 아니라 진먼의 군사적·문화적 유산을 유네스코가 지정하는 세계유산으로 등재하려는 계획을 추진하여, 2011년 2월, '진먼현 세계유산 추진위원회'가 출범했다.

2014년에는 진먼에서 전장 문화와 전통 건축 복원에 대해 전문가를 양성하는 강좌도 열렸다. 여기에서 장 보웨이는 진먼이 전통 관광의 단순한 레저 방식에서 벗어나야 하고, 통합적 보존 모델을 채택하여 유형의 전장 자산과 무형의 인류학적 자산을 적극적으로 수집해 연구해야 한다고 제안했다(江柏煒, 2014: 45-50). 무형의 자산은 주민의 집합적 기억과 구술사에 기초하는 것이다. 진먼에서 냉전의 유산을 지속해서 보존하고 활용하려면 현지 주민의 기억을 투입하여 주민이 전장 유산의 가치를 알게 하고, 전장 유산의 관리에 참여하도록 하는 것이 중요하다(江柏煒, 2014; 曾逸仁, 2014; 林美吟, 2014). 그는 이를 통해 진먼 전체를 냉전박물관으로 만들자고 주장했다.

1953~1992년 동안 진먼에서 실시된 전지정무는 민난식 전통주택과 서양식 화교주택을 그대로 보존하도록 작용했다. 이것은 대안인 샤먼에서의 전통주택 문화의 파괴와 극적으로 대비된다. 이런 주택들이 상징하는 민난문화는 전장문화와 같이 '진먼학(金門學)'의 기초적 자원을 형성한다. 또한 진먼에 흩어져 있는 양루들을 활용한 화교의 역사박물관들은 단순히 놀러오는 관광객뿐만

아니라 배우러 오는 관광객을 유치하는 효과를 만들어낸다.[16] 이들은 전장 관광의 딱딱함을 누그러뜨리면서 진먼의 관광을 미학적이고 문화적인 것으로 이끌어 간다.

이처럼 전통적인 민난식 주택의 민숙으로의 활용, 양루를 활용한 역사박물관으로의 재구성을 축으로 하는 문화 관광이 전장 관광에 더해지면서, 진먼의 관광 진흥전략은 복합 관광으로 발전하는 경로를 걷기 시작했다. 그러나 진먼의 전장 관광, 나아가 복합 관광으로의 전환 속에는 한 가지 깊은 고민이 새겨져 있다. 그것은 생태적 자원의 상대적 고갈 가능성이다. 관광객이 계속 증가할 때 발생하는 수자원과 전기, 그리고 중국인들이 사들이는 토지 증가와 지가 상승 등은 건강한 생태 환경을 위협한다. 이것은 전장 관광의 지속가능성을 넘어 진먼 주민들의 녹색 생활기반을 위협하는 중요한 도전으로 간주될 수 있다.

2015년 11월에 진먼국가공원이 주최한 국제학술회의의 주제는 바로 이 역사, 문화, 환경이라는 세 가지 측면에서의 지속가능성이었다. 이 회의에서 지속가능성은 증가되는 관광객이 매력을 느낄 만한 자원의 새로운 개발을 넘어서서 복합 관광을 떠받칠 수 있는 생태학적 조건, 또는 성장의 한계를 검토하는 것이었다.

진먼의 지역사회에 내재하는 또 하나의 걱정거리는 정치적 변수다. 진먼의 전장 관광의 발전은 호전된 양안 관계를 배경으로 한다. 그러나 2016년 1월의 타이완 총통 선거에서 민진당 후보가 당선되자 중국은 타이완이 독립정책을 채택한다면 중국 관광객 수를 줄일 수도 있다고 발표했다. 인터뷰 대상자들은, 진먼에서는 아직도 국민당을 지지하는 사람이 더 많아서 중국 정부의 이러한 조치가 현실화되지 않을 것이라고 낙관적으로 예측하면서도, 그것이 현실화될 경우 여러 가지 부정적 현상에 직면할 것이라는 전망을 공유하고 있었다. 전장

16　채널경북, 〈체류형 관광의 성공 조건〉, 2015. 10. 27, http://www.channelkb.co.kr/news/articleView.html?idxno=2434 (검색일: 2016. 2. 25).

관광에서 출발한 진먼의 관광계획이 지속적으로 수정되고 있지만, 양안의 서로 다른 기대와 취향에 의존하고 있는 불안정한 구조가 인식되기 시작한 것이다.

전장 관광이 가진 장소의 매력성은 한두 번의 방문에 의해 크게 감소하기 때문에 이런 급속한 한계효용의 감소를 만회할 수 있는 대체 자원이 필요하고, 확대되는 관광산업을 떠받칠 수 있는 자원의 한계, 생태적 지속가능성을 고려해야 하는 것이 진먼이 직면하고 있는 과제들이다.

참고문헌

『천하잡지(天下雜誌)』
『금문일보(金門日報)』
〈戰鬥金門〉, http://www.jjes.km.edu.tw/local/b3-4-1.html(검색일: 2016. 1. 23).
好房網, 「離島建設基金補助, 金門最多」, 2012. 6. 25, http://news.housefun.com.tw/news/article/1151622649.html(검색일: 2016. 1. 23).
『중시전자보(中時電子報)』
『연합보(聯合報)』
大紀元, 「台擴大小三通 馬英九不贊成金門撤軍」, 2008. 6. 20.
『채널경북』
百度旅遊, http://lvyou.baidu.com/
台海网, http://www.taihainet.com/
華夏經緯網, http://www.huaxia.com/
中華民國內政部營建署, 〈金門國家公園管理處活用公有資產, 榮獲財政部評定「國有公用不動產活化運用績效」公務預算組第三名〉, 2014. 2. 17, http://www.cpami.gov.tw/pda_chinese/index.php?option=com_content&view=article&id=17267&Itemid=141(검색일: 2016. 3. 10).

國家發展委員會, 〈離島地區永續發展與創新亮點〉, 行政院 第3496次 會議
김민환. 2016. "중국 속 대만, 대만 속 중국: 양안 '국립'박물관들의 합종연횡." 박명규·백지운 편, 『양안에서 통일과 평화를 생각하다』, 135-156. 과천: 진인진.
오준방. 2015. "탈냉전과 진먼학: 형성, 성과, 과제." 『사회와 역사』 107, 389-420.
오준방·정근식. 2014. "진먼 냉전생태의 형성과 해체: 지뢰전시관 형성의 경로를 따라서." 『사회와 역사』 104, 7-43.
江柏煒. 2012. "金門洋樓: 一個近代閩南僑鄉文化變遷的案例分析." 『國立臺灣大學建築與城鄉 研究學報』 21, 1-24.
江柏煒. 2014. "冷戰島嶼: 戰地文化景觀保存及維護芻議." 『2014年推廣金門縣世界遺產登錄計畫文化遺產維護培訓講座-戰地文化遺產保存講座』, 29-58. 金門: 金

門縣文化局.

江柏煒. 2016. "地方史與全球史的連結: 金門研究的價值"(초고).

經建會管制考核處. 2012. "離島建設基金推動10年回顧與未來推動方向." 『台灣經濟論衡』 10(9), 24-66.

郭美芳. 2012. "金門空間形式轉化之意涵-由戰地轉為觀光空間與兩岸樞紐之形式轉化." 『2012年金門學國際學術研討會論文集』, 313-327.

金門縣文化局. 2011. 『金門走向世界遺產-由戰爭到和平』. 金門: 金門縣文化局.

金門縣政府. 2009a. 『金門縣誌-卷首、大事志』, 金門縣政府.

金門縣政府. 2009b. 『金門縣志-人物志與觀光志』11, 金門縣政府.

台灣內政部營建署. 1994. 『金門戰役紀念國家公園計畫(草案)』, 97-99.

林美吟. 2014. "戰地文化遺產保存的民眾自主參與及環境教育." 『2014年推廣金門縣世界遺產登錄計畫文化遺產維護培訓講座-戰地文化遺產保存講座』, 121-142.

水牛設計部落有限公司. 2010. "金門國家公園戰役史蹟景觀風貌構成調查計畫案-期末報告." 金門國家公園管理處委託研究

施沛琳. 2014. "金門战地文化创意产业初探." 『閩台文化研究』39, 77-85.

侯錦雄. 1999. "形式的魅影—金門觀光的戰地異境想像與體驗." 『觀光研究學報』5(1), 39-52.

楊樹清. 2002. "「兩門對開, 兩馬先行」的觀察與省思." 『金門日報』(2002. 7. 12).

鄭根埴·吳俊芳. 2015. "金門的(脫)冷戰及民主化: 著重於其雙重性轉換." 江柏煒·王秋桂主編. 『歷史島嶼的未來—2015年金門歷史、文化與生態學術研討會論文集』, 371-388. 金門國家公園.

趙乃嘉. 2012. "金門發展國際觀光度假區對當地文化觀光的影響評估." 碩士論文,朝陽科技大學

曾逸仁. 2014. "從世遺觀點探討金門軍事遺產的價值與陳述." 『2014年推廣金門縣世界遺產登錄計畫文化遺產維護培訓講座—戰地文化遺產保存講座』, 77-108.

陳建民. 2003. 『兩岸關係發展與金門角色定位之研究—「小三通」後的觀察』. 台南: 久洋出版社

黃振誼·徐健進·陳順興. 2011. "從利害關係人角度探討纜車對貓空觀光永續發展之影響." 『育達科大學報』26, 67-102.

侯錦雄. 1999. "形式的魅影—金門觀光的戰地異境想像與體驗", 『觀光研究學報』5(1), 39-52.

Chambers, Thomas A. 2012. *Memories of War: Visiting Battlegrounds and Bonefields in the Early American Republic*. Ithaca; London: Cornell University Press.

Chang, Li-Hui. 2014. "Remapping the Island: The Relationships between Tourism and Conflict Borders of the Kinmen -Xiamen Border." *Journal of China Tourism Research* 10(3), 363-377.

Cooper, Malcolm. 2006. "The Pacific War Battlefields: Tourist Attractions or War Memorials?" *International Journal of Tourism Research* 8(3), 213-222.

Dunkley, Ria, Nigel Morgan, and Sheena Westwood. 2011. "Visiting the Trenches: Exploring Meanings and Motivations in Battlefield Tourism." *Tourism Management* 32(4), 860-868.

Herborn, Peter J. and Francis P. Hutchinson. 2014. "'Landscapes of Remembrance' and Sites of Conscience: Exploring Ways of Learning Beyond Militarising 'Maps' of the Future." *Journal of Peace Education* 11(2), 131-149.

Kuo, Nien-Te, Kuo-Chien Chang, Yi-Sung Cheng, and Jui-Chou Lin. 2015. "Effects of Tour Guide Interpretation and Tourist Satisfaction on Destination Loyalty in Taiwan's Kinmen Battlefield Tourism: Perceived Playfulness and Perceived Flow as Moderators." *Journal of Travel & Tourism Marketing* 13, 1-20.

Le, Diem-Trinh Thi and Douglas G. Pearce. 2011. "Segmenting Visitors to Battlefield Sites: International Visitors to The Former Demilitarized Zone in Vietnam." *Journal of Travel & Tourism Marketing* 28(4), 451-463.

Lee, Yi-Ju. 2015. "The Relationships Amongst Emotional Experience, Cognition, and Behavioural Intention in Battlefield Tourism." *Asia Pacific Journal of Tourism Research 24, 1-19.

Lloyd, David W. 1998. *Battlefield Tourism: Pilgrimage and the Commemoration of the Great War in Britain, Australia and Canada*, 1919-1939. Oxford, UK; New York: Berg.

Maoz, D. 2006. "The Mutual Gaze." *Annals of Tourism Research* 33(1), 221-239.

Perkins, H. C. and D. C. Thorns. 2001. "Gazing or Performing?: Reflections on Urry's Tourist Gaze in the Context of Contemporary Experience in the Antipodes." *International Sociology* 16(2), 185-204.

Seaton, A. V. 1999. "War and Thanatourism: Waterloo 1815 – 1914." *Annals of Tourism Research* 26(1), 130-158.

Seaton, A. V. 2000. "'Another Weekend Away Looking for Dead Bodies…': Battlefield Tourism on the Somme and in Flanders." *Tourism Recreation Research* 25(3), 63-78.

Szony, M. 2008. *Cold War Island: Quemoy on the front Line*. Cambridge: Cambridge University Press.

Urry, J. 2002. *The Tourist Gaze*. London: Sage Publications.

Zhang, J. J. 2010. "Of Kaoliang, Bullets and Knives: Local Entrepreneurs and the Battlefield Tourism Enterprise in Kinmen (Quemoy), Taiwan." *Tourism Geographies*.

제6장
서울의 '재구조화'와 일본인 관광: 강남개발을 중심으로*

김성민(金成玟)

I. '장소의 소비'로서의 관광

1985년, 시인 김지하가 쓴 판소리극 '똥바다'의 공연 및 음반제작에 금지조치가 내려졌다. 일본에 대한 한국의 정치적·경제적 의존을 신랄하게 풍자한 이 작품이 "한일관계를 종속적으로 묘사하고, 검은 음모가 있는 것처럼 과장하고 있다"는 것이 그 이유였다. 이 극의 하이라이트이기도 하며, 전체를 상징하고 있는 것은 일본인에 의한 '기생관광' 장면이다. 김지하는 의도적으로 '조선', '아리랑', '이순신' 등 한국사회의 '진정성'을 상징하는 단어와 함께 섹스 투어의 모습을 생생하게 묘사함으로써 당시 한일 간의 뒤틀린 관계를 표현했다.

실제로 '기생관광'은 한국 관광산업의 초기에 해당하는 1960년대 후반부터 80년대 중반까지 일본인 관광객을 유치하기 위해 기획된 관광상품이었다(박정미, 2014). 미국의 관광전문가가 일본인 관광업자의 자문을 바탕으로 작성한

---

* 이 글은 『아시아리뷰』 6권 2호(2017: 249-268)에 게재되었던 논문을 본서의 편집 취지에 맞도록 수정·보완한 것입니다.

1968년의 한국교통부(1968)의 자료 "한국관광진흥을 위한 종합대책"에 실린 '한국관광사업 조사보고서(발췌)'를 통해 자세하게 확인할 수 있다. 1950~60년대의 고도성장을 거치고 1965년부터 해외여행이 자유화된 일본인 관광객을 불러들이기 위해 '품격 있는 성적 매력'을 관광상품으로 개발한 것이다. 이러한 관광진흥정책 아래 일본인 관광객은 당시까지 가장 많았던 미국인 관광객을 제치고 1968년 이후 50% 이상의 비율을 유지해갔다.

애초에 기생은 일제강점기부터 아리랑, 갈비, 한복, 한옥, 공예품 등과 함께 '진정한 조선'(Ruoff, 2010)을 나타내는 것으로 여겨져 왔다.

> 기생은 본래 관기라는 지위를 갖고 궁내의 연회나 양반의 술자리에서 시중드는 가마쿠라 시대의 시라뵤시(白拍子: 가마쿠라 시대까지 유행했던 가무를 노래하고 춤췄던 유녀: 역자 주)와 비슷한 것이다. 오늘날에는 일반 민중 연회에도 참석해 시중들며 노래도 부르고 춤도 춘다. … 기생은 장구를 치며 연회의 흥을 돋우며, 기생이 노래하는 아리랑은 세계적으로 유명한 노래다(京城観光協会, 1937: 33).

다시 말해 '기생관광'은 미국의 지원과 지도 아래, 경제성장을 내건 한국 정부가 일제강점기에 구축된 '조선적인 것'을 추구하는 일본인 관광객을 타깃으로 개발한 관광상품이다. 이 현상은 관광을 경제적 이익이라는 형식적인 합리성만으로 받아들인 한국 정부의 개발주의와 미국을 중심으로 한 한미일의 전후관계, 나아가 일제강점기부터 이어온 일본인의 조선에 대한 관광을 바라보는 시선의 연속성을 극명하게 드러냈다는 점에서, 전후 탈식민적인 권력구조가 관광이라는 '장소의 소비'를 통해 나타난 것이라고 할 수 있다.

이렇듯 '기생관광'으로 상징되던 일본인의 한국관광이 크게 변화한 것은 1980년 후반부터다. 그것은 한국 국가체제의 전환과 한일관계의 변화, 동아시아의 국제화 및 글로벌화 등 사람의 이동을 둘러싼 여러 조건이 변화한 결과였다. 예를 들면『아사히신문(朝日新聞)』은 전후 한일 간 관광의 역사적 변천을 다루면서 기생관광이 성황을 이루던 1965년부터 1980년대 중반까지를 제2기로, 1980년대 후반부터를 제3기로 구분하고 있다.

> 일본의 경제 진출로 사람의 흐름은 일본으로부터 일방통행적인 형태가 되고 '이코노믹 애니멀', '기생관광'에 엄중한 비판이 쏟아지는 한편, '한일유착'이나 한국의 '군사독재'도 어두운 그림자를 드리웠다. (중략) 88년 서울올림픽을 전후로 한 무렵부터가 제3기. 한국의 민주화와 서울올림픽은 일본인의 한국에 대한 의식을 크게 바꾸고 '한국 붐'을 만들어냈다. (중략) 1989년부터는 한국에서도 해외여행이 자유화되어 일본에 가는 여행자가 급증, 사람의 흐름은 일방통행에서 상호교류로 변했다(『아사히신문』, 1994. 1. 24).

이러한 설명은 1980년대 후반에 급속히 변화한 한국의 사회변동과 국제관계의 측면에서 보면 타당한 것이며, 아카데미즘과 저널리즘을 가리지 않고 가장 일반적으로 사용되어온 것이다. 그러나 이러한 설명은 지금까지와는 질적으로 다른 '장소의 소비'를 만들어낸 공간의 의미를 간과하고 있기 때문에 '기생관광'으로 상징되던 일본인 관광이 얼마나 변화했는가에 대해 충분한 대답이 되지 않는다. 급속한 경제발전과 사회변동이 관광의 본질에 영향을 준 것은 확실하지만, 그 과정에서 공간과 사회적 관계는 얼마나 재조직되고, 소비되는 장소의 성격은 얼마나 변용되었는지 다뤄지지 않았다. 그 결과 '장소의 소비' 논의에서 '장소'가 빠져 있었다.

이러한 문제의식에서 출발한 이 글은 1980년 후반 이후의 일본인 한국관광의 변용을 글로벌에서 국민국가, 지역에 이르는 중층적인 스케일을 관통하는 재구조화가 낳은 수도 서울의 '장소성' 변용의 산물로 보고, 그 프로세스를 밝히는 것을 목적으로 한다.

이를 위해 한국의 고도성장과 도시화의 상징적 장소인 강남의 성장 과정에 주목하고, 강남을 중심으로 한 서울의 공간조직과 장소 정체성, 장소 이미지의 변용 과정이 어떻게 서울이라는 '장소의 소비'의 질적 변용으로 이어졌는지를 밝힌다. 이러한 연구는 현재 연간 천만 명 이상의 관광객이 소비하는 메트로폴리스 서울의 장소성이 급속한 산업 근대화와 민주화, 국제화에 의한 재구조화로 어떻게 변용해왔는지를 고찰하는 작업이기도 하다.

II. 장소성의 재구조화와 관광

1980년대는 전 세계적으로 글로벌과 로컬의 수준에서 재구조화가 진행된 시기다. 사스키아 사센(Sassen, 2006)에 따르면 1980년대는 전 세계적으로도 제2차 세계대전 후부터 1970년대 사이에 구축된 것에서 세계화로 가는 전환점이었다. 글로벌한 체제가 국가적인 영역으로 진입하고, 탈국가화에 특정한 형태에 기초를 두면서 이를 더욱 강화하는 형태로 국가 내부의 편성을 전환해온 시기다. 지금까지 고정된 것으로 여겨왔던 장소의 불확실성과 불안정성은 '재구조화(restructuring)'라는 개념이 대두되면서, 장소의 정치적·경제적·문화적 변용에 대한 사회적 관심도 높아졌다. '장소'와 '로컬리티'(Massey, 1994), '장소의 소비'(Urry, 1995) 등의 개념이 '포스트모던론'과 결합하면서 또는 일정한 거리를 두면서 새롭게 전개된 것도 이러한 맥락에서였다. 이 재구조화를 문제화하는 작업의 근저에 있는 것은 공간을 '사회적인 것'으로 받아들이는 관점이다. 앙리 르페브르(Henri Lefebvre)는 1974년에 출판된 『공간의 생산(la production de l'espace)』에서 공간을 정치적·경제적·사회적 힘에 의해 생산되고, 그러한 힘이 항상 대항하여 다투는 '사회적 생산물'로 규정한다. 공간은 사고는 물론 행위에서도 도구의 역할을 함과 동시에 생산의 수단이며 통제의 수단이기도 하다. 다시 말해 지배와 권력의 수단이 될 수 있는 것이다. 르페브르의 공간 개념은 중심성을 '이동하는 것'으로 다루고 있는데 이는 재구조화에 의한 장소 간 위계의 변화를 분석하기 위한 중요한 관점을 제공한다. 중심성은 모든 시대와 생산양식, 개별 사회를 통해 종교, 정치, 상업, 문화, 산업의 중심과 같은 형태로 생산되고, 계속 이동하기 때문에 '중심성-주변성' 운동을 찾는 것으로, 공간에서의 권력구조와 정체성, 전략을 이해하기에 유용하다(Lefebvre, 1974[2000]).

이러한 공간론은 1980년대를 거치면서 새로운 '장소론'으로 확장되어갔다. 르페브르와 같이 공간을 '움직이지 않는 표면'으로 여기는 기존의 관점을 거부한 도린 매시(Doreen Massey)에 따르면 모든 '공간적인 것'은 금융과 통신의 글로벌한 확장에서 국가적 정치권력의 지리 차원을 거쳐 지역사회나 동네, 가정, 직장에서의 사회적 관계에 이르기까지 중층적인 공간적 스케일에 이르는 다양한 사회적 관계로부터 구축되는 것이다. 특히 매시는 공간과 시간, 공간과 장소를 이항대립적으로 여기는 공간론을 비판적으로 수정하고, 장소를 '지방적인', '특정한', '구체적인', '묘사적인'과 같은 고정된 것이 아니라 다양한 사회적 관계와 이해가 경계를 오가며 상호작용을 계속하는 개방적인 것으로 재개념화하고 있다. 당연히 '장소 정체성'도 경계의 설정에 의해 고정되는 것이 아니라, 여러 가지 상호 관련성을 통해 구축되는 것이다. 다시 말해 '공간은 사회적으로 생산된다'는 관점이 1970년대에 제기되었다면, 1980년대에 들어와 '사회적인 것도 또 다시 공간적으로 구축되고, 그 공간적인 것이 차이를 만들어낸다'는 관점으로 확장한 것이다(Massey, 1994).

이러한 공간과 장소의 개념은 1980년대의 재구조화의 의미와, 새롭게 부상한 '장소의 소비'를 이해하는 데 중요한 관점을 제공한다. '장소의 소비'를 구성하는 '장소 간의 위계'(Bourdieu, 1979[1990])와 그것을 둘러싼 기호나 표상(Baudrillard, 1970[1979])은 재구축된 장소성과 함께 생겨나기 때문이다. 이 과정에서 실로 그 장소성의 변용이 만들어낸 '장소의 소비'의 질적 변용을 나타내는 것으로 주목받는 것이 문화의 측면이다. 이에 대해 존 어리(John Urry)는

1970~80년대에 걸쳐 거의 모든 장소에서 생겨난 경제적 변용에 의한 재구조화가 1980년대 이후 정치와 문화를 중심으로 이루어지며, 그 변화의 정도를 나타내는 것으로 장소의 경제적·문화적 변용을 가져오는 문화산업(예술, 관광, 레저 등)에 주목한다. 어리에 따르면, 장소는 점점 상품 및 서비스 소비를 위한 컨텍스트를 제공하는 중심지로서 재구축되고, 그 자체가 소비된다. 즉, 장소의 소비는 상품 및 서비스 소비와 복잡하게 상호의존하고 있기 때문에, 어떤 장소의 이미지라고 하는 것은 특정한 상품 및 서비스로 구성되고 소비되는 것이다(Urry, 1995).

요컨대 장소 이미지가 구축되는 과정이 매우 복잡한 절차를 필요로 한다는 것이다.

어떤 장소에 새로운 기호와 상징이 선별되고 부여되는 과정은 경계 내 구성원으로서의 자격(membership)을 확인하기 위해 전략적·선별적으로 이용되어 온 '문화적 특징'(Barth, 1969: 12-15)이나 지금까지 금지, 허용되면서 구축되어 온 여러 가지 규율(Foucault, 2004[2007])을 재검토하는 것이다. 이 과정을 더욱 복잡하게 하는 것은 장소를 둘러싼 경계가 하나가 아니라는 것이다. 어떤 장소의 정체성은 중층적인 공간적 스케일에 걸치는 사회적 관계에 의한 여러 가지 수준의 경계에 의해 구축, 변용해 가기 때문이다. 따라서 어떤 장소의 이미지가 생산, 소비되는 과정은 매스미디어를 중심으로 한 민족/국민 정체성의 구축 과정(Schlesinger, 1987)이며, '국민 서사'의 내측과 외측을 동시에 걸치는 여러 주체에 의한 문화적 정체성이 서로 경쟁하고 불안정한 양방향적인 과정이기도 하다. 그렇기 때문에 그 문화적인 장소는 본질적인 것이 아니라 혼재된 것에 의해 구성된다(Bhabha, 1994).

공간과 장소를 둘러싼 이들의 논의는 여러 가지 역사적 전환점을 경험하면서 새롭게 인식되어온 1980년대 전후의 재구조화를 이해하는데 중요한 이론적 관점을 제공한다. 이 글에서는 이러한 이론적 관점을 가지고 장소성의 재구축이 '장소의 소비'의 변용을 만들어내는 도시의 '재구조화' 과정을 다음의 세 차원으로 제시하고자 한다.

첫째, '공간의 재편성(reorganizing space)' 차원이다. 이미 고정된 것처럼 보이는 공간의 질서는 새롭게 설정된 경계에 의해 재배치된다. 1960~80년대에 세계에서 일어난 '개발' 과정이 나타내는 것처럼 모든 공간-주거, 노동, 여가의 공간-의 재조직은 새로운 사회적 관계와 함께 재조직된다. 이 차원은 급속하게 변화하는 경제적 기반을 바탕으로 국가의 내부와 외부, 로컬적인 것과 글로벌한 것을 복잡하게 오가는 힘이 공간적 기반을 재조직하고, 기존의 권력구조를 전환시킨다는 의미에서 매우 정치적인 것이기도 하다.

둘째, '장소 정체성의 재구축(reconstructing of place-identity)' 차원이다. 장소는 재편성된 공간과 그 안에서 변용된 사회적 관계와 권력구조를 통해서 새롭게 인식된다. 경제적·공간적 기반을 바탕으로 형성된 차이를 통해, 장소 간의 위계와 이동이 생겨나고, 주거와 노동의 공간적 기반이나 그것을 둘러싼 의식이나 감정이 변용하는 것이다. 그러한 장소 정체성의 변용은 국가 또는 도시 내부의 권력구조에 대한 감각과 의식을 변화시켜 장소를 둘러싼 투쟁과 전략을 만들어 낸다. 즉, 사회적 차원에서 여러 가지 인식과 감정, 관계가 공간적으로 구축된다.

셋째, '장소 이미지의 재생산(reproducing place-image)' 차원이다. 경제적·사회적 변용과 함께 재편성된 공간과 그에 따라 새롭게 구축된 장소 정체성은 미디어 -신문, 잡지, 텔레비전, 영화, 여행가이드북 등-에 의해 제시되고 특정한 기호와 표상을 부여하며, 소비의 대상이 된다. 장소의 소비와 상품 및 서비스 소비의 상호의존은 이 장소 이미지를 통해 가능해진다. 그러나 그곳에는 다양한 주체에 의한 문화적 정체성이 존재하기 때문에 장소 정체성과 장소 이미지는 서로 '엇갈림'을 형성하고 갈등하며, 접합한다. 이미지의 생산과 소비는 항상 상호작용하는 것이다. 예를 들면 새로운 장소 이미지를 소비하기 위해 방문하는 관광객은 장소의 소비자인 동시에 장소를 둘러싼 커뮤니케이션 행위자이기도 하며, 장소 이미지를 구성하는 기호이기도 하다.

이 세 가지 차원에 의한 재구조화된 공간에서 형성되는 가장 뚜렷한 문화적 효과는 장소를 둘러싸고 심층적이고 광범위하게 소유되는 '감정의 구조(structure of feeling)'(Williams, 1961)의 변용을 낳는다는 것이다. 즉, 공간이 사회적으로 구축되고, 동시에 사회적인 것을 구축해가는 장소성의 재구조화는 장소를 둘러싼 '감정의 재구조화'를 만들어내는 공간적·사회적 기반이 된다. 이 글은 이 세 차원에서 현대 서울의 재구조화의 과정을 분석하고자 한다. 이러한 과정을 분석하는 목적은 급속한 경제발전과 사회변동과 함께 메트로폴리스화해간 현대 서울을 둘러싼 조직과 인식, 욕망과 시선을 살펴봄으로써 '장소의 소비'의 질적 변용을 서울의 공간 조직의 측면에서 고찰하는 데 있다.

III. '강남'의 탄생과 현대 서울의 재구조화

한국전쟁을 경험한 1950년대까지 전근대적인 모습이던 수도 서울은 1963년부터 새로운 행정구획에 의해 기존의 면적을 두 배로 확장하고, '한강의 기적'이라 불리는 경제성장을 시작했다. 이 새로운 경계의 설정은 농촌지역에서 노동력을 급속히 유입하고, 도시의 생산성 증가를 촉진했다. 동시에 1965년에 375만 명이던 서울의 인구는 주택난과 수도 방위의 불안 등 많은 문제점을 낳았다. 1960년대 서울을 되돌아볼 때 빠지지 않고 인용되는 『서울은 만원이다』(이호철, 1966)라는 소설 제목이 보여주는 것처럼, 폭발적으로 늘어난 인구는 서울의 급속한 도시화와 그에 따른 주거와 노동의 변용을 가져온 가장 중요한 요소였다.

이러한 상황에서 새로운 경계 설정으로 재조직된 것이 강남 개발이다. 여기서 '강남'이 강조되는 이유는 지금의 서울이 한양이라 불리던 조선시대 이후, 한강이 서울의 공간을 조직하는 가장 중요한 경계였기 때문이다. 조선시대는

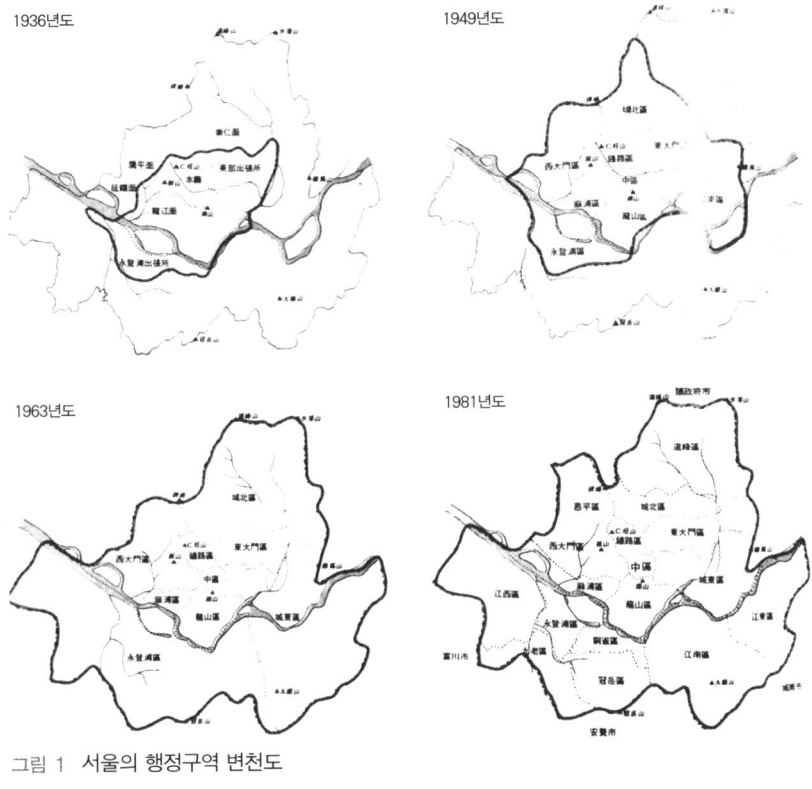

그림 1 서울의 행정구역 변천도
출처: 허영환(1994).

물론 일제강점기의 도시계획도 이 한강을 기준으로 세워졌고, 일제강점기를 거쳐 1960년대까지 서울이라고 하면 정치, 경제, 사회, 문화가 집중되어 있던 사대문 안을 의미했다. 그림 1에서 보는 바와 같이, 일제강점기의 경성의 경계도, 광복 후 처음으로 도시가 확장된 1949년에도 서울은 대부분이 한강의 북쪽에 있었고, 1963년 행정구획 변경에 의해 서울의 경계가 한강 남쪽까지 재설정되었을 때도 이 토지의 대부분은 도시행정의 손이 닿지 않는 농촌지역이었다. 무엇보다 수백 년에 걸쳐 구축되어온 한강을 중심으로 한 중심(북쪽)과 주변(남쪽) 사이의 지리적·심리적 거리는 당시의 사람들에게는 간단히 메울 수 없는 권력구조의 산물이었다.

그러나 한강을 중심으로 구축된 서울의 장소성은 당시 사람들의 상상을 훨씬 뛰어넘는 속도로 변용되어갔다. 서울의 도시화가 고속성장과 맞물려 도시의 경제적 기반을 크게 바꾸어놓은 결과였다. 서울의 도시화에 관한 모든 연구는 '제2차 경제개발 5개년 계획' 아래 서울과 부산을 연결하는 경부고속도로가 개통되고, '남서울 개발계획', '서울시 인구 분산정책' 등의 국책사업 아래에서 강남의 생활권이 형성되기 시작한 1970년을 강남개발의 기점으로 삼고 있다(안창모, 2010; 손정목, 2003; 한종수 외, 2016). 1969년에 완성된 제3한강교(현재의 한남대교)를 건너 도심을 빠져나와 그대로 고속도로를 타고 5시간 만에 부산까지 이동할 수 있게 되면서 전국의 생활권이 확장되고, 경부고속도로의 기점이 된 강남이 생활권의 중심으로 부상했기 때문이다.

구도심에 집중되어 있던 국가의 '중심'이 급속히 해체되는 가운데, 가장 먼저 강남으로 이동한 것은 경제적 기반이었다. 1970년 강남의 837만 평의 토지에 610만 명의 인구를 유입시키기 위한 '사상 최대 규모의 토목사업'이 발표되었다. 이후 서울시의 광고 문구였던 '서울의 희망을 품은 황금의 땅'에 세워지기 시작한 방대한 규모의 집단주택과 상업시설을 중심으로 일어난 건설 붐과 부동산 버블로 인구와 자본이 폭발적으로 유입된 것이다. 실제 1963년 약 2만 7천 명으로 파악된 강남지역의 인구는 1976년에는 약 238만 명, 1979년에는 약 320만 명까지 증가해 약 811만 명인 서울 인구의 40%를 차지했다.

또한, 1963년 한 평당 400원이던 강남의 땅값(현재의 신사동 기준)은 경부고속도로가 개통된 1970년에는 2만 원으로 상승한 것을 시작으로 부동산의 사회적 관심을 고조시켜, 1976년에는 15만 원, 1979년에는 40만 원까지 치솟았다. 사람들은 그곳을 가리켜 경부고속도로의 기점이 된 곳의 지명을 붙여 '말죽거리의 신화'라고 불렀다. 1980년대가 되자 경제적 기반에 의한 사회적·문화적 중심 이동이 가속화됐다. 한국전력을 시작으로 하는 공영 및 민간 기업, 대법원, 검찰청과 같은 사법시설, 세계무역센터, 버스터미널과 같은 교통시설, 서울올림픽 경기장과 관련 시설, 상업시설, 교육시설, 종교시설, 대학병원을 시작으로 하는 대형 의료시설, 롯데월드와 같은 호텔과 고급 백화점 등의 상업시설 등이 구도심에서 이동되거나 새롭게 건설되었다. 그리고 1960~80년대에 걸친 개발독재기 및 고도성장기가 그 종식을 맞이하며, 서울의 인구가 천만 명을 넘은 1980년 후반에는 강남은 종교, 상업, 문화, 산업, 교육의 집중에 따른 중심성을 담당하는 새로운 도심으로 성장했다. 그것은 민주화, 국제화와 같은 사회변동과 얽히며 새로운 사회의식을 만들어냈다.

가장 큰 현상은 한강을 경계로 한 강남과 강북 간의 위계 관계의 역전이다. 다음 신문기사에서 알 수 있듯이, 경부고속도로가 개통되고 겨우 20년 만에 역으로 '강북개발'이 필요한 상황으로 전환된 것이다.

> "아직 강북에 살고 있습니까"라는 유행어가 벌써 오래된 느낌이 들 정도로 강북주민의 피해의식과 소외의식이 깊어지는 가운데, 소득계층에 의한 주거지의 분화라고 하는 도시구조상의 병리현상이 뿌리 깊이 자리하고 있다(『한겨레신문』, 1990. 1. 5).

주목할 것은 이 기사가 "현재 강남과 강북은 인구, 경제력, 주거 요건, 도시기반 및 편익시설 면에서 숫자상으로는 대체로 균형을 유지하고 있다"고 쓴 것이다. 실제 1990년 인구는 강북이 548만 명, 강남이 514만 명으로 그 균형은 그 후로도 2005년까지 계속되었다. 그럼에도 1990년 시점에 이미 강북의 주민이 대서특필될 정도로 피해의식과 소외의식을 느끼고 있었고, 나중에는 '성벽'(이재열, 2003)이라고 불릴 정도의 경계 차이가 생겨난 것이다.

그것은 도시기반 아래서 점점 확대해간 지금까지 한국인이 경험한 적 없는 사회관계자본, 문화자본의 차이가 작용한 결과였다. 강남이나 그 주민에게 부여된 지위의 동력이 된 것은 부동산이었다. 개발독재기가 막을 내린 1990년이 되자, 한국의 토지가격은 고도성장기가 시작된 1965년과 비교해 164배나 상승했고, 한국인에게 있어 '내 집 마련'은 '재산 소유의 차원을 넘어 사회적 지위와 생활수준의 반영지표'가 되어 있었다. 그 가운데에서도 1990년에 한 평당 3,400만원까지 상승한 강남의 토지가격(현재 신사동 기준)은 이른바 '부동산 부자'를 양산해 한국 부유층의 지도를 다시 그려냈다. 그 부유층의 지도는 반은 데칼코마니와 같이 기존의 것과 일치하고, 나머지 반은 지금까지 없었던 모양으로 그려졌다. 전자가 기존의 경제자본을 이용해 강남에 진출한 계층이라고 한다면, 후자는 초기에 확보한 강남의 부동산을 거점으로 새로운 경제자본을 손에 넣은 계층이었다.

이 새로운 계층은 한국의 사회적 규범 그 자체에 커다란 영향을 미쳤다. 1960~80년대의 개발독재기에 고도성장 가운데에서도 순응적인 '국민'으로서의 규율이 우선되었다면 민주화와 도시화, 국제화를 동시에 경험한 이 시기에는 '주거 장소'를 둘러싸고 새롭게 구성된 '계층'을 중심으로 새로운 교통의식과 네트워크가 구축되었다.

고급 아파트가 늘어선 새로운 강남의 지도 위에서 정체성을 만들어낸 것은 학력자본을 바탕으로 한 강남 주민의 사회관계자본이었다. 1991년 조사에 따르면 정치인, 법조인, 공무원, 언론인, 기업가 등 이른바 '사회지도층'이라 불리는 1만 5천 명 중 30%가 전국 인구 중 2%가 강남에 거주하고, '강남 을' 선거구의 경우 유권자의 46%가 대졸 학력을 갖고 있었다. 부동산과 학력자본을 가진 강남의 주민은 여러가지 '계층의 장소'를 통해 사회개발 자본을 강화하고 다른 지역과 차별되는 정체성의 동질성을 확인하고 공유했다. '8학군'이라 불리는 명문 학교를 중심으로 한 교육 커뮤니티, 대형교회를 중심으로 한 종교 커뮤니티, 고급 레스토랑이나 백화점 등 상업시설을 중심으로 한 소비 커뮤니티가 구축되어갔다. 교육시설이 교육수준에 의한 계층의 확대재생산 기능을 담당하는 장소였다고 한다면(오제연, 2015), 종교시설은 중산층의 사회계층적 동질성(서우석 1994)을, 상업시설은 소비에 의한 다른 계층과의 차이(김효선, 1992)를 확인하는 장소였다. 1992년의 총선거부터 강남의 단지를 중심으로 '거주지'나 '소득수준'이 그대로 정치의식으로 나타나기 시작한 것도 새롭게 구축된 장소의 정체성과 계층의식이 만들어낸 것이었다.

강남개발은 정치적·이념적으로는 매우 억압적이면서 경제적으로는 특권과 자유가 주어지는 '발전국가'의 경제적 변용이 공간적으로 나타난 현상이었다. 다시 말해 강남은 한국의 정치적·경제적·사회적·문화적 변용에 의해 구축된 공간임과 동시에 한국사회의 존재 그 자체가 재구축된 공간이기도 하다. 특히 국가에 의해 개발되는 과정에서 형성된 여러 가지 차이로 인해 생겨난 욕망은 강남이라는 '장소의 소비'를 촉진했다. 더 나아가 글로벌과 로컬이 교차하는 새로운 장소성을 강남에 부여했다. '강남에 사는 것'이 국민국가의 질서를 바탕으로 한 로컬적인 스케일로, 그 견고한 경제자본이나 사회관계 자본을 바탕으로 한 장소 정체성을 재생산하는 것이라면, '강남을 소비하는 것'은 자본주의의 힘이 도시를 중심으로 재편되는 글로벌한 스케일로, 강남의 정체성이 만들어낸 욕망과 시선을 재생산하는 것이었다.

이러한 강남의 정체성과 그것에 쏟아진 욕망과 시선은 1980년대 후반부터 적극적으로 표상되고 소비되었다. 고급 아파트와 백화점, 해외의 패스트푸드나 분점이 늘어선 대로는 한국의 자본주의 문화를 상징했고, 번화가에 모여드는 젊은이들의 패션과 소비패턴은 '산업화 시대'와의 단절을 표상하는 것으로 인식되었다. 그 이미지는 매우 혼돈된 것이었다. 미국에서 유입된 힙합음악과 패션이 유행하는 거리에는 '도라에몽(瞳子夢)', '아사(あさ)', '유키(ゆき)', '바이카(梅花)' 등 일본어 간판과 일본 문화를 취급하는 상점들이 늘어섰다. 당시 압구정동 문화에 대한 여러 비판론에서도 알 수 있듯 당시 한국사회에서 공식적인 소비가 금지되어 있던 일본의 대중문화와 그 이미지가 강남에서는 새로운 장소의 이미지를 표상하는 기호로 소비되었다(金成玟, 2014). 1992년 서울시가 '압구정로 정화 계획'을 발표하고 '강남구 압구정로가 일본 문화의 무분별한 도입 속에 청소년들의 탈선을 조장하고 있다는 판단에 따라 일본식 표기 간판을 철거하고 심야 퇴폐 유흥업소를 집중 단속'(경향신문, 1992. 11. 4)한 것도 당시 압구정동에 대한 시선을 반영한 것이라 할 수 있다.

강남의 장소 이미지를 좀 더 적극적으로 생산하고 소비한 것은 미디어였다. 1990년대에 들어서자 신문과 잡지는 강남 가운데에서도 그 욕망을 가장 상징적으로 나타내는 장소로서 인식되어온 압구정동에 주목하고, '압구정동 문화론', '오렌지족론' 등 다양한 강남론을 통해 한국사회의 새로운 문화적 정체성을 다루는 동시에 스스로 강남의 이미지를 만들어내고 유통시켰다. 한편으로 사람들은 드라마나 버라이어티 프로그램, 광고 등 텔레비전이 만들어낸 여러 이미지를 통해 강남을 체험했다. 강남 문화를 그린 문학이나 영화에 그려진 것은 복잡하게 교차하는 강남의 내부와 외부의 욕망과 시선이었다.

강남 이미지는 그때까지 도시 이미지를 구성하고 있던 기호와 표상, 사회의식과 규율과의 복잡한 경쟁을 통해 구축되었다. 그것은 강남이라고 하는 장소를 둘러싼 언설이 이미지와의 여러 가지 차이를 만들어내면서 전개된 것으로도 알 수 있을 것이다. 예를 들면 압구정동을 '탈정치적이며 탈이념적', '부패한 자본주의의 온상', '괴물 같은 인간을 복제하는 장소'라고 규정하려는 시선에는 그때까지의 거대담론이 민주화와 냉전구조의 붕괴에 의해 해체되고 새롭게 도래한 대중소비 사회에 대한 충격과 불안을 읽어낼 수 있다(조혜정, 1992). 그곳에서 활발하게 소비되는 미국과 일본 문화, 그것을 그려낸 미디어를 비판하고 지금까지의 내셔널리즘 아래에서 사회적으로 공유해온 일종의 죄의식을 불러일으키려고 한 것은 국제화의 흐름과 함께 한국의 문화적 정체성의 변용을 촉진하는 과정에서 부상한 '혼종화'에 대한 반감으로 생각할 수 있다. 다시 말해 강남 이미지를 둘러싼 논쟁에는 그때까지의 한국사회를 구성해온 사회의식과 감정이 강하게 반영되어 있는 것이다.

Ⅳ. 새로운 '한국적인 것'의 생산과 소비

한국사회에서 강남의 장소 이미지를 둘러싼 다양한 경험과 논의가 진행되는 사이 한국을 찾는 여행자들 역시 강남을 통해 서울의 새로운 이미지를 바라보기 시작했다. 먼저 반응한 것은 양적으로도 가장 많았던 일본인 여행자들이었다. 일본의 미디어나 여행자들은 1980년대 후반부터 강남의 이미지를 발견하고, 근대화를 통해 고도성장을 이룬 한국사회를 새로운 이미지로 인식하기 시작했다.

> 서울은 남쪽으로 갈수록 현대적이다. 역사와 활력이 혼재하는 옛 성터를 벗어나 남산 남녘으로 돌면 쇼핑과 젊은이들의 거리, 이태원. 더 가서 한강을 건너면 그곳에는 지금 가장 핫한 문화도시, 강남이다. 강남을 상징하는 풍경은 고층 아파트군과 종횡으로 달리는 넓디넓은 도로망, 그리고 눈 아래로 펼쳐진 한강의 흐름과 풍부한 녹음이다. 단지에는 포니, 스텔라, 르망이라는 국산 승용차가 꽉 들어차 있고, 멋진 상점가가 주위를 둘러싸고 있다. 한 집당 넓이도 120평방미터 이상, 일본의 단지보다도 훨씬 넓은 여유로운 생활공간이다. 점심이 끝날 무렵 아이들을 데리고 나온 젊은 엄마들이 세련되고 활기차게 오간다. 서울 아이가 '동경과 다르지 않다'고 자부하는 '행복한 도시생활'의 광경(『요미우리신문』, 1986. 10. 2).

즉, 1980년대 후반부터 일본의 미디어에 그려진 강남은 고도성장과 함께 확장되고 올림픽을 통해 국제화되기 시작한 '새로운 서울'을 나타내는 장소였다. 1988년 서울올림픽을 앞두고 『아사히신문』은 '인습과 변용 사이에 숨 쉬는 서울. 도쿄처럼, 방대한 인구의 삶이 누적되며 지구라는 무대에 등장하려 하고 있다'고 썼다.

이러한 '강남의 발견' 과정은 여행 가이드북을 통해 좀 더 명확히 알 수 있다. 1980년대 중반까지 일본의 관광 가이드북에 실린 서울의 관광지는 구도심에 집중되어 있었다. 1984년 발간된 『한국여행가이드』(三修社)와 1984년과 1985년의 정보를 바탕으로 쓰여진 『세계를 간다: 한국편 86-87년판』(다이아몬드사)을 봐도 '서울의 주된 볼거리'로 소개되는 것은 모두 구도심으로, 강남은 언급되지 않는다. 다음은 그것을 정리한 것이다.

> 남산, 서울타워, 서울역, 서울시청, 덕수궁, 세종로, 광화문, 경복궁, 국립중앙박물관, 창덕궁, 비원, 창경원(현재는 창경궁), 종묘, 파고다공원, 조계사, 인사동, 남대문, 남대문시장, 동대문, 동대문시장, 명동, 충무로, 한옥마을, 장충단, 장충단공원, 북악스카이웨이, 여의도, 워커힐, 명동, 신촌, 이대 앞, 이태원

그러나 1980년대 후반 이후의 정보가 반영된 1990년부터는 각 여행 가이드북에 적극적으로 강남이 소개되고 있다. 예를 들면 1991년에 출판된 『한국 Korea』(昭文社)는 강남의 방배동을 '한국에서 가장 새로운 번화가인 슈퍼 모던 카페 구역'으로 부르며 새로운 서울의 관광지로 다루고 있다. 또한 『세계를 간다-한국편 91-92년판』에서는 강남을 다음과 같이 서술하고 있다.

> 한강에서 한 발, 남쪽으로 들어가 보자. 그곳에는 구시가지로부터 30~40분 타임슬립(time slip)한 것 같은 현대적인 거리가 전개된다. 느낌 있는 부티크, 멋진 카페, 고층 아파트 고도경제성장을 계속해 온 한국의 모습이, 최첨단 거리를 걸으면서 세계의 뉴 파워 한국의 미래상을 상상해 보는 것도 나쁘지는 않을 것이다.

이후 관광 가이드북은 압구정동, 한남역 주변, 방배동 등을 중심으로 한 강남을 '고급 아파트가 늘어선 쇼핑가'로, 또한 '중산층의 상징'으로 소개했다. 특히 압구정동이 '이곳 젊은이들의 라이프 스타일은 한국사회 전체에 영향을 주

는 유행의 발신기지'로 소개되는 등, 강남은 '서민적인 맛이 있는 강북'과 대비되는 '새로운 서울의 얼굴이 되고 있음과 동시에 한국에서 가장 첨단을 걷는 거리'로서 일본의 젊은이나 관광객에게 전해졌다.

이와 함께 한국을 방문하는 일본인 관광객이 질적으로 변용되기 시작했다. "입소문으로 알고 있던 일본인 관광객, 대학생이나 'OL(직장 여성을 일컫는 당시의 새로운 유행어: 인용자)' 스타일의 젊은이가 급속히 늘었다"(榎本美礼, 1986: 50)는 여행기에서도 알 수 있듯이, 서울을 방문하는 개인과 여성, 젊은 관광객이 증가한 것이다. 특히 여성 관광객의 경우 한국을 방문하는 일본인 관광객이 149만 명을 넘어선 1993년에는 그 비율이 40.8%에 이르렀다. 이러한 새로운 여행자 층의 등장은 1988년에 100만 명을 넘어서면서 그 양적 확대에 집중되어왔던 일본인 한국관광의 질적 변화를 파악할 수 있다는 점에서 중요한 의미를 갖는다. '기생관광을 즐기는 40대 이상의 남성'이 일본인 관광객의 주된 층이었던 1970년대 이후 계속되어온 한국 관광의 풍경이 이 '새로운 여행자'와 함께 변용하기 시작했기 때문이다.

> 한국을 방문하는 일부 여행자의 화려한 밤 관광은 젊은 세대를 중심으로 한 한국국민의 반일감정을 높여왔다. 또한, 한국 간을 빈번하게 왕래하는 것은 자민당 특정 파벌 등의 한정된 의원이나 경제적인 이해관계를 갖는 비즈니스맨이 주체였다. 최근 젊은 세대나 부인층에게 한국 문화유산이나 자연의 풍요로움을 접하려는 사람들이 늘고 있다(『아사히신문』, 1988. 2. 26).

이미 많이 알려진 바와 같이 일본인의 서울 관광에서 '서울 붐'이라 불릴 정도로 양적 확대의 견인차 역할을 한 것은 말할 것도 없이 1988년 서울올림픽이었다. 그러나 긴 세월 '기생관광'으로 상징되던 일본인 한국관광의 질적 변용을 한 번의 국제 행사만으로 파악할 수는 없다. 관광객층이나 관광지의 다양화 등 1980년대 후반 이후 일본인 관광의 변화는 1970년대 이후 재구조화된 서울의 새로운 장소성-공간조직과 장소 정체성, 장소 이미지가 서울올림픽과 맞물리면서 생겨난 것이기 때문이다. 다시 말해 1980년대 중반까지 일본인 한국관광이 구도심을 중심으로 일제강점기에 형성된 '조선적인 것'을 재생산, 소비하는 형태로 이루어진 것이라면, 1980년대 이후는 강남을 중심으로 재구조화된 현대 서울의 정체성과 이미지가 만들어낸 새로운 '한국적인 것'이 발견, 소비되기 시작한 것이다. 그 변용은 지금 시점에서 알 수 있듯이 1989년부터 자유화된 한국인의 일본관광과 맞물리면서 한일의 새로운 관광공간을 구축해 나가게 되었다.

V. 관광이 만들어낸 장소

한류 붐이 일기 전인 2000년, 5개월간 서울에 체재했던 작가 요모타 이누히코(四方田犬彦)는 당시 한국의 인상에 대해 다음과 같이 말한다.

> 내가 다시 거주하게 된 서울의 거리는 1970년대와는 모든 점에서 달라져 있었다. 먼저 도시의 크기가 두 배 이상 커진 것처럼 보였다. 예전에는 구시가지의 경계선이었던 강폭 1km에 이르는 한강의 반대편이 구 시가지를 완전히 압도할 정도로 번영했고, 미국 서해안의 도시와 같은 모습을 보여주었다(四方田犬彦, 2000: 5).

그가 목격한 서울의 변모는 고도성장과 산업적 근대화, 민주화와 국제화와 같은 한국사회의 급속한 경제발전과 사회변동에 따른 서울이라는 공간의 재편성과 장소 정체성이 재구축된 산물이었다. 그 가운데서도 강남의 형성이 서울에 가져온 의미는 그 변모를 이해하기 위한 가장 중요한 것이었다.

그 의미는 다음의 세 가지로 정리할 수 있다. 첫째, 강남 개발로 일제강점기부터 계속되어 온 '국토' 내부 경계가 새롭게 설정되고 '국가'의 권력구조가 근본적으로 재편성되었다. 특히 방대한 양의 자본과 인구 이동에 따라 한국사회의 중심이 이동했다는 의미에서 그 과정은 매우 정치적인 것이었다. 둘째, 건설 붐과 부동산 버블을 통해 신흥재벌과 중산층을 양산한 강남의 형성으로 지금까지 없었던 '계층'과 '계층의식'을 바탕으로 한 정체성이 구축되면서 장소를 둘러싼 사회의식 그 자체에 큰 영향을 불러일으켰다. 그 밑바탕에서는 강남이라는 장소가 만들어낸 '차이'에 의한 위계와 그것을 둘러싼 욕망이 작동하고 있었다. 셋째, 강남의 장소 이미지는 국제화 및 글로벌화 가운데 국경을 뛰어넘는 여러 기호, 표상과 접합하여 혼돈되면서 생산되고, 소비되었다. 그 이미지는 구도심을 중심으로 구축된 '조선적인 것'과 대비되는 새로운 '한국적인 것'이라고 할 수 있다.

1980년대 후반 이후의 일본인 관광의 새로운 국면은 재구조화된 서울의 장소성의 변용이 가져온 것이었다. 그러나 여기서 간과해서는 안 되는 것은 일본인 관광객이 단순히 그 장소성의 산물에 그치지 않고 그 자체로 서울의 장소성을 나타내는 기호나 상징으로 존재해왔다고 하는 점이다. 그것은 기생관광을 위해 방문한 중년남성 단체 관광객으로 붐볐던 서울의 호텔이나 번화가의 풍경이 1960~70년대의 서울의 장소성은 물론, 한국사회의 이미지나 한일관계의 이상적인 방향을 나타낸 것으로 이해할 수 있을 것이다. 즉 '시선의 주체'로서 장소를 소비하는 관광객은 동시에 방문한 장소의 정체성과 이미지를 구성하는 '시선의 대상'으로 기능하기 때문에 장소의 구조를 통해 관광을 고찰하는 것은 사람의 이동과 장소의 소비, 그리고 다시 장소를 상상하는 것을 의미한다. 따라서 관광이라는 키워드를 통해 동아시아를 이해하기 위해서는 그것이 여러 장소에서 어떻게 그 장소들을 소비하고, 또 어떻게 정체성과 이미지를 만들어내는지를 지속적으로 묻는 작업이 되어야 할 것이다.

참고문헌

김효선. 1992. "압구정동에서 들은 이야기." 『압구정동: 유토피아 디스토피아』. 현실문화연구, 77-89.
박정미. 2014. "발전과 섹스: 한국 정부의 성매매관광정책, 1955~1988년." 『한국사회학』 48(1), 235-264.
서우석. 1994. "중산층 대형교회에 관한 사회학적 연구." 『한국사회학』 제28집 여름호, 151-171.
서울시정개발연구원. 1995. 『서울시 관광개발 기본계획 방향 연구』. 서울시정개발연구원.
손정목. 2003. 『서울 도시계획 이야기1』. 한울.
안창모. 2010. "강남개발과 강북의 탄생과정 고찰." 『서울학연구』 41, 63-97.
오제연. 2015. "1976년 경기고등학교 이전과 강남 '8학군'의 탄생." 『역사비평』 113, 겨울호, 198-233.
이재열. 2003. "강남저주현상의 사회학적 고찰." 『신동아』 2003년 12월호.
이호철. 1966. 『서울은 만원이다』. 문학사상사.
조혜정. 1992. "압구정 '공간'을 바라보는 시선들: 문화정치적 실천을 위하여." 『압구정동: 유토피아 디스토피아』, 현실문화연구, 35-59.
한종수·계용준·강희용. 2016. 『강남의 탄생-대한민국의 심장 도시는 어떻게 태어났는가』. 미지북스
한국과학기술처. 1973. 『우리나라 관광진흥을 위한 제방안연구』. 한국과학기술처.
한국교통부. 1968. 『한국관광진흥을 위한 종합대책』. 한국교통부.
허영환. 1994. 『정도600년 서울지도』. 범우사.

京城観光協会. 1937. 『観光の京城』. 京城観光協会.
金成玟. 2014. 『戦後韓国と日本文化:「倭色」禁止から「韓流」まで』. 岩波書店.
榎本美礼. 1986. "マイ・ソウル・ストーリー." 尹学準 外. 『韓国を歩く』. 集英社
四方田犬彦. 2000. 『ソウルの風景: 記憶と変貌』. 岩波書店.

Bhabha, H. K. 1990. "Introduction: Narrating the Nation." In Homi K. Bhabha ed. *Nation and Narration*. London: Routledge, 1-7.

Bhabha, H. K. 1994. *The Location of Culture*. London and NewYork: Routledge.

Barth, F. 1969. *Ethnic Groups and Boundaries: The Social Organization of Culture Difference*. Middleton: Waveland Press.

Baudrillard, Jean. 1970. *La societe de consommation: Ses mythes, ses structures*. Editions Planete(1979. 今村仁司・塚原史 訳,『消費社会の神話と構造』. 紀伊國屋書店).

Boley, B. B., N. G. McGehee, R. R. Perdue, and P. Long. 2014. Empowerment and Resident Attitudes toward Tourism: Strengthening the Theoretical Foundation through a Weberian Lens. *Annals of Tourism Research* 49, 33-50.

Bourdieu, P. 1979. *La Distinction; Critique Sociale du Judgement*. Paris: Éditions de Minuit(1990. 石井洋二郎 訳.『ディスタンクシオンI: 社会的判断力批判』. 藤原書店).

Foucault, M. 2004. *Securité, Territoire, Population: cours au Collège de France (1977-1978)*. Gallimard/Le Seuil(2007. 高桑和巳 訳.『安全・領土・人口: コレージュ・ド・フランス講義 1977-1978年度(ミシェル・フーコー講義集成7)』. 筑摩書房).

Lefebvre, H. 1974. *La Production de l'espace*. Paris: Anthropos2000. 斉藤日出治 訳.『空間の生産』. 青木書店).

Massey, D. 1994. *Space, Place, and Gender*. Minneapolis: University of Minnesota Press.

Ruoff, K. J. 2010. *Imperial Japan at Its Zenith: The Wartime Celebration of the Empire's 2,600th Anniversary*. Ithaca, N.Y.: Cornell University Press.

Sassen, S. 2006. *Territory, Authority, Rights: From Medieval to Global Assemblages*. Princeton: Princeton University Press(2011. 伊藤茂 訳.『領土・権威・諸権利――グローバリゼーション・スタディーズの現在』. 明石書店).

Schlesinger, P. 1987. "On National Identity: Some Conceptions and Misconceptions."*Social Science Information* 26, 219-264.

Urry, J. 1995. *Consuming Places*. London: Routledge(2003. 吉原直樹・武田篤志・斎藤 綾美・高橋雅也・大沢善信・松本行真・末良哲 訳『場所を消費する』. 法政大学出版局).

Williams, R. 1961. *The Long Revolution*. Peterborough: Broadview Press.

제7장
오키나와의 성지와 종교적인 것의 관광적 재발견

가도타 다케히사(門田岳久)*

I. 들어가며

오키나와(沖繩)의 다문화 상황은 일본 내에서도 손꼽힐 만하다. 역사적으로 많은 화인들이 거주했고, 지금도 오키나와에 정착하기 위해 아시아 각국에서 많은 뉴커머(ニューカマー)들이 찾아온다. '아메리카유(アメリカ世)'라고 불리는 전후 미국 통치기를 거친 후에도 여전히 많은 미군기지가 들어서 있고, 5만 명에 달하는 미군 병사들과 그 가족들이 오키나와에 거주하고 있다(沖繩県知事公室基地対策課, 2016a). 미군 기지가 밀집된 오키나와 본도 중부에는, 미군 관계자들을 주된 고객으로 삼은 음식점들이 지금도 늘어서 있다. 이러한 '미국적' 분위기는 다양한 문제를 내포하면서도 오키나와를 형성해 온 한 요소라고 할 수 있는데, 이러한 상황에 박차를 가하는 것이 최근 급증하고 있는 외국인 관광객들이다.

내외국인을 합한 오키나와를 방문하는 관광객 수는 해마다 증가세에 있고, 최근에는 연평균 10%에 달하는 증가율을 보이고 있다. 20년 전인 1995년에

---

* 역자: 다무라 후미노리(田村史記, 서울대학교 지리학과 박사과정).

는 340만 명이었던 관광객도, 2015년도에는 그 두 배가 넘는 800만 명을 기록했다. 다른 지역에서 오키나와를 방문할 경우 당일치기가 사실상 어렵다는 입지조건을 감안하면, 관광객의 증가는 경제적 차원에서도 큰 의미를 지니고 있다. 800만 명을 웃도는 관광객 중 외국인은 167만 명에 달하며, 전체 관광객의 20%를 차지한다. 관광객의 송출국 내역을 보면 대만이 가장 많으며 중국, 한국, 홍콩의 순으로 이어진다. 2015년도의 외국인 관광객 수는 전년과 비교해 60%나 증가했고, 인구가 약 140만 명인 오키나와는 수많은 외국인 관광객으로 붐비고 있다(沖縄県文化観光スポ·ツ部観光政策課, 2016b).

수많은 관광객이 방문한다는 것, 그리고 그 결과로 타자의 시선에 노출된다는 것 가령 '오키나와다움(沖縄らしさ)'이나 '오키나와적인 것(沖縄的なるもの)'[1] 이 존재한다면, 그것이 형성된 하나의 중요한 계기가 관광을 통한 외부로부터의 시선에 있다는 것을 부정할 수 없을 것이다. 오키나와는 일본이나 중국, 미국과 같은 열강(列強)과의 권력관계 속에서 자기인식을 형성해 왔다. 다다 오사무(多田治)가 언급한 것처럼, 야나기타 구니오(柳田國男)나 가마쿠라 요시타로(鎌倉芳太郎)와 같은 연구자나 여행자, 그리고 일본 복귀 붐에 자극을 받아서 찾아온 사람들처럼, 오키나와에서 어떠한 특별함을 발견해 방문하는 사람들의 존재는 그 때마다 오키나와의 재귀적 자기인식 형성을 촉진시켜 왔다(多田, 2008). 이와 같은 특성이야말로 일본이나 동아시아 속에서 '오키나와'라는 공간을 차별화시키기 때문에 본고의 주제로 논할 가치가 있다고 하겠다.

다만 최근의 인바운드 증가 경향을 기존의 이론틀을 차용해서 '오키나와다움'을 둘러싼 재귀적 인식의 과정으로만 이해해 논의하는 것이 과연 적절할

---

[1] 물론 '오키나와적인 것'의 문화나 정체성에만 한정해서 말할 수는 없다. 예컨대 다니 도미오(谷富夫)는 "게마인샤프트적 제1차 집단의 행동 패턴"을 '오키나와적인 것'이라고 정의하면서, 이를 다시 자력주의(自力主義), 가족주의(家族主義), 상호주의(相互主義)라는 세 가지 요소로 구분했다. 양적 데이터를 구축해 위 내용을 실증하는 다니의 접근은, 사회생활의 양식에서 지역성을 찾는 것이다(谷富夫, 2014).

지는 재고되어야 할 것이다. 왜냐하면 오키나와의 자기표상을 둘러싼 대부분의 논의(오구마 에이지(小熊英二, 1995) 등)는, 근대 국민국가로서의 일본의 형성과정을 비판적으로 바라보면서 오키나와를 자리매김시켜 왔다는 점이 특징적인데, '내(內)'로부터의 시선에 편입되어 가는 과정으로 파악한 것이다. 한편 외국에서 비롯되는 '외(外)'(라고 불리게 된 영역)로부터의 시선이 오키나와를 어떻게 바라보고 있는가에 대해서는 논의가 충분히 이루어지지 않았다.[2] 과연 현대의 인바운드 관광객은 '오키나와다움'을 기대해서 오키나와를 찾게 된 것인가. 본고는 오키나와 본도(本島) 남부에 위치한 성지 '세이화우타키(齋場御嶽)'의 관광적 맥락에서의 '발견'을 통해 이러한 의문을 풀어 보고자 한다. 이 사례를 선택한 이유는, 현지에서는 세이화우타키가 종교적, 그리고 문화적 측면에서 '오키나와다움'을 단적으로 드러내는 장소로 인식되고 있으며, 최근 들어 외국인 방문객도 급증하고 있기 때문이다. 오키나와 내외의 가치관이 교차하는 세이화우타키의 장소성을 사례로 현대 동아시아에 있어서의 '오키나와다움'을 둘러싼 표현과 수용의 교섭을 밝히고자 한다.

II. 세이화우타키의 관광적 재발견

1. 방문객의 시선과 세이화우타키

세이화우타키가 위치한 오키나와현 난조시(南城市)는, 2006년에 오자토(大里),

---

[2] 근대사를 중심으로 한 역사연구 중 범(汎)동아시아적 스케일로 오키나와를 논한 것으로 요나하 준(與那霸潤, 2009) 등을 들 수 있다.

사시키(佐敷), 지넨(知念), 다마구스쿠(玉城)라는 네 개 지자체가 합병해서 새로 출범한 것이다. 원래 오키나와 본도의 다른 지역에 비해 주택개발이나 관광개발이 덜 된 목가적인 지역이었으나, 나하(那覇) 도시권의 통근권으로 편입되면서 주택지나 대규모 상업시설의 조성이 잇따르고 있다. 이와 같은 지자체 차원의 지역개발이나 관광개발을 담당하는 한 부서로 관광협회가 있는데, 최근 협회에서는 홍콩이나 싱가폴로부터의 인바운드 관광객 유치를 위해 해외 연계 사업에 주력하고 있다. 그 중에서도 규모의 장점이 큰 단체 관광객 유치보다는, 특히 소인원 그룹에 대해 지역의 자치회(自治会)나 가정이 요리나 체험형 관광을 제공하는, 소위 커뮤니티 기반관광(community-based tourism)의 출시를 도모하고 있다.

그 일환으로 2014년도부터 홍콩의 대학생을 대상으로 인턴십을 실시하여 현지에서 필드워크나 관광시설의 직업체험에 참여할 수 있는 기회를 제공함으로써, 미래의 '팬'을 늘리고자 시도하고 있다. 이와 관련된 한 일화를 살펴보자. 관광협회 직원이 2016년도에 한 달 동안 난조시에서 지냈던 학생들에게 가장 인상깊었던 관광자원이 무엇이었는지 물었는데, 이에 대해 학생들은 인턴십의 휴일을 이용해서 나들이 나간 "히가시 촌(東村)에서의 그린 투어리즘"이라고 대답해서 협회 직원이 낙담했다는 일화가 있다고 한다. 히가시 촌은 오키나와 본도 북부에 위치한 마을로, 소위 '얀바루(やんばる)'의 자연이 풍부한 지역으로 알려져 있다. 학생들도 히가시 촌이 인턴십 기회를 제공해 준 지자체가 아니라는 것을 충분히 알고 있었겠지만, 협회 직원이 바라던 대답을 구태여 들려주지 않았던 것으로 보인다. 세이화우타키 등 난조시와 관련된 콘텐츠들도 인상은 깊었으나 잘은 모른다고 했다고 하고, 현지 대학생들과의 의견 교환 자리에서도 성역(聖域)과 관련된 이야기는 그다지 각광을 받지 못했다고 한다. "인상은 깊었으나 잘은 모른다"라는 반응은, 외국인 관광객들이 세이화우타키에 대해 흔히 갖는 인상 중 하나이다.

울창한 숲 속에 우뚝 솟아 있는 자연 바위는 보는 사람을 압도하는데, 지역의 대부분의 사람들은 그로부터 강한 인상을 받기 마련이다. 그러한 인상을 대부분의 방문자가 받는 것은 확실하지만, 한 발 더 나아가 외국인 관광객이 과연 종교적 내용까지 이해할 수 있는가는 쉽지 않은 문제이다. 물론 세이화우타키에는 각 나라 언어로 번역된 책자가 마련되어 있고, 입장하기 전에 영어 자막이 나오는 영상물도 반드시 관람해야 한다. 이에 더해 홍콩 대학생들은 세이화우타키에서 봉사활동을 하고 있는 안내사의 설명을 영어통역을 통해 자세하게 들었다. 그럼에도 불구하고 "잘 모른다"는 인상을 받게 된 것은, 오히려 설명이 지나치게 세세해서 큰 흐름을 포착하지 못했기 때문이라고 생각된다. 세이화우타키와 역사적으로 관련 깊었던 류큐 왕국(琉球王国)의 의례나 제사, 궁전이나 성역의 구조적 유사성 등에 대해 책자나 안내자를 통해서 제공되는 설명은 매우 자세한 데까지 이르기 때문에, 일본인이면 이 성지가 '본토'와는 분명히 다른 종교적 특색을 가지고 있다는 것을 이해할 것이다. 그러나 이러한 특색은 어디까지나 '본토'와의 대비를 통해 부각되며, 대비 구조를 미리 이해하지 못한 경우에는 설명을 따라가는 것조차도 쉽지 않을 것이다.

그렇다고 하더라도 외국에서의 방문자들이 세이화우타키에 무관심한 것도 아니다. 2016년 7월 장마가 끝난 무렵, 저자가 난조시의 한 항구에서 구다카 섬(久高島)행 페리를 기다리고 있는데, 한국인 남자 대학생 두 명이 땀에 흠뻑 젖은 채, 세이화우타키가 어디에 있는지 영어로 물어 왔다. 거기서 조금 떨어진 버스정류장에서 버스를 내려서 걸어왔다고 하는데, 세이화우타키는 다른 정류장이라고 알려주자 거기까지 걸어가겠다고 한다. 차를 몰고 가면 몇 분 안 걸리는 거리지만, 뜨거운 햇살이 내리쬐는 한여름 날씨에 배낭을 메고 가볍게 올라갈 수 있는 길은 아니기 때문에 차로 세이화우타키까지 태워다 주기로 했다. 차에 올라탄 학생들은 세이화우타키에 가서 영적인(spiritual) 분위기를 경험해 보고 싶다고 열띠게 설명했다. 이제 'Lonely Planet'과 같은 종이책을 넘어선 듯한 여행정보 웹사이트 'Trip Advisor'를 검색해 보면, 세이화우타키를 높이 평가하는 외국인이 많다는 것을 쉽게 알 수 있다. 그리고 이 중 대부분은 대만이나 유럽, 미국에서 방문한 젊은 배낭여행자들이다.

오키나와는 아시아의 투어리즘 시장에서 점차 주요 관광지로서의 지위를 차지해 가고 있는데, 그 중에서도 세이화우타키는 잘 꾸며진 기존 관광지와 또 다른 독자적 위상을 획득해 나가고 있다. 즉 지역의 종교적 세계관에 근거한 성지라는 위상인데, 외국인 관광객들이 세이화우타키 관련 정보에 기초해서 세세하게 알려고 하면, "인상적이지만 잘 모른다"라는 느낌을 받을 수 있다. 그렇다면 과연 이러한 상황은 단순히 외국인 관광객들에 대한 정보 제공에 능숙하지 못했다는 기술적인 부분에만 기인하는 것인가. 저자에게는 오히려 이러한 간극이나 엇갈림이 후술하는 바처럼 오키나와가 놓인 대외적 자기표상과 관련되어 있고, 이러한 문제는 사회과학적 관점에서 검토되어야 한다고 생각한다. 보다 큰 스케일에서 다시 말하자면, 오키나와에 대한 동아시아로부터의 시선과 막상 오키나와가 바라보고 있는 방향 사이에 간극이 존재하는데, 그 부분에서 엇갈림이 발생하고 있다는 것이다.

2. 세이화우타키와 세계유산 등재

세이화우타키(그림 1)는 2000년에 세계유산의 하나로 등재되었다. 오키나와의 세계유산은 "류큐 왕국의 구스쿠 및 관련 유산군(琉球王国のグスク及び関連遺産群)"이라는 그 명칭대로, 류큐 왕국[3]의 권력 기반과 문화가 세계유산 선정의 주된

---

3 일반적인 류큐-오키나와사에서는 류큐 왕국의 존속기간을, 쇼하시(尚巴志)에 의해 삼산통일(三山統一)이 이루어진 1429년부터 소위 류큐 처분(琉球処分)으로 인해 오키나와 현으로 제정된 1879년까지로 인식하고 있다(外間守善, 1986). 아울러 난조시는 쇼하시 탄생지이기도 하기 때문에, 지역개발의 일환으로 이를 이용한 표창과 관광자원화를 촉진시키고 있으며, 세이화우타키와 관련시켜 류큐 왕국의 뿌리라는 지역 이미지를 앞으로 강화시켜 나가려 하고 있다.

요소가 되었다. 해양국가로서의 왕국은 15세기 당시 동아시아에서 동남아시아까지의 지역을 교역권으로 삼아서 활동하였다. 조공을 받아들인 국가만이 교역이 허락되는 명나라와 청나라의 책봉체제 하에 있었던 한편, 1609년의 사츠마 번(薩摩藩)에 의한 류큐 침공 이후, 소위 양속(両属) 상태에 있었다. 형식상이긴 하지만 19세기 후반까지 독립국으로서의 면모를 지탱해 준 권력, 그리고 문화적·종교적 기반과 관련된 9개 자산이 등재된

그림 1 세이화우타키에서 가장 유명한 우간조인 산구이에서 기념촬영하는 관광객
출처: 2015년 6월 저자 촬영

이 세계유산은, 후술하는 바와 같이 포스트 미국 점령기 오키나와의 역사적 독자성을 상징하는 것으로, 문화재 보호라는 측면뿐만 아니라 관광자원이라는 측면에서도 사람들의 관심을 끌어 왔다.

슈리 성(首里城) 등 세계유산을 구성하는 자산들은, 오키나와에서 가장 기본적인 관광지로서 대만인을 비롯한 외국인 관광객들에게도 널리 알려져 있다. 실제로 계측한 데이터는 없지만, 본고에서 다루는 세이화우타키에도 최근 들어 많은 관광객들이 방문하게 되었다. 본 절에서는 세이화우타키라는 성지가 관광에 기반한 지역개발에서 어떻게 '발견'되고 정비되었는지 통시적으로 추적함과 동시에, 일견 관광과 무관해 보이는 성지나 종교성이, 실제로는 오키나와 남부의 지역개발에 있어 비교적 오랜 시간에 걸쳐 '문화자원'이었음을 제시하고자

한다.

세이화우타키는 오키나와 현 오키나와 본도 남부의 시마지리(島尻) 반도 선단부에 위치한다. 난조시가 출범하기 이전의 행정구획상으로는 지넨 구데켄(久手堅)에 속한다. 우타키는 난세이 제도(南西諸島)에서 제사가 치러지는 신성한 공간 및 성역을 가리키는 총칭이다. 세이화우타키는 류큐왕국 직계의 제사터로, 왕의 순배(巡拜)나 왕실의 제사자인 기코에노오기미(聞得大君)의 즉위식이 치러지기도 하는 왕국의 정신적 지주였다. 지금도 오키나와 최고의 성지로 인식되고 있으며, 참배의 대상이 되고 있다. 세이화우타키 성역 안에는 우간조(拜所)라고 불리는 제사터가 여러 군데 있다. 그 중에서도 특히 산구이(三庫理)라고 불리는 우간조는 두 개의 거대한 바위가 붙어서 삼각형의 공간을 형성하는데, 그 특이한 경관은 여행 잡지 등을 통해 널리 알려지게 되었다.

근대에 들어 제사터가 장작과 숯 제조를 위한 벌채나 오키나와전의 포화 때문에 황폐하게 된 결과, 참배도 줄어들었다고 한다. 한편 일찍부터 문화제보호제도의 대상이 되어, 1955년에는 문화제보호법(류큐 정부)에 의해 "사적·명승"으로 지정되고, 1972년에 이루어진 일본 복귀와 동시에 문화제보호법(일본정부)에 의하여 "사적"으로 변화되었다. 1990년대 현지 행정부서가 실시한 매장문화재 발굴조사에서는, 글귀가 적힌 옥(勾玉)이나 동전 등 국가 간의 교류를 실증하는 제사도구가 다수 발견되어, 훗날 세계유산 등록에 큰 몫을 했다. 세이화우타키는, 우타키라는 독특한 성역에서만 볼 수 있는 신앙이나 의례가 류큐 왕국 고유의 문화적·종교적 독자성을 현대까지 전하고 있다는 점이 평가되어 세계유산에 등재되었다. 다만 한편으로 단지 역사학적·고고학적 관점에서뿐만 아니라, ICOMOS 심사관이 "신앙의 장으로 일종의 냉기가 감도는, 말로 표현하기 어려운 분위기"(本中眞, 2001:64)라고 언급한 것에서도 알 수 있듯이, 서양사회와는 차별화된 독특한 종교적 분위기가 관심을 모으기도 했다.

비서양적인 종교성과 류큐 왕국과의 관계라는 두 가지 요소가 교차하면서 문화재로서 발견된 성지는, 현지의 참배자나 순례자뿐만 아니라 오키나와 현 외부에서도 많은 방문자(관광객)를 확보하게 되었다. 오키나와 현의 통계(沖繩県, 2016c)에 따르면, 슈리 성을 제외한 "류큐 왕국 및 구스쿠군"을 구성하는 자산 중, 세이화우타키의 입장자 수는 다른 유적을 압도하는 증가세를 보이고 있다. 세이화우타키에 관한 통계 수집은 2007년부터 시작되었고, 그 해에는 70만 명 정도가 세이화우타키를 방문했는데 그 당시까지만 해도 지명도는 높지 않았고, 본토(오키나와 현 외부)에서 찾아오는 사람들도 많지 않았다. 그러나 세계유산 등재와, 이어서 찾아온 성지 붐의 흐름을 타면서, 2012년도에는 43만 명의 방문객 수를 기록했다. 다른 자산의 방문 관객 수에는 큰 변화가 없었던 반면에, 세이화우타키의 입장자 수는 5년 만에 6배 이상 증가한 것이다.

방문객 수 급증이 야기한 관광객의 매너 문제나 '성지다움'의 유지가 새로운 과제로 부상한 결과, 저자가 다른 논문(門田岳久, 2016)에서 언급한 바처럼 행정이나 관광협회에 의한 공간 관리, 그리고 봉사활동자에 의한 유지활동이 수행되고 있으나, 본고에서는 특히 지역개발의 맥락 속에서 성지나 종교성이 자리매김된 것 자체가, 이 지역에서는 어느 정도 역사성을 지니고 있었다는 점에 주목하고자 한다. 왜냐하면 종교성을 지닌 장소를 '상품화'한다는 것은, 오키나와 본도 남부의 관광지화와 거의 궤를 같이 하며, 이는 지극히 지역성(locality)이 강한 지역개발의 맥락을 통해 파악되어야 하기 때문이다.

3. '정신문화'를 축으로 한 현지 행정의 개발정책

세이화오타키가 관광자원화된 것에 대해 현지 행정은, 우타키의 종교적 환경의 유지와 지역 사람들의 신앙이나 의례 수행을 배려하면서도, 오히려 이를 지역개발의 가장 큰 자원으로 만들고 성지의 이미지를 차용한 다양한 진흥정책을 펼치고 있다. 난조시나 난조시장의 웹사이트를 보면, "재생·부활·영성"이라는 문구(南城市役所ウェブサイト, 2016)가 눈에 들어온다. 구체적으로는 통합의료와

역사유산을 활용한 지역개발계획, 체제형 헬스투어리즘, 그리고 영성 투어리즘을 축으로 삼은 개발을 지향하고 있는데, 이는 세이화우타키와 바다 건너에 있는 구다카 섬이라는, 오키나와 창세신화에 등장하는 섬들이 지니는 신성한 이미지에 입각해서 계획된 것이라고 할 수 있다.

또한 난조시의 관광계획에 제시된 "오키나와 최고의 정신문화적 성지로서의 긍지와 자연, 다양한 역사·문화유산을 미래에 계승해 나간다"(南城市総務企画部観光·文化振興課, 2008: 16)라는 표어는 흥미롭다. 왜냐하면 종교라는 단어를 사용하지 않은 채 종교적 풍속이나 장소를 나타내는 말로 '정신문화'나 '성지'라는 단어를 사용하면서, 정교분리의 원칙과 종교적 풍습이나 장소를 기축으로 삼은 지역개발의 양립을 도모하는 행정 측의 의도가 명확히 나타나 있기 때문이다.

'성지'라는 말은 지금이야 지역개발이나 투어리즘 시장에서 일반적으로 쓰이는 단어가 되었고, 세이화우타키 역시 그러한 개념으로 수식되는 경우가 많다. 그러나 요시노 고이치(吉野航一)가 언급한 것처럼, 세이화우타키가 '성지'라고 불리게 된 것은 세계유산화나 관광지화, 그리고 이에 따른 미디어 이미지의 확대에 의해 비교적 최근에 이루어진 것이다. 그 이전에는 일본신화에 비유되면서 다가가기가 어렵고 금기시된 이미지로 표현된 경우가 많았다고 한다(吉野航一, 2012).4

현대 일본사회에서 성지라는 개념 자체가 지역개발의 맥락에서 거론되는 경우가 많은데, 이러한 시장개념화된 단어를 현지에서 재귀적으로 유용(流用)한 결과가 현재의 '성지·세이화우타키'상(像)이며, 이러한 이미지를 기축으로 하

---

4 요시노에 의하면 1970년대까지의 세이화우타키는 '신경(神境)'나 '신영지(神霊地)'와 같은 말로 표상되고, '아마노이와토(天の岩戸)' 등 일본신화와 유사하게 표현되어 왔다. 그러나 점차 오키나와의 이그조티시즘(exoticism)을 따르게 되어 '신비한 장소'나 '섬뜩한 분위기'와 같은 먼 곳에 있는 존재로 받아들여지게 되었다. 이처럼 세이화우타키가 성지라고 불리게 된 계기는, 다가가기 어려운 분위기가 불식되는 것과 방문하고 싶은 관광지 이미지가 제고되는 것이 병렬적으로 일어난 것이었다고 한다(吉野航一, 2012).

여 지역개발이 전개되고 있다. '성지·세이화우타키'가 만들어내는 이미지는 적극적으로 현지 행정에 의해 포섭되는데, 대체의료 투어리즘 유치나 세이화우타키와 관련된 순례길을 따라가는 건강 마라톤 이벤트의 개최 등으로 구현되었고, '정신문화'가 강조된 개발사상이 전경화되어 있다.[5] 또한 민간 차원에서도 요가교실이나 힐링살롱 등이 근린 지역에 들어섰다. 이처럼 '스피리추얼 마켓'(Norman, 2011)의 공간적 전개가 보인다는 점과 세이화우타키나 구다카 섬의 성지 이미지로 뒷받침된 장소성이 불가분적으로 연결되어 있다.

물론 세이화우타키를 둘러싼 행정 주도의 '상품화' 과정에 대해 시민들이 일률적으로 찬성하고 있는 것도 아니다(門田岳久, 2017). 또한 지역 주민 중에는 관광지화되어 가는 세이화우타키를 보고 탄식하는 사람들도 적지 않다. 지역신앙의 대상인 성지를 지역개발의 중심에 위치시킴으로써 외부로부터의 시선을 끌어 모으고 많은 방문자를 획득한다는 것은, 윤리적으로 옳고 그름을 묻기 전에 기묘한 사태라고 볼 수도 있다. 한편으로 오키나와 전후사(戰後史)에서는, 광의의 종교적 장소야말로 오키나와와 다른 지역과의 차이를 도출시킬 수 있는 독자적인 곳이라는 인식 아래, 근대 관광의 맹아로 인식되어 왔다. 이는 전적관광(戰跡觀光)이라고 불리는, 전후 오키나와의 초기 관광형태 형성의 계기가 된 큰 움직임이었다. 이와 같이 위령이나 기도를 기축으로 삼은 공간적 재구축과 관광화·지역개발은, 성지관광이 의거하는 역사적 맥락이기도 하다. 관광적 맥락에서 재발견되어가는 세이화우타키를 사례로 이 문제를 논하기 위해, 세이화우타키를 둘러싼 역사적 맥락, 즉 전후 오키나와의 지역개발을 다음과 같이 정리하고자 한다.

---

5 '신의 고장 난조 워크(神のさと南城ウォーク)', 'ECO 스피릿 앤 라이드(ECOスピリットアンドライド)', '쇼하시 마라톤(尚巴志マラソン)', '아가리우마이 조이애슬론(東御廻りジョイアスロン)' 등 역사·정신문화 이미지를 이용한 이벤트가 개최되고 있다(塩月亮子, 2013).

III. 오키나와 지역개발의 역사적 맥락

1. 전쟁유적지 관광

오키나와 본도 남부에서는 위령공간의 생성과 함께 이와 관련된 투어가 정형화되고, 사실상 이것이 전후 관광의 맹아가 되었다. 세이화우타키의 종교성을 중심축으로 삼은 지역개발은, 투어리즘 시장에서는 기묘한 관계로 보이기도 하는 성지 발견의 동력이 되었다고 해도 과언이 아니다.

아시아태평양전쟁 말기인 1945년 6월까지 이어진 오키나와 지상전에서는, 본도 중부 요미탄(読谷)에 상륙한 연합국군(미군)이 전역을 제압하는 가운데 일본군은 일반 주민들과 함께 본도 최남단에 이를 때까지 철퇴전(撤退戰)을 거듭했는데, 최종적으로 이토만시(糸満市) 마부니(摩文仁)에서 괴멸하게 되었다. 압도적 열세에 놓였음에도 불구하고 항복하지 않고 전투를 이어간 결과, 일반 주민을 포함해 막대한 사망자 수를 기록하게 되었다. 격전 끝에 남겨진 유골들은, 전후 부흥기를 맞이하면서 오랫동안 잊혀져 있었다고 한다. 후쿠마 요시아키(福間良明)가 밝힌 바처럼, 1950년대에 들판에 방치된 유골들이 보도되면서, 인근 주민들이나 유족에 의해 유골 수집이나 위령탑의 건설이 시작되었고, 1960년대 초에는 일본유족회 청년부에 의해 위령탑을 순례하는 오키나와 전적순례가 시작되었다. 또한 1953년에 공개된 영화 "히메유리의 탑(ひめゆりの塔)"은, 소위 '히메유리 부대의 비극'을 그린 것으로 일본 복귀 이전의 오키나와에 대한 동정심을 일본 전역에서 유발시켰고, 이에 따라 히메유리의 탑을 비롯해서 남부지역을 도는 전적위령순배 여행이 정식화되었다(福間良明, 2015).

기타무라 즈요시(北村毅)에 따르면 '본토복귀'의 직전인 1960년대 당시, 미디어 이벤트나 여행을 통해 오키나와가 놓인 고경을 접한 많은 사람들이 눈물을 흘렸는데, 이를 오키나와 병이라고 불렀다고 한다(北村毅, 2009). 이러한 '환자' 중 대표적인 사람이 복귀운동에 대해 정치적으로 크게 관여한 그 당시의 사토 에이사쿠(佐藤栄作) 총리였다. 이러한 맥락을 통해 남부 지역의 위령순배 코스가 오키나와 본토를 둘러싼 국가적(national) 이야기와 연결되어 가는 과정을 볼 수 있다. 전후 오키나와의 관광은 바다나 남쪽 나라라는 이미지보다도, 격전지를 다니는 위령순배 여행이 원형이 되었다. 1962년부터는 마부니의 언덕에서 영역(霊域) 정비사업이 시작되었다. 마부니에 위치한 평화 기념공원에서는 각 도도부현(都道府県)에 의해 의장에 공들인 위령비 건립이 이어졌다. 전쟁 유적지에서의 유골 회수와 마부니에의 매장이 진행되고, 나아가서는 오키나와에서 남쪽으로 멀리 떨어진 '남양 군도(南洋群島)'에서의 사망자를 위령하는 장소로서의 기능까지 수반되면서, 마부니는 오키나와전 뿐만 아니라 태평양전쟁 전체를 위한 일대 위령공간으로 '야스쿠니화(靖国化: 北村毅, 2009: 293)되고, 오키나와 현 외부에서도 사람들이 찾아오는 장소로 성역화되었다.

전적·위령 투어의 성립 이후에 본토에서 찾아온 사람들은 단체관광버스를 타고 전쟁유적지를 돌았다. 가이드가 박진감 넘치게 들려주는 '전사(戦士)'의 마지막 순간이나, 포화에 둘러싸인 주민들의 비화(悲話)에 눈물을 흘린 다음, 그 당시 미국 달러가 통용되었고 수입품을 저렴하게 구할 수 있었던 나하(那覇) 시내에서 기념품을 잔뜩 구매한 후 귀로에 올랐다. 가이드의 이야기는 전쟁 유적이나 전쟁 표상의 매개자로 관광객을 끌어들인다. 이처럼 오키나와 관광에는 애초부터 전쟁이나 위령과 관련된 정밀(静謐)한 공간 이미지가 그 중심에 존재했었던 것이다. 이는 그 후에 이루어진 오키나와 본도 북부 개발이 "오키나와 해양박람회(1975~76년)"로 대표되는 것처럼, 바다나 남쪽 나라의 이미지를 전경화(前景化)시켜서 전개되는 것과 대조적으로, 광범한 의미로의 종교 투어리즘의 무대를 마련했다.

오키나와 본도 남부의 위령 공간과 관광화는 결코 위령순배나 투어리즘 시장과 같은 일상생활에서 유리(遊離)된 영역에서만 전개되었던 것이 아니다. 이는 보다 지역적인 차원에서도 볼 수 있었다. 전쟁과 지역 문화의 교차에 관해

서는, 무라야마 에미(村山絵美)가 언급한 바처럼, 샤머니즘(유타(ユタ))에 의한 기도)이나 관광 봉사활동자의 이야기에 전쟁의 체험담이 들어가거나, 재개발된 골프장에서 병사의 망령이 나타났다는 이야기가 전해지는 등, 사람들의 일상적인 이야기에서도 엿볼 수 있게 되었다(村山絵美, 2011). 한편 위령비나 위령탑의 건립은 '야스쿠니화'된 마부니에서만 볼 수 있는 사례가 아니다. 남부 지역 전역에서 수없이 많은 위령비가 건립되고, 마을 단위로 위령제가 실시되는 것을 볼 수 있게 되었다(上杉和央, 2012).[6]

이러한 현상에 대해서는 전후 오키나와 남부 전역의 성역화라고 할 수 있으며, 위령과 관련된 의례, 물건, 관념의 공간적 전개라고 지적할 수 있다. 이러한 공간적 전개는 지역 차원의 관광에 영향을 미치기 마련인데, 예컨대 수학여행을 온 학생 등이 소위 평화에 대해 학습하기 위하여, 주민들이 피신하거나 집단 자결을 했던 가마(ガマ. 동굴)나 병원터를 방문하는 것이 주요한 관광일정이 되었다. 거기서는 데라이시 요시아키(寺石悦章, 2013)가 언급한 바와 같이 본토 복귀 전의 전쟁유적 순례투어에서처럼 '순국미담(殉国美談)'을 이야기하는 국가적인 차원에서의 접속이 아니라, 그러한 전쟁유적 관광에 대한 반성을 토대로 하여 평화교육이 구상되며, 새로운 관광 유형에 접속되어 갔다고 한다. 관광이라고 하면 레저시설이나 남국적인 이미지로 대표되는 자연공간 소비를 당연시했던 오키나와 관광이었지만, 일반적으로는 관광자원으로 간주되기 어려운 위령이나 성역이, 외부 방문자의 입장에서는 찾아갈 만한 가치가 있는 장소로 간주된 것이다. 이러한 현상은 세이화우타키의 문화유산화와 관광지화를 전제로 종교를 자원으로 삼은 지역개발이 존재하고 있다는 것을 시사하는 사회적 경험이라고 할 수 있다.

---

6 우에스기에 따르면 난조시에만 35개의 위령비가 존재하며, 자치회마다 위령제가 실시되고 있다고 한다(上杉和央, 2012).

2. 류큐 왕국의 상징으로서의 자리매김

넓은 의미에서 종교적 의미를 지닌 공간이 지역개발의 자원으로 발견되고 정비되어 왔다는 점은, 본도 남부를 중심으로 한 오키나와 관광이 지니는 독자성의 상징이라고 할 수 있다. 이러한 고유성을 한층 더 진척시킨 것이 '류큐 왕국'의 재발견이었다. 앞서 언급한 것처럼 류큐 왕국은 세계유산으로 등재되었기 때문에 동아시아에서 찾아오는 관광객 사이에서도 인지도가 높은 관광자원이다. 그러나 류큐 왕국이 처음부터 오키나와의 독자성을 상징하는 존재였는가 하면 그렇지는 않았다. 이는 오히려 전후 오키나와, 그 중에서도 일본 복귀 이후 오키나와의 문화적 정체성 회복 및 구축운동의 일환이나 혹은 귀결로 드러난 것이며, 개발과 관련된 언설에서 류큐 왕국이라는 개념이 등장한 것 자체가 비교적 최근의 새로운 움직임이었다. 예컨대 사쿠라자와 마코토(櫻澤誠, 2015)는 일본 복귀 후의 그러한 움직임으로, '오키나와학'에 있어서의 자립성 회복운동과 함께, 슈리 성의 재건이 한 징표가 되었다고 지적했다.

  왕국의 궁전이었던 슈리 성은 전쟁으로 불타버렸는데, 훗날에는 그 자리에 류큐 정부설립 학교(후의 류큐 대학)가 1984년까지 자리잡았다. 일본 복귀 직후인 1973년에는, 주전(主殿) 재건을 위한 기성회가 결성되고, 1992년에는 구 왕가인 쇼씨(尚氏)가 소유하는 유산이 기증되면서 주전도 재건되었다. 이와 같은 배경에는, 해양박람회 개최 이후 리조트 개발로부터 지속가능한 개발로의 질적 전환이나 문화재·문화유산 보호의 진전 등이 있었으나, 사쿠라자와에 따르면 1992년경에 일어난 '류큐' 붐에서 중요한 것은 '오키나와다운 것'을 둘러싼 자기인식의 변용이었다고 한다. 예컨대 1995년에 발생한 미군병사에 의한 소녀 폭행사건 이후, 일미(日美)지위협정이나 기지에 대해 제기된 의문으로 인해 '류큐 왕국'이나 '류큐 처분', '오키나와전', '일본 복귀'에 대한 역사적 재평가가 이루어졌고, 전후 체제의 객관화, 그리고 기지문제에서 시작된 본토 의존의 상대화가 진행되었다. 이와 동시에 대미 의존이라는 그 당시까지의 정체성을 대신하는 문화적 독자성, 정치적·사회적 독립성의 모색이 활발해지면서 그 핵심으로 재발견된 것이 '류큐 왕국'과 관련된 문화유산이었다고 한다.

세이화우타키는 왕가의 순례지였으나, 한편으로 지금까지 서민 신앙의 장이기도 했다. 아가리우마이(東御廻り)라고 불리는 풍습은 슈리에서 세이화우타키까지를 순례하는 사이에 여러 우타키나 우간조를 참배하는 행사이다. 과거에는 왕에 의해, 그리고 지금은 친족끼리 행해지고 있다. 세이화우타키가 위치한 구데켄(久手堅)이나 아자마(安座真)에서는 현재도 행사가 개최되면 우타키 내부에서 의례를 치르는데, 세계유산 등재 이전에는 벌초나 청소도 했었다(知念村文化協会学術部 編, 2006). 주민들에게 세이화우타키는 평소에 다가가기 어려운 금기적인 장소이자 행사의 장이며, 또한 어린이에게는 하늘가재를 잡을 수 있는 장소이기도 했다.

세계유산 등록 이전의 세이화우타키는, 이처럼 지역 생태계에 포섭된 장소이며 일상적 종교관으로 인식되는 공간이었다. '류큐 왕국'의 상징으로, 또한 오키나와의 독자성의 상징으로 큰 맥락에 위치하게 된 세이화우타키에 대해, 관광화 측면에서 위구심을 호소하는 목소리도 나왔지만, 국가적, 그리고 세계적 차원에서 평가를 얻었다는 것을 자랑스럽게 여기는 지역 주민들도 많다. 오키나와 본도 남부의 다양한 종교적 장소는, 전후 일본사회에서의 관광의 대중화 속에서 '발견'되고, 잇따라 지역적 맥락에서 분리되고, 이로써 '오키나와'나 '일본', 나아가서는 '세계유산'이라는 보다 큰 맥락 속에 위치하게 되었다.

Ⅳ. 동아시아에서의 오키나와 월경 관광

1. 시선의 끝

위에서의 논의를 통해 알 수 있는 것은, 전후 오키나와의 시선이 어느 방향을 바라보고 있었는가라는 점이다. 전적관광의 성립, 류큐 왕국의 재발견, 그리고 세이화우타키의 세계유산 지정이라는 세 단계는, 모두 일본 본토에 대한 맥락에서 오키나와의 지역적 독자성을 결과적으로 보여줄 수 있는 기회가 되었다. 전적관광이 생산한 '오키나와병'은 사람들로 하여금 제국주의에 휩쓸린 오키나와에 대한 죄책감을 갖게 하였는데, 이것이 그 후에 일어난 일본 복귀나 거액의 공공투자로 이어지는 기초를 마련했다. 류큐 왕국을 둘러싼 역사인식과 세계유산화가 가져다 준 '긍지'는 일본이라는 근대국가 내부에서 종속적 지위를 강요당한 오키나와에도 문화적 독자성이 있다는 인식을 심어주는 기회가 되었다. 물론 유네스코가 오키나와의 세계유산을 일본이라는 국가적 틀을 통해 보고 평가한 것은 아니다. 다만 결과적으로 지역적인 맥락에서는 일본이라는 범위 안에서 오키나와의 독자성이 강하게 인식되었다는 점을 간과할 수 없다.

대부분의 경우 '오키나와다움'이나 '오키나와 이미지'는 '본토와 오키나와', '안과 밖'과 같이 이분법적으로 논의되어 왔다(多田治, 2008: 270). 관광개발이나 지식인의 관여, 현실정치 등 많은 요인들이 작용했으나, '류큐 처분'이라는 권력을 매개로 한 사실상의 합병에 의해 오키나와가 일본에 편입된 이후, 오키나와의 시선 끝에는 늘 '본토'가 있었다. 그리고 세이화우타키를 둘러싼 지역개발에도 같은 구조가 존재하고 있다. 그러나 아시아에서 오는 관광객이 급증하고 있는 지금, 오키나와가 본토를 바라보는 시선 자체에 한계가 나타나고 있다. 요컨대 오키나와의 개발 담당자가 제시하는 이미지와 외국인 관광객들이 기대하는 이미지 사이에 간극이 발생하고 있을 수도 있다는 점이다. 이러한 시선 사이의 간극은 최근에 새로이 수행된 오키나와 연구에서도 논의되어 왔다.

2. 엇갈리는 지역성

오키나와 연구 흐름에서 최근 중요한 관점으로 수용되기 시작한 한 개념이 '월경'이다.[7] 세계화 속에서 사람이나 정보의 이동이 초국가적이 됨에 따라 국경을 넘어선 관점이 중요하다고 인류학을 중심으로 문화연구에서 널리 주장되고 있다. 모빌리티 턴(이동론적 전회)(Urry, 2007[2015])이라고 불리는 시대에 국경이나 민족 집단이라는 종래의 국경을 상대화시키는 전략이 요구되고 있으나, 오키나와 연구가 밝혀 온 것은 이러한 국경의 역사성이다. 이는 국경이 오랜 역사를 가지고 있다는 것이 아니다. 오히려 상황은 반대이며, 현재 오키나와라고 불리는 광역에서는 원래 사람들의 이동이나 문화의 전파가 항상 나타났으며, 거기에 공간적 경계를 구축해서 차이가 생겨나는 것 자체가 그때마다 발생했던 역사적 절충이었고, 경계선 긋기 자체가 정치상황에 따라 늘 유동적이었던 것이다. 2016년의 논집에서 편자인 오구마 마코토(小熊誠)는 다음과 같이 논했다.

> 오키나와는 지금에야 일본 남단에 위치한 변경이라고 인식되기 쉽다. 그러나 그러한 관점은 근대 이후 오키나와가 일본의 일부로 병합된 후, 근대국가의 '경계' 안에서 형성된 것이라고 할 수 있다. 전근대의 역사적 관점에서 보면, 오키나와는 류큐로서 독립국가를 형성하고, 중국뿐만 아니라 일본, 그리고

---

7 이는 민속학이나 문화인류학의 주된 경향이며, 역사학에 관해서는 다카에스 마사야가 오키나와의 자화상을 둘러싼 역사연구의 흐름을 1)'개성'의 시대(오키나와학이 탄생한 시기부터 1970년대까지), 2)'자립'의 시대(1980년대, 아시아나 일본에 매몰되지 않는 오키나와상을 모색하는 시대), 3)'자기결정'의 시대(1995년 이후의 오키나와에서 주체적 능동성을 찾아내는 역사연구)라는 세 단계로 구분하고 있다(高江洲昌哉, 2016).

동남아시아와도 교역을 통해 문화적 교류를 하고 있었다. 류큐·오키나와를 관점의 중심에 위치시켰을 경우, 거기는 결코 변경이라고 할 수 없고, 국가나 지역은 물론 다양한 '경계'를 넘어서 사람이나 물건, 정보가 교차하는 장이었다(小熊誠, 2016: 14-15).

이러한 지리적 위치 측면에서 볼 때, 국경을 넘어 많은 '외국인'들이 오키나와를 방문하는 것 자체는 통사적으로도 특이한 일이 아니며, 외국인들이 이주나 노동을 위해서가 아니라 관광을 목적으로 방문하게 된 것도 이러한 맥락의 연장선상에 있는 것이다. 최근 들어 관광객 수가 급증하는 추세가 나타나는 것은 오키나와 본도뿐만 아니라 이시가키 섬(石垣島)이나 이리오모테 섬(西表島) 등을 포함한 야에야마 제도(八重山諸島)에서도 마찬가지이며, 특히 대만에서 많은 관광객들이 방문하고 있다. 대만에서 가장 가까운 야에야마 제도 요나구니 섬(与那国島)까지는 거리가 약 100km 정도밖에 되지 않고, 날씨에 따라서는 눈으로도 확인이 가능할 정도로 가까이에 있다. 또한 중핵도시인 이시가키시와 타이페이 간에는 직항편이 취항되고 있고, 여객선 내항도 잦은 편이다.

같은 논집에서 가미즈루 히사히코(上水流久彦, 2016)는 대만인 관광객과 이들을 받아들이는 야에야마 측의 흥미로운 엇갈림에 대해 논하고 있다. 대만인 관광객의 증가에 따라 야에야마 측은 단체 관광객을 위한 특별한 음식 메뉴를 제공하거나 이벤트를 개최하여 환대하려고 하고 있고, 여객선을 이용한 단체 관광객도 야에야마 지역의 홍보를 겸해서 대대적으로 수용하고 있다. 여객선을 이용하는 오키나와 여행은 비교적 저렴한데, 점심은 야에야마 현지에서 취하고 그 이외의 식사나 숙박은 기본적으로 배 위에서 해결한다. 이는 소위 대중 투어리즘(mass tourism)으로 이루어지는 진입장벽이 낮은 단체관광여행이며, 일본어는 물론 야에야마의 지리나 역사, 지역정보에 익숙하지 않아도 충분히 즐길 수 있는 여행의 형태로 인기를 모으고 있다고 한다. 엇갈림이라는 것은 이와 같은 부분에서 나타난다. 대만인 관광객은 '오키나와다운 것', 혹은 '야에야마적'인 것을 잘은 모르고, 애초에 그런 것들에 대한 관심조차도 많지 않다. 한편 받아들이는 입장에서 야에야마 사람들은 관광객을 위해 '오키나와적'인 것을 준비하고, 이를 관광객들이 수용하기를 기대하고 있다는 점이다.

가미즈루가 언급한 사례를 들자면, 현지 상인들이나 자치회(自治会) 사람들은 대만인 단체관광객을 위해 '야에야마소바'와 민속공연으로 환대한다. 그러나 대만 사람들이 기대하고 있는 것은 오히려 일본식 라멘이나 쇼핑몰에서의 쇼핑이라고 한다. 야에야마소바는 이 지역을 방문하는 일본인 관광객들에게 인기가 있으나, 이에 가치를 두려면, 면류 전체에서 야에야마소바와 같은 오키나와소바를 구분할 수 있어야 하고 나아가서는 오키나와소바 중에서도 야에야마소바를 구분할 수 있는 분류틀을 가지고 있기 때문이며, 그러한 틀을 가지고 있지 않는 사람들에게는 '야에야마소바'를 그 자체로 평가하기 어렵다. 오히려 그들은 인기나 지명도가 높은 라멘을 먹고 싶다는 욕구가 강한 것이다.

이처럼 대만인 관광객은 야에야마에 '일본적인 것'을 기대하고, 야에야마 사람들은 '야에야마적인 것'을 제공함으로써 '일본적인 것'으로의 포섭을 거부하고 있다. 야에야마 측의 논리는, 이렇게 함으로써 국내는 물론 오키나와 현으로부터도 야에야마 지역의 독자성을 부각시키고, 투어리즘 시장에서의 지위를 확보하고자 하는 것이다. 그러나 그것은 어디까지나 일본이나 오키나와라는 국내 영역에서만 가능한 이야기에 불과하고, 그러한 논리를 공유하고 있지 않은 대만 사람들은 별로 관심을 가질 수 없는 부분이다. '라멘'은 근래 아시아를 비롯한 해외에서 찾아오는 관광객들에게 가장 인지도가 높은 일본적 아이콘으로 인식되고 있는데, 예컨대 나하에서 가장 줄을 많이 서는 음식점은 후쿠오카(福岡)에 본점이 있는 하카타(博多) 라멘점이며, 많은 대만 관광객들이 줄서서 이 라멘을 먹는 모습을 볼 수 있다. 이러한 사정도 있기 때문에 야에야마 측에서 신경을 쓰고 있는 '야에야마적'인 것의 연출이나 제공에 대해서, 대만 관광객들은 관심 별로 없고, 오히려 야에야마 사람들이 보기에 아무런 지역적 특색이 없는 라멘점이나 대형 슈퍼마켓에 대만 사람들이 몰린다. 대만 측에서는 야에야마를

'일본'이라는 틀로 인식하고 있고, 야에야마 측은 '야에야마'라는 틀로 인식하고 있다. 그 중간에 있는 '오키나와'를 양쪽 모두가 지나쳐 가고 있다는 점이 엇갈림을 한층 더 확대시키고 있는 것이다.

3. 위도가 만들어낸 장소의 '가치'

이처럼 국내 맥락에서의 자리매김과 세계적 지위 사이에 간극이 있다는 것은 관광의 지리적 확대로 인하여 흔히 발생하는 일이다. 단적인 사례로 일본 국내에서 '남쪽 나라' 이미지를 판촉 포인트로 삼은 관광지가 점차 쇠퇴하는 것을 들 수 있다. 아타미(熱海), 시모다(下田), 이즈오 섬(伊豆大島), 하치조 섬(八丈島), 난키시라하마(南紀白浜), 고치(高知), 미야자키(宮崎) 등 도쿄나 오사카와 지역보다 상대적으로 남쪽에 위치하고 근대 대중관광의 부흥과 함께 대표적 국내 관광지로 부상한 지역에서는, 지리적 차이를 이향성(異郷性)·이국성으로 변환해서 실제의 지리적·기후적 조건보다도 과도한 남국 이미지를 구축함으로써 장소의 독자성을 확보해 왔다. 기차역 앞이나 해안도로를 따라 들어선 야자수의 식재, 히비스커스 등의 식물이나 악어가 있는 열대 식물원의 건설, 어트랙션으로서 훌라댄스 등 일련의 세트는 온천 관광지가 가지고 있는 온난한 이미지와 하와이와 유사한 이미지를 조합시킨 하이브리드 공간을 만들어냈다.

하세가와 즈카사(長谷川司, 2007)나 모리쓰 지히로(森津千尋, 2011)가 검토한 미야자키의 사례는 그야말로 유사적인 남쪽 나라의 탄생을 상징한 사례라고 할 수 있다. 하세가와 등에 의하면 미야자키는 아시아태평양전쟁 전이나 전쟁 중의 시기에, '천손강림(天孫降臨)'의 장소로서 황국사관을 뒷받침하는 성지로 취급받고 있었다. 그러나 전후에는 현지 교통기업에 의해 남국 이미지를 기축으로 한 해안지구의 관광개발이 이루어졌다. 아울러 1954년에는 '남국 미야자키 산업관광 대박람회(南国宮崎産業観光大博覧会)'가 개최되거나 왕실의 신혼여행지가 되면서, 신혼여행지로서의 이미지를 쌓았다고 한다. 그 당시 남쪽 나라 이미지의 규범은 말할 것도 없이 '낙원 하와이'였으나, 그 이미지는 미디어를 통해 많은 지역에 퍼져나갔고, 지역 장소성을 가상적 남국으로 전환하게 되었다. 남쪽 나라 이미지에 근거한 개발은 전후 일본사회에서 교통의 발달이나 가처분소득의 상승, 그리고 일본 '영토'의 재확대(단적으로는 아마미 군도(奄美群島)나 오키나와의 일본 복귀)와 함께 남쪽으로 확장해 나갔고, 그 때마다 낡은 '남국'은 새로운 '남국'에 의해 추월당했다. 아타미나 미야자키보다도 요론 섬(与論島)이나 오키나와 본도가 보다 리얼한 남국으로서 사람들에게 받아들여지고, 그에 반해 아타미나 미야자키에서는 20세기 말 대규모 리조트시설이 파산을 겪게 되는 등 관광지로서의 쇠퇴가 진행되었다. 이처럼 국내관광의 공간적 확대가 계속되는 추세 속에서, 소비자를 대상으로 진정한 남쪽 나라 이미지를 유지하는 것이 요구되고, 그 결과가 난세이 제도에 집약되었다.

물론 1980년대 일본사회에서 오키나와보다 한층 더 '실체적'인 남국으로서 괌이나 사이판, 하와이가 현실적 행선지가 되었으나(山中速人, 1992), 그럼에도 불구하고 오키나와의 남국성이 요동치지 않았던 이유는 일본 여행시장의 90% 이상이 국내여행이었다는 사실과, 그러한 가운데 오키나와는 여전히 '최남단'의 지위를 유지할 수 있었기 때문이다. 1972년의 일본 복귀 이후 '파란 바다', '하얀 모래사장'을 이미지의 핵심으로 부각시켜 지역개발을 수행해 왔던 오키나와에서, 판촉의 대상은 어디까지나 북쪽, 즉 '본토'였다. 2000년대 이후의 오키나와 관광은 남쪽 나라 이미지 일변도에서 벗어나, 문화나 생활의 독자성을 관광자원에 추가하고, 여름 관광지로부터 연중 관광지로의 변화도 시도했다. 그러나 이러한 맥락을 염두에 두어도 여전히 오키나와의 우위성의 핵심은 일본에서 가장 남쪽에 위치한다는 입지조건에 있다.

이러한 입지를 대만 관광객 입장에서 보면, 오키나와는 남쪽으로 뻗어 있는 '일본'이며, 라멘이든 의약품이든 '일본다움'을 가장 가까이에서 접할 수 있는 선단부인 것이다. 이러한 '남(南)'을 둘러싼 지정학적 위치야말로 오키나와의 국내·국제관광 시장에 있어서의 우위성을 가져다준다. 그리고 이와 동시에 오키나와는 지역 이미지의 자기형성에서 어디까지나 '북(北)'으로 향하고 있었기 때문에, 그러한 이미지를 '남'으로 돌렸을 때 대만이 기대하고 있는 것과 오키나와가 보여주고 싶은 것 사이에 간극이 생긴 것이다. 물론 '본토'를 향해 만들어진 남이라는 오키나와의 자기표상은, 중국 본토나 한국인 관광객에게는 어느 정도 효과적으로 작용한다. 그러나 위도를 이용해서 장소의 독자성을 호소할 수 없는 대만이나 홍콩에 대해, 그것만으로 차별화를 시도하는 것은 쉬운 일이 아닐 것이다.

V. 현재의 세이화우타키와 자기 제시

1. 관리체제와 '신앙'의 존중

위의 논의에 입각해서 다시 세이화우타키로 시선을 돌리고자 한다. 이것은 즉 자기문화 이해에 기반한 타자에 대한 표현을 가리키는 것이며, 성역 관리와 관련된 사람들의 시선의 방향이 어디까지나 일본이라는 범위 안에 규정지어져 있고, 외국인 방문자를 보고 있지 않은 것인가 하는 점이다.

현재 세이화우타키는 시, 관광협회, 봉사단체가 협동해서 관리하고 있다. 세계유산 등재 이전에는 마을이나 노로(ノロ. 취락의 제사자)가 의례나 평소 관리를 맡고 있었으나, 현재는 문화재(특히 매장문화재)와 관련된 부분과 전체의 방향성에 대해서는 시의 교육위원회가, 입장료 징수나 물산관 운영 등 상업적 측면에서의 경영은 시의 관광협회가, 그리고 가이드나 청소는 봉사단체가 담당하고 있다. 현장 관리는 주로 관광협회와 봉사단체가 담당하는데, 근래에는 세이화

우타키의 종교적 맥락을 공유하고 있지 않은 관광객이 증가하면서 '매너'가 문제가 되고 있다. 따라서 매너 향상을 위한 영상을 상영하거나 봉사자가 안내나 주의를 함으로써 정밀한 공간의 유지에 주력하고 있다.

세이화우타키는 관광화의 흐름 속에 놓였지만, 관리하는 사람들에게서는 신앙을 유지하고자 하는 가치관을 확인할 수 있다. 관리를 맡고 있는 사람들 중 대부분은 현지 출신이며 전통 신앙은 지켜야 한다고 당연하게 여기고 있기 때문이다. 그러나 또 다른 사정이 개재하고 있는 모습도 엿볼 수 있다. 종교적 환경을 유지하는 것은 관광화(집객, 지명도 제고, 다른 곳과의 차별화) 차원에서도 이롭다. 특히 앞서 언급한 것처럼 '정신문화'를 핵심으로 삼은 지역개발을 진행하고자 하는 행정이나 관광협회 입장에서는, 세이화우타키의 성성(聖性)이야말로 중요한 요소가 된다. 그러므로 인재육성 차원에서도 봉사단체나 관광협회를 통해 주민들에게 개발 실천에 참가를 장려하게 되어 있고, 소위 주민 참여형 개발이 확대되어도 세이화우타키가 새로운 지역개발의 중심에 자리 잡고 있다는 것에는 변함이 없다. 이로써 관광자원화와 성지로서의 환경 유지 사이에는 일견 모순이 존재하는 것처럼 보이지만 이 둘은 양립하고 있다.

현재 세이화우타키에는 하루 평균 천 명 정도의 관광객들이 방문하는데, 그 중 외국인 방문자는 30명에서 100명 정도라고 한다. 다만 데이터를 정확히 기록하고 있는 것은 아니기 때문에, 실제 수는 분명하지 않다. 특히 아시아에서 찾아온 개인 방문객의 경우에는 일본인과의 구별이 어렵기 때문에, 실제로는 이러한 수치를 상회할 것으로 추정된다. 나라마다 방문하는 스타일에 큰 차이가 있는 것도 아니다. 다만 대만이나 한국에서의 방문자는 단체버스를 이용할 경우가 많고, 필연적으로 많은 사람들이 모여서 산책하기 때문에 안내문 등을 통해 장소의 역사를 자세히 이해하거나 조용히 명상하지 못하며, 이들을 안내하기 위해 성역 안에는 그림 2와 같은 외국어로 적힌 안내판이 증가하고 있다. 또한 봉사자들도 스스로 작성한 외국어 지침서를 활용해서 최소한의 안내나 구두로 주의를 줄 수 있게 되어 있다.

그림 2 세 나라 언어로 설명된 성역 내부의 주의사항 안내판
출처: 2016년 9월 저자 촬영

　　물론 외국인 방문자의 '태도'만이 유난히 나쁜 것도 아니다. 다만 대부분의 관광지와 마찬가지로, 정서적으로 외국인 관광객이 성지의 분위기를 저해하고 있다는 인식을 가지고 있는 관리자들도 많다. 커뮤니케이션의 부재가 그러한 인식을 조성하고 있다는 것은 확실하지만, 보다 다방면으로 생각해 보면 여기서도 앞서 언급한 것처럼 외국인 방문자가 기대하는 것과 현지 담당자들이 제시하고 싶은 것 사이에 미묘한 간극이 존재한다는 것을 알 수 있다. 관리자 입장에서 외국인 방문자는 어디까지나 '주의'를 받기 쉬운 대상인데, 그들만을 위한 장소 안내 방법이 잘 마련되어 있는 것도 아니다. 물론 각 나라 언어로 번역된 책자가 잘 갖춰져 있고, 외국어 대응이 가능한 직원도 늘어나고 있다. 다만 대응이 가능하다는 것과 국내적인 맥락에서 벗어나 세계적인 맥락에 입각해서 세이화우타키나 지역적 종교성을 파악해 나간다는 것은 아무래도 다른 위상을 가지고 있기 때문에 쉬운 일은 아니다.

　　저자가 난조시 관광협회의 인바운드 담당자와 인터뷰하면서 가장 인상 깊

이 들었던 내용은, "어떻게 '일본'을 포섭하느냐가 중요하다"는 점이었다. 대만, 홍콩, 한국 등에서 난조시나 오키나와를 방문하게 된 관광객들은, "오키나와라기보다는 일본에 와 있다는 의식"이 있다. 즉 야에야마의 사례와 비슷한 상황이 확인된다는 것이다. 쇼핑이면 일본인 관광객을 위해 특화되어 '오키나와다움'을 캐리커처(caricature)한 나하의 고쿠사이도리(国際通り, 국제거리)가 아니라, 산에이 메인플레이스(サンエーメインプレイス)나 라이카무(ライカム)와 같은 쇼핑몰을 찾아간다(다만 고쿠사이도리에서는 '돈키호테(ドンキホーテ)'나 드러그 스토어가 인기가 많다). 또한 온천을 찾는 사람들이 많다는 것도 일반적인 일본의 이미지로부터 오는 욕구라고 해석할 수 있다. 대만에서 온 단체객은 며칠간의 여객선 투어 중에 나하항에 하선하고 단체버스를 이용해서 짧은 시간 안에 돌아보아야하기 때문에 '일본적인 것'을 넘어선 장소에는 쉽게 도달하지 못한다.

2. 스쳐 지나가는 성지

그 중에서도 세이화우타키는 세계유산이라는 명찰을 달고 있기 때문에, '일본적인 것'이 아니면 매혹되기 어려운 외국인들의 마음도 사로잡고 있다. 그러나 한편으로는 외국인 방문자의 관심의 대상이 되고, 보다 넓은 맥락 속의 언어로 세이화우타키를 표현하지는 못하고 있을 가능성이 크다. 다시 말해, 이러한 상황은 세이화우타키가 성지라는 근거, 즉 장소의 종교성이 언어화되지 않았다는 점에 집약된다. 저자는 세이화우타키 내부나 주변에서 수행한 현장조사에서, 유상으로 세우화우타키의 청소나 환경을 관리를 맡고 안내활동도 하고 있는 한 봉사단체 봉사자들에게 수차례에 걸쳐 인터뷰조사를 실시했고, 그들이 늘 열심히 공부한다는 점에 깊은 감명을 받았다. 봉사자로 채용되기 위해서는 시에서 실시하는 가이드 양성 강좌를 수강해서 류큐 왕국이나 세이화우타키의 역사에 대해 자세히 배워야 하고, 이러한 과정을 거쳐 인정받은 사람들만이 '좁은 문'을 통과하게 된다. 시 내외의 퇴직자나 지역주민, 관광업과 겸업으로 활동하는 사람 등 상시적으로 50명 정도가 등록되어 있고, 회칙이 갖춰져 있으며 정기적으로 연수회가 개최되는 등 이와 같은 부류의 봉사단체 중에서도 지극히 상세한 체계성을 지니고 있다.

방문객을 안내하는 과정에서는, 열심히 공부한 봉사자들 스스로가 만든 그림이 들어간 자료가 이용되기도 한다. 그러나 역사를 중점적으로 공부한 그들이 지향하는 방향성과 방문자의 기대가 때로는 일치하지 않을 수도 있다. 예컨대 성지다움이나 종교성을 보다 직감적으로 체험하고 싶다는 욕구가 있을 수 있다. 최근에는 다양한 동기를 가진 사람들이 세이화우타키를 방문하고 있는데, 특히 '영성적'인 의식을 가지고 방문하는 사람들이 (많지는 않지만) 증가하고 있다. 이러한 여행객들은 '일반적인' 여행객처럼 성지의 풍경을 보는 것만으로 만족하지는 못한다. 오히려 그들은 그것만으로 만족해서 귀로에 오르는 일반 여행객들로부터 스스로를 차별화시켜, "나는 여행객이 아니다"라는 인식을 가진다는 특징이 있다. 그렇다고 해서 그들이 특정 신앙을 믿는다고 주장하는 것도 아니고, 사람에 따라서는 아예 '무종교'를 강조하기도 한다. 그들은 바위나 식물을 마주보거나, 합장을 하거나 팔을 펼치거나, 때로는 말을 걸기도 한다. 이와 같은 영성적인 실천에 대한 관심은, 일본인과 외국인을 불문하고 증가하고 있다.[8]

자세한 내용은 다른 논문(門田岳久, 2017)에서 언급했으나, 지역의 종교적 전통과 차이가 나는 대안적인 종교성에 관심을 가진 방문자에 대해, 봉사단체

---

8 기존 종교전통과는 무관하게 개인적 해석에 입각한 영적인 관심을 가진 여행객과의 대립과 경합에 관해서는, 종교 투어리즘 분야에서 논의가 시작되고 있다(Stausberg, 2011). 세계의 저명한 성지에서는 전통적인 신앙을 가진 지역주민과 원주민, 그것을 교란시키는 세속적인 여행자라는 구도의 고전적 대립축이 있는 것이 아니라, 오히려 새로운 종교관을 가진 다양한 여행자나 순례자가 방문함으로써 각자가 성지의 소유와 점유를 주장한다는 경합 상태가 문제가 되어 왔다.

나 관광협회 등 현장을 관리하는 담당자의 이해가 미치지 못하고 있는 상황이다. 물론 그들을 배제하거나 비난하지는 않지만, 어떠한 동기를 가진 사람들인지 현장에서는 이해가 잘 되지 않아 혼란스러워하고 있다. 세이화우타키의 입구에는 "여기서부터 성지"라는 안내판이 게시되고 있다. 관리 담당자에 의하면 '성지'이기 때문에 알맞은 태도로 지내기를 바라서 그런 안내판을 게시했다고 한다. 다만 이 경우, '성지'가 누구에게 성(聖)스러워야 하는가라는 문제가 쉽게 풀리지 않을 것이다. 봉사활동자들은 어디까지나 류큐 왕국이나 그 제사자에게 성스러운 공간이라고 인식하고 있을 것이다. 적어도 류큐의 역사에 중점을 둔 역사 학습에 근거해서 세이화우타키를 바라보면, 그러한 대답으로 자연스레 귀결될 것이다.

세이화우타키에 성지로서의 의미를 부여한 주체가 류큐 왕국이라면, 방문자는 그러한 의미 부여에 따라 경의를 가지고 환경 유지에 협력해야 하는 '타자'가 된다. 다시 말해 방문자에게 "당신의 성지"라는 메시지를 보내고 있는 것은 아니다. 한편으로 종교성에 관심이 있고 스스로 그러한 분위기를 체험하려고 하는 방문자들은, "타자의 성지"가 아니라 "나의 성지"를 경험하고자 입장한다. 현장 관리자에게는 세이화우타키의 성지스러움은 어디까지나 그 장소가 역사적으로 축적해 온 류큐 왕국사의 한 장면이며, 역사 지식 속에 존재한다. 그러나 방문자의 흥미는 거기서 그치는 것이 아니다. 역사를 초월한 종교성을 스스로 체득하고 싶다고 생각하는 사람들은, 역사적 유산이라는 측면에서만 배우고, 그 유산을 계승할 수 있도록 환경 유지에 협력해야 한다는 거리감이 있는 관계에 만족할 수 없을 것이다.

이러한 부분에서 언어적·역사적 지식을 이용해서 성지를 설명하려고 시도하는 현장 관리자와, 신체적 감각까지 포함한 차원에서 성지에 접하고 싶어하는 방문자 사이의 간극이 엿보인다. 외국인 방문자 중 일본어를 구사하고 일본과 오키나와 사이에 놓여 있는 역사적 지식을 소유한 이들은 언어적·지식적 설명에도 만족할 수 있겠으나, 그렇지 못한 사람들은 미지의 종교성을 신체로 느끼고 싶다고 생각하기 마련이다. "흥미롭지만 잘은 모른다"라고 대답한 홍콩 유학생의 의견은, 관리자 측이 제시하는 성지상과 스스로가 "느끼고 싶은" 성지상의 간극이 야기한 것이라고 해석할 수 있다.

VI. 맺으며

세계유산 등재 전에 세이화우타키를 방문한 사람은, 등재 후에 재방문했을 때 놀라움을 금치 못해 다음과 같이 말한다. "고요했던 공간에 그렇게 많은 사람들이 찾아오다니 믿기지가 않는다고." 오키나와 사람들 역시 때로는 관광지화에 대한 한탄이나, 세계유산 등재에 대한 '긍지' 등 다양한 감정을 느끼면서도 급격한 변화에 놀라워한다. 그러나 손잡이나 안내판이 많아졌다고 해서 세이화우타키의 기본적인 부분이 변화한 것은 아니고, 변화한 것은 관광객이나 미디어를 포함한 주변 상황이나 그 부분에 대한 관점이다. 관광적으로 재발견된 세이화우타키는, 류큐 왕국의 정신문화가 집약된 장소로서의 의미를 부여받고 봉사활동자나 현지 행정을 매개로 그 이름이 널리 알려졌다. 그러나 외국인 방문자를 포함한 외부로의 자기표상의 방법과 새로운 유형의 방문자가 기대하는 상(像)과의 사이에는 간극이 존재할 수 있다. 그것은 바로 '일본적인 것'을 기대해서 야에야마를 찾아온 대만인 관광객에 대해, 야에야마 사람들이 '야에야마다움'을 호소하지만 별로 큰 관심을 끌지 못하고 있는 상황과 유사한 것이다.

물론 저자가 세이화우타키를 관리하고 있는 봉사단체나 사람들의 실천을 비판하고자 하는 것은 결코 아니다. 세이화우타키나 류큐 왕국의 '재발견'은 현지 지역 주민들에게 관광적 맥락 이전에 우선 문화적 맥락에서의 독자성이나 자립성을 인식할 수 있게 만든 지극히 중요한 표시였던 것이다.

한편으로 종교성과 거리를 둔 현재의 표현으로는, 종래와 같이 시각 중심의 관광지에 그쳐버릴 우려가 있고, 언젠가는 사람들에게 버림을 받아 쇠퇴할 수도 있다. 이러한 순환과정을 거치게 된다면, 이는 세이화우타키가 일반적인 관광지로서만 범주화되고 마는 것을 의미하며, 그러한 흐름이 정식화되기 전에 '성지인 것'이 어떤 의미를 지니고 있는지, 그리고 누구에게 '성'스러운 것인지에 대해 언어화를 시도해 나갈 필요가 있을 것이다. 이는 국내 영역에 안주하고 있었던 시기에는 생각지도 못했던 것으로서, 새로운 관점에서 장소나 문화가 해석되고 있는 현재의 동아시아 관광 공간의 공통된 과제이다.

참고문헌

Norman, Alex. 2011. *Spiritual Tourism: Travel and Religious Practice in Western Society*. London: Bloomsbury.

Stausberg, Michael. 2011. *Religion and Tourism: crossroads, destinations, and encounters*. London: Routledge.

Urry, John. 2007. *Mobilities*. Cambridge: Polity(ジョン・アーリ 著. 吉原直樹・伊藤嘉高 訳. 2015.『モビリティーズ——移動の社会学』. 東京: 作品社).

上杉和央. 2012. "沖縄県南城市における戦没者慰霊——旧玉城村・知念村域を中心に."『京都府立大学学術報告』64. 97-118.

沖縄県知事公室基地対策課. 2016a.『沖縄の米軍及び自衛隊基地(統計資料集)』. http://www.pref.okinawa.jp/site/chijiko/kichitai/documents/02kitinogaikyou02beigunn kiti1-7.pdf(검색일: 2016년 11월 25일).

沖縄県文化観光スポーツ部観光政策課. 2016b.『観光要覧 平成二七年』http://www.pref.okinawa.jp/site/bunka-sports/kankoseisaku/kikaku/report/youran/documents/h27-2_1.pdf(검색일: 2016년 11월 25일).

沖縄県. 2016c.『第五六回沖縄県統計年鑑』. http://www.pref.okinawa.jp/(검색일: 2016년 11월 25일).

小熊英二. 1995.『単一民族神話の起源——「日本人」の自画像の系譜』. 東京: 新曜社.

小熊誠. 2016. "はじめに."小熊誠 編.『〈境界〉を越える沖縄』. 東京: 森話社

門田岳久. 2016. "聖地観光の空間的構築——沖縄・斎場御嶽の管理技法と「聖地らしさ」の生成をめぐって."『観光学術評論』4(2). 161-175.

門田岳久. 2017. "聖地と儀礼の「消費」—沖縄・斎場御嶽をめぐる宗教とツーリズム."『国立歴史民俗博物館研究報告』205.

上水流久彦. 2016. "八重山にみる日本と台湾の二重性—台湾人観光の現場から."小熊誠 編.『〈境界〉を越える沖縄』. 東京: 森話社

北村毅. 2009.『死者たちの戦後誌—沖縄戦跡をめぐる人びとの記憶』. 東京: 御茶の水書房.

桜澤誠. 2015.『沖縄現代史——米国統治、本土復帰から「オール沖縄」まで』. 東京: 中央

　　　　公論新社
塩月亮子. 2013.『沖縄シャーマニズムの近代―聖なる狂気のゆくえ』. 東京: 森話社
高江洲昌哉. 2016. "近代沖縄の歴史経験と変遷する歴史像."『歴史学研究』949. 11-19.
多田治. 2008.『沖縄イメージを旅する――柳田國男から移住ブームまで』. 東京: 中央
　　　　公論新社
知念村文化協会学術部 編. 2006.『知念村の御嶽と殿と御願行事』. 那覇: 南城市知念文化
　　　　協会.
寺石悦章. 2013. "沖縄の戦跡観光――慰霊から平和学習へ."『宗教と社会』19. 191-
　　　　193.
南城市役所ウェブサイト.「ようこそ市長室へ | 南城市公式webサイト」http://www.
　　　　city.nanjo.okinawa.jp/about-nanjo/introduction/mayor/index.htm-
　　　　l(최종 검색일: 2016년 10월 2일).
谷富夫. 2014. "沖縄的なるものを検証する." 谷富夫・安藤由美・野入直美 編『持続と変容
　　　　の沖縄社会 沖縄的なるものの現在』. 東京: ミネルヴァ書房.
南城市総務企画部観光・文化振興課. 2008.『南城市観光振興計画〜基本方針編〜』http:
　　　　//www.city.nanjo.okinawa.jp/shisei/kannkousinkoukeikausyo.
　　　　pdf(검색일: 2016년 11월 15일).
長谷川司. 2007. "演出された「南国」イメージ　宮崎―日南海岸における南国的景観
　　　　の造成."『KGPS review：Kwansei Gakuin policy studies review』9.
　　　　1-14.
福間良明. 2015.『「戦跡」の戦後史―せめぎあう遺構とモニュメント』. 東京: 岩波書店.
外間守善. 1986.『沖縄の歴史と文化』. 東京: 中央公論新社
村山絵美. 2011. "『南部戦跡』の観光資源化に関する研究――沖縄戦の語られ方の変遷."
　　　　『旅の文化研究所研究報告』21. 31-47.
森津千尋. 2011. "宮崎観光とメディア(一)."『宮崎公立大学人文学部紀要』18(1). 259-
　　　　270.
本中眞. 2001. "最近の世界遺産登録をめぐる動向."『月刊文化財』450. 4-10.
山中速人. 1992.『イメージの「楽園」――観光ハワイの文化史』. 東京: 筑摩書房.
吉野航一. 2012.『沖縄社会とその宗教世界――外来宗教・スピリチュアリティ・地域振

興』. 宜野湾: 榕樹書林

與那覇潤. 2009. 『翻訳の政治学 近代東アジアの形成と日琉関係の変容』. 東京: 岩波書店.

제8장

가짜가 만들어낸 진짜, 관광문화에서 진정성의 다양화: 신고촌 그리스도의 무덤 사례를 중심으로**

오카모토 료스케(岡本亮輔)*

I. 논의 주제

이 글에서는 아오모리 현(青森県) 산노헤 군(三戸郡) 신고촌(新郷村)의 '그리스도의 무덤' 관광에 대해 진정성(authenticity) 측면에서 분석해 보고자 한다. 마을 주민이나 관광객 대부분은 신고촌의 그리스도 무덤을 가짜라고 인식하고 있다. 즉, '명백히 가짜'인 무덤을 중심으로 관광지가 형성되어 있는 것이다.

일반적으로 관광 분야에서는 관광객을 관광지로 이끄는 관광 자원이 '진짜인지 아닌지의 여부', 나아가 '어떠한 의미에서 진짜인지'와 같은 진정성이 그 장소의 가치와 직결되는 중요한 요소다. '볼 만한 가치가 있는 진짜'가 있기 때문에 관광객은 고생스럽더라도 그곳을 찾는다.

---

* 역자: 다무라 후미노리(田村史記, 서울대학교 지리학과 박사과정).
** 이 글은 『아시아리뷰』 6권 1호(2016: 293-316)에 게재되었던 논문을 본서의 편집 취지에 맞도록 수정·보완한 것입니다.

특히 역사와 관련된 관광지의 경우 관광 대상이 원래의 모습을 얼마나 유지하고 있는지가 중요하다. 또한 정비가 된 경우라도 그 과정에서 학술적으로 면밀한 조사를 거쳤는지와 같은 역사적인 진정성이 그 관광지의 가치를 정하는 기준이 된다고 할 수 있다.

역사적인 진정성은 일반적인 관광뿐만 아니라 종교적인 성지관광에서도 중요한 요소다. 예컨대 불교의 성지인 보드가야(Bodh Gaya)나 천주교 3대 순례지 중 하나인 산티아고 데 콤포스텔라(Santiago de Compostela)는 모두 19세기에 발견되었다. 그 발견에 이어 발굴작업과 고고학적 조사가 행해졌다는 사실은 성지의 형성에서 역사적인 진정성이 얼마나 중요한지를 시사한다.

좀 더 최근의 사례로는 2013년 11월 바티칸에서 '성 베드로 유골'이 공개된 것을 들 수 있다. 천주교의 성유물은 고고학적 관점에서 보면 대부분 가짜다. 그러나 성 베드로 유골의 공개에 앞서 거의 80년에 걸쳐 지하 무덤의 발굴 작업과 조사가 진행되었다. 즉 역사학적, 고고학적 진정성이 성유물의 성화(聖化)에서도 중요하다는 것을 알 수 있다.

지금까지 진정성에 대한 많은 논의가 있었다. 에드워드 브루너(Edward Bruner)는 역사유산 투어리즘의 대상이 되는 사물의 진정성을 다음의 4가지로 구별하고 있다. ① 진짜처럼 보이도록 만들어진 진정한 복제, ② 학술적으로 보아서 완전무결한 복제, ③ 어떠한 복제도 아닌 진짜, ④ 어떠한 권위나 법에 의해 진정한 것으로 인정된 것. 다시 말해 진짜가 얼마나 훼손되지 않고 남아 있는가가 중요하다(Bruner, 2004).

이러한 관점에서 볼 때, 이 글이 주목하는 신고촌 그리스도의 무덤은 진정성이 전혀 없다. 이것은 애초부터 위서(僞書)가 계기가 되어 생겨난 장소이며, 더욱이 이러한 사실을 지역 주민이나 관광객도 이미 인식하고 있다. 역사적이고 학술적인 진정성, 즉 객관적인 진정성을 포기한 시점에서 시작된 것이 그리스도의 무덤 관광인 것이다.

실제로 그리스도의 무덤은 수상한 가짜 관광지, 상업주의적 관광지라고 비판적으로 언급되기도 한다. 그러나 앞으로 논의하게 되겠지만 관광의 공식 무대와 그 이면에서 지역 주민의 이야기들은 크게 변화한다. 그리고 그리스도 무덤의 관광화 과정에서 객관성이 아닌 진정성이 추구되고 있다고 할 수 있다.

II. 신고촌의 그리스도 전설

신고촌(구 헤라이 촌(戸来村))은 아오모리 현 남부에 있다. 중핵도시인 하치노헤 시(八戸市)에서 도와다 호(十和田湖)로 이어지는 국도를 타고 서쪽으로 약 30km 를 가면 동서로 길게 펼쳐진 신고촌이 나타난다. 신고촌에는 신호등이 하나밖

그림 1 신고촌의 그리스도 무덤
출처: 저자 촬영.

에 없으며, 인구는 1970년대를 기점으로 계속 감소해 2016년 3월 현재 2,679명(942호)이다. 이처럼 작은 마을에 예로부터 전해져 내려온 그리스도 전설은 근대 일본 역사상 위서로 이름이 높은『다케우치 문서(竹内文書)』에서 유래한다.

『다케우치 문서』는 쇼와(昭和) 전기에 융성한 아마츠교(天津敎)의 교전이다. 이것은 아마츠교를 일으킨 다케우치 기요마로(竹内巨麿, 1875~1965년) 집안에서 대대로 내려온 것으로 전해진다. 문서에는 정사(正史)와 다른 역사가 기록되어 있다고 하지만 실제로는 내용의 대부분을 다케우치 기요마로가 창작한 것으로 알려져 있다.

일본사상사 연구자인 구메 마사후미(久米晶文)에 따르면『다케우치 문서』는 "이를 접한 사람들의 자아를 먹고 성장해가는 환수(幻獸)"와 같은 성격을 지니고 있으며, "일본은 세계에 존재하는 모든 것의 근원적 유출자(流出者)다."라는 세계관에 근거해서 기술되었다(久米晶文, 2012: 500-502). 예컨대 석가모니나 공자, 맹자, 복희(伏羲), 모세와 같은 세계적인 성인들도 일본에서 수행했다고 한다.

『다케우치 문서』의 이러한 기술은, 근대 이전의 일본이 열등감의 대상이던 중국과 근대 이후에 일본의 본보기가 된 구미 문화의 정신적 근원이 실은 고대 일본에 있다고 주장함으로써 우열관계를 전도시키려는 의도였다고 할 수 있다. 그리고 일본이 세계의 맹주라는 사고 틀에 '신약성서'를 끌어들이기 위해 필요했던 물적 증거가 신고촌의 그리스도의 무덤이었다고 생각된다.

그리스도의 무덤이 발견된 경위는 다음과 같다. 1934년 10월, 당시 헤라이 촌의 촌장이던 사사키 덴지로(佐々木傳次郎)의 의뢰로 도야 반잔(鳥谷幡山)이 도와다호 주변을 답사하게 되었다. 도야 반잔은 아오모리 현 출신의 일본화(日本畵) 작가이며, 도와다호 등 향토 풍경을 그린 작품으로 유명했다. 구메는, 사사키가 도야에게 답사를 의뢰한 이유는 그 당시에 도와다호 주변을 국립공원으로 지정하려는 움직임이 있었으며 헤라이 촌의 지역 부흥을 위한 홍보탑으로 자신을 이용하고자 했기 때문이라고 추측한다(久米晶文, 2012: 502).

그러나 사사키의 예상은 빗나가고 말았다. 도야는『다케우치 문서』를 읽었

으며 그 세계관에 공감하고 있었다. 도야는 헤라이 촌에 와서 의뢰받은 대로 답사를 하지 않고 아주 먼 옛날 헤라이 촌 인근에 신의 도시가 있었다는 것을 실증하기 위해 조사를 했다. 그리고 후술하는 바와 같이 도야는 오이시가미 피라미드(大石神ピラミッド)를 발견하고 좀 더 자세히 조사하기 위해 다케우치 기요마로에게 헤라이 촌 방문을 요청한다. 이듬해인 1935년 8월 다케우치 기요마로가 헤라이 촌을 방문하여 현지조사를 실시했고, 그때 얻은 영감으로 그리스도의 무덤인 '도라이즈카(十来塚)'가 발견되었다.

이처럼 그리스도와 관련된 전설이 신고촌에 있었던 것은 아니었다. 단지 신고촌에서 멀리 떨어진 이바라키현(茨城県)에 근거지를 둔 종교단체의 위서에 근거하여 갑작스럽게 발견된 것이다. 즉, 그리스도 전설은 신고촌에서 예로부터 전해져온 것이 아니라 마을과는 전혀 관련이 없는 외부 사람들에 의해 만들어졌다.

『다케우치 문서』에 근거한 신고촌의 그리스도 전설에 따르면 그리스도의 일생은 다음과 같이 전해진다. 신약성서에는 그리스도의 탄생과 30대 이후의 활동에 대해서는 언급이 없는데 그 시기에 그리스도는 일본에 와있었다고 한다. 그리스도는 21세에 현재의 이시카와 현(石川県) 부근에 상륙하여 아마츠쿠니(天国)[1]의 언어인 일본어를 배우고 신학 수행에 매진했다. 그리고 33세에 이스라엘로 돌아가 일본에서 배워온 가르침을 전하지만, 그 행위가 유대교 장로들의 노여움을 사서 십자가책형으로 처형되었다.

그러나 실제로 처형된 것은 그리스도가 아니라 그리스도의 동생인 이스키리(イスキリ)였으며, 그리스도는 제자들과 함께 무사히 동쪽으로 달아났다. 그리스도는 시베리아를 거쳐 하치노헤 항에서 일본에 상륙한 다음, 무덤이 있는 헤라이촌 사와구치(沢口)를 최종 거처로 정하고,[2] 이름도 도라이타로 다이텐쿠(十

---

[1] 일본 신화에 등장하는 신들이 사는 천상의 나라(역자 주).
[2] 이와 같은 전설이 있기 때문에, 하치노헤 시에도 그리스도와 관련된 신사가 존재한다. 가이

来太郎大天空)로 개명했다. 그리고 미유코(ミユ子)라는 20세 여성과 결혼하여 딸 셋을 키우고 106세에 세상을 떠났다.

『다케우치 문서』 그 자체는 1930~1940년대에 발생한 아마츠교 탄압사건과 다케우치 기요마로의 불경사건(不敬事件) 과정에서 몰수당했다. 이러한 사건들은 일본의 패전 직전에 무죄 판결을 받았으나, 문서의 대부분은 도쿄 대공습으로 소실되고 말았다.

전쟁이 끝난 후 『마이니치 그래프(毎日グラフ)』(1973년 12월 23일호)는 신고촌의 그리스도 전승을 취재했다. "신·일본여행(新·にっぽん旅行)"이라는 시리즈 기사에서 "그리스도는 일본에서 죽었다."라는 제목으로 『다케우치 문서』에 근거한 그리스도 전설과 더불어 신고촌의 독특한 관습이 소개되었다. 어린이를 처음 집 밖으로 내보낼 때 숯으로 이마에 십자를 그리는 풍습이나 농사를 지을 때 '하라데(ハラデ)'라고 불리는 독특한 옷을 입는 관습, 히브리어로 구성된 신고촌의 본오도리(盆踊り)인 나냐도야라(ナニャドヤラ) 등이 사진과 함께 소개되고 있다.

주목할 점은 이 시기에 쓰인 『마이니치 그래프』의 기사조차도 신고촌의 그리스도 전설을 황당무계한 것으로 간주하며 놀림조로 소개했다는 것이다. 기사는 신고촌에는 기독교도가 없다는 사실을 농담처럼 언급하며, 주민들도 이 마을에는 전승을 믿는 사람이 아무도 없다고 말한 사실을 덧붙였다.

그 후에도 그리스도의 무덤은 수많은 오컬트(occult)계 잡지나 소설 시리즈,[3] 만화책 등에서 제재(題材)로 사용되고 모든 작품에서 전기(傳奇)나 기습(奇習)으로 다루어졌다. 2000년대 이후부터 개인이 인터넷으로 관광 정보를 공유하게 되면서 신고촌 그리스도의 무덤도 B급 관광 명소로 웹사이트에 소개되고

구라 이나리 신사(貝鞍稲荷神社)에는 "전(傳)·그리스도 일본 상륙 최초의 숙박지"라는 팻말이 설치되어 있다. 팻말에는 그리스도 전설에 대한 향토사 연구자의 해설이 덧붙여 있다.

[3] 예컨대 斎藤栄(2012) 참조. 이밖에 그리스도 전설과 여러 전기를 결부시킨 작품으로 다카하시 가츠히코(高橋克彦)의 "용의 관(竜の柩)" 시리즈(1989~2006)가 있다.

있다.[4]

어쨌든 신고촌의 그리스도 무덤은 발견된 지 80년 가까이 지났지만 그 기원은 위서에 근거함이 분명하며 현재까지 그 진정성을 주장한 적은 한 번도 없다.

III. 그리스도의 무덤과 그리스도 축제[5]

신고촌에 거주하는 70대 여성에 따르면 어릴 적 소풍으로 그리스도의 무덤을 방문했으나 덤불 속에 흙으로 만든 무덤이 있었을 뿐이었다고 한다. 또한, 신고촌 관광과 직원에 따르면 마을 부흥을 위해 그리스도 전승과 관련되는 물품 제공을 부탁하러 돌아다닐 때, 제2차 세계대전 이전이나 전쟁 시기를 마을에서 지낸 사람들 중 '그리스도의 무덤을 받드는 지역의 사람'이라는 이유로 혹독한 일을 당한 경험을 언급하며 직원의 말을 전혀 들으려고 하지 않는 사람들도 있었다고 한다. 그리스도의 무덤이 다시 주목을 받기 시작한 것은 1970년대에 오컬트가 유행하면서부터다.

그리스도의 무덤은 국도에서 언덕으로 조금 올라간 곳에 있다. 그곳에는 흙무덤 두 개가 나란히 있다. 한쪽은 그리스도의 무덤인 도라이즈카, 그리고 다른 한쪽은 그리스도를 대신해서 처형된 동생 이스키리의 유골 등을 매장한 주

---

4 이러한 관점에서 그리스도의 무덤을 언급한 전형적인 사례로 『郷土LOVE』(みうらじゅん, 2012), 『わびれもの』(小坂俊史, 2010) 등이 있다.

5 이하의 데이터는 필자가 2013년부터 진행하고 있는 현지조사를 바탕으로 한다. 매년 그리스도 축제가 개최되는 6월을 중심으로 1주일 정도 조사를 하고 있다. 그 과정에서 마을 임원들, 마을 부흥을 주도하는 유지단체, 헤라이미타케 신사(戶来三嶽神社)의 신관, 관광객을 중심으로 면접 조사를 실시했다. 또한, 2013년 7월에는 마을이 주최하는 모니터 투어에 참가하여 설문 조사를 실시했다.

다이보(十代墓)라고 전해진다. 2000년경부터 무덤 주변은 본격적으로 '그리스도의 고장 공원(キリストの里公園)'으로 정비되고, 신고촌의 출자로 '신고촌 고장 활성화 공사(新郷村ふるさと活性化公社)'가 운영하는 '그리스도의 고장 전승관'도 신설되었다.

전승관의 전시물에는 신고촌의 민속이나 생활습관에 관한 설명도 있으나 "그리스도의 유서"와 같은 『다케우치 문서』에 근거한 그리스도 전설에 관련된 전시물이 대부분이다. 무덤 맞은편에는 공원 부지의 제공자인 사와구치 가문의 묘지가 있다. 전설에 따르면 사와구치 가문은 그리스도의 후손이라고 한다. 전승관에는 사와구치 가문의 조상들 사진도 전시되어 있는데 일본인 같지 않은 용모가 그리스도의 후손인 증거라고 설명하고 있다.

그리스도의 무덤이 관광지로 주목을 받게 된 계기는 '그리스도 축제(キリスト祭)'다.[6] 그리스도 축제는 1964년 헤라이미타케 신사(戸来三嶽神社) 신관의 주도로 시작된 그리스도를 위한 위령제다. 당초 지역의 상공회가 중심이 되어 운영되었으나, 현재는 다이사이초(大祭長)를 책임자로 하는 신고촌 관광협회의 주

그림 2 그리스도의 고장 전승관
출처: 저자 촬영.

---

6 필자는 제49회(2012년)와 제50회(2013년) 그리스도 축제에 참가해서 인터뷰를 했다.

최로 매년 6월 첫째 일요일에 개최된다. 2013년에는 50번째 축제를 맞이해서 약 750명이 참가했다. 마을사람보다는 외부에서 온 관광객이 많았으며, 축제 당일에는 하치노헤 역에서 신고촌까지 버스가 임시로 운행되었다.

축제 프로그램은 시기에 따라 다소 차이가 나지만, 전반적으로 신도(神道) 형식으로 진행된다. 헤라이미타케 신사 신관이 축사(祝詞)를 올린 다음, 국회의원, 현의회(県議会)의원, 시의회 의원 등의 내빈 축사가 이어지고 다마구시호우텐(玉串奉奠)이 이루어진다.

2004년에 개최된 제41회 그리스도 축제에는 당시 이스라엘 주일본대사도 참가했으며, 그때 대사가 보낸 예루살렘의 돌은 지금도 무덤 옆에 묻혀 있다.

축제 후반부에서는 그리스도를 위해 신고촌에서 전해지는 전통 예술 다나카 시시마이(田中獅子舞)를 올린다. 그 후 그리스도의 무덤을 주제로 한 단가(短歌)의 표창식이 열리고, 나냐도야라의 본오도리로 축제가 최고조에 달한다. 축제에 소요되는 시간은 80분 정도다.

〈제50회 그리스도 축제 프로그램〉

개회사

다이사이초 인사

내빈 축사

신사(神事): 축사 주상(奏上)

다마구시호우텐

봉납춤(奉納舞): 다나카시시마이

제17회 단가 포스트 입선가 표창식

봉납춤: 나냐도야라

고나고아협회장 사사

건배

폐회사

그림 3 그리스도 축제
출처: 저자 촬영.

나냐도야라는 아오모리 현 남부에서 이와테 현(岩手県), 그리고 아키타 현(秋田県)에 걸쳐 전승된 본오도리다. 지역마다 선율이나 가사, 이용하는 악기에 차이가 있다. 그중에서도 신고촌의 나냐도야라는 가사의 의미가 불분명하게 전승된 것으로 알려져 있다. 가사의 내용에 대해서는 '사랑의 노래'라는 해석 등 여러 설이 있지만, 그리스도 축제에서는 히브리어로 해석이 가능하다는 설이 소개 된다. 신고촌의 나냐도야라는 전쟁 이후 춤을 추는 사람이 감소하여 존속 위기에 직면했었다. 그러나 그리스도 축제를 통해 '공개할 수 있는 기회'가 생김으로써 보존회가 결성되었다(山田厳子, 2011: 28).

그리스도의 고장 공원은 신고촌에서 유일하게 현존하는 관광 자원이다. 신고촌의 산업 건설과 상공관광그룹이 발행하는 관광 가이드 책자의 표지에도 그리스도의 무덤, 그리스도의 유서, 그리고 무덤 앞에서 추는 나냐도야라의 사진과 함께, "역사의 로망과 그리스도의 고장", "신비로운 마을로의 초대"와 같은 인상적인 문구가 쓰여 있다.

신고촌의 인구는 3,000명에도 못 미치나 신고촌 고장활성화공사에 따르면 한 해 관광객 수는 만 명 이상으로 추정된다. 그중 외국인 관광객이 30% 이상을

차지한다. 그리고 외국인 관광객의 대부분이 그리스도의 무덤을 목적으로 신고촌을 방문한다. 한편, 아오모리 현은 2011년부터 '힐링여행'을 키워드로 관광객 유치에 나섰다. 이와 더불어 현 내의 '미스터리 존(ミステリーゾーン)'과 '파워 스팟(パワースポット)'으로 약 60곳을 선정해서 팸플릿을 만들고, 그리스도 무덤은 미스터리 존에서 소개한다.

2013년 6월과 7월에는 신고촌 관광협회와 지역 유지, 하치노헤시 관광 컨벤션 등의 공동 주최로 '미스터리 버스 투어'가 개최되었다.[7] 주로 외부에서 온 관광객들에게 신고촌을 소개하려는 시도였다. 오전 9시에 하치노헤 시를 출발하여 반나절에 걸쳐 신고촌 내부를 구경했다. 주된 명소인 그리스도의 고장 공원, 헤라이미타케 신사(공식 참배 후에 신관과 간담하면서 점심), 오이시가미 피라미드 세 곳을 둘러보았다. 투어 참가자에게는 출반 전에 그리스도 전설을 담은 팸플릿과 지도가 배포되었다. 그리고 신고촌 출신의 가이드가 동행하여 신고촌이 오컬트나 전기(伝奇)로 가득찬 곳이라는 점을 토대로 안내했다.

이처럼 그리스도의 무덤과 축제는 위서에 의해 탄생했으며 지역부흥을 위해 재이용되어 왔다. 이를 위해 신고촌은 그리스도의 무덤 이외에도 전설이나 전기를 관광 전략으로 적극 활용하고 있다. 그 전형적인 사례가 앞서 언급한 오이시가미 피라미드다.

오이시가미 피라미드는 거대한 바위로 이루어진 언덕이며 그리스도의 무덤에서 차로 약 10분가량 서쪽으로 이동한 곳에 위치한다. 이 피라미드는 도야와 기요마로에 의해 그리스도의 무덤보다 먼저 '발견'되었다. 그리스도의 무덤과 마찬가지로 오이시가미 피라미드와 관련된 전설은 없으며, 이 또한 위서인 『다케우치 문서』에 근거한 것이다. 그러나 현재 신고촌이 설치한 안내판에는 이 피라미드가 과거의 '신도(神都)'를 회상하는 장소라고 설명되어 있다. 거대한 바위들에는 각각 "호우이이시(方位石: 정확히 동서남북을 가리키고 있다)"나 "세이자이

---

[7] 필자도 7월 28일 버스 투어에 참가했다. 버스 투어 참가에 앞서 관계자에게는 연구가 목적이라고 미리 알려 인터뷰를 했다.

시(星座石: 북극성을 가리키고 있다)" 등의 팻말이 세워져 있다.

신고촌의 서쪽에는 기요마로가 "일본에서 가장 오래된 피라미드", "고대 태양 예배를 위한 신전"이라고 주장한 도와리야마(十和利山)가 자리잡고 있다. 도와리야마의 등산로 입구에 위치한 '마요가타이(迷ヶ平)'는 과거에 '에덴 동산'이었다는 전설도 있다. 이 전설은 야마네 기쿠(山根キク, 1893~1965년)의 주장에 근거한 것이다. 야마네는 다이쇼(大正) 시대에 부인참정권운동을 활발하게 한 활동가였으나, 『다케우치 문서』나 기요마로의 영향을 받아 『빛은 동방에서(光りは東方より)』(1937년), 『그리스도는 일본에서 죽었다(キリストは日本で死んでいる)』(1958년) 등의 저서에서 헤라이 촌의 그리스도 전설을 주장하기도 했다.

이처럼 신고촌의 그리스도 무덤은 명백한 위서를 근거로 만들어졌다. 현재 그리스도의 무덤을 찾아오는 관광객 중 상당수는 호기심에 이 B급 관광지를 방문한 사람들이다. 이들 대부분은 인터넷이나 잡지를 통해 오컬트 정보를 얻고 무덤의 위물성(僞物性)이나 축제의 진기성(珍奇性)을 즐기기 위해 일부러 신고촌을 방문한다. 최근 그리스도 축제는 코스프레(コスプレ)를 한 외부 참가자도 볼 수 있지만, 이들은 무덤의 진위와는 별도로 축제가 자아내는 독특한 공간을 체험하고자 한다.

한편, 상대적으로 소수지만 그리스도 무덤의 진정성을 믿는 관광객도 있다. 축제기간뿐만 아니라 평일에도 무덤 앞에 앉아 힘을 얻으려고 하거나 전승관 앞에 놓인 피라미드 모형 안에서 명상하는 사람들이 있다. 이들은 그리스도의 무덤을 '파워스팟'으로 인식하고, 무덤에서 특별한 힘을 얻을 수 있다고 믿는 것으로 보인다.

비교적 이해하기 쉬운 사례도 있다. 해마다 그리스도 축제 당일에는 무덤으로 올라가는 계단 양편이 꽃으로 장식된다. 이 꽃은 아오모리 현이 아닌 다른 지역에 사는 고령의 여성이 해마다 보내온다. 이 여성은 과거 큰 병을 앓았을 때 쾌유를 기원하며 세계 곳곳의 성지를 순례했지만 효과가 전혀 없었다. 그런데 마지막이라고 생각했던 신고촌의 그리스도 무덤을 참배한 후 병이 나았다고 한다.

그림 4 그리스도의 무덤에서 힘을 얻는 사람들
출처: 저자 촬영.

이후 이 여성은 감사의 마음을 담아 그리스도 축제 당일에 꽃을 보내오고 있다.

이 일화는 그리스도 축제가 열릴 때마다 현장 방송을 통해 소개된다. 그리스도 일본 도래설이 믿을 만한 사실인지와는 별개로 이러한 사례를 통해 그리스도의 무덤에서 광범위한 의미의 종교적 진정성을 찾을 수 있다.[8]

Ⅳ. 가짜 라벨과 진짜와의 연결

관광객을 맞이하는 신고촌의 주민은 그리스도의 무덤을 어떻게 받아들이고 있

---

8 또한, 미사와 기지(三沢基地) 소속의 미국 군인을 비롯해서 기독교도로 추정되는 외국인 참가자도 소수나마 볼 수 있다.

는가? 무덤이 자신들과는 무관한 거짓말이며, 관광 활성화라는 점을 제외하면 전혀 흥미를 가질 수 없는 대상으로 받아들이고 있는가?

『다케우치 문서』에 기재된 그리스도 일본 도래설이나 신도식 그리스도 축제가 갖는 진기함 때문에 노골적인 상업주의와 관광 전략이라는 비판이 신고촌 주민에게 가해지기도 한다. 그러나 사실 신고촌이나 아오모리 현 직원, 마을의 관광화에 힘쓰는 청년 집단, 그리고 무덤 근처에 사는 주민의 입장은 복잡하다.

우선 지적하고 싶은 것은 대부분의 신고촌 관계자들은 그리스도의 무덤이 가짜라는 것을 확신하고 있으며, 그리스도의 무덤은 마을 외부에서 온 전설이라고 인식한다는 점이다. 이러한 예로 촌장은 1989년에 간행된 『신고촌사(新郷村史)』의 서두에서 그리스도 무덤이 사실(史實)이 아닌 전설로 여겨진다는 점을 명확히 언급했다.

> 우리 고장 신고촌에는 수많은 전설이 전해져 내려왔습니다만, 그중에서도 『다케우치 문서』에 의한 그리스도의 무덤, 마요가타이, 이집트의 피라미드이며 태양 예배소였다고 전해지는 오이시가미, 그리고 히브리어라고 간주되는 본오도리의 나냐도야라는 향후 사실을 추구하지 않고 전설로 계승해 나갈 것입니다(新郷村史編纂委員会, 1989).

원주민들은 신고촌의 그리스도 전설이 외부에서 만들어진 가짜이며 마을의 전통이 아니라는 것을 알고 있다. 따라서 원주민과 관광객 사이에 인식의 차이가 가끔 생긴다. 신고촌을 찾는 대부분의 관광객은 아오모리 현에 있는 '진기한' 그리스도의 무덤과 그것을 믿는 지역 주민이 마련한 '기묘한 축제'를 구경하러 온다.

그러나 마을 주민은 그리스도의 무덤을 믿지 않을 뿐더러 이들에게 그리스도 축제는 신고촌에 관광객을 유치하기 위한 장치에 불과하다. 한편, 관광객들은 그리스도 축제의 희귀함 때문에 신고촌에 모인다. 그러나 그들이 실제로 시간을 들여 구경하는 것은 다나카시시마이나 나냐도야라와 같은 지역의 민속예술이다. 앞서 언급한 것처럼 나냐도야라는 그리스도 축제를 계기로 보존회가 결성되었고 다나카시시마이도 매년 8월 헤라이미타케 신사에서 열리는 대축제에서 봉납된다. 즉, 이러한 민속예술들은 기본적으로 외부인이 볼 수 없었던 것들이다. 이러한 측면에서 그리스도 축제는 신고촌의 전통적인 민속예술을 관광문화로 변용시켰다고 할 수 있다.

나냐도야라와 관련한 촌장의 인터뷰 기사가 흥미롭다. 촌장은 한 기사에서 "지역의 여성단체가 그리스도의 무덤과 연관시켜 나냐도야라라는 본오도리를 창작했을 때는 마을 주민이 북을 사서 응원했습니다."라고 언급했다.[9] 나냐도야라는 신고촌에서 오래전부터 전해지는 본오도리다. 최근에 창작된 것이 아니다. 그러나 촌장의 말도 단순히 사실 오인이라고만 할 수는 없다. 그리스도의 무덤과 축제라는 '가짜'를 기반으로 나냐도야라가 창작되었다고 할 정도로 큰 변화가 있었고, 그것을 둘러싼 사람들의 인식도 변했다고 이해하면 되지 않을까.

어찌되었든 그리스도 축제는 그리스도에 대한 신관의 축사 주상을 제외하면 그다지 기이하다는 느낌은 없다. 실제로 그 부분에 실망하는 관광객도 많다. 거듭 언급하지만, 이처럼 주최 측에서 무덤의 진정성을 주장하지 않는다는 점이 신고촌 그리스도 전승의 큰 특징이다. 이러한 의미에서, 앞서 언급한 종교적 진정성을 느끼는 외부인과의 관계를 살펴보면, '믿지 않는 원주민/믿고 있는 외부인'이라는 구도로 무덤의 진정성을 둘러싼 인식 차이가 발생한다.

그러나 축제의 주최자들이 그리스도의 무덤과 관련된 진정성을 모조리 부정하고, 그것을 지역 진흥과 관광객 유치를 위한 도구로만 여기는 것도 아니다. 축제 진행을 맡은 직원이나 지역 유지들은 그리스도 전설과 별개의 진정성을 언급한다. 그들은 무덤에 그리스도가 매장되어 있지는 않지만 "다른 중요한 누군가가 매장되어 있다"고 강조한다. 그리스도 무덤이 있는 장소는 1935년 발견

---

9   http://www.ssf.or.jp/practice/commu/interview20_02.html(최종 검색일: 2016. 2. 20).

되기 전부터 마을 주민 사이에서 성지로 알려져 있었으며, 이처럼 조상이 소중하게 여겨온 곳임을 잊어서는 안 된다는 것이다.

축제를 관리하는 헤라이미타케 신사의 신관에 따르면, 무덤의 주인이 누구든 위령한다는 것 자체가 중요하기 때문에 그리스도 축제가 개최된다고 한다. 그리고 만약 그리스도가 무덤에 매장되어 있다 하더라도 800만의 신들을 모시는 신도에는 아무 문제가 없다고 한다.

또한, 축제에서 진행요원으로 일하는 신고촌 직원은 그리스도 축제가 신도식으로 진행되는 이유를 "부처님보다 신이 더 높으시기 때문"이라고 한다. 신고촌에서는 신관이 '벳토우(ベットウ)'라고 불린다. 이 직원에 따르면 벳토우는 "마을에서 지위가 가장 높기" 때문에 축제를 관장하는 사람으로 적합하다. 그리고 무덤의 주인이 불분명하고 그리스도가 매장되어 있을 리는 없으나, 매장되어 있는 사람이 넓은 의미에서 마을의 조상일 수 있다고 한다. 그래서 "조상님들이 이어 온 공양"을 우리가 단절해서는 안 된다고 말한다.

오이시가미 피라미드의 경우도 이와 마찬가지다. 오이시가미 피라미드도 기요마로에 의해 발견된 마을의 관광 명소이며, 버스 투어에서도 주된 목적지 중 하나다. 그러나 버스 투어에 동행한 마을 직원에 따르면, 원래 오이시가미 피라미드는 기요마로가 발견하기 전부터 주민들이 '이시가미사마(イシガミサマ)'라는 신사로 숭배해왔다. 특히 70대 주민 중에는 이시가미사마까지 순례자를 안내하고 용돈을 버는 사람들이 있다고 한다. 즉, 그리스도의 무덤과 마찬가지로 피라미드도 기요마로의 발견 이전부터 마을의 성지였던 것이다.

이처럼 "실은 기요마로의 발견 이전부터 그곳이 성지였다"는 이야기는 또 있다. 예를 들어, 제50회 그리스도 축제에서 인터뷰에 응해 주었던 직원이 거론한 마을 고유의 제사가 그러하다. "마을 사람들은 정말로 그리스도의 무덤이라고 믿고 있습니까?"라는 필자의 질문에 직원은 역시 "그 가능성은 낮다"고 대답했다. 그러나 동시에 신고촌의 일부 지구에서는, 우란분(盂蘭盆)을 처음 맞이하는 집에서 삼나무로 십자 모양을 만들어 마당에 세우고, 십자의 교차점에 불을

켜는 관습이 있었다고 설명해 주었다. 이러한 관습은 모든 지역에서 행해지는 것도 아니고, 특정 지역에서만 행해지는 것인지도 명확하지 않다.[10] 다만 직원은 신고촌에 "독특한 선조의 역사"가 있었을 것이라고 언급했다.

또한, 제2차 세계대전 전에 그리스도의 무덤이 있는 장소를 조케이 천황(長慶天皇)의 묘로 나라에 신청했으나 흐지부지되어버렸다는 일화도 많은 주민이 언급했다. 이 신청이 실제로 이루어졌는지도 불분명하다. 현재는 조케이 천황의 묘가 다른 장소에서 전승되고 있다(개인 소유지 안에 있기 때문에 관광을 위해 공개되지는 않았다). 다만 이러한 일화가 전해진다는 사실 자체가, 유래를 알 수 없는 성지를 "남조(南朝) 천황의 잠복"이라는 이야기와 연결시켜 진정성을 부가하고자 하는 시도라고 이해할 수 있을 것이다.

이처럼 "공식 무대에서의 진정성 부정과 이면에서의 진정성 주장"과 같은 신고촌 주민들 모습의 배경에는 자기 고장에 대한 애착이 깔려 있다고 할 수 있다. 주민의 반발을 산 신문기사가 이에 대한 하나의 증거다. 2012년 『아사히신문(朝日新聞)』에 게재된 기사에 따르면, 지형조사 결과 그리스도의 무덤 주변은 '에미시의 성관(蝦夷の城館)'의 옛터로 추정되며, 무덤의 주인은 중앙 왕권에 반항해서 "독립을 지켜내고자 목숨을 걸고 싸운 영웅"으로 추측된다고 한다. 그리고 그리스도도 유대교도로부터 이단시된 존재였고 그리스도 축제의 기원은 "에미시의 기원과도 통한다"고 결론 내릴 수 있다는 것이다. 마을 주민들이 문제시하는 것은 기사 마지막 부분에서 신고촌의 그리스도 전설에 관해 간략하게 다룬 내용이다. 기사는 "임의로 그리스도가 되어버린 자는 무덤 속에서 과연 어떤 생각을 하고 있을까"라고 끝을 맺었다(『朝日新聞』 2012. 5. 12).

---

10 2009년과 2010년에 신고촌이 실시한 민속 조사에 따르면 헤라이아자코사카(戸来字小坂)에서도 같은 관습을 볼 수 있다고 한다. "다이쇼(大正) 7년생 남성의 집에서는 첫 우란분을 맞이했을 때 막대기로 십자가를 만들고 현관 앞에 세워 두었다. 십자가 끝에는 삼나무 잎과 제등(提燈)을 달아 놓았다. 이것을 셋째 우란분을 맞이할 때까지 했다고 한다"(山田厳子, 2011).

이 기사에 대해서 많은 주민이 반발했다. 예컨대 제50회 그리스도 축제에서는 직원이 문제가 있는 기사가 신문에 실렸다고 공식적으로 방송했다. 또한, 주민들에게 "일방적"이라든지 "황당무계"하다는 비판의 목소리도 들었다. 하지만, 역사적 진정성이라는 관점에서 보면 그리스도설보다는 에미시 설이 무난할 것이다.

실제로 주민 대부분은 그리스도 전설이 가짜라고 인식하고 있다. 그런데도 그들이 에미시 설을 부정하는 이유는 그 진위와는 별도로 에미시와 관련되는 전설이 이 지역에서 전해 내려오지 않았다는 위화감 때문이다. 이러한 관점에서 기사에 대한 지역 유지들의 평가가 흥미롭다.

> 저는 어릴 적부터 그곳을 '그리스도의 무덤'이라고 들으면서 자랐습니다. 그렇기 때문에 이제 와서 갑자기 '에미시의 성관'이라니, 들어도 잘 와 닿지 않았습니다. 주민 입장에서는 그곳이 '그리스도의 무덤'인 것은 틀림없습니다. 우리의 기원이 에미시인 것은 이해합니다만 그곳의 지명은 '그리스도의 무덤' 이외에는 없습니다. 지도에도 그렇게 표기되어 있었습니다. 또한, 토기가 발견된 곳은 진승관 언덕 위쪽입니다. 그곳이 '아카타(舘)'라고 불렸던 것은 사실이고, 그래서 성관이 있었겠지만 흙무덤이 있는 곳에서 토기 발굴 현장까지는 떨어져 있습니다. 더군다나 흙무덤이 보다 낮은 위치에 있었습니다. 올해 초에 처음으로 방문한 마을의 나카자토(中里) 취락에 있는 무덤에는 마치 그리스도의 무덤을 방불케 하는 두 흙무덤이 있었습니다. 주민의 묘석 역시 그 흙무덤보다 늦게 세워졌습니다. 즉 자신의 조상들 무덤을 보다 낮은 위치에 만든 것입니다. 이러한 사실을 감안하면 지금 '그리스도의 무덤'이 있는 자리보다 높은 곳에 성관을 건축한 사람은 원래 이 지역 사람이 아닌 외부에서 들어온 사람이라고 할 수 있습니다. 저는 "높은 사람이 매장되어 있으니 소중하게 모셔야 한다"고 선조대로 들으면서 살아왔습니다. 그곳보다 높은 자리에 집을 마련하는 것은 지역 주민으로서는 상상도 못할 일입니다. 성관

을 건축한 주인이 자신의 가족을 매장했다고 해도 집보다 낮은 위치에 무덤을 만들 생각을 하긴 쉽지 않습니다. 그 기사는 이처럼 조상을 소중하게 여기는 생각을 무시한 것이고 그래서 마음에 들지 않았던 것 같습니다(신고촌 주민 인터뷰).

신고촌을 포함한 지역의 관광 개발에 나서는 아오모리 현 직원은, 그리스도 축제는 나냐도야라나 다나카시시마이와 같은 민속예술을 선보이는 장인 동시에, 이미 50년 동안 이어져 온 축제 그 자체가 "일종의 전통"처럼 되어가고 있다고 말한다. 앞서 언급한 것처럼 "무덤의 주인이 누구든지, 조상님이 소중하게 여겨온 장소이기 때문에 후세대에서도 그래야한다", "전설은 위사(僞史)에서 유래하지만, 조상이 축제를 계승해왔기 때문에 계속해야한다"는 말을 종합해 볼 때, 마을 주민 입장에서는 전설이나 무덤의 진위보다는 전승과 축제가 전해져 내려왔다는 사실 그 자체가 중요한 것은 아닐까.

이러한 사물이나 장소에 결부된 감정적 측면에 대해 생각해 보면 브라운의 투어리즘에서 "진짜인 가짜(genuine fake)" 이론을 참고할 수 있다(Brown, 1996). 브라운이 예로 든 것은 히로시마의 원폭 돔이다. 원폭 돔은 핵의 비참함을 나타내기 위해 의도적, 인공적으로 반파 상태로 보존되고 있다. 일부러 반파 상태를 유지하도록 공사했다. 그러한 의미로 보면 순수한 진짜라고는 할 수 없다. 그러나 브라운은 이것이 원폭 돔을 방문하는 사람에게 원폭의 비참함에 대한 진짜 공포를 환기시킨다고 말한다. 즉, 사물로서는 가짜여도 그것을 보는 사람이나 체험자에게 진짜의 감정을 불러일으킨다고 하는 점에서 "진짜인 가짜"라고 할 수 있는 것이 다.

그리스도의 무덤에서도 이와 같은 진정성을 유추할 수 있다. 무덤이나 축제의 내용이 문제가 아니라 전달이라는 '형식' 그 자체가 조상과의 연결고리로 중시되는 '조상과의 유대'나 '지역의 고유성', 다시 말해 혈연이나 지연이 그 장소를 진짜로 만들어주는 것이다. 물질적으로는 가짜여도 예로부터 공동체에서 소중히 다뤄왔다는 의미에서 그리스도의 무덤은 주민들에게 진정성을 지닌 것으로 인식될 수 있다.

V. 가짜가 만드는 공동성

그리스도의 무덤은 역사적이고 종교적 진정성이라는 관점에서는 명확히 가짜라는 입장이 중심이 되었지만, 마을 주민의 입장에서는 조상이나 지역에 대한 애착에서 주관적인 진정성이 조성되고 있었다. 여기에서는 현대 종교론과 현대 사회론을 원용하면서 그리스도의 무덤을 둘러싼 신빙성의 구조에 대해 심도 있게 고찰해 보고자 한다.

'대상에 대한 신념'이라는 관점에서, 그리스도의 무덤을 둘러싼 환경은 영국의 사회학자인 그레이스 데이비(Grace Davie)가 현대 영국의 종교 상황을 논한 "대리의 신앙(vicarious religion)"이라는 상황과 비교해서 이해할 수 있다(Davie, 2000: 176-180).

데이비가 주목한 것은 교회 출석률이나 성직 지원자 수 등 기독교의 교세를 나타내는 지표가 큰 폭으로 감소하는 현상이다. 영국이나 프랑스 등 서양 각국에서는 20세기 후반 이후 교회에 다니는 사람이 크게 감소하고, 오늘날 교회 출석률은 10% 이하까지 하락했다. 이러한 상황은 근대화가 진행됨에 따라 사람들이 보다 합리적인 세계관을 지니게 되었고, 종교의 사회적 신빙성과 영향력이 무너진 '세속화'가 이루어졌기 때문이라고 논의되어 왔다.

세속화가 진행되면 수십 년 후에는 근대사회에서 종교가 사라질 것이라는 주장이 있는 반면(Bruce, 2002), 데이비는 교회를 나가지 않는 대부분의 사람들도 여전히 기독교의 영향 아래 있다고 주장한다. 데이비에 따르면, 현대 사회에서 소수의 교회 출석자나 성직자는, 교회에 가지 않게 된 사람들을 "대표"해서 종교적 전통이나 기억을 보유하고 전달하고 있으며, 그들의 "대리 신앙"은 교회와 거리를 두게 된 많은 사람들에게도 유익한 것이다. 세속화된 사회에서도 소수의 "대리 교회 출석자"에 의해 기독교의 전통과 집합적 기억이 존속되고, 이로 인해 나머지 대다수 사람들의 의미 부여의 기반이 확보되어 있다는 것이다.

데이비의 논의에서 중요한 것은 소수의 대리 출석자에 의해 의례나 신앙 실천이 지속되고 있다는 점이 아니다. 오히려 교회에 다니지 않는 대다수의 사람들이 스스로는 거리를 두게 된 종교로부터 대리를 상정함으로써 가치관이나 정체성의 원천을 찾고 있다는 것이 중요하다. "어디선가 내가 아닌 누군가가 신앙을 계속하고 있을 것이다"라는 일종의 안도감이 정체성의 원천으로서 기독교를 존속시키고 있다.

분석의 수준과 문제, 관심 정도에 차이가 있긴 하지만, '다수자의 불신'을 전제로 한 종교 환경을 포착한 '대리 신앙론'은 그리스도 무덤의 사례에도 시사점을 준다. 신고촌의 주민은 그리스도 전설을 표면상 부정하지만, 마을 고유의 역사와 풍습이 존재했다는 점은 강조한다. 즉 이들의 화법은 "나는 믿지 않지만 누군가가 소중하게 간직해 온 것"이라는 형식을 취한다. "전설 그 자체는 믿지 않지만 무덤을 믿어온 사람이 있다는 것을 믿는다"는 형식은, 대리 신앙론과 같은 유형의 신념이라고 할 수 있다.

이와 같은 신념의 양상에 대해 일본의 사회학자인 오사와 마사치(大澤眞幸)는 "신앙의 아웃소싱(outsourcing)"이라는 논의를 전개한다(大澤眞幸, 2008: 231). 오사와의 관심사는 종교가 사적인 취미이자 기호로 간주되는 현대 다문화주의 사회에 존재하는 신앙의 존립 기반이다. 오사와에 따르면, 다문화주의 세계에서는 무슬림의 베일도 "일종의 취미(패션)"로는 허용된다. 그러나 거꾸로 말하자면 "보편적인 진리로서 교의에 적극적으로 관여하는 것과 같은 신앙은 허용되지" 않게 되고, "모두 믿는 척을 하는" 상태가 된다. 더 나아가 신(信)과 불신(不信)의 관계성이 뒤바뀌게 된다.

그렇다고 한다면, "믿는 척을 한다는 것(실제로는 믿지 않는 것)"은 -믿고 있는 누군가를 전제로 한 이상- 한 단계 더 발전해 생각하면 "믿는다는 것"이 될 것이다. 다문화주의의 세계에서 사람은 그렇다고 자각하지 못한 채 믿고 있는 것이다(大澤眞幸, 2008: 232).

그리고 두 번의 전회를 수반한 신앙의 양상에 대해 오사와는 "아이러니컬한(アイロニカルな) 몰입"이라고 부른다.

아이러니컬한 몰입이라는 것은 -재차 확인하자면- 의식과 (객관적인) 행동 사이의 독특한 역립(逆立)의 관계를 가리킨다. 의식 단계에서는 대상에 대해 아이러니컬한 거리를 취한다("믿지 않고 있다"고 생각하고 있다). 그러나 행동의 경우, 그 대상에 몰입하는 것과 같은 상태에 있다(실제로는 믿고 있다). 다문화주의적 사회란 사람들의 아이러니컬한 몰입에 의해 성립된다(大澤眞幸, 2008: 233).

그리스도의 무덤을 둘러싼 주민들의 객관적인 행위의 진지함과 이야기할 때의 담백함 사이의 괴리는 대상과의 아이러니컬한 거리감 때문인 듯하다. 그리스도의 고장 공원이나 전승관의 정비와 건설, 신고촌의 직원들이 거의 총출동하듯이 참여하고 버스의 임시 운행이나 임시 주차장까지 준비하는 그리스도 축제. 거기서 객관적으로는 주민들의 '진지함'밖에 보이지 않는다. 다만 이들이 믿고 있는 것은 그리스도의 전설이 아니라, 전설의 계승 그 자체다. 그리스도의 무덤에 대한 신앙은 조상이라는 타자에게 아웃소싱되고 있다.

그러나 진정성이 아웃소싱을 통해 조달되기 때문에 그리스도의 무덤이 정체성의 원천이 될 수 있다. 오사와에 따르면 "공동성의 범위"는 "공유된 신념"에 의해 규정되는 것이 아니다. "사람들의 집합을 하나의 공동체로 간주할 수 있는 것은 그들이 공통적인 신념을 갖는 타자를 공통적으로 상정하고 있기 때문"이다(大澤眞幸, 2009: 215).

　　그리스도 무덤의 유래는 가짜일 수밖에 없기 때문에 마을 주민 스스로도 이를 믿지 못한다. 실제로 축제에 관여하는 마을직원이나 지역의 관광화에 주력하는 지역 유지들처럼, 그리스도의 무덤이나 전설과 관련된 지식이 깊은 사람일수록 그것이 가짜라는 것을 인식할 수밖에 없다. 그러나 그렇기 때문에 진정성의 근거를 타자에서 찾게 되고 '조상으로부터의 계승'이라는 상상의 공동체 의식이 나타나게 되는 것은 아닐까.

VI. 결론

이 글은 '명백한 가짜'를 중심으로 한 관광 공간인 그리스도의 무덤에 대해, 진정성이라는 개념을 중심으로 고찰해 보았다. 그리스도의 무덤은 1935년에 발견되었다는 근대적 기원을 가지고 있고, 마을 주민도 그 위물(僞物)성을 인식해서 자주 언급한다는 특징이 있다.

　　다만, 그렇다고 해서 주민들이 그리스도의 무덤을 관광 전략의 수단으로만 생각하는 것도 아니다. 이들의 이야기에서는 전설과 축제를 계승해 온 조상에 대한 애착을 찾을 수 있다. 마을 주민들은 전승이나 무덤의 내용이 아니라, 이러한 것들이 전해져 온다는 사실 그 자체에서 가치를 찾고 있으며, 필자는 이를 '주관적(主觀的) 진정성'이라고 파악한다. 주관적 진정성은 '스스로에 대한 불신'과 '타자의 신앙[信]에 대한 믿음'이라는 점에서, 대리 신앙론이나 신앙의 아웃소싱론에서 초점이 되어 온 현대사회의 신빙성 구조와 같은 것으로 생각된다.

　　가짜에 기반한 진정성이나 그것에서 발생하는 공동성은 현대의 관광문화 안에서 더 찾을 수 있다. 예컨대 최근에는 애니메이션이나 영화의 무대가 된 지역을 방문하는 등의 콘텐츠 투어리즘이 관광 연구의 주된 연구대상이 되고 있다. 우노 츠네히로(宇野常寬)는 콘텐츠 투어리즘이란 꾸며진 이야기를 통해 현실을 일부 허구화시켜 일상 공간을 채색하고, 익숙한 생활공간을 특별한 장소로 성화시키는 행위라고 정의했다(宇野常寬, 2011). 신고촌에서 행해진 것은 바로 꾸며진 이야기에 근거한 일상공간의 성지화라고 할 수 있다. 이러한 측면에서 보면, 그리스도의 무덤 사례는 지금 융성하고 있는 콘텐츠 투어리즘이며, 이벤트성 축제라는 현대 특유의 새로운 관광 대상을 연구하는 데 유용하다.

참고문헌

『朝日新聞』. "「まつろわぬ者」蝦夷への祈り." 2012. 5. 12.
岡本亮輔. 2012. "場所の再表象―宗教ツーリズム論からみたパワースポット." 『哲学・思想論集』 37, 69-85.
岡本亮輔. 2015. 『聖地巡礼―世界遺産からアニメの舞台まで』. 東京: 中央公論新社
久米晶文. 2012. 『「異端」の伝道者 酒井勝軍』. 東京: 学研パブリッシング.
大澤真幸. 2008. 『不可能性の時代』. 東京: 岩波書店.
大澤真幸. 2009. 『増補 虚構の時代の果て』. 東京: 筑摩書房.
みうらじゅん. 2012. 『郷土LOVE』. 東京: 角川書店.
山田厳子 監修. 2011. 『新郷の民俗―青森県三戸郡新郷村』. 弘前: 弘前大学人文学部民俗学研究室.
星野英紀・山中弘・岡本亮輔 編. 2012. 『聖地巡礼ツーリズム』. 東京: 弘文堂.
笹川スポーツ財団. 『行政と村民一体となり村おこしを』. http://www.ssf.or.jp/practice/commu/interview20_02.html(최종 검색일: 2016. 3. 5).
小坂俊史. 2010. 『わびれもの』. 東京: 竹書房.
新郷村史編纂委員会 編. 1989. 『新郷村史』. 青森: 新郷村.
宇野常寛. 2011. 『リトル・ピープルの時代』. 東京: 幻冬舎.
斎藤栄. 2012. 『イエス・キリストの謎』. 東京: 徳間書店.
前島訓子. 2012. "ブッダガヤ―仏教最大の聖地の発見と変容." 星野英紀・山中弘・岡本亮輔 編. 『聖地巡礼ツーリズム』. 東京: 弘文堂.
土井清美. 「サンティアゴ・デ・コンポステラ―変容する巡礼空間」. 星野英紀・山中弘・岡本亮輔 編. 『聖地巡礼ツーリズム』. 東京: 弘文堂.

Brown, D. 1996. "Genuine Fakes." In T. Selwyn, ed. *The Tourist Image: Myths and Myth Making in Tourism*. NY: John Wiley & Sons.
Bruce, Steve. 2002. *God is Dead: Secularization in the West*. Oxford: Blackwell.
Bruner, Edward M. 2004. *Culture on Tour: Ethnographies of Travel*. Chicago: University of Chicago Press.

Davie, Grace. 2000. *Religion in Modern Europe: A Memory Mutates*. Oxford: Oxford University Press.

Timothy, D.J. and S.W. Boyd. 2003. *Heritage Tourism*. Harlow: Pearson Education.

Wilson, Bryan. 1976. *Contemporary Transformations of Religion*. Oxford: Oxford University Press(井門富二夫·中野毅 訳. 1979.『現代宗教の変容』. 京都: ヨルダン社).

제9장
'진정성' 구축과 복수성: 동아시아 군함도(軍艦島) 사례에서**

기무라 시세이(木村至聖)*

I. '진정성'에 대한 접근

오래 전부터 관광 연구에서는 관광의 대상이 되는 문화적 산물이나 행사, 또는 그 체험이 '진짜'인지 아닌지, 달리 표현하면 '진정성'이 중요한 개념으로 검토되기 시작했다. 다니엘 부어스틴(Daniel. J. Boorstin)은 『이미지와 환상』에서 관광객은 매스미디어에 의해 짜여진 '가짜 사건'을 체험하는 것에 불과하다고 주장했다(Boorstin, 1962). 이에 대해 딘 맥케널(Dean MacCannell)은 처음부터 관광객에게는 대상이나 체험이 '진짜'인지 '가짜'인지보다도 얼마나 '진짜같은지'가 중요하다고 말하며, '연출된 진정성'이라는 개념을 도입했다(MacCannell, 1973; 1999). 이러한 초기의 논의는 어딘가에 객관적이며 절대적인 '진짜'가 존재한다는 전제를 두고 전개되었다.

---

* 역자: 송숙정(중앙대학교 일어일문학과 강사).
** 이 글은 『아시아리뷰』 6권 1호(2016: 317-338)에 게재되었던 논문을 본서의 편집 취지에 맞도록 수정·보완한 것입니다.

그러나 1980년대 이후 포스트모더니즘이 번성하면서 이러한 전제가 의심되기 시작했다. 예를 들면, 에릭 홉스봄(E. Hobsbawm)과 테렌스 렌저(T. Ranger)는 '전통의 발명'이라는 논의를 전개했으며(Hobsbawm and Ranger, 1983), 코언(E. Cohen)은 시간이 경과할수록 비진정성인 것도 진정성을 띠게 된다는 '창발적 진정성(emergent authenticity)'이라는 개념을 제기했다(Cohen, 1988). 이러한 논의 가운데에는 처음부터 사물의 의미는 서로 다른 이해 관계자에 따라 다른 의미가 부여됨으로써 다면적이 되며, 이러한 여러 주체의 상호작용 가운데 구축되어 가는 것이라고 했다. 왕 닝(Wang Ning)은 초기에 논의된 진정성을 객관적 진정성으로, 객관적이며 절대적인 존재로 전제되지 않는 진정성을 구성적 진정성(constructive authenticity)으로 구별했다(Wang, 1999).

또한, 왕은 이와 같은 어떤 진정성도 관광의 대상에 초점을 맞춘 진정성이며, 대상이 진정한 것인가 아닌가는 관계없이, 자신에게 그것이 진정이라고 느껴지는지 아닌지를 말하는 '실존적 진정성'이라는 개념을 제창했다. 그 요소는 두 가지 범주로 분류된다. 하나는 단순히 일상생활과 다른 체험을 하고 있다는 실제 감각을 바탕으로 한 '개인 내적 진정성'이며, 또 하나는 친구나 가족, 여행자 공동체 안에서 감정적 상호작용으로 생겨나는 '상호관계적 진정성'이라고 한다(Wang, 1999). 이처럼 관광 연구에서는 진정성과 비진정성, 즉 진짜/가짜의 경계가 반드시 이항대립적이지 않고 애매하며 유동적이라는 전제가 이미 널리 공유되고 있다. 동시에 사람들은 그러한 가운데에서도 자신만의 납득이나 상호작용을 통해 각각의 '진정'한 체험을 관광하며 얻고 있다고 이해할 수 있다.

그러나 한편으로 객관주의도 관광 현장에서 사라진 것은 아니다. 동아시아, 특히 일본에서의 세계유산 관광이 하나의 예다. 오늘날 여러 자치단체에서는 세계유산을 관광 자원으로 인식하며, 수많은 오락의 선택지 중에서 관광객이 여행과 그 목적지를 고를 때 세계유산인지 아닌지에 대한 여부는 하나의 지표로서 기능하고 있다. 세계유산에 대한 '신뢰'를 뒷받침하는 것은 그것이 전문가에 의한 엄정한 심사를 거쳐 '객관적'으로 가치가 보증되었다는 사실이다. 실

제로 세계유산 등록의 중요한 기준의 하나가 그 대상이 갖는 '진정성'이다.[1]

그렇다 해도, 객관적 진정성을 근거로 하는 세계유산 관광 현장에서도 그 안에는 여러 이해관계자가 존재하며, 관광객도 세계유산으로서의 객관적 진정성을 그대로 받아들인다고는 할 수 없을 것이다. 그러므로 이 글에서는 2015년에 세계유산으로 등록된 '군함도'의 사례를 들어, 어떠한 진정성이 관광객 또는 그 지방 사람들 사이에서 드러나고 있는가를 검토한다.

II. 세계유산으로서 군함도의 '진정성'

1. 구성 자산으로서의 '메이지 일본의 산업혁명 유산'

'군함도'(그림 1)는 2015년 7월 '메이지(明治) 일본의 산업혁명 유산 제철·철강, 조선, 석탄산업'의 구성자산 중 하나인 '하시마(端島) 탄광 흔적'으로 유네스코 세계유산에 등록되었다. 이 '메이지 일본의 산업혁명 유산'은 일본 국내 8개 현(県)에 산재된 23개 자산의 시리얼·노미네이션에 의한 등록으로, 그 중에서도 '군함도'는 신문이나 텔레비전에 보도되면서 커다란 사진이 게재되거나(『読売新聞』 2015년 5월 5일자, 1면; 7월 6일자, 1면), 헤드라인에서도 '군함도 등 세계유산'이라고 소개되는 등(『朝日新聞』 2015년 5월 5일자, 1면; 『毎日新聞』 2015년 5월 5일자, 1면)

---

[1] 일본유네스코협회 연맹이 공개한 '세계유산 등록 기준'에 따르면 "세계유산 리스트에 등록하기 위해서는 '세계유산 조약 이행을 위한 작업지침'에 명시되어 있는 등록기준 중 어느 것이든 하나 이상 들어맞아야 하며, 진실성(authenticity)이나 완전성(integrity)의 조건을 충족해야 하고 체약국의 국내법에 의해 적절한 보호관리 체제를 갖출 필요가 있다"고 명시한다(日本ユネスコ協会連盟, 2016).

그림 1 **동쪽에서 촬영한 군함도**
출처: 2007년 8월 27일 필자 촬영.

특히 상징적(그림 2)인 위치에 있다.

하시마는 1890년대 미쓰비시(三菱)에 의해 개발된 해저탄광 섬으로, 발전 과정에서 노동자와 그 가족의 거주 목적으로 고층 아파트나 학교, 병원, 오락시설 등이 작은 섬 위에 건설되었다. 그 결과 섬의 모양이 군함과 닮아 하시마는 '군함도'라고 불리게 되었다. 하시마는 번성하던 시기에 약 5,000명이 살았으나 1974년 탄광이 문을 닫게 되면서 이후 무인도가 되었다. 그때부터 탄광 노동자 가족이 살던 고층 아파트촌은 수십 년 동안 파도와 바람에 마모되어 '폐허'가 되었다. 이러한 이도(離島)의 폐허군은 처음에는 일부의 모험가나 사진가들의 '낭만주의적 시선'(Urry, 1990)의 대상이었다. 그러나 인터넷의 보급과 더불어 『폐허』사진집 출판으로 군함도는 서서히 알려지기 시작했다. 1990년 말부터 유람선(크루즈) 운항도 시작되었으며, 이 섬을 향한 '집합적 시선(collective gaze)'(Urry, 1990)이 형성되었다.

2001년 군함도의 행정구역인 다카시마초(高島町)는 미쓰비시 머티리얼로부터 섬의 토지와 건물을 무상으로 취득하게 되었다. 그러나 이는 계속되는 불법 침입에 대한 안전대책이라는 측면이 강했다.[2]

그 후 2000년대 중반 무렵부터 규슈(九州)의 여러 자치단체에 의해 근대화 유산의 보존·

그림 2 유네스코의 자문기관이 세계유산 등록을 권고한 것을 보도하는 신문기사
출처: 『요미우리 신문(讀賣新聞)』 2015년 5월 5일.

활용을 위한 움직임이 활발해졌다. 2009년에는 군함도(하시마 탄광 흔적(端島炭鉱跡))를 포함하는 '규슈·야마구치(九州·山口)의 근대화 산업유산군(The Modern Industrial Heritage Sites in Kyushu and Yamaguchi)'이 세계유산의 잠정적인 목록에 포함되었다. 그리고 마침 같은 해 4월, 나가사키 시(長崎市, 2005년에 다카시마초를 편입병합)가 군함도 섬 안을 정비했으며 상륙 투어(landing tour)가 허용되었

---

2 도요타 사다미츠 다카시마초 장(당시)은 『니시니폰신문(西日本新聞)』 2001년 12월 2일자 조간에서 하시마를 미쓰비시 머티리얼로부터 취득한 이유로 "상륙자가 끊이지 않기 때문에 안전을 생각하면 저지할 필요가 있다고 생각했기 때문이다. 미쓰비시는 무단상륙을 금지했으나 폐허 투어나 낚시 등으로 계속해서 방문하고 있다"고 발언했다. 그리고 "당분간은 간판을 세워 상륙을 엄격하게 제한하고 있지만, 장래에는 관광 자원으로 활용하고 싶다"고 밝혔다.

그림 3 군함도 상륙 투어의 모습
출처: 2009년 8월 25일 필자 촬영.

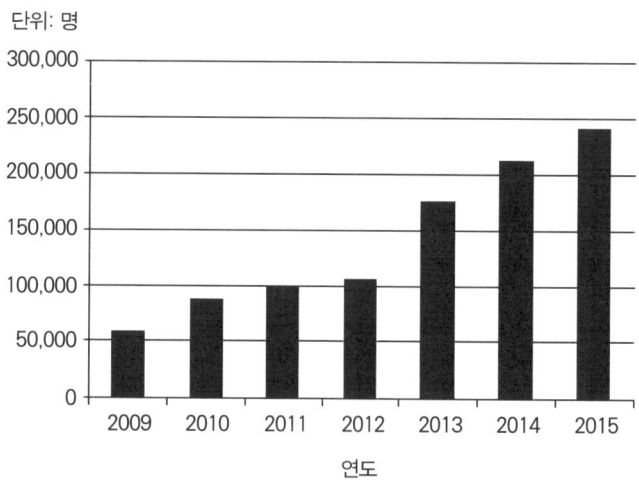

그림 4 군함도 상륙 투어의 참가자 수
출처: 나가사키 시 경제국 문화관광부 관광정책과 제공 데이터에 의함.

다(그림 3).

그 이후로 상륙 투어의 참가자 수는 계속 늘고 있다(그림 4). 2013년 9월에는 일본 정부가 '메이지 일본의 산업혁명 유산'을 세계유산 추천 후보로 결정했다. 다음해 9~10월 유네스코의 자문기관인 국제기념물유적협의회(이하, ICOMOS)가 현지조사를 실시하여 2015년 5월에는 세계유산으로 '등록'이 권고되었다.

2. 진정성을 둘러싼 '견해 차이'

이렇듯 세계유산 등록을 목표로 추진 된 '메이지 일본의 산업혁명 유산'은 어떠한 가치를 갖고 있는 것일까? 문화청 홈페이지의 '메이지 일본의 산업혁명 유산 철도·철강, 조선, 석탄산업(2015년 기재)'에 그 '현저한 보편적 가치'를 다음과 같이 기재하고 있다.[3]

> '메이지 일본의 산업혁명 유산: 규슈·야마구치와 관련 지역'은 서양에서 비서양으로 산업화 전이가 성공한 것을 증언하는 산업유산군(Industrial Heritage Sites)으로 구성되어 있다. 19세기 후반부터 20세기 초반에 걸쳐 일본은 공업입국의 토대를 구축하고, 후에 일본의 기간산업이 되는 조선, 제철·철강, 석탄과 중공업에서 급속한 산업화를 이루어냈다. 일련의 유산군은 조선, 제철·제강, 석탄과 중공업 분야에서 1850년대부터 1910년의 반세기 동안 서양의 기술이 이전되고 일본의 전통문화와 융합되어, 실천과 응용을 거쳐 산업 시스템으로 구축되는 산업국가 형성으로의 과정을 시간의 흐름에 따라 증언하

---

3 인용 문장에서 표기는 '메이지 일본의 산업혁명 유산: 규슈·야마구치와 관련 지역'으로 되어 있지만, 2015년 5월에 있었던 ICOMOS의 권고를 수용하여 '메이지 일본의 산업혁명 유산 제철·제강, 조선, 석탄산업'이란 제목으로 개정했다.

고 있다(文化庁, 2016).

즉, 본 자산은 비서양에서 산업화 '성공'의 기념비이며, 일본이 산업국가로 가는 과정을 증언하는 유산으로서 '현저한 보편적 가치'를 갖는다. 앞서 말한 바와 같이 유네스코의 자문기관인 ICOMOS가 현지 조사 후 세계유산 등록을 권고한 것은 이러한 가치를 지닌다는 점에서 본 자산의 '진정성'을 전문가가 대체로 인정했다는 것을 의미한다.

그러나 ICOMOS의 권고가 행해진 2015년 5월 4일, 한국의 윤병세 외무부 장관은 국회 심의 중에 "강제 노동이 행해진 역사적 사실을 무시한 채 산업혁명 시설만을 미화하여 세계유산으로 등록하는 것에 반대한다"고 표명했다. 그리고 같은 해 12월에는 한국 국회에서 일본 정부의 등록 추진을 규탄하는 결의가 가결되었고, 20일에는 박근혜 대통령이 방한 중인 유네스코의 이리나 보코바(Irina Bokova) 사무총장과 회담하여 일본의 등록 추진을 비판했다. 이에 대해 일본 측에서는 기시다 후미오(岸田文雄) 외상이 "유산의 대상은 1850년대부터 1910년으로 한국이 주장하는 구민간인 징용공 문제와는 연대 및 역사적인 의미가 다르다"(2015년 5월 8일)고 발언했다. 또한, '메이지 일본의 산업혁명 유산'의 주요 인물이자 2015년 세계유산위원회 개최 중에 내각관방참여로 임명된 가토 쿄코(加藤康子)는 "한국의 집요한 선전으로 제2차 세계대전 중의 징용 문제라는, 본 유산군의 가치와는 다른 정치 문제를 가져와 논의의 쟁점이 빗나갔다"고 주장했다(加藤康子, 2015: 39).

이러한 한국에서의 등록 반대 성명을 수용하여 같은 달 22일에는 동경에서 문화담당 사무 레벨 회합, 6월 21일에는 동경에서 한일외상 회담이 이루어졌으며, 양국이 서로 추천 안건(한국은 '백제의 역사지구') 등록을 위해 협력하는 것으로 의견이 일치되었다. 그러나 독일 본(Bonn)에서 세계유산위원회가 개최되고도 등록 결정 후에 한국 측이 할 예정이었던 의견 진술 표현을 둘러싼 조정이 이루어지지 않아 심의가 하루 미뤄지는 사태가 발생했다. 최종적으로는 '메이지 일본의 산업혁명 유산'은 위원국의 만장일치로 세계유산으로 등록되었으나 한국 측의 의견 진술 중에 "대부분의 한반도 출신 사람들이 스스로의 의사에 반하여 끌려와 일을 강요당했다(forced to work)."라는 표현이 물의를 빚었다. 일본 정부가 '강제노동' 사실을 인정했는가 아닌가가 문제가 된 것이다. 이에 대해서는 등록 후에 기시다 후미오 외상단이 "forced to work라는 발언은 강제노동을 의미하는 것이 아니다."라고 진술하여 정부의 공식 견해를 다시금 확인했으며, 원래 한국 측이 준비한 의견 진술에 있던 '강제노동(forced labour)'이라는 표현을 직전에 조정하여 다시 고치게 했다는 사실이 알려졌다(『朝日新聞』 2015년 7월 6일, 2면).

이러한 일련의 경위를 통해 드러나는 것은 '메이지 일본의 산업혁명 유산'(또는 군함도)의 의미 부여를 둘러싼 한·일 간의 '견해 차이'다. 특히 주목할 만한 것은 한국 측의 "강제노동이 행해진 역사적 사실을 무시한 채 산업혁명 시설만을 미화하여 등록하는 것에 반대한다"는 일관된 주장에, 일본 측은 "이번 신청 대상은 1850~1910년이기 때문에 한반도에서 노동자가 징용된 기간과는 맞지 않으며 역사적인 자리매김이나 배경도 다르다"고 대응한 것이다.

앞선 가토의 주장에서도 "논의의 쟁점이 빗나갔다"는 표현이 있었는데, 이것은 견해를 달리 하면 한국 측에서도 똑같이 받아들일 수 있다. 일본 측의 주장을 솔직하게 그대로 받아들이면 세계유산 등록이라는 목적을 위해 주제를 명확히 한다는, 어디까지나 합리적인 전략이었다고도 해석할 수 있다. 한편, 한국 측에서 보면 (그리고 실은 일본 측에서도) 근대 일본의 산업화는 동아시아 식민지 지배와 분리하여 생각할 수 없으며, 메이지 이후에도 가동해 온 산업시설이라는 것을 고려하면 그러한 역사인식과 관계가 없다고 생각하는 것은 무리다. 즉, 일본 측은 이것은 어디까지나 세계유산이라는 '문화'의 평가 문제라고(적어도 표면상으로는) 주장하고,[4] 한국 측은 역사인식이라는 '정치'의 문제라고 주장한다고

---

4   '메이지 시대'는 1912년까지임에도 불구하고 이 유산의 가치매김에 대한 이야기가 1910년

해석할 수 있다. 그렇다면 쌍방 모두 확실히 '논의의 쟁점이 빗나가 있다'고 느낄 수밖에 없다.

이것을 다시 '진정성' 문제로 해석해 보자. 다시 말해, 일본 측은 앞의 인용에서도 밝혔듯 일본이라는 국가가 비서양에서 처음으로 산업화에 '성공'했다는 스토리를 증명하기 위한 근거로서 유산군이 얼마나 '진짜' = '진정'인가를 세계유산 등록이라는 방법을 통해 증명하려 했다. 이에 대해 한국 측은 적어도 이들 유산군이 '진정'인가를 따지기 이전에 일본 측이 내건 산업화에 관한 맥락(스토리) 자체가 '진정성 있는 것이 아니다'라고 생각한다고 할 수 있다. 즉, 진정성을 둘러싼 '견해 차이'로 해석될 수 있으나 이 글에서는 이를 매우 중요한 문제라고 생각한다. 왜냐하면 문화유산의 진정성에 대해서 검토할 때 비교적 객관적인 기준으로 평가하기 쉬운 '사물의 진정성'뿐만 아니라 그 진정성을 평가하기 위한 '맥락의 진정성'을 검토할 필요가 있다는 것을, 이러한 한·일 간의 '견해 차이' 사례를 떠올리게 하기 때문이다.

'맥락의 진정성'은 I 절에서 확인한 구성적 진정성이나 실존적 진정성에 관한 것이라고 해석할 수 있다. 다시 말해 그 진정성을 어떠한 맥락에서 평가·판단하는가에 따라 거기에서 구축되는 진정성, 실존적으로 느낄 수 있는 진정성은 달라진다. 그래서 다음 절에서는 이러한 '맥락의 진정성'을 고려하여, 먼저 그 맥락의 다양성을 갖추기 위해 뮤지엄의 전시를 분석하고, 덧붙여 관광 현장에서 어떠한 진정성이 실제로 드러나는지를 살펴보고자 한다.

까지로 엄밀하게 구분되어 있는 것은 그 해가 한국병합의 해라는 것과 맞물려 있기 때문으로 부자연스러워 보여도 어쩔 수 없다. 이는 마치 '비서양'에서의 산업화 '성공'이라는 이 유산군의 가치가 동아시아의 식민지 지배와 관계가 없음을 주장하고 싶기 때문에 도입된 구별인 것처럼 비춰진다.

III. 군함도의 진정성과 그 '맥락'

1. 뮤지엄의 전시로 살펴보는 '진정성'

이 절에서는 군함도 근처 뮤지엄(자료관 등의 시설)의 전시를 분석한다. 사실 세계유산으로서 군함도의 진정성을 설명하는 것을 목적으로 한 뮤지엄은 현재 나가사키 시내에는 존재하지 않는다. 그러나 시내에는 군함도와 관련한 4개의 시설이 있다. 이러한 박물관 전시를 살펴보면서 애초에 어떠한 시점으로 군함도를 볼 것인가라는 '맥락'의 다양성을 확인할 수 있다.

1) 다카시마(高島) 석탄 자료관

군함도에 있었던 하시마 탄광은 정식 명칭이 미쓰비시 다카시마 광업소 하시마 갱(三菱高島礦業所端島坑)이다. 같은 이도이며 미쓰비시의 탄광이 있었던 하시마 근처의 다카시마는 하시마와 밀접한 관계가 있었다. 근대적인 탄광으로서도 다카시마의 역사는 오래되었으며 탄광산업이 유일한 근간산업이었을 때 메이지, 다이쇼(大正), 쇼와(昭和)에 걸쳐 발전했으나 국가의 석탄 정책 변경 등의 영향을 받아 1986년에 문을 닫았다.

다카시마초에 있는 다카시마 석탄자료관은 노동조합 사무실을 개조하여 1988년에 설치된 이후 탄광의 귀중한 석탄 자료를 보존·전시해 왔다. 2004년에는 건물의 개수공사 등을 하면서 전시의 방법이 변경되었다. 시설은 무료로 일반에게 개방되어 있으나 직원은 상주하고 있지 않다.

관내 1층에서는 다카시마의 역사를 패널로 소개하고 있으며, 다카시마 탄광 갱 내외도, 다카시마 탄광 직원 클럽의 모형 채굴·굴진용 기계나 작업 시의 장비품 등이 전시되어 있다. 이처럼 패널의 해석 등으로 잘 정리된 전시가 있는

그림 5 다카시마 석탄자료관의 외관
출처: 2007년 8월 필자 촬영.

그림 6 석탄자료관 내의 전시 모습
출처: 2007년 8월 필자 촬영.

1층과 달리 2층에는 다카시마의 민구, 화석 자료, 하시마 신사의 미코시(神輿),[5] 탄갱조합의 기념품 등 여러 가지 자료가 전시되어 있다. 2004년에 전시를 변경하면서 1층의 전시 흐름에 맞지 않는 것이 2층에 정리된 것으로 보인다.

이 자료관에 직접적으로 군함도를 언급하는 전시는 없다. 뿐만 아니라 다카시마의 섬 안에는 '메이지 일본의 산업혁명 유산'의 구성 자산의 하나인 '홋게이 세이 갱 흔적(北渓井坑跡)'이 있음에도 불구하고 그에 대한 설명도 거의 없다. 하시마 신사의 미코시 등은 하시마 갱이 앞서 폐산할 때 다카시마의 여러 곳으로 옮겨졌을 것이나, 다카시마 탄광의 기술 개발 역사와 이 사실은 관련이 없다. 전시가 변경된 2004년에는 자료관 앞 옥외에 군함도의 모형이 설치되었는데, 이 모형에도 설명 패널이 없으며 다카시마(탄광)와 어떠한 관련이 있는지도 설명되어 있지 않다. 이 전시 시설은 어디까지나 미쓰비시 광업 다카시마 탄광의 역사나 기술을 설명하는 것이며 군함도는 그 중 하시마 갱으로 부분적으로 소개되는 것에 불과하다.

---

5 제례 때 신위를 모시는 가마(역자 주).

2) 오카 마사하루(岡正治) 기념 나가사키 평화자료관

탄광에서의 강제노동이라는 관점에서 전시하고 있는 시설도 있다. 오카 마사하루 기념 나가사키 평화자료관은 목사·나가사키 시의원이자 '나가사키 재일조선인 인권을 지키는 모임'의 대표였던 오카 마사하루를 기념하여 1995년에 개설되었다. 공식 홈페이지에 따르면, 이 자료관은 일본의 전쟁책임·가해책임을 명확히 하고 전후 보상을 목적으로, 행정이나 기업의 원조 없이 시민의 손에 의해 기획 및 운용되고 있다(岡まさはる記念長崎平和資料館, 2016).

1층 전시는 손으로 만든 합숙소나 갱구의 모형이 중심이며 전쟁 중에 국내의 탄광 등에서 노동에 종사한 한반도 출신 사람들이 얼마나 열악한 환경에서 일했는지를 직관적으로 전달하려는 노력의 흔적이 보인다. 덧붙여 이 자료관의 전시는 강제노동에 관한 희귀한 자료나 각지에서 수집된 증언 등으로 구성되어 있고, 이는 1층과 2층을 연결하는 계단의 벽면이나 층계참에도 꽉 차 있다. 하

그림 7 오카 마사하루 기념 나가사키 평화자료관 외관
출처: 2016년 2월 7일 필자 촬영.

그림 8 평화자료관 내 전시
출처: 2016년 2월 7일 필자 촬영.

시마(군함도)에 관한 전시는 이러한 흐름 가운데 2층의 커다란 공간을 나누어 사용하고 있으며(그림 8) 강제 연행의 상징적 장소처럼 여겨진다.

3) 군함도 자료관

군함도(하시마)는 2005년 다카시마초가 나가사키 시에 병합되기 이전에는 '나가사키 현 다카시마초 하시마(長崎県高島町端島)'였으며 1955년까지는 '나가사키 현 다카하마무라 하시마(長崎県高浜村端島)'였다(다카하마무라는 1955년에 다른 마을 세 곳과의 병합으로 노모자키초(野母崎町)가 되

그림 9 군함도 자료관 입구
출처: 2009년 8월 26일 필자 촬영.

었다). 특히 옛날 하시마의 맞은편 해안의 집락인 다카하마(구 노모자키초) 집락의 여성은 하시마로 통근했으며 생선이나 야채를 팔아 많은 현금 수입을 얻는 등 하시마와 밀접한 관계였다고 한다(井上博登, 2010). 현재 군함도 자료관이 있는 나가사키시 노모자키초는 다카시마와는 또 다른 형태로 군함도와 관계 깊은 지역이다. 다카시마초의 경우와 마찬가지로 이 지역의 탄광은 문을 닫은 후 대부분 잊혀졌다.

그런데 2003년 12월, 노모자키초상공회 청년부(현 나가사키 미나미 상공회(長崎南商工会))를 중심으로 노모자키초 향토자료관의 일부를 빌려 직접 만든 '군함도 자료관'이 개설되었다(『西日本新聞』 2003년 12월 16일자 조간). 약 1년 전부터 군함도를 새로운 관광 자원으로 개발을 모색하던 상공회 청년부는 비영리 단체(NPO) 법인 '군함도를 세계유산으로 만드는 모임'과 연계했고, NPO로부터 예전 군함도에 사람들이 살던 때의 사진을 제공받았다. 개관 초창기부터 오랫동

그림 10 **군함도 자료관 전시**
출처: 2009년 8월 26일 필자 촬영.

안 입장료는 무료이며 관리인 고용은 할 수 없었으나, 2016년 3월 나가사키 시의회의 환경 경제위원회에서는 군함도 자료관 운영을 민간에서 시로 이관하기 위한 조례안을 만장일치로 가결했다. 보도에 따르면 장소를 같은 지역의 구 노모자키 복지 보건센터 안으로 이설하고 7월부터 유료화해 공용 전시할 예정이라고 한다(『長崎新聞』 2016년 3월 3일).

전시는 몇 번이나 재단장을 했으며 기본적으로 NPO에서 빌린, 예전 군함도 사람들이 살던 당시의 사진들로 대부분의 전시가 구성되어 있다. 반드시 학술적이지도, 체계적으로 정리해 전시되지도 않았지만, 폐허가 된 군함도나 산업유산으로서의 군함도를 전달하기보다 사람들의 삶이 거기에 있었음을 전달하려는 자료관이라고도 할 수 있다.

4) 군함도 디지털 뮤지엄

군함도 상륙 투어를 계획한 회사가 2015년 9월 개관했다. 최신 디지털 기술을 통해 예전 군함도 생활 모습이나 해저탄광 현장과 유사한 체험이 가능해 당시를 느낄 수 있도록 한 시설이다.[6] 1층의 접수처를 통과하면 전시는 주로 2층에 구성되어 있는데, 2층에서는 먼저 유서 깊은 벽 일면을 스크린으로 이용한 '군함도 심포니'가 눈에 들어온다. 여기에서는 과거부터 현재까지의 군함도에 관련된 3,000장의 사진과 드론으로 촬영한 소재를 콜라주로 만든 영상이 흐르며 압도적인 스펙터클을 구성하고 있다. 그 반대편에는 주제별로 정리된 군함도에 관한 사진을 볼 수 있는 터치 패널과, 자유롭게 시점을 바꿔 상공을 포함한 다양한 각도에서 군함도를 바라볼 수 있는 3D 모델이 있다. 또한, 같은 층에는 군함

---

6 지금까지 소개한 시설들과는 다르게 이곳의 입장료는 1,800엔이다. 이는 오늘날 일본의 일반 영화 관람료와 같은 금액이며 공립박물관 등과 비교하면 비싼 편이다. 그러나 동시에 이 글에서 소개한 것처럼 최신 디지털 기술을 이용한 전시와 그것을 설명하는 직원이 여러 명 상주하고 있다는 점을 감안하면 어쩔 수 없는 선택인지도 모른다.

도 아파트 한 실을 재현한 공간이나 실제로 지하 갱으로 내려가 채광 현장까지의 길을 유사 체험할 수 있는 코너가 있다.

이어지는 3층에도 최신 디지털 기술을 활용한 전시가 몇 점 있는데 그 중에서도 특히 '시마노리즘'이라는 전시에 대해 설명하고자 한다. 이 전시는 실제 크기 150분의 1의 군함도 디오라마에 프로젝션 매핑으로 사람들이 생활하던 당시 섬의 하루 모습을 촬영한 것이다. 스크린에는 그것과 연동한 사진이 투영된다. 예를 들어, 아침이 되면 건물에 빛이 비추고, 고층 아파트에서 차례로 사람들이 나와 탄광시설 쪽으로 향해 간다(이러한 사람의 움직임은 작은 빛의 점과 스피커에서 흘러나오는 '소리'에 의해 표현되고 있다). 낮에는 옥상에서 아이들이 놀고, 저녁이 되면 아파트 창문에 불빛이 보인다.

흥미로운 사실은 이 디오라마가 기본적으로 쇼와 40년대(1965~1974)의 군함도를 모델로 제작한 것으로 같은 시기에는 분명 존재하지 않았을 건물도 혼재되어 있다는 점이다. 이러한 점에서 이 디오라마는 군함도의 '진정한' 모습을 나타내지 않는다고 말할 수도 있다. 그러나 필자가 방문했을 때 설명해 준 '네비게이터' 남성은 군함도의 원주민이었지만, 그에게 있어서는 폐허가 되어버린 현재의 군함도보다 이러한 디지털 기술로 재현되고, 경우에 따라서는 엄밀함을 무시한 군함도 모델 쪽이 '기억에 가깝다'는 것이다.[7]

2. 관광 현장에서의 '진정성'

'메이지 일본의 산업혁명 유산'이 그 대상을 엄밀하게 '메이지'(실제로는 1850~1910년 사이)만으로 한정한 것에 대해서는 전술했으나, 이는 결코 처음부터 확실히 언급된 것은 아니었다. 2000년대 중반에 여러 자치단체가 세계유산 등록 운동을 시작했을 때부터 점점 그 '맥락'은 다듬어졌으며, 세계유산 등록을

---

7   2016년 2월 8일자 인터뷰 기록.

확실히 하기 위한 전략적인 수단으로 '1850~1910년'이라는 시기의 구분이 도입되었다. 그러나 이러한 구분은 본 유산군의 상징처럼 다루던 군함도에 생각하지 못한 '부작용'을 안겨주었다. 즉, 메이지(이 유산군의 구분으로 말하면 '1910년')보다 후인 다이쇼 시대 이후에 건설된 군함도 섬 내의 고층 건축물군은 세계유산의 '진정성'과 직접적으로는 관계가 없는 것이 되고 말았다. 그 결과 구체적으로 세계유산의 '진정성'과 관련된 것은 메이지 시대에 세워진 군함도의 호안(護岸) 부분만이 되어버렸다.

이는 '군함도가 세계유산이 되었다'는 생각에 찾아오는 많은 관광객에게 받아들일 수 없는 사실임은 쉽게 상상할 수 있다. 많은 관광객은 '군함도가 세계유산이 되었다'고 들었을 때 적어도 그 섬에 대해서 '군함' 모양으로 보이는 건축군 그 자체가 중요(=진정한 것)하다고 생각할 것이다. 이것은 이른바 객관적 진정성이라는 측면에서는 관광객의 '오해'에 지나지 않을지도 모른다. 하지만 처음에 확인한 바와 같이 관광의 맥락에서의 진정성은 이러한 객관적 진정성뿐만 아니라 보다 다면적으로 다룰 필요가 있다.

따라서 이러한 다면적인 진정성이란 무엇인지를 밝히기 위해 실제 군함도 관광 현장에서 두 가지 정도의 예를 들고자 한다.

하나는 '본래 섬 주민(현지인(ex-residents))' 가이드 사례다. 2016년 2월 현재 군함도 상륙 투어를 진행하는 5개 회사가 있으며 기본적으로 상륙할 때는 각 회사의 직원이 설명(가이드)을 한다. 회사에 따라 배의 선원이나 안전지도 직원이 가이드를 겸하고 있는가 하면 전속 가이드를 두기도 한다. 그중에는 소수이지만 실제로 군함도에 살았던 사람이 가이드를 담당하는 경우가 있다. 이러한 '본래 섬 주민' 가이드는 실제 자신이 군함도에서 체험한 노동이나 생활의 일화를 말해주기 때문에 관광객에게는 '진짜'(진정성 있는) 이야기를 들을 수 있다고 해석된다. 그러나 이러한 '본래 섬 주민' 가이드일지라도 '세계유산'의 대상이 되고 있는 메이지 시대는 말할 것도 없고, 전쟁 중의 탄광조차 알고 있는 사람이 없다. 또한 '본래 섬 주민'이어도 당시에는 아이였기 때문에 탄광에서 일했던 경험이 없는 경우도 있다. 그러나 설사 그렇다 하더라도 관광객은 '본래 섬 주민'의 이야기를 가장 '진짜'에 가까운 것으로 체험한다. 이러한 의미에서도 세계유산으로서의 진정성과 관광객이 추구하고 실제로 체험하는 진정성이 반드시 일치 하지는 않는다.

또 하나는 상륙 투어로 관광객이 눈으로 접하는 것에 관한 사례다. 군함도라면 처음으로 이미지화하는 섬 내의 고층 건축물이 실제는 메이지 시대 이후에 건축된 것으로, 세계유산의 가치와 직접 관계가 없음은 이미 서술했다. 그럼에도 관광객은 이러한 사실과는 관계없이 '진정성'을 체험하고 있으나, 상륙 투어에서는 안전상의 문제로 관광객이 실제로 견학할 수 있는 장소가 매우 한정되어 있다. 유명한 고층 건축물(예전의 탄광 노동자와 그 가족이 살던 아파트나 학교와 병원)은 멀리서 바라보는 것 이외에는 허락되지 않는다. 상륙이 허가되는 코스는 이러한 주거 지역이 아니라 예전 탄광 생산 시설 지역일 뿐이다. 다만, 이 생활 시설도 실은 거의 대부분 남아 있지 않고 벽만 남아 있는 등 일부에 그친다.

이러한 조건에서 가이드들이 머리를 짜내어 관광객에게 제공하는 것이 '생명의 계단' 이야기다. '생명의 계단'(그림 11, 12)이란, 이전 탄광의 지하 노동현장 입구(광구)로 이어지는 계단이다. 군함도에만 한정된 이야기는 아니지만 지하 탄광노동 환경은 매우 척박했다. 낙반이나 출수, 폭발사고 등으로 생명을 잃는 일도 자주 있었기 때문에 노동자들은 항상 이 계단에서 오늘도 살아서 돌아올 수 있기를 마음속으로 기도하고, 무사히 돌아오면 다시 그곳에서 생명이 붙어 있음에 감사했다고 한다. 이러한 사연 때문에 '생명의 계단'이라 불린다. 가이드가 설명 해 주는 '생명의 계단' 이야기는 관광객에게 역시 '진짜'처럼 들리며 강한 인상을 준다. 그러나 여기에서도 생각해야 하는 바는 이 '생명의 계단'이 본래 탄광 조업 당시부터 불리던 이름이 아니라, 어디까지나 상륙 투어가 시작되고 나서 가이드들에 의해 언제부터인가 만들어져 투어에 참가한 관광객의 입에서 입으로 퍼져나간 것이다. 그런 의미에서 '생명의 계단'과 그 이야기는 관광객에게 구성적 진정성으로 나타나고 있다.

그림 11 제2견학소에서 보이는 일명 '생명의 계단'
출처: 2010년 2월 7일 필자 촬영.

그림 12 '생명의 계단'을 설명하는 가이드
출처: 2016년 2월 8일 필자 촬영.

IV. 결론을 대신하여: 복수의 '진정성'[8]

관광객에게 '세계유산'이라는 브랜드는 매우 매력적이다. 그리고 이 '세계유산'이라는 브랜드는 대상의 객관적 진정성을 전문가로부터 보증 받았다는 '신뢰'에 의해 성립된다. 그러나 일단 '세계유산'이라는 브랜드를 획득하면 사람들은 그 객관적 진정성에 대해 반드시 깊게 추구하려 하지 않는 것 같다. 이것은 앤서니 기든스(Anthony Giddens)가 논한 전문가 시스템에 대한 신뢰 논의와 중복된다. 기든스는 "전문가 시스템이란 우리가 오늘날 살고 있는 물질적, 사회적 환경의 광대한 영역을 체계화하는 과학 기술상의 성과와 직업상의 전문가 지식의 체계"(Giddens, 1990: 42)라고 말한다. 고도로 복잡해진 현대 사회에서 이 전문가 시스템에 의존하지 않고 살아가기란 힘들다. 그러나 사실 우리는 전문가 시스템의 내용에 대해 자세히 알지 못한 채 그에 의존해버리고 만다. 기든스는 이것을 '신뢰'라는 말로 설명한다. 이를 인용하면 관광객의 '세계유산' 브랜드에 대한 관심은 '세계유산'이라는 전문가 시스템에 대한 '신뢰'로 바꿔 말할 수 있다.

동시에 이러한 전문가 시스템에 대한 '신뢰'는 리스크가 되기도 한다. 울리히 벡(Ulrich Beck)은 설사 전문가라 해도 모든 지식에 정통할 리가 없으며 리스크를 완전히 조절할 수 있는 것은 아니므로, 전문가 시스템을 신뢰하는 것에 대한 리스크는 결국 우리 자신이 짊어지지 않으면 안 된다고 말한다(Beck et al.,

---

8 관광학에 있어서 진정성 논의는, '진짜/정품/원본은 유일하고 나머지는 모두 가짜다'라는 '진위'에 관한 객관적인 논의가 아니라, 정보의 수용자(관광자)가 '진짜'라고 '인식'하게 되는 현상에 주목하기 때문에 인식하는 자가 복수이거나 인식의 맥락이 바뀔 때 진정성의 형태가 어떻게 각각 달라지는지에 주목한다. '복수의 진정성'에 관해서는 지금까지 축적된 관광학의 연구 속에서 다양한 방식으로 논의되어 왔다. 학문적으로 추구하는 객관적인 진정성 이외에도 '연출된 진정성', '창발적 진정성', '구축적 진정성', '실존적 진정성' 등이 있다. 이러한 연구개념이 아닌 실제 관광의 현장에서 '진정성=진짜스러움'이 맥락에 따라 다양한 형태로 존재하는 것에 대해서는 제3절에서 박물관이나 관광투어의 사례를 들어 설명했다.

1994). 쉽게 말해 '실망스런 세계유산'[9]이란 말도 있지만, 그것은 세계유산을 보증하는 진정성 및 그 맥락을 충분히 이해하지 못한 채 전문가 시스템을 소박하게 신뢰하며 그것을 배반한 것에 의한 리스크를 단적으로 나타낸 것이라고 할 수 있다.

다만, 이 글에서 검토해 온 진정성에 관한 논의와 관광 현장에서 관찰할 수 있는 다양한 진정성의 모습은 이러한 전문가 시스템 문제를 뛰어 넘을 가능성을 제시하고 있다.

I절에서는 객관적 진정성, 구성적 진정성, 실존적 진정성의 차이에 대해 설명 했지만, 결국 세계유산의 진정성은 어디까지나 등록 대상의 객관적 진정성을 묻는 것일 뿐이라는 사실을 여기에서도 확인할 수 있었다. II절에서는 먼저 군함도의 세계유산 등록을 둘러싼 한·일 간의 알력을 되돌아보며 진정성이라 해도 단순히 그 대상으로서의 진정성(진짜인지 가짜인지)뿐만 아니라 애초부터 그 진정성을 평가·판단하기 위한 '맥락'이 하나가 아니며, 이는 정치적인 문제로도 발전할 수 있다는 사실을 확인했다.

III절에서는 이러한 '맥락'의 다양성을 파악하는 수단으로서 나가사키 시내 뮤지엄 4개의 전시를 분석했다. 군함도를 탄광이라는 시스템 안에서 다룰 것인가(다카시마 석탄자료관), 전쟁 중 강제노동의 상징으로 다룰 것인가(오카 마사하루 기념 나가사키 평화자료관), 옛날 사람들이 생활해 온 삶의 터전으로서 다룰 것인가(군함도 자료관), 또는 그러한 역사적 맥락도 짚어가며 일종의 스펙터클로 다룰 것인가(군함도 디지털 뮤지엄) 등 그 맥락은 실로 다양하다. 그 가운데 어떠한 맥락 안에서 군함도를 평가할 것인가, 즉 어떠한 '시선'으로 바라보는가에 따라 당연히 그 진정성도 달라진다.

---

[9] 실제로 2011년 7월 2일 『요미우리신문』, "관광의 질을 높인 이와미"('세계유산·히라이즈미의 미래'라는 연재의 일부)에는 "이와미 은산은 16세기에 세계 은의 3분의 1 가까이를 산출했으나 세계 유산인 호류지(法隆寺) 등과 같이 상징적인 건조물은 아니다. 이를 이해하지 못한 채 볼거리가 없는 '실망스런 세계유산'이라고 야유하는 목소리도 있다."라고 되어 있다.

Ⅲ절에서는 군함도 디지털 뮤지엄의 디오라마가 현재의 군함도보다도 '기억에 가깝다'는 원주민의 말이나, 관광 현장에서 만들어낸 '생명의 계단'을 둘러싼 이야기는 군함도의 진정성이라는 것이 결코 '메이지 일본의 산업혁명 유산'에 관한 진정성에만 머무르지 않는다는 것을 강하게 언급하고 있다. 이러한 관광 현장에서는 다양한 행위자에 의해 서로 다른 진정성이 그때마다 구축되고 실존적으로 체험되고 있는 것이다.

본래 이러한 구성적 진정성, 또는 실존적 진정성은 세계유산이라는 전문가 시스템이 보증하는 객관적 진정성의 관점에서 말하자면 단순히 진정성을 '오해' 혹은 '오독'하는 것에 지나지 않을지도 모른다. 그러나 관광 현장에서는 경우에 따라 세계유산의 객관적 진정성이 의도적으로 자주 무시/오독되고, 그러한 오해나 오독이야말로 풍부한 관광의 장을 성립시키는 것이라고도 할 수 있다. 나아가 세계유산의 객관적 진정성조차도 맥락을 바꾸면 또 다른 것이 될 수 있기 때문에 이러한 관광의 장에서 구성적 진정성이나 실존적 진정성을 반드시 오해나 오독으로 여겨 배제해야 하는 것은 아니다.

예를 들어, 고밀도 공간에서의 생활이라는 맥락에서 말하자면 실제로 산 사람들의 증언이나 문서 자료 또는 유사한 장소와의 관련짓기 등으로 군함도의 고층 아파트군 그 자체를 진정성 있는 것으로 규정해 세계유산을 목표로 할 가능성도 있다. 또한, '메이지 일본의 산업혁명 유산'의 한정된 공간도 반드시 필연적인 것이라고는 할 수 없다. 왜냐하면 이 유산군은 '1945년 이후' 일본의 국토 영역을 제안하고 있다. 가령 '1910년까지'라는 시간적 한정을 수용했다고 해도 그 당시는 일본령이었던 타이완 등을 상정하지 않는다. 문화라고 하는 것은 원래 근대국가의 영역에 한정해 말할 수 있는 것이 아니라 지역에서 지역으로 전파되고 변용되어 가는 것이다. '비서양'에서 산업화의 성공을 논한다면 적어도 여기에서 말하는 '비서양'이란 어디인지, 그 성공의 범위는 어디까지인지를 논해야만 한다.

이를 위해서는 역시 동아시아라는 영역·스케일의 재발견이 중요하지 않

그림 13 대만 신평계 탄광의 공동 목욕탕
출처: 2016년 3월 1일 필자 촬영.

그림 14 대만 신평계 탄광의 공동 목욕탕 해설 패널
출처: 2016년 3월 1일 필자 촬영.

을까.[10] 앞서 설명한 타이완을 예로 들자면, 타이완에는 일본령 시대에 전해진 기술이나 산업기반이 많은데 요즘 산업유산으로서의 가치를 주목받고 있다.[11] 이에 대해 일본 본토의 기술이 자주 수출되었다는 관점에서 공통성이 지적되나, 공통점은 결코 기술에만 머무르는 것이 아니다. 기술은 사람이 전하는 것이다. 사람의 교류가 있다면 그곳에 문화의 교류도 생겨난다.

그림 13은 타이완 신베이 시(新北市)에 있는 신평계(新平溪) 탄광의 공동 목욕탕 사진이다. 이러한 탄광의 공동 목욕탕은 아시아 특유의 문화다. 분명히 유럽 탄광에서도 노동자들이 일을 마치고 새까맣게 된 몸을 씻었던 샤워룸은 확인되나 이 사진에서 보는 것과 같이 욕조에 몸을 담그는 형태는 필자가 아는 한 존재하지 않는다.

한편, 일본에서는 2011년에 유네스코의 '세계의 기억(Memory of the World)'에 등록된 탄광화가(炭鉱画家) 야마모토 사쿠베이(山本作兵衛)의 탄광기록화에 기록된 것처럼, 탄광 노동자들은 일이 끝난 후 모두 함께 같은 욕조에 몸을 담그고, 그 물은 그들의 몸에 붙은 석탄의 더러움으로 새까맣게 되었다는 말을 자주 들을 수 있다. 시대가 흐르면서 이러한 물의 오염 문제를 해결하기 위해 욕조를 여러 개 준비하고 처음 몸의 더러움을 씻어내기 위한 욕조와 나중에 여유롭게 몸을 덥히기 위한 욕조를 구별하게 되었다. 타이완의 탄광에는 일본의 탄광과 마찬가지로 욕조가 있을 뿐만 아니라 여러 곳에 있는 것이 확인되었고, 이것이야 말로 아시아의 입욕문화, 그리고 탄광의 독자적인 아이디어라는 점에서 공통점을 발견할 수 있어 매우 흥미롭다.

메이지 일본의 '위업'에 대한 훈장만으로는 일본 외의 아시아 관광객의 공

---

10 유럽에서는 '유럽 산업 유산의 길(European Route of Industrial Heritage: ERIH)'이라는 것이 존재한다.

11 특히 유명한 것으로 기사·핫다 요이치가 건설에 전력을 다한 우잔토(烏山頭) 댐 등을 들 수 있다(胎中千鶴, 2007).

감을 얻는데 한계가 있다. 이에 대해 여기에서 마지막으로 소개한 바와 같은 동아시아라는 넓은 시야에서, 역사나 문화유산을 바라보는 관점에서 이들은 관광자원으로서는 물론 문화유산으로서도 새로운 가치를 지닌 것이 된다. 동아시아에서는 '식민지에 의한 근대화'라는 점에서 아픈 기억의 동반을 피할 수는 없으나 이러한 생활·노동 문화나 기술면에서의 공통점 발견은 국가를 초월하는 교류를 가능하게 한다.

참고문헌

加藤康子. 2015. "なぜ世界遺産は政治問題にされたのか." 『週刊ニューズウィーク日本版』7月 28日号, 39-41.

岡まさはる記念長崎平和資料館. 2016. "長崎平和資料館とは?" 岡まさはる記念長崎平和資料館ホームページ(http://www.d3.dion.ne.jp/~okakinen, 검색일: 2016. 3. 27).

木村至聖. 2014. 『産業遺産の記憶と表象―「軍艦島」をめぐるポリティクス』. 京都: 京都大学学術出版会.

日本ユネスコ協会連盟. 2016. "世界遺産の登録基準." 公益社団法人日本ユネスコ協会連盟ホームページ(http://www.unesco.or.jp/isan/decides, 검색일: 2016. 4. 12).

井上博登. 2010. "炭鉱社会像の多様性へむけて―「軍艦島」におけるヤサイブネとアキナイ." 『現代民俗学研究』2, 81-90.

胎中千鶴. 2007. 『植民地台湾を語るということ―八田與一の「物語」を読み解く』. 東京: 風響社.

文化庁. 2016. "明治日本の産業革命遺産 製鉄・製鋼, 造船, 石炭産業(平成27年記載)." 文化庁ホームページ(http://www.bunka.go.jp/seisaku/bunkazai/shokai/sekai_isan/ichiran/sangyokakumei_isan.html, 검색일: 2016. 3. 27).

Beck, Ulrich, Anthony Giddens, and Scott Lash. 1994. *Reflexive Modernization: Politics, Tradition and Aesthetics in the Modern Social Order*. Standford: Stanford University Press.

Boorstin, D. J. 1962. *The Image: Or, What Happened to the American Dream*. New York: Atheneum(星野郁美・後藤和彦 訳. 1964. 『幻影(イメジ)の時代―マスコミが製造する事実』. 東京: 東京創元社).

Cohen, E. 1988. "Authenticity and Commoditization in Tourism." *Annals of Tourism Research* 15(3), 371-386.

Giddens, Anthony. 1990. *The Consequences of Modernity*. Cambridge: Polity

Press(松尾精文・小幡正敏 訳. 1993. 『近代とはいかなる時代か?―モダニティの帰結』. 東京: 而立 書房).

Hobsbawm, E. and T. Ranger, eds. 1983. *The Invention of Tradition*. Cambridge: Cambridge University Press(前川啓治・梶原景昭 訳. 1992. 『創られた伝統』. 東京: 紀伊國屋 書店).

MacCannell, D. 1973. "Staged Authenticity: Arrangements of Social Space in Tourist Setting." *American Journal of Sociology* 79(3), 589-603.

MacCannell, D. 1999. The Tourist: A New Theory of Leisure Class. Oakland: University of California Press(安村克己他 訳. 2012. 『ザ・ツーリスト―高度近代社会の構造分析』. 東京: 学文社).

Urry, J. 1990. *The Tourist Gaze: Leisure and Travel in Contemporary Societies*. London: Sage Publications(加太宏邦 訳. 1995. 『観光のまなざし―現代社会におけるレジャーと旅行』. 東京: 法政大学出版局).

Wang, N. 1999. "Rethinking Authenticity in Tourism Experience." *Annals of Tourism Research* 26(2), 349-370.

에필로그
동아시아 투어리즘 연구의 진전을 위하여

정근식

 동아시아 투어리즘에 관한 연구는 세계적 냉전체제의 해체와 함께 형성된 동아시아 여행 붐에 기초하고 있다. 동아시아에서의 근대적 여행과 관광이 제1차 세계대전과 제2차 세계대전 사이에 형성되었듯이, 현대적 관광은 20세기 후반기의 탈냉전과 함께 형성되었다고 할 수 있다. 근대적 관광이 육지의 철도망과 해양의 기선망에 의존하고 있었다면, 현대적 관광은 공중의 항공망에 의존하고 있으며, 전자가 일부 부유한 계층이나 학생들에 국한되었다면, 후자는 특정 계층에 국한되지 않는 대중적 현상이 되었다.

 동아시아 투어리즘에 관한 논의에서 우리는 국내관광에서 해외관광으로 확산되는 과정 뿐 아니라 국제적 관광에 영향을 미치는 정치경제적 조건과 사회문화적 계기들을 검토해야 한다. 동아시아 투어리즘이 이 지역 전체를 아우르는 여행과 관광을 의미한다면, 그것은 탈냉전과 밀접히 연관되어 있을 뿐 아니라 국제적인 관광을 가능하게 하는 경제적 여유에 의존하고 있기 때문이다.

 1950~70년대의 세계적 냉전기에 세계는 이른바 자유주의 진영과 사회주의 진영으로 구분되어 서로 소통하지 못했고, 특히 내전과 전쟁의 상처가 컸던

동아시아는 더욱 엄격하게 통제되어 자유로운 여행이 거의 불가능했다. 20세기 전반기의 동아시아에서 근대적 여행은 일본이 지배하던 제국의 영역 내에서 발전했지만, 중일전쟁이나 태평양전쟁은 이를 중단시켰다. 그 이후에도 사정은 비슷했다. 중국 내전과 한국전쟁은 동아시아 전체를 아우르는 여행을 불가능하게 만들었다. 1965년 한일 국교정상화에 이어 1972년 중일수교가 이루어졌지만, 동아시아 투어리즘은 제대로 발전할 수 없었다. 일본과 한국, 대만, 그리고 홍콩을 아우르는 이른바 자유진영 내에서 상호 방문이 가능했으나, 강력한 냉전의식과 경제적 어려움은 국제적 관광시장의 발전을 제한했다. 그런 맥락에서 1970~80년대의 동아시아 투어리즘은 일본에 의해 주도되었다.

그러나 1980년대 한국과 대만의 민주화와 경제성장, 1988년의 서울 올림픽 등은 동아시아 투어리즘이 발전할 수 있는 중요한 계기가 되었다. 1989년 1월부터 한국에서는 여행자유화가 이루어졌고, 이후 한러수교, 한중수교가 이루어지면서 비로소 동아시아 투어리즘이 발전할 수 있는 정치적 조건이 마련되었다. 2000년 이후 중국과 대만이 일본 및 한국 관광객의 여행지로 부상하였다. 그 뒤를 이어 중국 관광객이 일본과 한국을 방문하기 시작하였다. 중국의 경제성장에 따라 확대된 중산층의 여행 요구가 작용하였다.

이런 맥락에서 지난 20년간 동아시아 투어리즘의 양적 질적 변화가 상당했다. 한국의 경우, 2018년 해외로 나간 한국인들은 연인원 2,870만 명으로 여행자유화가 시작된 1989년보다 24배 증가를 보였다. 한중일 3국을 중심으로 형성된 동아시아 투어리즘은 2010년대에 이르러 양적으로 성장했을 뿐 아니라 구조적 변화를 보여주었다.

우선 한중간 여행을 보면, 2012년까지 한국에서 중국을 찾는 관광객이 중국에서 한국을 찾는 관광객보다 더 많았는데, 2013년부터 역전되었다. 한일간 여행의 변화도 유사하다. 2013년까지 일본에서 한국을 찾는 여행객이 한국에서 일본을 찾는 관광객보다 많았지만, 2014년부터 역전되기 시작하여 그 격차가 급속하게 커지기 시작하였다. 중일간 관광의 양상은 어떠한가? 2014년까지

표 1 한중일 3국간 여행의 구조변화 (단위: 만 명)

구분	한·중간		한·일간		중·일간		합계
	한→중	중→한	한→일	일→한	중→일	일→중	
2011	419	222	166	329	104	366	1,606
2012	407	284	204	352	143	352	1,742
2013	397	433	246	275	131	288	1,770
2014	418	613	276	228	241	272	2,048
2015	444	598	400	184	500	250	2,376
2016	476	807	508	230	417	259	2,697
2017	386	417	714	231	736	268	2,752
2018	n/a	479	754	295	838	n/a	2,366
2019.1~6	n/a	280	386	165	453	n/a	1,284

주: * 2018년 이후의 중국 입국통계는 중국 정부의 비공개로 확인 불가하며, 합계의 경우도 중국 입국치를 제외하고 합산함.
자료: 문화체육관광부(각 년도), 한국관광통계, 한국관광공사(2019), 숫자로 보는 한국관광, 일본정부관광국 홈페이지(https://www.welcomlojapan.or.kr)

일본에서 중국을 찾는 관광객이 중국에서 일본을 찾는 관광객보다 더 많았는데, 2015년부터 역전되어 그 격차가 심화되고 있다. 물론 한중간에는 2017년 사드 문제가, 한일간에는 2019년 강제노동 피해자 배상문제가 영향을 미쳐 여행의 양상이 잠시 출렁거렸지만, 이런 변수들의 영향력이 진정된다면, 2010년대 중반에 이루어진 변동의 추세가 지속되어 구조화될 가능성이 있다.

이런 변화는 인간의 이동과 공간 및 장소의 변용, 타자와 자아의 시선의 구조를 탐구하는 관광 연구의 필요성을 제고시켰다. 특히 여행에서의 지정학과 지경학적 변수들과 함께 국가의 관광 자원 및 정책, 관광 경쟁력의 동향 등이 주요 관심사로 등장하였다.

여행과 관광은 정치와 경제에 영향을 받지만, 거꾸로 정치적 자유화나 지속적 경제발전에 영향을 미치기도 한다. 세계경제포럼(The World Economic Forum)은 2007년부터 격년으로 지역별, 국가별 관광 경쟁력 보고서를 발간하여 왔는데, 2019년 9월에 공표한 「2019 여행 및 관광 경쟁력 보고서」에 따르면,

2019 여행 및 관광 경쟁력 지수(TTCI)에서 일본은 세계 4위, 중국은 세계 13위, 한국은 세계 16위를 차지하였다.[1] 이 보고서는 국가의 경제가 기업환경·국제 개방성 및 관광서비스 인프라 등 TTCI의 14개 부문에서 잘 운영되고, 여행 및 관광분야 경쟁력에서 세계 평균을 상회하기 시작하면, 국제관광객 수는 급격히 상승하는 경향이 있다고 적시하였다. 또한 여행 및 관광 분야 주도의 개발을 통해 달성할 수 있는 유리한 환경과 인프라 개선은 경제 생산성의 향상과 국가경쟁력 상승으로 이어질 수 있다고 보았다.

이 보고서에 따르면, 한국은 처음 조사된 2007년 42위에 올랐지만, 이후 꾸준히 상승하여 2015년에 29위가 되었고, 2019년에는 16위가 되었다. 특히 국제개방성, 환경지속가능성, 관광서비스 인프라 등에서 괄목할만한 개선이 있었기 때문에 좋은 평가를 받을 수 있었다.

이 보고서에 따르면, 세계에서 동아시아-태평양 지역은 관광 서비스 인프라 분야에서 점수가 가장 빠른 속도로 개선된 지역으로, 고소득 국가가 많이 위치하고 있으며, 비즈니스 환경, 인적 자원 및 노동 시장, 안전 및 보안, 보건 및 위생 부문에서 강점을 보여주었다. 일본은 풍부한 자연(25위), 문화 자원(5위),

표 2 한국의 분야별 관광경쟁력 순위변동

연도	환경 조성 (28 → 24 → 19위)					관광정책 및 기반 (82 → 47 → 31위)				인프라 (40 → 27 → 16위)			자연·문화 자원 (22 → 22 → 24위)	
	기업 환경	안전 및 보안	보건 및 위생	인적 자원 및 노동 시장	ICT 준비 수준	관광 정책 우선 순위	국제 개방성	가격 경쟁력	환경 지속 가능성	항공	육상 및 항만	관광 서비스 인프라	자연 자원	문화 자원 및 기업 여행
'15	69	61	16	40	11	71	53	109	90	31	21	70	107	12
'17	44	37	20	43	8	63	14	88	63	27	17	50	114	12
'19	42	30	17	36	7	53	17	103	27	24	15	23	102	11

자료: 세계경제포럼, 「2019 여행 및 관광 경쟁력 보고서」 (The Travel & Tourism Competitiveness 2019 Report)

---

[1] 이 통계는 임한규, WEF 「2019 여행 및 관광 경쟁력 보고서」의 시사점, 국제통계 동향과 분석, 제4호, 2020.1에 자세히 소개되었다. 이 통계에서 홍콩은 14위, 싱가포르는 17위, 대만은 37위였다.

인프라(8위), 관광정책 우선순위(23위), 국제 개방성(6위) 및 환경 활성화(10위)로 세계 4위에 위치하였다. 중국은 세계 13위를 기록했는데, 동아시아-태평양 지역의 최대 관광 국가로서 이 지역 여행 및 관광 GDP의 절반 이상을 차지하고, 자연 및 문화 자원 부문에서 최고 점수를 받았으나 환경 지속 가능성(120위)에서 문제가 있다고 지적되었다. 한국은 2015년도 29위 (141개국)에서 2017년 19위(136개국)로, 2019년에는 16위(140개국)로 상승하였는데, 관광정책 및 기반 부문에서 가장 많이 개선되었으나, 가격 경쟁력(103위)과 자연 자원(102위) 부문에서 저조한 상태임을 보여주었다.

2018년도 세계 여행 및 관광 산업은 세계 GDP의 10.4%를 차지하고 있고, 비슷한 수준의 고용을 창출하는데 기여하였다. 여행 및 관광 분야의 확대와 강화는 중산층의 지속적인 성장을 의미한다. 이 보고서는 앞으로 10년간 관광 산업의 GDP 기여도는 약 50%정도 증가할 것으로 예상하고 있으며, 관광산업이 자연 및 문화 자원과 저비용 노동에 의존하던 기존의 방식에서 기술 중심과 숙련된 전문 인력에 의존하는 방식으로 변화할 것으로 예상하였다.

표 3 2019년 동아시아 태평양 지역의 분야별 여행 및 관광 경쟁력 지수 (1-7점)

구분	환경 조성					관광정책 및 기반				인프라			자연·문화 자원	
	기업 환경	안전 및 보안	보건 및 위생	인적 자원 및 노동 시장	ICT 준비 수준	관광 정책 우선 순위	국제 개방성	가격 경쟁력	환경 지속 가능성	항공	육상 및 항만	관광 서비스 인프라	자연 자원	문화 자원 및 기업 여행
일본	5.4	6.2	6.4	5.3	6.2	5.3	4.6	4.8	4.4	4.8	6.0	5.7	4.1	6.5
호주	5.1	6.1	6.2	5.1	5.8	5.3	4.9	4.4	4.4	6.0	3.6	6.1	5.5	4.4
중국	4.7	5.6	5.6	5.2	5.0	4.8	3.1	5.7	3.8	4.3	3.9	3.5	5.1	7.0
홍콩	6.1	6.4	6.0	5.6	6.6	5.9	3.8	4.5	4.6	5.6	6.4	4.3	3.6	2.4
한국	4.8	5.9	6.4	5.0	6.3	4.9	4.3	5.0	4.7	4.6	5.2	5.6	2.4	4.8
뉴질랜드	5.5	6.3	5.9	5.4	6.1	5.6	5.5	4.7	4.7	4.9	3.8	5.8	4.3	2.0
대만	5.1	6.0	6.0	5.3	5.6	4.7	3.7	5.4	4.4	3.9	5.1	4.8	2.6	2.6
몽골	4.3	5.6	6.1	4.5	4.3	4.5	1.9	6.2	3.6	2.2	2.2	2.9	3.1	1.9
동아시아·태평양지역	5.1	6.0	6.1	5.2	5.7	5.1	4.0	5.1	4.3	4.5	4.5	4.8	3.8	3.9

자료: 세계경제포럼, 「2019 여행 및 관광 경쟁력 보고서」(The Travel & Tourism Competitiveness 2019 Report)

동아시아에서 투어리즘에 관한 연구는 오랜 여행과 관광의 전통을 가진 일본이나 중국에서 상대적으로 발전했지만, 한국의 경우에는 지리학이나 인류학의 일부를 제외하면 어떤 학문 분야에서도 중요하게 취급하지 않았던 것이 사실이다. 그러나 국내 여행과 함께 해외 여행이 크게 증가하고, 아울러 한국을 방문하는 해외 여행객들이 많아지면서 보다 다양한 분야에서 학문적 관심의 대상이 되고 있다. 동아시아에서 여행과 관광은 특히 대중문화와 밀접한 관련을 맺기 시작하면서 인문학이나 사회과학 여러 분야에서 관심의 대상이 되고 있다. 앞으로 동아시아 투어리즘에 관한 연구의 진전을 위해서는 어떤 것이 필요할까?

첫째는 다양한 시각과 자료들이 서로 만나는 학문적 토론장이 마련되어야 한다. 관광통계가 좀더 체계적으로 만들어져야 하고 그 자료가 대학이나 연구소에 축적될 필요가 있다. 둘째는 주제의 측면에서 관광에 영향을 미치는 정치경제적 제도 뿐 아니라 관광객들의 취향이나 구체적인 활동에 관한 비교 분석을 수행해야 한다. 셋째는 과거의 전쟁이나 냉전의 사회문화적 유산이 투어리즘에 미치는 영향과 함께, 여행이나 관광이 가져올 수 있는 정치적 경제적 효과에 관한 연구가 필요한 상황이다. 넷째, 동아시아 투어리즘의 특성에 관한 탐구도 필요하다. 투어리즘이 문화적 차이에 따라 서로 다른 특성을 갖게 되므로, 비교연구를 필요로 한다.

동아시아 투어리즘 연구에서 가장 도전적인 주제의 하나가 안보 및 평화와의 관계이다. 오늘날 동아시아에서 해결해야 할 가장 중요한 공통의 과제가 북한의 핵문제를 비롯한 평화의 제도화라고 할 수 있는데, 관광이 이런 평화의 제도화에 어떻게 기여할 수 있는가를 탐구하는 것도 중요한 과제라고 할 수 있다. 금강산 관광의 사례는 이런 점에서 몇가지 시사점을 제공할 것이다. 금강산 관광은 오랫동안 쟁점으로 남아있는 평화와 투어리즘의 관계를 이론적으로 숙고하도록 하였을 뿐 아니라 동아시아 공동체 형성의 중요한 수단으로 간주될 수도 있다.